분리를 넘어 통합국가로

분리를 넘어 통합국가로

2020년 10월 15일 초판 1쇄 인쇄
2020년 10월 20일 초판 1쇄 발행

엮은이 김종법
지은이 김종법·구춘권·김미경·김인춘·오창룡·이옥연

펴낸이 윤철호·고하영
펴낸곳 (주)사회평론아카데미
편집 김천희
디자인 김진운
마케팅 최민규
등록번호 2013-000247(2013년 8월 23일)
전화 02-326-0333
팩스 02-326-1626
주소 03993 서울특별시 마포구 월드컵북로6길 56
ISBN 979-11-89946-79-1 93340

이 책은 2016년 대한민국 교육부와 한국연구재단의 지원을 받아 수행된 연구임
(NRF-2016S1A5A2A03927472).

분리를 넘어 통합국가로

김종법 엮음

사회평론아카데미

머리말

2013년 여름에 시작된 분리통합연구회(이하 분합회)는 통일 연구의 새로운 패러다임을 제시하고, 분리와 통합이 공존하는 국제정치경제 질서를 이해하기 위한 소모임이었다. 영남대 김학노 교수가 핵심적인 역할을 하고, 서울대 이옥연 교수 등의 도움을 받아 10여 명(전북대 이호근 교수, 교원대 박정원 교수, 연세대 김인춘 교수, 경남대 김용복 교수, 영남대 정병기 교수, 부산대 차창훈 교수, 대전대 김종법 교수 등)이 주축이 되어 한국고등교육재단에서 정기적인 세미나를 개최하면서 활동을 시작하였다.

그렇게 시작된 분합회는 초기 10여 명의 회원에서 약 40여 명의 회원으로 확대되었으며, 2020년 코로나19 위기 상황에서도 영남대 구춘권 교수가 회장으로 취임하여 활발하게 학술 활동을 진행 중이다. 그간 분합회는 1년 8회에 걸친 세미나와 2개의 집단 연구(한국연구재단 일반공동연구 사업단)를 수행하였으며, 그 외에도 공동저서 사업에도 참여하여 다양한 결과물들을 생산하였다.

이 책은 2013년부터 2020년 현재까지 진행되어온 분합회 연구 활동의 집약적인 결과물의 하나이다. 특히 2016년 한국연구재단 일반공동연구 사업에 "분리를 넘어선 통합국가사례 연구"라는 제목으로 2년간의 연구를 수행하면서 연구 주제와 긴밀하게 연관된 글들을 모아 하나의 연구 저서로 출간하게 된 것이다. "분리를 넘어선 통합국가사례 연구" 팀은 총 8명의 회원(연세대 김인춘 교수, 영남대 구춘권 교수, 경남대 김용복 교수, 서울대 이옥연 교수, 조선대 김미경 교수, 부산대 차창훈 교수, 고려대 오창룡 교수 그리고 연구책임자인 대전대 김종법 교수)으로 구성되었는데, 총 9개국(미국, 중국, 일본, 독일, 이탈리아, 영국, 핀란드, 스웨덴, 벨기에)과 EU를 지역사례로 선정하여 2년간 연구를 진행하였다.

그러나 이 책은 분리를 넘어선 통합 국가의 가능성을 보다 잘 드러내거나, 분리와 통합의 이중 구조가 보다 명확하다고 판단되는 논문과 글 9개와 책의 방향성과 한반도 통합과 평화에 시사점을 정리한 글을 모아 구성하였다. 편집된 글 중에는 지난 2년간의 연구 결과물들도 있지만, 본 저서를 위해 새로이 집필한 글들도 있다. 8명의 연구진들 모두 이 책 편집에 참여하지는 않았지만, 연구의 연계성과 상호관련성을 충분히 고려하면서 책을 편집하였다. 서론과 결론은 본 연구의 기본적인 사항들과 연구 결과들을 종합한 평가 및 의미 등을 서술하고 있으며, 제1부와 제2부는 연구결과들과 새로이 서술한 내용을 일관성 있는 주제 아래 편집하였다.

편집 과정과 내용 구성에서 몇 가지 아쉬운 점들도 있었다. 우선 8명의 연구진 모두의 글을 본서에 담지 못한 아쉬움이다. 중국과 이론 부분과 내용이 편집 과정에서 구성의 어려움(영문 논문과 국가 안의 지역 사례 등의 문제 등)으로 아쉽게 제외되었다. 그럼에도 중국과 일본 사례는 2년간의 공동연구에서 한반도의 상황을 이해하고 한반도에 영향을 미치는 중국과 일본의 분리와 통합 문제를 이해하는 데 큰 기여를 하였다. 두 번째는 변화된 한반도 상황을 연구 결과에 충분히 반영하지 못했다는 점이다. 이는 2018년 10월에 연구가 종료된 시간의 문제도 있었으며, 한반도를 둘러싼 국제정치질서가 지속적으로 변동할 가능성을 내포하고 있었기 때문이었다. 더욱이 2020년 미국 대선을 앞둔 현재 한반도를 둘러싼 국제정치적 환경의 불확실성이 대단히 커지고 있다. 이는 트럼프가 당선되든 혹은 바이든이 당선되든 긍정적 전망이 불가능한 국면으로 흐르고 있다는 의미이다. 더군다나 코로나19라는 팬데믹 사태는 한반를 둘러싼 국제정치적 질서에 너무나 큰 위험 요소로 작용하고 있다.

그럼에도 불구하고 이 책은 분리와 통합 연구의 유의미한 결과와 의미를 제시하고 있다. 첫째, 분리와 통합이라는 새로운 개념과 접근 방식이 한반도 상황을 이해하고 향후 진행될 통일 정책의 새로운 대안의 가능성을 보여주었다는 점이다. 둘째, 기존 국제정치질서를 이해하고 설명하는 해석과 방법의 다양성에 분리와 통합은 현재 진행되고 있는 국제통합운동과 실체를 이해하는 주요한 개념과 방식을 제공할 수 있다는 점이다. 셋째, 분리와 통합 개념과 방식은 적어도 한반도 평화체제를 위한 분명한 대안과 가능성을 제시하고 있다는 점이다. 넷째, EU로 대표되는 유럽통합운동과 유럽의 성격을 이해하는 데 분리와 통합 개념과 방식은 새로운 해석과 방향성을 보여주었다. 실제로 이러한 내용과 의미는 결론 부분에서 좀 더 구체적으로 서술하고, 2020년 현재의 코로나19 팬데믹 체제 이후의 방향성까지도 예상해서 연구의 의미를 제시하고자 한다.

8명의 연구원들이 지난 2년간 각자의 방식으로 최선을 다해 진행해온 노력과 분석의 결과물인 이 책에서 저자들이 의도하는 것은 한 가지이다. 분리와 통합이라는 개념과 방법을 통해 여러 국가 사례를 통해 분석한 결과와 의미가 변화된 한반도의 상황을 이해하고, 장기적으로 한반도 평화체제를 구축하기 위한 대안으로 고려해주길 바라며, 통일 연구의 다양한 방법의 하나가 되었으면 한다는 점이다. 비록 아쉽고 아직은 다소 부족한 점들도 있겠지만, 이 연구를 더욱 진전시키고 심화시켜 한반도 평화체제와 남북통일의 가능성을 높이는 데 기여할 수 있도록 노력할 것이다.

2020년은 그 어느 해보다 인간의 일상에 대해 많은 고민과 문제를 제기했던 해이다. 코로나19로 인한 팬데믹 체제를 겪으면서, 더 이상 코로나19 이전으로 돌아가는 것이 불가능하다는 전망과 예상 때문에 인간사의 모든 것을 바꾸어야 할 기로에 있다. 한반도 상황과 남북문제 및 한반도 주변의 국제정치질서 역시 포스트 토로나19 시대를 대비해야 할 것이다.

사계절이 뚜렷했던 한반도는 더 이상 존재하지 않을지 모르지만, 포스트 코로나19 시대를 위한 우리의 연구와 노력은 여전히 계속될 것이라는 사실만은 분명하다. 8명 연구진들의 작은 노력과 분리통합연구회의 지속적인 연구가 포스트 코로나19 시대를 밝힐 수 있는 작은 등불 역할을 계속하겠다는 다짐을 지면을 통해 다짐하면서 편집의 서를 대신하고자 한다. 모두가 수고하고 노력하는 2020년이 무사히 지나가고, 새로운 시대를 위한 희망의 밝은 빛이 비쳐지길 고대하면서…

2020년 8월의 장마 끝에서 집필진을 대신하여

차례

제2부 분리와 통합의 기로에 선 지역통합

서론

분리-통합 연구를 위한 역사적 사례들과 이론적 기반*

김종법 | 대전대학교

* 이 글은 2016년 대한민국 교육부와 한국연구재단의 지원을 받아 수행된 연구임(NRF-2016S1A5A2A03927472).

I. 집필의 목적과 필요성

1945년 이래 분단체제를 유지하고 있는 한반도는 분단-통일이라는 이분법적 구도 아래 1950년대 냉전 체제를 종식시키지 못하고 있는 유일한 지역이다. 남과 북이 서로 다른 체제를 유지하고 있을 뿐만 아니라, 적대적인 이데올로기를 기반으로 휴전체제를 유지하고 있는 갈등 관계가 청산되지 않고 있는 곳이다. 지난 75년 가까이 끊임없는 무력 충돌과 적대적인 긴장 관계가 지속되면서, 한반도를 둘러싼 4대 강국의 영향에서 자유롭지 못한 지역이기도 하다. 이러한 한반도 상황의 종식을 위해서는 기존의 분단-통일이라는 이분법적 구조를 종식하고 새로운 틀에서 한반도 체제를 바라볼 필요가 있다.

이 책은 분단-통일의 기존 논의 대신 새로운 이론적 분석과 틀인 분리-통합의 관점에서 세계 각국의 분리와 통합 사례를 통해 한반도 상황을 해소하기 위한 새로운 이론적 틀과 경험 사례를 제시하고자 한다. 지난 75년의 분단 상황을 종식시키고 새로운 한반도 평화체제 구축의 가능성을 모색하기 위해서는 기존 논리와 방법론으로는 한계가 클 것이다. 분단-통일의 이분법적 구도를 넘어 변화하는 한반도 상황에 적용하기 위한 새로운 분석 틀과 구도는 바로 분리와 통합의 시각과 이론이다.

분리-통합의 이론적 틀과 내용은 변화하는 한반도 상황의 적용과 한반도 평화체제 구축의 가능성 있는 모델과 이론으로 발전할 수 있을 근거는 여러 가지이다.

가장 먼저 제시할 수 있는 것은 분단-통합의 이분법적 접근이나 방법은 더 이상 유효하지 않다는 사실이 증명되었다. 지난 75년간 전쟁의 위협이나 무력 충돌 위험성은 어떤 방식으로든 존재하며, 북한의 핵개발 상황이 종식되기 어려운 국면에서 더 이상의 분단-통일의 이분법적 방식의 적용은 불가능하다. 특히, 남한이 처한 대외적인 여건상 독일식의 흡수통일이 불가능하다는 것은 이명박 정부나 박근혜 정부를 거치면서 충분히 증명되었다.

두 번째는 한반도 주변 4대 강국의 국내정치적인 변화와 미국이 주도하는 세계전략의 기본 틀이 바뀌었다는 점이다. 특히 트럼프 정부의 등장 이후 북미 간 정상회담이 2번이나 개최되었으며, 북한의 핵개발이 유예되고 있다는 점 등은 한반도 상황의 극적인 변화 가능성을 배제할 수 없는 국면이라는 판단을 하게 된다. 더군다나 문재인 정부가 단순한 전쟁 억제력 강화나 비핵화를 통한 한반도 무력 충돌 회피를 넘어서 한반도 평화체제 구축을 대북 정책의 기조로 내세우고 있다는 점 등으로 인해 기존의 논리와 방법론을 근본적으로 바꿀 필요성이 있다.

세 번째는 문재인 정부와 트럼프 정부 이후에도 북한의 김정은 체제의 지속은 한반도 상황의 상수라는 점에서 북한의 체제 인정을 통한 평화체제 구축을 위한 변수들을 고려하여 한반도 정책의 큰 틀과 구조를 새로이 구축할 필요가 있다는 점이다. 지난 75년간 남북관계는 정전 상태를 기반으로 한 냉전구도를 벗어나거나 완화하는 데 성공하지 못했다. 비록 김대중 정부 이후 남북 정상회담이 다수에 걸쳐 개최되기는 했지만, 전작권의 회수나 북한 핵개발 요인 등은 큰 변화가 없다. 결국 기존 남북관계의 기본 구조인 분단-통일 구조로는 변화된 상황이나 국면에서도 효율적으로 대응할 수 없고 정책 변화가 큰 효과를 발휘할 수 없다는 점에서 남북관계와 구조를 바라보는 시각과 논의를 근본적으로 바꿀 필요가 있다.

이러한 점들을 고려한다면 분단-통일이라는 남북관계의 기본 틀은 바뀌어야 하며, 이를 대체할 수 있는 새로운 이론적 틀과 방법론을 분리와 통합의 틀로 변경하고자 한다. 분리와 통합 관련 논의와 연구가 새롭게 시작되거나 만들어진 것은 아니다. 가장 핵심적인 연구회인 '분리통합회'가 2014년 이후 현재까지 활발한 활동을 통해 적지 않은 연구 결과물들을 발표하고 저서 형태로 출판하였다. 이 책을 구성하고 있는 글들 역시 2017-18년 사이 진행된 일반공동연구 "분리를 넘어선 통합국가 사례 연구"의 주요 결과물들이며, 책의 편집상 필요하다고 판단되는 내용은 새로이 추가하여 구성한 것이다.

따라서 이 책은 분단-통일의 이분법적 구조를 극복하고, 분리-통합의 새로운 시각과 방법을 통해 한반도 상황과 남북관계를 새롭게 조명하기 위한 역사적인 사례들과 이론적 논의의 활성화를 위한 사례들의 결과물로 편집되었다. 특히 이 책에 편집된 모든 글들은 한국연구재단이 지원하는 2016년 일반공동연구 "분리를 넘어선 통합국가 사례연구"의 연차별 결과물들 중에서 책의 성격에 맞게 구성한 것이다.

II. 책의 구성 원칙과 내용

1. 목차 구성과 연구 주제

이 책에 편성된 글들은 세계 주요 국가들에서 일어나는 다양한 분리(Separation)와 통합(Integration)의 현상들을 역사적이거나 이론적인 측면에서 분석하여 얻은 연구 결과물들이다. "분리를 넘어선 통합 국가 사례 연구"라는 제목으로 진행된 이 연구는 세계 주요 국가들에서 발생한 분리와 통합 현상을 새로운 시각에서 재구성하려는 의도로 시작되었다. 국가별로 다른 분리와 통합 현상을 서로 단절적이고 일방적인 흐름이 아닌 하나의 연속적이고 상호적인 동학으로 비교분석하고, 지역 특수성 사례를 역사와 현상 중심의 비교연구를 시도하여 보편성을 갖춘 이론적 분석틀을 모색하려는 목적이 있다.

통합 모델 논의에서 가장 먼저, 그리고 많이 등장하는 독일 통일 사례는 통일 이후의 분리와 단절이 진행되고 있다는 점에서 새로운 시각과 논의가 필요하다. 독일의 경우 분단국가에서 통일국가로 전환되었음에도, 내부적으로 여전히 갈등과 분리의 요인들이 상존하고 있다. 분리에 대한 원심력을 억누르면서 통합이라는 구심력을 유지할 수 있는 다양한 요소들이 상호적으로 작용한다. 본 연구에서는 그러한 복합적인 요소들의 동학 관계를 국가별로 구분하여 '분리-통합'의 수준과 내용이 결정되는 과정과 구조를 비교하고자 한다.

이 책의 구성은 분리-통합 이론의 적용이 가능한 국가들의 역사적 혹은 이론적 논의를 중심으로 편집되었다. 우선 "분리를 넘어선 통합 국가 사례" 연구에서는 미국, 이탈리아, 벨기에, 스웨덴과 핀란드, 독일, EU 그리고 영국을 비롯한 총 8개 국가의 사례를 역사적이고 실제적인 분리와 통합의 경험 사례로 상정하여 연구를 진행하였다. 이 중에서 이 책의 구성과 의도에 가장 적절하게 부합된다고 판단되는 총 9편의 논문을 책의 형식에 맞게 재구성하여 편집하였다. 수록된 8개 국가의 사례와 제목은 다음과 같다.

첫 번째 국가 사례는 독일의 통일 이후 이주정책을 통한 독일의 통합국가로의 전환을 다룬 것이다. 구춘권 교수의 글 "분리와 통합의 관점에서 본 독일 이주정책의 변화와 통합모델의 전환"은 독일의 통합정책의 전환을 초래하게 된 이주정책과 이민정책 등을 통해 독일 통일의 의미를 분리와 통합의 관점에서 분석하고 있다. 독일의 혈통주의 모델을 통한 통합국가의 성격이 어떤 역사적 경험과 상황을 통해 정치적으로 성격을 변모했는가를 분석함과 동시에 통합국가 모델 전환의 특징과 성격을 평가하려는 분석 연구이다.

두 번째 국가 사례는 영국이며, 2016년부터 불거진 브렉시트에 대한 경험적 분석 사례이다. 김미경 교수의 "브렉시트와 정치공동체의 분리와 통합"은 유럽통합이 진행되고 있는 유럽에서 영국이 선택한 브렉시트를 분리와 통합의 관점에서 분석한 글이다. 이 글에서 필자는 두 가지 질문을 통해 글을 전개하고 있다. 하나는 어째서 어떤 정치공동체는 정치공동체의 경계를 확장하는 통합을, 혹은 그 반대로 정치공동체의 경계를 축소하는 분리를 추구하는가라는 의문이다. 두 번째는 하나의 정치공동체에 속해 있는 개인과 집단의 통합과 분리에 관한 선호는 왜 서로 다른지를 제기하고 있다.

세 번째 국가 사례는 스칸디나비아 반도의 노르딕 국가들이다. 김인춘 교수의 "노르웨이 동등분리와 핀란드 일방분리 비교—'같은통합', '다른분리'의 경로"는 스칸디나비아 3국 중 노르웨이와 핀란드를 중심으로 이웃한 강대국 스웨덴과 러시아와의 분리-통합 과정을 서로주체적인 분리와 홀로주체적인 분리로 설명하고 있다. 스웨덴-노르웨이 연합의 서로주체적 분리 요인과 러시아-핀란드의 홀로주체적 분리 요인을 비교분석함으로써 노르웨이의 동등분리와 핀란드의 일방분리의 현대적 의미를 서술하고 있는 글이다.

네 번째 국가 사례는 벨기에이다. 오창룡 교수의 "벨기에의 분리주의와 신플랑드르연대(N-VA)의 부상"은 전형적인 두 국가 체계를 가진 서유럽의 벨기에에서 나타나고 있는 분리와 통합의 동시적 현상을 분석하고 있다. 플랑드르와 왈롱 지역을 통합하여 하나의 국가로 탄생한 이후에도 여전히 두 개의 지역이 독자적인 자치세력화, 그리고 더 나아가 독립을 추구하고 있는 벨기에에서 분리주의 세력과 함께 통합을 지향하는 정당과 시민운동이 양립하고 있는 현실은 유럽 국가들이 당면하고 있는 분리와 통합의 동시성을 잘 보여주고 있다. 필자의 다른 글 "2체제 국가연합의 가능성과 함의: 벨기에 연합주의 논쟁의 시사점"은 벨기에의 분리주의를 넘어선 새로운 유형의 연합주의 통합국가로서 벨기에의 가능성을 제시하고 있다는 점에서 현재의 한반도 그리고 분리와 통합의 새로운 유형으로서 통합 국가 사례를 제시하고 있다.

다섯 번째 국가 사례는 미국인데, 상기의 다섯 개 국가 사례와는 다소 다른 맥락에서 접근할 필요가 있다. 특히 트럼프 정부의 등장 이후 이민정책을 둘러싸고 벌어지고 있는 미국의 고립적인 통합 정책의 실상을 이해하는 글이다. 이옥연 교수의 "분리를 넘어선 통합국가 미국의 이민 규제 사례"는 미국의 연방주의 유지를 위한 이민정책의 역사적 경로와 정책 변화를 통해 분리를 넘어선 통합국가로서 미국의 국가주의와 통합적 방향성을 분석하는 글이다. 이민정책을 통해 분리와 통합의 정도와 수준을 구분하고 있다는 점에서 미연방의 통합국가 수준을 이해할 수 있는 글이다.

여섯 번째 국가 사례는 이탈리아이다. 김종법 교수의 "이탈리아 대중정당을 통해 본 분리와 통합의 딜레마"는 이탈리아의 분리와 통합의 정당과 지역을 통한 정치공학의 기제를 잘 이해할 수 있는 논문이다. 분리주의를 주창하는 정당이 집권당의 일원으로 정부를 구성하면서 국가통합과 분리주의를 어떤 방식으로 결합하는가를 이해할 수 있다. 특히 북부동맹과 오성당의 연정을 통한 분리와 통합의 이중성이 유럽통합에 끼치는 영향도 파악할 수 있는 글이다.

2부에서는 이상의 8개 국가 사례를 기반으로 각 지역에서 작동하고 있는 지역통합의 영향과 통합체의 구조 변화 등을 분리와 통합의 동학에서 설명하는 글들을 재구성하였다. "분리와 통합의 기로에 선 지역통합"이라는 제목으로 구성된 제2부는 3개의 연구 결과로 구성되어 있다. 세 개의 글은 연합주의와 유럽통합의 구조와 통합적 성격을 분리주의를 수용하면서 발생할 수 있는 다양한 변수들과 요인들로 분석하여 설명하고 있다.

우선 첫 번째 글은 오창룡 교수의 "2체제 국가연합의 가능성과 함의: 벨기에 연합주의 논쟁의 시사점"이다. 유럽에서 벨기에 사례가 독특하긴 하지만 다른 유럽 국가들 역시 이러한 구조와 상황에 처한 국가들이 적지 않다는 점에서 벨기에 연합주의의 성격과 논쟁은 충분한 학문적 의미를 지닌다. 영국, 스페인, 이탈리아, 핀란드, 스위스 등의 국가에서 발생하고 있는 분리와 통합의 기제를 비교한다면, 벨기에의 연방주의는 유럽의 연방주의 국가에 의미 있는 시사점을 제공할 수 있다.

두 번째 글은 김미경 교수의 "브렉시트와 유럽통합이론: 통합과정의 가역성을 중심으로"이다. 이 글은 유럽통합을 논의하던 기존의 이론적 시각에서 벗어나 새로운 접근과 방법론에 입각해 유럽통합을 논의한다. 특히 유럽통합을 '새로운 경계'의 설정이라는 측면에서 통합과 와해의 동시성을 함께 논의하는 방식으로 문제를 제기하고, 유럽통합을 분석하고 있다. 김미경 교수의 이 글을 통해 유럽통합의 새로운 의미를 되새겨보고, 분리와 통합의 가설과 분석법의 유효성을 고민할 필요가 있을 것이다.

세 번째 글은 구춘권 교수의 "유럽연합 국가성의 불균등 발전과 유럽통합의 위기"이다. 이 글에서 구춘권 교수는 유럽연합의 국가성을 중심으로 유럽연합의 확대와 발전단계 등을 연계하여 유럽연합과 회원국들 간의 관계를 재조명하고 있다. 특히 국가성이라는 개념을 그람시의 "확장된 국가" 또는 콕스의 초국적 헤게모니처럼 국가에 대한 협애한 이해의 틀을 넘어 국가의 새로운 기능과 역할을 담으려고 시도하였다. 또한 유로위기와 난민위기 등 경험적 사례를 선택하여 유럽연합 국가성의 불균등 발전과 이에 내재된 긴장과 모순을 파헤치고 있다.

이러한 결과물들은 결국 한반도 상황에 적용 가능한 모델을 새롭게 정립하고, 분리와 통합을 통해 남북 분단의 상황을 타개하기 위한 시사점을 제공하게 될 것이다. 특히 이를 토대로 결론에서는 분단을 넘어선 통합국가 혹은 평화체제 구축을 위해 분리와 통합 이론과 방법을 적용함으로써 한반도와 동북아시아에서의 분리와 통합 연구에 대한 시사점을 서술하고 있다.

2. 주요 개념과 이론의 구조[2]

한반도를 둘러싼 국제정치질서는 항상 긴장과 현상유지를 원칙으로 하는 '불안정 속의 평화'의 연속성을 가진 질서이다. 이런 이유로 긴장과 불안정을 지속적으로 유지하면서 외형적 평화 체제를 유지하고 있는 한반도 정세는 기본적으로 한반도 내부 현상에 기초한 분석이 대부분이었다. 한반도 문제를 현상으로 본다는 의미는 몇몇 현상이 초래하

---

2   이하 주요 개념과 이론적 논의는 다음 연구를 인용하고 참조한 것이다. 초기 개념 설명과 중간 중간의 구성은 필자의 설명과 구성을 통해 서술하였지만, 기본적인 구조와 내용은 아래의 논문을 참조하시오. 김학노. 2010. "정치, 아(我)와 비아(非我)의 헤게모니 투쟁."『한국정치학회보』. 44권 1호; 김학노. 2011. "'서로주체적 통합'의 개념."『한국과 국제정치』 27권 3호, 29-61; 김학노. 2014a. "'분단-통일'에서 '분리-통합'으로." 김학노 외.『분단-통일에서 분리-통합으로』. 사회평론아카데미; 김학노. 2014b. "우리 형성의 헤게모니 정치."『한국정치학회보』 48집 5호.

는 지엽적이고 단편적인 요소나 요인 중심의 연구와 분석이 주를 이루게 되었고, 남과 북이라는 한반도의 당사자들 중심의 연구가 그 중심축이었다는 사실을 의미한다.

그러나 이미 충분히 증명되었듯이, 한반도의 국제정치적 상황과 질서를 바꾸는 것은 남과 북이라는 두 체제만의 문제가 아니다. 한반도 상황의 현상유지를 원하는 주변 강대국들의 입장이 변하지 않는 한 이러한 남북 분단 상황이 바뀔 가능성도 별로 없어 보인다. 따라서 기존 남과 북 중심의 한반도를 통일과 분단이라는 이분법적 기준에 의해 분석하고 해석하는 것은 더 이상 유효하지 않을 수 있다. 실제로 이를 증명한 사건과 상황이 2018년과 2019년 사이에 진행되었던 남북정상회담과 북미정상회담이었다.

분단이라는 상황에서 군사적 긴장과 갈등이 전제가 되고, 한쪽의 일방적 흡수가 목적이 되는 '분단과 통일'이라는 이분법적 접근 방식과 개념 분석으로는 한반도의 평화체제 전환을 가져오는 데 분명한 한계가 존재한다. 분단과 통일이라는 개념과 분석 방식은 제2차 세계대전 직후 국제정치질서의 기본이었던 냉전체제에나 적합하고 유효한 것이었으며, 탈냉전과 세계화라는 변화된 국제정치경제질서 속에서는 더 이상 유효하지 않는 분석틀과 개념이었다. 그럼에도 70년이 넘는 분단 상황에서 여전히 유효할 수 있었던 것은 '현상유지'를 원하는 남과 북 양 체제의 기득권 세력들과 한반도에서 자신들의 패권과 국가적 이익을 실현하고자 했던 주변 강대국들의 의지와 전략 때문이었다고 평가할 수 있다.

70여 년이 넘게 지배하고 있던 이러한 분석틀과 개념틀이 유지될 수 있었던 것은 두 가지 요인이 가장 크게 작용했다고 볼 수 있다. 첫 번째 요인은 통일을 현상으로 이해하는 학계와 전문가들의 시각과 접근 방식이다. 통일을 현상으로 이해하게 되면 남북정상회담이나 군축 합의 혹은 다양한 긴장완화 정책을 시도하고 적용하면 통일을 이룰 수 있다는 설명과 이해가 설득력을 갖는다. 실제로 많은 전문가들과 학자들은 방법론적인 측면에서 통일의 방식과 전략 등을 제시하였다. '자주, 평화, 민족'이라는 통일의 3대 원칙을 제시되고 있는 '7.4 남북공동성명'이나 남북정상회담의 개최 및 남북경협 등이 대표적인 통일 방식과 구체적인 전략이었다. 그러나 2018년 이후 진행되어온 3차례의 남북정상회담이나 두 차례의 북미회담은 오히려 한반도 상황의 한계를 고스란히 보여준 사건이었다. 이는 통일이 현상이 아닌 '구조'의 문제라는 점을 분명하게 부각시킨 전환기적 사건들로 평가할 수 있다. 따라서 '통일을 현상이 아닌 구조의 문제'로 접근하고 해결책을 제시하는 대안의 필요성은 새로운 개념틀과 접근법을 분명하게 보여주고 있다.

두 번째 요인은 통일이 한반도의 두 체제 당사자들만의 자주적인 방식과 접근이 갖는 구조적 한계, 그리고 미국을 중심으로 하는 주변 4대 강국의 기득권 문제와 구조라는 사실을 자의든 타의든 간과해왔다는 점이다. 이는 한반도를 둘러싼 이해당사자들의 현상유지 방향과 전략이 오랫동안 관철되고 유지될 수 있었던 요인이기도 하다. 따라서 한반도 주변 국제정치경제질서의 현상을 유지했고 유지하고 있으며 유지할 기존 구조를 변경하지 않으면, 한반도 체제 전환은 거의 불가능하다는 점을 이해해야 한다. 이러한 측면에서 본 저서에서 제시하고 있는 '분리와 통합'이라는 분석틀과 개념은 충분한 함의를 제시하게 될 것이다. 특히 한반도 체제의 보다 확장된 상황과 구조를 다양한 방식과 접근으로 이해할 수 있는 출발점이라는 점에서 '분단과 통일'의 이분법적 접근과 개념과는 완연하게 다른 시각과 방식을 제공할 수 있을 것이다.

이런 측면에서 본 저서에서 제시하고 있는 '분리와 통합' 개념과 접근 방식은 기존 개념들이나 방법과는 다른 내용과 의미를 갖는다. 첫째, 분리와 통합은 이분법적이고 양극적인 개념이나 내용과는 다르다는 점이다. 분단 상황이 아니면 통일이라는 양극적인 시각이나 접근과는 달리 매우 유연하고 상대적인 시각과 관점으로 한반도 체체와 문제를 바라본다. 이러한 점은 추후 다시 한번 분리와 통합의 상대적 개념쌍으로 설명하고자 한다.

둘째, 분리와 통합을 하나의 과정으로 설명하고, 여기서 작동하는 기제와 원리를 외연의 확장과 헤게모니가 작동하는 과정으로 설명한다는 점이다. 그런 이유로 그람시가 제시했던 '헤게모니' 개념이 적용되며, '소아'와 '대아' 등의 개념이 적용되면서 외연의 확장과 축소 등을 결합하여 분리와 통합 현상을 설명하게 될 것이다. 보다 유연하고 확장된 개념과 내용 등을 통하여 분리와 통합 현상의 다양한 질서와 과정을 설명한다는 점에서 기존 분석이나 접근 방식과도 차별적이다.

셋째, 분단과 통일과 같이 '선악'의 가치 판단과 개념 구분을 통해 접근하지 않는다는 점이다. 기존 논리와 분석에서 본다면, '분단=나쁜 것'이며 '통일=좋은 것'이라는 선악의 가치구분 방식이 작용했다. 그러나 분리와 통합 개념은 가치중립적인 개념이다. 다시 말해, '통합=좋은 것'이고 '분리=나쁜 것'이라는 가치판단을 전제하지 않는 접근과 분석 방식이라는 점이다. 따라서 단절적이지 않으면서 연속적인 과정과 구조 변화를 전제로 사용된다는 사실이 분명하게 드러난다.

넷째, 결국 이러한 새로운 시각과 관점에 따라 기존 분리의 통합의 현상적인 상황을 설명하기보다는 분리와 통합의 정도와 방식에서 좀 더 다양한 형태와 구조를 제시할 수 있게 된다. 이는 분리의 정도

와 통합의 정도를 주체들 간의 결합방식과 분리강도 등을 고려한 다차
원적인 상황과 구조를 모두 제시할 수 있게 된다는 연구 분석의 장점
도 존재한다. 따라서 이러한 새로운 개념과 방식을 통해 한반도 체제
를 분석하게 된다면, 남과 북의 두 체제 당사자뿐만 아니라 주변을 둘
러싸고 있는 4대 강국과의 관계를 더욱 유용하게 분석할 수 있게 될
것이다. 이러한 점들을 고려하여 분리와 통합의 방식을 적용한 설명을
좀 더 구체적으로 진행하면 아래의 내용과 같다.

　　본 저서에서 사용하는 핵심 개념쌍인 분리와 통합은 상대적인 개
념이다. 먼저, '통합'은 '소아(小我)에서 대아(大我)로의 확대'를 의미
한다. 통합은 둘 이상의 행위자가 더 '큰 우리'를 형성해나가는 과정을
의미하거나 또는 그 최종적인 결과로서 더 큰 우리를 형성한 상태를
지칭한다. 여기서 소아와 대아는 상대적인 개념이다. 소아(小我), 즉
'작은 우리'는 '더 작은 우리'에 비하면 대아에 해당한다. 대아(大我),
즉 '큰 우리'도 '더 큰 우리'에 비하면 소아에 해당하는 원리인 것이다.
나와 너라는 개인들이 모여서 가족을 이루고, 가족들이 지역공동체를,
지역공동체들이 국가공동체를 이루는 과정에서 본다면, '개인 → 가족
→ 지역 → 국가'의 순으로 소아에서 대아로 확대되는 것이다. 국가 간
의 통합 과정 역시 국가와 국가가 모여 국가연합이나 연방 국가를 구
성한다면, 이 또한 소아(원래의 국가)에서 대아(새로운 연합이나 연방)
로의 통합을 의미한다(〈표 1〉 참조).

　　이에 반해 '분리'는 반대의 경우로 대아에서 소아로 '우리'의 외
연이 축소되는 과정을 의미하거나, 그 최종적인 결과로서 '작은 우리'
를 형성한 상태를 지칭한다. 연방국가가 개별 국가로, 국가에서 지역
으로, 지역에서 가족으로, 가족에서 개인으로 우리의 외연이 축소되는
과정이 분리인 것이다. 그런데 대아에서 소아로 우리의 외연이 축소되

표 1. 분리-통합의 개념

통합	소아에서 대아로의 확대 = '큰 우리' 구축 = 작은 우리들을 통합
분리	대아에서 소아로의 축소 = '작은 우리' 구축 = 더 작은 우리들을 통합
분리-통합	'큰 우리'와 '작은 우리' 사이의 헤게모니 투쟁 과정

는 분리 과정은 한편으로 '더 작은' 소아들을 '보다 큰' 소아로 통합하는 과정이기도 하다. 예를 들면 연방국가가 개별 국가들로 분리되는 것은 연방국가라는 대아에서 개별 국가라는 소아가 분리하는 과정이기도 하지만, 동시에 개별 국가 내의 다양한 소아들을 연방국가와 구별하여 개별 국가로 통합하는 과정이기도 하다. 한민족이라는 '큰 우리'(대아)에서 남한과 북한이라는 '작은 우리'(소아)로 분리된 과정은 남과 북의 내부에서 각각 '더 작은 우리'들을 한민족이라는 '더 큰 우리'의 차원이 아니라 남한과 북한이라는 '작은 우리' 차원으로 통합된 것이기도 하다.

소아에서 대아로 자아를 확대하는 '통합' 과정은 곧 헤게모니 확산과 구축 과정이다. 헤게모니 주도세력은 하위세력들에게 강압이나 리더십 또는 양보와 동의 등의 다양한 방식을 통하여 자신을 중심으로 한 '우리'의 틀 안에 하위세력을 포섭하게 된다. 반대의 경우 역시 마찬가지다. 대아에서 소아로 분리되는 과정 역시 헤게모니가 작동되는 동학에 의한 구축 과정이다. 대아에서 소아로 분리를 도모하는 세력은 대아의 입장에서 보면 분명히 소아적이고 분열적인 세력이다. 그러나 분리를 도모하는 세력은 그보다 '더 작은 소아들'을 따로 모아서 하나의 우리(소아)를 형성한다. 이 소아는 더 작은 소아들을 자신의 헤게모니 아래 통합함으로써 만들어진 것이다. 이 과정을 원래의 대아의 입장에서 보면 분열과 분리의 과정이지만, 아주 작은 소아의 입장에서

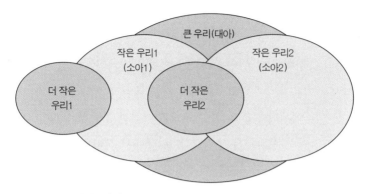

그림 1. 분리 – 통합의 상호관계

보면 또 다른 대아(원래의 대아보다는 작지만)로의 통합 과정인 것이다
(〈그림 1〉 참조).

　　따라서 분리와 통합은 소아와 대아처럼 상대적인 개념이며, 분
리 · 통합은 하나의 연속적인 과정으로 보아야 한다는 것이다. 분리 ·
통합은 한 공간 안에서 소아와 대아가 스스로를 '우리'로 규정하면서
형성되는 과정이다. 다시 말해, '분리 · 통합'은 '큰 우리'와 '작은 우리'
사이에 작동되는 헤게모니의 투쟁과 과정인 것이다. 또한 '큰 우리'를
형성하려는 주도세력인 소아1과 그 하위세력인 소아2 사이에 작동하
는 헤게모니의 투쟁이기도 하다. 큰 우리는 상대적으로 외연이 넓은
대아로의 큰 통합을 추구하며 구심력을 구축하려 한다. 작은 우리는
상대적으로 외연이 좁은 소아로의 작은 통합을 추구하며, 이는 대아의
입장에서 보면 분리를 추구하는 원심력의 원천이 된다. 분리 · 통합의
시각에서 볼 때 세계 곳곳의 분리나 통합을 둘러싼 갈등은 이러한 '큰
우리 대 작은 우리' 또는 '구심력 대 원심력" 또는 '구심력 대 원심력1
대 원심력2' 사이에 발생하는 헤게모니 과정인 것이다(〈표 1〉 참조).

　　이와 같은 통합과 분리의 개념은 가치중립적인 개념이다. 다시 말해 '통합=좋은 것'이고 '분리=나쁜 것'이라는 가치판단을 전제하지 않는다. 이는 기존 국제통합이론이 갖는 규범적 정향과는 다르다. 신기능주의 통합이론의 효시인 하스가 언명한 것처럼, 지역통합을 연구하는 주된 이유가 국제평화를 도모한다는 규범적 지향점을 가진다. 반면에 본 연구에서의 분리와 통합 개념은 이러한 규범적 전제를 내포하지 않는다. 이런 관점에서 본다면 본 연구에서 분리와 통합은 단순히 우리 외연의 축소와 확대를 뜻할 뿐이다.

분리와 통합은 하나의 연속적인 개념으로 단절되어 있지 않다. 〈그림 2〉는 정치체의 분리–통합이 하나의 연속선을 이루고 있음을 보여준다. 〈그림 2〉에서 분리가 가장 높은 수준은 개별 국가들로 독립 또는 탈퇴(secession)를 하는 것이고, 가장 높은 수준의 통합은 단일국가로 합치는 것이다. 이러한 연속선의 과정 중에는 여러 형태를 띤 다양한 수준의 분리–통합이 가능하다는 것을 보여주고 있다.

〈그림 2〉에서 보듯이 분리–통합은 하나의 연속적인 과정이지만, 비교분석의 편의를 위해서 〈표 2〉와 같은 분리와 통합의 이념형을 만들어서 사용한다. 〈표 2〉는 집단(지역)과 집단(지역), 국가와 국가, 또는 집단(지역)과 국가가 서로 만나는 방식과 만남의 깊이를 기준으로 4가지 유형을 구분한다. 만남의 깊이는 '우리'의 층위를 나타낸다. 너

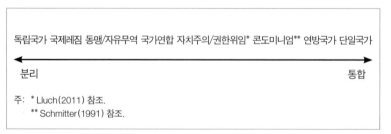

독립국가 국제레짐 동맹/자유무역 국가연합 자치주의/권한위임* 콘도미니엄** 연방국가 단일국가

분리 ←————————————————————————→ 통합

주: * Lluch(2011) 참조.
    ** Schmitter(1991) 참조.

그림 2. 분리·통합의 연속선

표 2. 분리와 통합의 유형

만남의 깊이 만남의 방식	분리	통합
일방	(A) 일방분리 (무력분리, 적대적 대치)	(C) 일방통합 (무력통합, 흡수통합)
동등	(B) 동등분리 (합의분리, 평화공존)	(D) 동등통합 (합의통합, 대등통합)

와 내가 만나서 공동의 '우리'가 발전하면 통합이 많이 진척된 것으로, 너와 내가 공유하고 있는 공동의 우리가 희미하면 통합의 정도가 약해지고 분리가 심해진 것으로 이해한다.

완전한 '분리' 상태는 나와 너, 또는 우리와 그들이 각각 별개로서 존재하는 상태다. 완전한 '통합'은 나와 너, 또는 우리와 그들이 만나서 하나의 새로운 우리, 즉 큰 우리(大我)를 만든 상태다. 극단적인 분리의 상태는 소아와 소아가 공유하는 대아가 전혀 없고, 통합의 상태는 소아와 소아가 대아의 구성원으로 '결합'되어 있다. 분리와 통합은 물론 기본적으로 연속적인 개념이다(〈그림 2〉 참조).

만남의 방식은 소아와 소아, 또는 소아와 대아가 만날 때의 상호 간의 태도를 의미한다. 태도의 방식에서 일방적이냐 동등하냐 혹은 열세이냐에 따라 통합이나 분리의 방식을 결정한다는 것이다. 예를 들면, 동등통합의 경우 너와 내가 보다 확장된 우리, 즉 '대아'가 되는 과정에서 너와 내가 서로 동등하게 만나고, 동시에 너와 나의 소아적 특징이 대아에 의해서 억압되거나 사라지지 않는다. 반대로 만남의 깊이가 얕아서 분리로 나아가는 경우에도 동등 방식과 일방 방식이 가능하다.

이와 같은 방법을 적용하면 분리-통합이 다양한 방식으로 얽혀 있

그림 3. 일방-동등의 연속선 (과정/결과)

는 유럽 국가들은 일방적인 방식과 동등한 방식에 따른 다양한 조합이
가능하다. 〈그림 3〉처럼 과정과 결과를 함께 고려할 때 둘 다 일방적이
거나 동등한 방식이 우세한 경우가 있고, 과정이나 결과 중 어느 하나
는 일방적 방식 혹은 동등한 방식이 우세한 경우가 있을 수 있다. 만남
의 방식에서 과정과 결과가 혼재한 경우 본 저서에서는 결과를 더 중
시하였다. 이러한 방식에 의해 독일 통일 사례에 적용한다면, 독일은
평화적 합의의 과정을 거쳤지만 동독이 서독에 사실상 흡수된 점에서
결과적으로 일방통합의 유형에 가깝다고 분석할 수 있는 것이다. 〈그
림 3〉에서 보자면 독일은 '동등/일방'의 범주에 해당되는 것이다.

　세계의 많은 국가들은 이러한 분석 틀에서 적용될 수 있다. 13개
의 주들이 서로 동등하게 만나서 독립을 결정했다는 점에서 미국의 경
우는 동등통합의 유형에 가까우며, 〈그림 3〉의 '일방/동등'에 해당한
다. '동등/동등'은 예멘이 1차 합의통일을 이루었을 때나, 미국의 건국
시기, 그리고 체코슬로바키아가 체코와 슬로바키아로 평화롭게 분리
한 경우(소위 'velvet divorce')가 해당될 수 있다. '일방/일방'은 베트
남 통일과 같은 경우가 대표적 사례가 될 것이다.

　따라서 본 연구에서는 이러한 만남의 방식과 〈표 2〉의 분리와 통
합의 유형들을 결합하여 분석 대상으로 제시한 국가들을 분석할 것이
며, 이를 통해 모든 국가 사례들을 유형화하고, 유형별 비교분석을 통

해서 궁극적으로 이 네 가지 이념형을 중심으로 남북한 관계에 대한 새로운 관점의 시나리오도 구상할 수 있을 것이라 판단한다.

　본 저서에서 사례연구 대상국들로 선정된 국가들은 분리-통합의 현상이 역사적으로 존재했거나 현재 진행 중인 통합국가들이다. 저서 집필진은 이미 기존 연구를 통해 글을 발표하거나, 저서의 학문적 의미를 충분히 담보할 수 있다고 생각하는 국가와 사례를 선정하였다. 집필진은 사전연구를 진행해서 대상 국가를 1차로 선별한 다음, 그 중요성과 상호관계에서 한반도에 영향을 직간접적으로 미치는 국가들로 안배하여 7개 국가(미국, 이탈리아, 벨기에, 스웨덴, 핀란드, 독일, 영국)와 EU를 최종 선정했다. 미국을 사례에 포함한 이유는 그 자체로 분리와 통합의 모델을 제시하는 동시에 동아시아 정세와 지역통합에 직접적인 영향을 미치는 국가이기 때문이다. 이와 함께 EU와 영국 사례 분석을 통해 유럽 지역통합의 역사적 전환점이 된 브렉시트를 재조명하고 유럽통합 모델의 현실적 함의와 한계를 진단할 계획이다. 나아가 분리-통합의 동학을 선명하게 관찰할 수 있는 이탈리아, 벨기에, 스웨덴, 핀란드, 독일 사례를 모델로 한반도의 분리-통합에 대한 구체적 시사점을 모색하고자 한다.

　사례연구는 우선 각각의 국가(혹은 사례)에서 분리-통합의 동학이 역사적으로 어떠한 과정들을 거치면서 변화 혹은 진화해왔는지를 구체적으로 살펴보면서, 그 과정들에서 분리 혹은 통합의 동학이 상대적으로 우세해지게 된 특정 시점들에 주목하여 그 원인을 행위자 및 구조적 측면에서 분석하고자 한다. 이러한 분석들을 통해서 앞서 〈표 2〉에서 제시한 분리-통합의 여러 유형들 중에서 해당 국가의 사례가 어떤 유형에 속하는지, 혹은 어떤 유형들을 거치면서 변화 혹은 진화되어왔는지를 분석하고자 한다. 또한 각 사례들이 특정 유형으로 귀결되

는 과정들 속에서 정치, 사회, 경제적 행위자들 간의 헤게모니 투쟁이
어떻게 전개되었는지, 그러한 행위자들 간의 헤게모니 투쟁이 어떠한
구조적 변화를 수반하게 되었는지에 주목하게 될 것이다.

본 저서는 이러한 국가별 사례연구를 통해서 분리-통합의 경로와
요인 및 영향 관계를 구체적으로 다음과 같이 두 단계의 분석틀로 나
누어 분석해보고자 한다.

첫 번째 단계의 분석틀로는 〈그림 4〉에서 보듯이 정치체의 분리-
통합을 중심에 놓고 특정 유형의 분리-통합이 이루어진 경위와 그 영
향을 비교분석한다. 우선, 정치-사회제도, 사회경제적 이익, 문화 및
정체성 등의 구조적 요인이 사회세력 간의 헤게모니 투쟁이라는 상호
작용에 미치는 과정을 분석하고자 한다. 이 결과로 나타나는 일방분
리, 동등분리, 일방통합, 동등통합이라는 정치체 분리와 통합의 유형

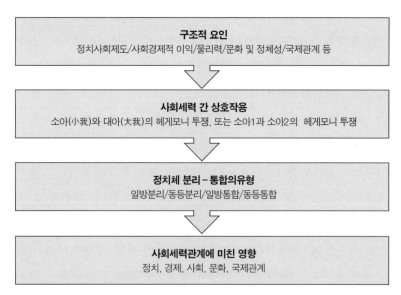

그림 4. 분리-통합 경로의 요인 및 영향

을 확인한 뒤, 이것이 정치, 경제, 사회, 문화에서 사회세력관계에 미친 영향을 살펴보고자 한다.

두 번째 단계의 분석틀은 유럽통합이나 동북아시아의 통합 노력 그리고 한반도의 통합 과정이 각 사례 내의 분리-통합이라는 동학에 어떠한 영향을 주고 있는지를 비교분석하는 것이다. 구체적으로 행위자들 간의 헤게모니 투쟁에서 어떠한 역학관계의 변화가 일어났는지를 살펴보고, 그러한 변화가 각 사례별로 분리-통합 동학의 구조적 변화에 어떠한 영향을 주었는지를 분석한다.

지금까지 살펴본 이론과 개념은 본 저서를 구성하는 분리와 통합을 비교적 적절하게 설명할 수 있는 내용을 중심으로 구성하였다. 물론 국가별 사례 연구들이 이번 항에서 설명하고 제시한 이론과 개념을 고스란히 적용하여 일관성 있는 틀과 구조 속에서 글을 전개하고 있지는 않지만, 사례 연구의 연계성을 충분히 고민하였다는 점은 분명하게 이야기할 수 있을 것이다.

3. 연구 방법 및 이론적 논의

일반적으로 유럽통합을 통합의 전형적인 사례로 인식하여 다양한 연구를 진행해왔지만, 실제로는 유럽연합 안의 개별 국가들 내에서 또 다른 분리와 통합이라는 지역 내부 갈등이 상존한다. 개별 국가 안에서의 분리와 통합 현상을 해결하지 않은 채로 획일적인 지역 통합으로 진행하게 되면 국내적 갈등이 전혀 예기치 않은 결과로 나아갈 수도 있다. 최근 영국의 유럽연합 탈퇴 과정인 브렉시트가 대표적인 사례이다. 브렉시트 과정은 개별 국가의 통합 과정과 노력이 분리 현상을 넘어서지 못한다면 통합연구나 지역통합 이론의 실질적인 정책적 활용에 장애가 발생할지도 모른다는 모범적인 본보기이다. 그러나 일반적으로 유럽에서의 통합과 분리의 동학은 서로 연관되어 있지 않고 분리된 개별 현상들로서 각각의 독립적인 사안으로 연구되어왔다.

이 책에서는 이러한 분리와 통합 현상을 연계하고, 보다 작은 범위의 통합이 큰 범위나 영역에서 어떤 방식으로 큰 통합으로 확장될 수 있는가를 다양한 사례와 개별 국가의 현상을 통해 종합하고자 한다. 특히 분리와 통합을 연계할 수 있으면서 개별 국가의 분리나 통합 현상이 보다 큰 범위의 지역통합 과정과 동학에 어떤 영향을 미치고 어떤 요인들이 작동하는가를 밝히고자 한다. 다시 말해, 기존 연구의 한계를 뛰어넘어 분리와 통합 현상의 새로운 접근법과 분석틀을 제공하면서 한반도의 분단과 통일의 이분법적 방식을 뛰어넘어 분리와 통합을 위한 실효성 있는 정책과 방법을 모색하고자 한다.

따라서 분석 대상이 되는 유럽과 주요 지역의 국가들에서 나타나는 분리와 통합의 현상들을 다음과 같이 두 단계에 나누어 분석해보고자 한다. 1단계에서는 여러 국가들에서 일어나는 다양한 분리와 통합의 현상들을 연속적이고 상호적인 동학으로 비교, 분석한다. 2단계에서는 1단계의 기초 연구 성과들을 바탕으로 오늘날 통합의 다양한 형태와 사례를 지역 중심으로 고찰하고, 분석한 국가들에서 일어나는 분리와 통합의 동학은 지역통합의 과정과 노력에 어떠한 영향을 주었는지 분석해보고자 한다.

본 저서에서 다루게 될 미국, 이탈리아, 벨기에, 스웨덴과 핀란드, 독일 그리고 영국과 EU는 현재의 분리와 통합 현상에 대한 이론적이고 새로운 방법론적인 틀을 제공해줄 수 있는 국가라는 점에서 주요 사례로 선택되었다. 특히 이들 국가들은 그동안 국내에서 진행된 지역연구에서 분리의 문제보다는 통합의 구심력이 강한 국가로 연구되어왔기 때문에 분리를 넘어선 통합 연구라는 본 연구의 목적에 가장 부합할 수 있는 국가로 사료된다. 또한 유럽통합의 사례, 동북아시아의 통합 시도, 그리고 이러한 통합 노력에 모두 개입하고 있는 상수로서 미국에 대한 연구는 통합 이론의 새로운 접근 방법을 제공해줄 것이다.

　이러한 점에서 본 저서는 유럽이나 아시아 국가들의 분리-통합의 연구를 위한 기존의 이론적 분석틀에 전적으로 의존하지 않고, 국내 사회과학계에서 정치학자들을 중심으로 현재 논쟁이 진행되고 있는 '분리-통합'의 기반인 '아(我)와 비아(非我)의 헤게모니 관계'에 대한 연구를 활용하고자 한다. 이러한 이론적 분석틀은 반세기 이상 분단을 경험해온 한반도에서의 역사적 경험과 국내 학자들의 학술적 문제의식들에 토대해 만들어진 것이다. 특히 '분단 대 통일'이라는 분절적이고 대립적인 관점에서 '분리-통합'이라는 연속적이고 상호적 관점의 전환을 통해서 탈규범적이고 가치중립적인 학술서의 성격을 더해줄 것이다. 이는 궁극적으로 한반도 문제에 대한 우리 사회과학계의 고민과 성과를 유럽을 비롯한 분리-통합이 작동하는 여러 지역 연구와 비교해보는 기회를 제공할 수 있을 것이다. 이를 좀 더 자세하게 서술해보면 다음과 같다.

　첫째, 기존의 '분단 대 통일'이라는 이분법적 시각 대신에 '분리-통합'이라는 연속적인 관점을 새롭게 도입한다. 우리는 지금까지 남북한 관계를 분단과 통일이라는 이분법적 시각에서 접근하고 분단국이라는 특수사례를 비교, 분석함으로써 남북한 관계와 통일문제의 함의를 찾으려 했다. 독일, 베트남, 예멘과 같은 분단국 사례들을 통해 한반도 통일을 위한 시사점을 구하고자 했던 주요 이유이기도 하다. 그러나 본 저서에서는 기존 '분단 대 통일'이라는 단절적 시각 대신에

'분리-통합'의 연속적 시각에 입각해서 새로운 접근법을 통해 연구를 진행하고자 한다.

둘째, 이러한 분리-통합의 주요 국가별 사례 중에서 현재도 분리와 통합이 복합적으로 나타나고 있는 여러 지역의 통합국가들을 선정하여, 해당 국가의 대내외적인 정치사회 과정을 비교, 분석한다. 본 저서에서 선정된 미국, 이탈리아, 벨기에, 스웨덴과 핀란드, 독일 그리고 영국과 EU는 역사 발전 과정에서 등장한 여러 유형의 분리와 통합을 경험했으며, 서로 다른 유형의 분리와 통합의 움직임이 상호경쟁하고 있는 국가들이다. 선정된 국가별 사례 연구를 통해 분리-통합의 복잡한 경로들을 검토하면서, 국가별 특수성 속에서 보편성과 시사점을 찾아내고자 한다.

셋째, 이렇게 얻어진 분리-통합의 특수성과 보편성의 비교분석을 통하여 남북한 관계의 발전을 위한 일반론적 교훈을 찾고, 분리-통합의 관점에서 향후 남북한 관계의 발전 방향에 대한 시나리오를 구축한다. 특히 분단과 통일의 기존 개념이 갖고 있는 통일이라는 목적론적 시각에서 탈피하여 남북한 관계에 있어서 새로운 분리와 통합의 관계와 유형들을 비교 검토하고 다양한 경로의 가능성을 모색한다. 이를 통해 분리-통합의 개념과 분석틀을 개발함으로써 남북한 관계를 일반론적으로 분석하기 위한 이론적 토대를 구축하고자 한다.

새로운 접근법을 통한 통합국가 사례 연구는 분리와 통합에 대한 기존 연구들이나 결과물들과는 다른 차별성을 제시하게 될 것이다. 특히 남북관계 및 통일문제 차원에 새로운 지평과 차이점을 제시하고자 한다. 그것은 두 가지 점에서 분명한 차이점을 제시하게 된다.

첫째, 분리 및 통합에 대한 일반적인 연구와 비교할 때, 본 저서에서는 분리-통합 동학에 대한 종합적인 비교분석을 실시하고 있다. 비교정치학이나 국제정치학 또는 사회학에서 분리(주의)와 통합을 다루고 있는 연구들은 많다. 그런데 이들 연구는 대체로 개별 사례분석에 치중하며 분리와 통합을 각각 별도로 연구하면서 국내와 국제 현상을 구분하여 다루는 경향이 있다. 이에 반해 본 저서에서는 개별 사례분석과 함께 독창적인 유형화를 통한 비교분석을 실시한다. 분리와 통합을 별개로 구분하지 않고 상호적이거나 동시적인 현상으로 다루고, 분리-통합의 동학을 내부와 외부의 영향 요인과 함께 분석한다.

　분리나 통합에 대한 기존의 연구들은 분리와 통합 현상을 각각 개별적인 것으로 본다. 이런 이유로 분리주의 움직임에 대한 연구는 주로 사회 내 종교, 민속집단(ethnic group), 인종, 언어, 지역 간 경제격차 등 다양한 요인에서 분리주의 원인을 찾으며, 이 상황에서 분리는 통합과 무관하게 다루어진다. 통합에 대한 연구 역시 마찬가지다. 예를 들면 유럽통합 연구자들이 통합 과정의 파급효과(spillover)와 함께 역진(spillback)현상을 고려하지만, 통합을 분리와의 연속선에서 바라보지는 않는다. 그러나 본 저서에서는 분리와 통합을 하나의 연속적인 과정의 현상들로 보며, 어떤 특정 시점에 있어서도 분리와 통합이 동시에 진행되는 것으로 이해한다. 다만 분리와 통합 중 어느 하나가 강한 것으로 나타나는 원인을 한쪽 세력이 상대적으로 강하기 때문에 우위를 점하게 된다고 보는 것이다.

　분리(주의)에 대한 현재의 연구들 역시 유사하다. 분리를 한 사회 내의 문제로 간주하여 그 대칭점으로 '사회통합'을 상정하고, 이때 설정되는 사회통합은 국제통합(혹은 지역통합)과 별개의 것으로 구분된다. 그러나 본 저서에서 다룰 분리 문제는 국가 내의 사회통합 문제뿐만 아니라 국가 간의 국제통합 문제에도 영향을 받는다는 구체적인 사례로 제시될 것이며, 이를 한국 상황에 적용하고자 한다. 따라서 분리-통합은 국내와 국제의 구분이 모호한 지점이며, 국내에서 전개된 분리 움직임이 극단적인 상황으로 흐를 경우 별개의 국가로 독립함으로써 더 이상 국내 문제가 아니고 국제 문제가 된다는 것이다.

이러한 논리를 한국 상황에 적용하면 다음과 같은 방식의 접근이 가능하다. 기존의 '분단 대 통일' 시각은 단절론적 개념으로 남북관계를 특수한 사례로 본다. 이에 반해 본 저서에서 제시하는 '분리-통합'의 시각은 연속적인 개념으로 남북관계를 보편성을 갖춘 일반적인 문제로 본다는 것이다. 이를 몇 가지 시각에서 설명하면 다음과 같다.

우선 분단과 통일의 단절적인 개념화에 대한 비판적 시각에서 본다면, 통일은 일회적인 '사건'으로 이해되고 통일 이전과 이후가 명확히 구분된다. 물론 '과정으로서의 통일'이라는 표현을 쓰거나 통일 대신에 통합 개념을 사용하기도 하지만, 이들은 모두 단절론의 한계를 극복하려는 시도이다. 그럼에도 이러한 시도들이 분단을 대신하여 분리 개념을 사용하거나 더 나은 논의를 이끌어내지 못하였다. 이에 반해 본 저서에서는 분리-통합의 연속성을 도입하여 한반도의 분단과 통일문제를 연속적인 과정의 문제로 바라보고자 한다. 이와 같은 시각에 의하면 분리와 통합은 특정 시점이나 과정 중에 동시에 발생하며, 양쪽의 힘 중 어느 쪽이 우세한가에 따라서 분리나 통합의 정도가 정해진다는 과정 중심적인 접근이다.

남북관계를 특수한 사례로 보는 기존 연구는 한반도 상황을 독일, 베트남, 예멘 등의 소수 '분단국' 사례를 통해 접근한다. 분단국은 동일 민족이 두 개의 국가로 나뉘게 된 경우이며, 당연히 민족통일을 지향하는 것으로 여긴다. 이러한 특수론의 관점에서 본다면, 민족분단의 극복은 당위적 규범에 따라 수립되는 장점으로 평가될 수 있지만, 한쪽의 일방적인 무관심이나 통일 반대에 대한 설득력 있는 설명이 불가

능한 단점이 존재한다. 그러나 본 저서에서는 남북관계를 분단국에 국
한된 특수한 문제로 보지 않고 분리와 통합의 일반적인 문제로 본다는
것이다.

III. 결론: 분단–통일에서 분리–통합으로

1945년 해방과 동시에 맞이한 남북 분단 상황은 한국사회에서 하나의
국가라는 염원을 국가적 과업으로 설정하였다. 이후 한국전쟁을 거치
면서 더더욱 통일이 갖는 의미와 목적을 단편적이고 일방적으로 만들
었다. 통일이 국가적 목표로 설정되지만, 남북 분단이 갖는 국제정치
적 상황이나 정전체제의 의미를 간과한 일방적인 목표이자 방향이었
을 뿐이다. 결국 남북 모두 분단 유지가 현실적으로 당연한 정책 목표
였으며, 통일 연구도 이분법적 구도를 벗어나지 못했다. 그러한 구도
속에서 외교관계나 미국과 일본 등의 우방과 중국과 소련이라는 적대
국의 구도가 자연스럽게 형성되었으며, 한반도를 둘러싼 국제관계는
이러한 기준에 의해 작동되었다.
　　남북분단 상황에 일정 부분 책임이 있는 미국이나 식민통치의 가
해국인 일본의 과오 등은 이러한 분단–통일의 논리와 구조 속에서 희
석되었고, 결국 강대국들이 원하는 구조로 고착화된 것도 분단 아니면
통일이라는 다소 극단적인 정치적 상황의 결과였다. 이러한 폐쇄적이
고 이분법적인 분단 구도가 탈냉전과 개방의 물결에 따라 '북방외교'
와 '개방사회'로 나아가고, 한반도 분단 역사상 처음으로 '남북정상회
담'으로 이어졌지만 분단과 통일이라는 이분법적 구도가 흐트러진 것
은 아니었다. 오히려 미국을 비롯한 주변 4대 강대국이 주도하는 세계

전략의 틀 속에서 더욱 분단과 통일의 구도를 영속화하는 현상과 상황들이 지속되면서 미래지향적이고 발전적인 한반도의 미래는 구축될 수 없었다.

불확실한 한반도 정세 전환의 또 다른 계기는 미국의 트럼프 대통령의 등장과 미중관계의 악화 및 한일관계의 혼돈 등이었다. 신자유주의 세계화 체제의 전환 가능성과 역사상 처음으로 2차례에 걸친 북미정상회담이 개최되었지만 여전히 한반도 상황은 혼돈스럽고 불확실한 전망뿐이었으며, 한국의 선택지는 많지 않은 게 국제정치질서의 현실이었다.

변화하는 국제정치질서 속에서도 여전히 답보 상태의 한반도 상황을 바꾸기 위해서는 대한민국 대부분의 정부가 추구해온 분단-통일이라는 대북 정책의 원칙을 바꾸고 점진적인 방식을 통한 유연한 한반도 정책을 수립할 필요성이 있다. 분단-통일의 이분법적 통일정책의 기본과 원칙은 변화된 그리고 전환하는 세계정치경제질서에는 적합한 원칙이나 방향이 될 수 없다는 사실을 사드 배치 관련 일화나 한일관계에서 보여준 여러 정황 속에서 충분히 증명하고 있다.

변화의 필요성이 충분히 노정된 한반도의 상황에서 분리와 통합의 새로운 이론과 접근은 충분히 시도해볼 만한 새로운 원칙이자 기준이 될 수 있다. 트럼프 정부의 출범 이후 역사상 두 번에 걸친 북미정상회담과 보다 진전된 남북관계에도 불구하고 한반도 상황의 정체는 기존 분단과 통일의 관점으로는 아무런 가시적 성과를 가져올 수 없다는 반증이기도 하다. 결국 본 저서에서 저자들이 추구하고 주장하는 분리와 통합의 새로운 패러다임은 전환기의 한반도를 위해 새롭게 추구해볼 만한 통일의 원칙과 기본이 될 것이다.

제1부

분리–통합의 역사적·이론적 사례

제1장

분리와 통합의 관점에서 본 독일 이주정책의 변화와 통합모델의 전환[*]

구춘권 | 영남대학교

[*] 본 논문은 "독일 이주정책의 변화와 통합모델의 전환"이라는 제목으로 『21세기정치학회보』 제27집 4호(2017)에 수록된 글을 부분적으로 수정·보완한 것이며, 대한민국 교육부와 한국연구재단의 지원을 받아 수행된 연구임(NRF-2016S1A5A2A03927472).

I. 들어가는 말

1970년대와 1980년대만 하더라도 전 세계 인구에서 국경을 넘어 정착한 이주자들의 비율은 2% 초반대에 머물렀다. 그러나 상대적으로 안정적이었고 어느 정도 통제되었던 인간 이주의 시대는 1990년대의 개막과 함께 종식되고 만다. 이주의 급격한 증가는 "짧은 20세기"[1]가 마감되었음을 알리는 또 다른 징표였던 것이다. 1990년대에 들어 국경을 넘어 이주한 사람들은 전 세계 인구의 3%를 넘어섰다. 이주의 흐름은 21세기에도 역전되지 않았고, 오늘날 전 세계 인구의 3.3%인 약 2억 4,400만 명이 타국에서 이주민으로 살아가고 있는 것으로 추산된다(UN 2015). 여기에 유학과 같은 단기 목적의 이동, 피난처를 찾아 국경을 넘은 난민들, 그리고 초대받지 못한 불법 체류자들을 합치면 인간 이동의 수치는 훨씬 커짐은 물론이다.

그렇다면 왜 1990년대에 들어 이주의 급격한 증가가 발생했는가? 이는 두말할 나위 없이 냉전체제의 종식과 이에 따른 국제질서의 격변이라는 상황과 관련이 있다.[2] 자본주의와 공산주의의 대결을 제외한

---

1   역사학자 홉스봄은 물리적 시간이 아닌 역사로서의 20세기가 1914년 제1차 세계대전의 개막과 함께 시작해 1989/90년 냉전체제의 종식과 함께 마감되었다고 지적한다. 그에게 이 "짧은 20세기"는 파국에서 황금시대를 거쳐 위기로 치달은 "극단의 시대"이기도 했다(홉스봄 1997).

2   코저와 루쯔는 냉전체제의 종식과 결부된 국제/국내정치적 틀의 변화가 발생시킨 대규모의 인간 이동을 "새로운 이주(new migration)"로 지칭한 바 있다(Koser and Lutz 1998). 그런데 거대한 전환이 일어나고 있는 곳은 비단 정치적 영역만이 아니었다. 경제적·사회적·문화적 차원에서도 가속화된 지구화의 과정은 이주에도 영향을 미치지 않을 수 없었다. 캐슬과 밀러는 "새로운 이주"를 지구화, 즉 국경을 넘어선 경제적·사회적 연계의 심화 과정이 야기한 인간의 이동으로 파악하고 있다(Castles and Miller 2006). 예컨대 오늘날 지구적 자본주의 중심부에는 전통적인 이주노동자와 구분되는 새로운 이주민들의 숫자가 대폭 늘었다. 주로 하이테크 기업들이 있는 대도시의 외곽에 거주하면서 고학력, 고기술, 고임금을 갖춘 이 이주민집단은 과거 육체노동과 저임금으로 특징지어

모든 종류의 갈등을 제거하거나 약화시켰던 냉전체제가 막을 내림으로써 과거에 해결되지 않았던 여러 문제들이 다시 폭발하기 시작했다(홉스봄 1997, 352). 소련과 동구권 현존사회주의 국가들의 붕괴는 과거 이 지역으로 강제 이주된 사람들에게 새로운 이주의 동인을 제공했음은 물론이다. 냉전체제 종식 직후 3년 동안 동유럽에서 서유럽으로 이주한 인구는 3백만 명에 달했다. 그리고 이 중 약 2백만 명이 독일을 택했다. 1993년 보스니아-헤르체고비나 내전의 발발과 함께 대규모의 난민이 발생했고, 이 난민의 대부분이 유럽연합 국가들에서 피난처를 찾았다. 유럽 밖의 지역에서도 냉전체제의 종식과 더불어 큰 변화가 일어났다. 특히 아프리카의 여러 지역에서 "실패한 국가들(failing states)"이 등장했으며, 여기서 일어난 내전은 또다시 수많은 난민들을 유럽으로 향하게 했다.

유럽을 향한 이주의 물결은 21세기에 들어서도 수그러들지 않았고, 오히려 최근 보다 극적인 모습을 띠고 있는 실정이다. 낡은 고무보트에 몸을 맡긴 채 유럽을 향해 목숨을 건 도약을 택하는 난민들의 모습은 지난 수년 동안 대중매체에서 접하는 일상적인 보도의 하나가 되었다. 2015년 한 해 동안 무려 백만 명이 넘는 난민들이 유럽을 향해 지중해를 건넜고, 이 중 4천여 명이 목숨을 잃었다(UNHCR 2015). 내전으로 시달리는 시리아를 탈출한 사람들이 이 난민들의 절반을 넘었고, 다섯 명 중 한 명은 아프가니스탄, 그리고 거의 열 명 중 한 명은 이라크 출신이었다. 2016년 터키를 경유해 그리스로 향하는 동쪽 루트가 봉쇄되면서 지중해를 건너려는 난민의 숫자가 줄기는 했지만, 그래도 여전히 36만 명이 넘는 사람들이 목숨을 건 항해를 시도했다. 유

지는 전통적 이주노동자들과 명확히 구분되는 새로운 이주의 한 모습이다.

럽에 망명을 신청한 전체 난민의 숫자는 2015년에 약 140만, 그리고 2016년에도 약 130만을 기록했다. 그리고 이들 중 압도적 다수는 독일에 망명을 신청했다.[3]

냉전체제의 종식 이후 유럽 내부에서의 이동은 물론, 유럽을 향한 이주의 구심점에는 독일이 있다. 독일의 외국인 숫자는 냉전체제의 종식 직전인 1988년 462만 명이었지만, 사민·녹색연정이 출범하기 직전인 1997년 742만 명으로 늘어났다. 10년 사이에 약 280만 명이 증가한 것이다. 2019년 현재 독일에는 1,090만 명의 외국인이 거주하고 있고, 100만 명이 넘는 난민들이 피난처를 찾았다(Statisches Bundesamt 2019). 이미 독일 국적을 취득한 사람들을 포함한 이주의 배경을 지닌 인구는 2,080만 명을 넘어섰다. 독일 전체 인구의 네 명 중 한 명은 이주와 관련이 있다는 얘기다. 20세기 말까지 여전히 혈통주의적 국적법을 고수했고, 통합보다는 분리에 가까운 이주정책을 펼쳤던 독일의 과거에 비추어볼 때 실로 놀라운 변화라고 하지 않을 수 없다. 도대체 어떻게 이런 변화가 가능해졌는가?

본 논문은 독일 이주정책에 어떤 변화가 일어났고 통합모델에 어떤 전환이 발생했는지 분석하고 평가하려는 시도이다. 이 작업을 위해 제2절에서는 다양한 이주민 통합모델들을 검토할 것이다. 먼저 제2차 세계대전 이후 시작된 현대적 이주와 더불어 이주민의 분리/통합과 관련하여 일정한 전환이 일어났음에 주목할 것이다. 그리고 추상적·이론적 차원에서 가능한 통합모델들을 개념화하려 시도한 뒤, 이어서 현실에서 발견할 수 있는 통합모델들의 특징을 살펴볼 것이다. 제3절은 독일 이주정책의 변화를 추적함으로써 통합모델의 전환을 살펴본

---

3   독일에 망명을 신청한 난민은 2015년에 약 48만, 2016년에 거의 75만 명에 이르렀다
    (Eurostat 2017).

다. 과거 이주의 관리를 목표로 작동했던 독일의 혈통주의적 모델이
어떤 역사적 상황 및 정치적 맥락을 배경으로 전환이 가능했는지 분석
함과 동시에 이 전환의 특징과 성격을 평가하려 시도할 것이다.

II. 분리와 통합의 관점에서 본 이주민 통합모델

1. 현대적 이주와 분리/통합의 전환

영토와 국민이 근대 국민국가를 구성하는 가장 중요한 원리로 정착한
이래 자국민과 이주민을 구분하고 이 양자의 관계를 정의하는 일은 모
든 국민국가의 지대한 관심사가 되었다. 물론 이주민의 규모가 작았던
시기에 이 관계를 정의하는 일은 상대적으로 큰 어려움이 없었다. 이
주민집단의 크기가 압도적으로 작을 때 이들은 통상 무시되어 자국민
으로부터 분리되거나, 아니면 불이익과 억압을 피하기 위해서라도 지
배문화에 통합되지 않을 수 없었기 때문이다. 한편으로 일방적 분리,
그리고 다른 한편 강제적 통합은 인류 이주 역사의 대부분의 시기를
각인하고 있는 이주민 통합모델의 특징적 모습이다.

그러나 제2차 세계대전의 종식과 더불어 엄청난 인간이동, 즉 "현
대적 이주"(헬드 외 2002, 469)가 시작되면서 자국민과 이주민의 관계
를 정의하는 것은 더 이상 간단한 문제일 수가 없었다. 자국민과 이주
민의 분리/통합의 문제는 법적·형식적 평등이라는 민주주의의 원칙
과 관련된 문제이기도 했고, 문화적 관용과 다양성, 나아가 국민적 정
체성의 문제와도 연결된 것이기 때문이다. 더욱이 이주의 규모가 무
시할 수 없을 정도로 커졌기에 과거처럼 일방적 분리는 상당한 억압

을 동반하지 않고서는 더 이상 실행할 수 있는 과제가 아니었다. 특히 나치 독일의 유대인 등 소수 종족들에 대한 끔찍한 분리와 체계적 학살이라는 역사적 상흔이 가시지 않은 상황에서 강제적 분리는, 최소한 이주가 집중되고 있는 선진자본주의 국가들에서 상상할 수 있는 선택이 아니었음이 분명하다. 한편 이주민의 수가 대폭 늘어나면서 강제적 통합 역시 어렵게 되었다. 이주민집단의 규모가 커지면서 이주국의 토착문화에 강제적으로 통합되지 않고서도 출신국의 문화적 정체성을 유지할 수 있는 가능성이 커졌기 때문이다. 예컨대 특정 지역에 집중적으로 거주하는 이주민들이 출신국의 원문화를 유지하는 식의 하위문화가 출현하기 시작했다.

제2차 세계대전 이후 이주의 증가는 이주민 통합모델에서 분리와 통합의 관계를 보다 복잡하게 만들었다. 과거 이주국의 입장에서 실행된 일방적인 분리나 강제적인 통합이 이주의 증가와 더불어 일정한 변용을 겪지 않을 수 없게 되었기 때문이다. 이제 이주민 통합정책은 일방적으로 이주국의 입장에서 작성되는 것이 아니라, 이주민집단의 자세와 대응 또한 고려해야 했다.

물론 이주국의 입장에서 가장 바람직한 통합모델은 이주민집단의 자발적인 동화(assimilation)가 일어나는 것이다. 강제가 아닌 자발성에 기초한 동화는, 이주민집단이 기존에 형성된 이주국의 문화적 정체성을 스스로 받아들임으로써 원주민과 이주민의 갈등을 최소화할 수 있는 모델이기 때문이다. 실제 19세기 이후 가장 중요한 이민국가로 부상한 미국의 경우 항상 순탄한 것은 아니었을지라도 "용광로(melting pot)"라는 이름 아래 진행된 일정한 동화 과정을 목격할 수 있다. 미국 사회학의 새로운 이정표를 세웠다고 평가되는 1921년 파크와 버지스의 연구는 20개가 넘는 나라들로부터 시카고로 이주해온 다양한 이주민집단들의 동화 과정을 추적한 바 있다(Park and Burges 1969). 그들은 동화 과정을 다섯 단계, 즉 접촉/소통(contact/commu-nication), 경쟁(competition), 갈등(conflict), 순응(accommodation), 동화(assimilation)의 단계로 진행되는 사회적 상호작용으로 특징지었다. 요컨대 이주는 처음에는 이주자집단의 생존을 위한 접촉과 경쟁으로부터 시작하지만, 궁극적으로는 이주자집단이 이주국 문화를 수용하는 동화의 단계로 완성된다는 것이 그들의 주장이다. 파크와 버지스가 주목했던 시카고의 이주민집단들은 주로 남유럽과 동유럽 출신이었고, 이들이 대부분 중유럽과 북유럽 출신인 기존 이주자들의 토착문화를 받아들이는 데에 큰 어려움이 없었을 것이라는 점은 어느 정도 상상해볼 수 있다.

그러나 1960년대에 들어서면 미국에서조차 인종적 · 종족적 갈등이 표출되기 시작했다. 특히 흑인들의 시민권 운동은 매우 격렬한 양상을 띠었다. 이 시민권 운동은 흑인들에 대한 노골적인 인종차별에 반발하면서 시작되었는데, 동시에 동화라는 통합모델의 허구를 드러낸 계기가 되기도 했다. 즉 동화는 사회적 현실이라기보다는 원활한 통합에 대한 정치적 기대의 산물일 수도 있다는 점이 주목받기 시작한 것이다. 1963년 『용광로를 넘어서』라는 제목 아래 출간된 글레이저와 모이니한의 저술은 뉴욕으로 이주한 다섯 이주민집단들, 즉 흑인, 유대인, 푸에르토리코, 이탈리아, 아일랜드 이주민들의 정착 과정을 관찰하고 있다(Glazer and Moynihan 1963). 동화이론으로부터 다문화주의로의 담론적 전환을 선도한 것으로 평가받는 이 저술의 핵심적 주장은, 이주민집단의 종족적 정체성이 "용광로"에 녹아 없어진 것이 아니라 여전히 유지되고 있다는 것이다. 이 종족적 정체성은 세대가 변함에 따라 설령 변형될 수는 있을지언정, 동화모델이 가정하는 것처럼

균등화되지는 않는다는 것이다. 따라서 동화에 기반을 둔 균질적인 문
화적 정체성의 형성을 지향하기보다는 다양한 종족성(ethnicity)에 대
한 세밀한 관심과 이해에 기반을 둔 다문화주의가 보다 바람직하고 안
정적인 통합모델이라는 것이 그들의 주장이다.

　　동화 및 다문화주의의 시각은 일방적 분리와 강제적 통합의 모델
을 넘어선 분리와 통합에 대한 새로운 접근을 보여준다. 분리와 통합
의 연구에 홀로주체성과 서로주체성의 개념을 도입한 김학노의 표현
을 빌리자면, 제2차 세계대전 이후 인류 이주의 역사는 바야흐로 홀
로주체적 분리(일방적 분리)와 홀로주체적 통합(강제적 통합)으로부터
서로주체적 분리 또는 서로주체적 통합의 영역으로 이행하기 시작했
다고 할 것이다.[4] 요컨대 현대적 이주의 시작과 더불어 이주민 통합모
델에서 처음으로 서로주체성, 즉 이주국의 입장뿐만 아니라 이주민집
단의 자세와 대응이 주목받기 시작했고, 또한 이 양자가 만나는 방식

4　김학노는 분리와 통합에 홀로주체성과 서로주체성을 결합시켜 홀로주체적 분리, 홀로주
　　체적 통합, 서로주체적 분리, 서로주체적 통합이라는 네 가지 이념형을 제시한 바 있다.
　　여기서 홀로주체성이란 주체인 아(我)가 비아(非我)를 객체로 간주하는 것이고, 서로주
　　체성은 아와 비아가 서로를 객체가 아닌 주체로 인식하는 것이다(김학노 2011, 30). 그에
　　게 통합은 "작은 우리(小我)"들이 모여서 새로운 더 "큰 우리(大我)"가 되는 것이며, 분
　　리는 그 반대일 것이다. 통합의 과정에서 소아들이 단일화와 동질화를 추구한다면, 이
　　는 홀로주체적 통합이 될 가능성이 높다. 반면 소아들이 다양한 이질성을 유지한 채 새
　　로운 대아의 큰 틀 속에 유기적으로 결합한다면 서로주체적 통합이 가능해진다(김학노
　　2011, 45). 매우 독창적이며 흥미로운 김학노의 분리/통합론은 현실의 구체적인 권력관
　　계를 이론적 시야에서 놓치지 않을 때 보다 설득력이 있을 것으로 보인다. 그는 정치를
　　"아와 비아의 헤게모니 투쟁"으로 정의하고, 이 헤게모니 정치에서 "우리"를 형성하는
　　단위가 "계급은 물론, 국가, 민족, 정당, 이념, 지역, 세대, 사회적 성(gender), 종교, 인
　　종, 문화, 언어 등 다양한 범주가 될 수"(김학노 2010, 33) 있음에 주목한다. 그러나 "아
　　와 비아" 또는 "소아들"이 처한 현실에서 권력관계는 대칭적이거나 동등하기보다는 구
　　조적으로 비대칭적이며 불평등한 경우가 태반이다. 권력을 가진 "아" 또는 "비아", 그리
　　고 "소아"는 스스로 그 기득권을 포기하지 않을 것임이 분명하다. 서로주체적 통합이 어
　　려운 현실적 이유가 바로 여기에 있다.

과 깊이(김학노 2011, 33)에 관심이 기울여졌다.

2. 추상적 통합모델과 현실의 통합모델

서로주체성이라는 단어가 명시적으로 언급되지는 않았을지라도, 이주
정책 또는 이주민 통합모델과 관련된 여러 연구들은 이미 이주민집단
의 자세와 대응을 통합모델 형성의 핵심적인 요인으로 주목한 바 있
다. 예를 들어 이주민집단[5]의 문화적 적응을 분석한 베리의 연구는 이
주민들의 태도와 자세가 통합 과정에서 결정적임을 강조한다. 그에 따
르면 이주민집단의 문화적응(acculturation) 과정을 이해하기 위해서
는 다음의 두 가지 문제제기가 중요하다(Berry 1997, 10). 첫째, 이주
민집단이 자신의 문화적 정체성과 특징을 유지할 만한 가치가 있다고
생각하는가? 둘째, 이주민집단이 보다 큰 사회와의 관계, 즉 이주국의
문화와 접촉하고 이에 참여할 자세가 되어 있는가?

　　이주민집단의 문화적응 전략은 이 두 질문에 대한 긍정과 부정의
조합에 달려 있으며, 이로부터 네 가지 전략을 도출할 수 있다는 것이
베리의 주장이다(Berry 1997, 9). 우선 이주민집단이 자신의 문화적
정체성을 유지하는 것은 원치 않으며, 이주국의 문화와는 일상적으로
상호작용하는 것을 선호할 경우 동화(assimilation) 전략이 등장한다.
이와 반대로 이주민집단이 자신의 원문화의 유지에 집착하고 다른 문
화와의 상호작용을 회피한다면, 분리(separation) 전략이 지배적이다.
통합(integration) 전략은 이주민집단이 원문화의 정체성을 어느 정도
유지하면서도 동시에 보다 큰 사회적 네트워크에 참여함으로써 이주

5　베리는 이주민집단을 "문화집단(cultural group)"으로 지칭하고 있다.

국 문화의 불가결한 구성 부분이 되는 것을 지향한다. 마지막으로 주
변화(maginalisation) 전략이 있는데, 이는 이주민집단이 원문화의 유
지에 관심이 없으면서 또는 유지의 가능성이 박탈되면서, 이주국 문화
와의 상호작용에도 부정적일 경우 나타난다.

앞서 언급한 김학노의 분리/통합의 네 가지 이념형, 즉 홀로주체
적 분리, 홀로주체적 통합, 서로주체적 분리, 서로주체적 통합을 이주
민 통합모델에 적용하는 것도 가능해 보인다(〈표 1-1〉 참조). 우선, 홀
로주체적 분리모델은 과거의 일방적 분리로부터 시작해 이주민집단
에 대한 문화적 혐오와 경멸에 이르기까지 소수에 대한 억압과 차별을
핵심으로 한다. 이주민집단이 이주국 문화에 참여할 수 있는 가능성이
차단되고, 소통의 기회 역시 부여되지 않는 모델이다.

둘째, 홀로주체적 통합모델은 강제적 동화모델에 가깝다. 이주민
집단의 문화를 억압하지는 않을지라도 인정하기 않기에 이주민들이
생존을 위해서는 동화를 선택해야 한다. 그런데 만약 이주국 문화의
개방성과 매력 때문에 이주민집단의 동화가 자발적으로 이루어진다
면, 이는 홀로주체적 통합보다는 서로주체적 통합 쪽으로 이동하고 있
다고 봐야 할 것이다.

셋째, 서로주체적 분리모델은 통제에 기반을 둔 이주의 관리를 핵
심으로 할 것이다. 예컨대 이주민집단은 이주를 통해 주로 경제적 이
익을 추구하려고 하며, 이주국은 이주를 주로 노동력의 활용이라는 관
점에서 접근한다. 이주자로서 이주민집단의 법적 지위는 보장된다. 그
러나 양자는 문화적 상호작용에는 큰 관심이 없기에 경제적 이익을 공
집합으로 하는 서로주체적 분리가 가능해진다.

마지막으로 서로주체적 통합모델은 바람직할 뿐 아니라, 장기적
으로 안정적일 수 있는 통합모델이기도 하다. 서로주체적 통합에서도

표 1-1. 김학노 분리/통합모델의 이주민 통합모델에의 적용

	분리	통합
홀로주체성	일방적 분리 문화적 혐오와 경멸 (홀로주체적 분리)	강제적 동화 (홀로주체적 통합)
서로주체성	이주의 관리 (서로주체적 분리)	공적 영역만의 통합 공·사 경계를 넘어선 통합 (서로주체적 통합)

출처: 김학노(2011, 33)의 모델을 적용

두 가지 모델이 가능할 것으로 보인다. 우선 첫 번째 모델은 공적 영역
과 사적 영역을 구분한 뒤, 주로 공적 영역에서 서로주체적 통합을 지
향한다. 공적 영역에서 원주민과 이주민은 동등한 지위를 지니며 서
로주체적으로 정의된 공적 이상을 실현하기 위해 노력한다. 이에 비
해 문화적 · 종교적 · 종족적 차이는 기본적으로 사적 영역의 문제로 이
해된다. 통합정책은 가능한 한 사적 영역에 개입하지 않으며, 여기서
는 관용과 다문화주의적 공존이 장려된다. 두 번째 서로주체적 통합모
델은 공적 영역과 사적 영역의 경계를 넘어서 새로운 "큰 우리"를 발
전시키는 것을 목표로 한다. 김학노의 서로주체적 통합의 이상에 가장
가까운 모델이라 할 수 있다. 이 모델은 다원적 · 다문화적 정체성을 촉
진하고, 이에 기반을 둔 서로주체적인 정체성, 예를 들어 시민적 민족
주의(civic nationalism)를 발전시키려 노력할 것이다.

베리의 적응전략이든 김학노의 분리/통합모델을 이주민 통합모델
에 적용한 것이든 이론적으로 만들어진 추상적 모델이 염두에 두어야
할 점은, 이주와 관련된 현실에서 원주민과 이주민의 권력관계가 극단
적으로 비대칭적이라는 사실이다. 이주국의 원주민들은 이미 형성된
사회적 · 문화적 관계 속에서 이미 만들어진 정치적 합의와 타협을 가

지고 있다. 이 합의와 타협 속에 이주자집단은 소수로서 진입하는 것이다. 더욱이 이주민은 본인이 원할 때가 아니라, 이주국이 허락할 때만 이주가 가능하다. 이 허락의 기준 또한 이주민의 입장에서가 아니라, 이주국의 입장에서 작성됨은 물론이다. 예외적인 경우를 제외한다면 이주민이 이주국의 결정에 영향을 끼칠 수 있는 통로는 거의 없다. 설령 이주에 성공했다 치더라도 이주민의 숫자는 원주민에 비해 압도적으로 열세이며, 이주정책에 영향을 끼칠 수 있는 가능성도 매우 제한적이다. 요컨대 이주는 물론, 이주민의 통합 역시 동등한 관계에서가 아니라, 매우 불평등한 권력관계 아래서 진행된다는 사실을 염두에 두어야 한다. 현실의 통합모델이 추상적 통합모델과 어느 정도 다를 수밖에 없는 불가피한 이유가 바로 여기에 있다.

현실의 통합모델에서 주목할 점은 이주민집단과 이주국 사이의 불평등한 권력관계, 즉 이주를 인정하고 합법적 지위를 부여하는 것은 전적으로 이주국의 권한이라는 사실이다. 주지하듯이 이주민의 입장에서는 이주국의 시민권을 취득하는 것이 최고의 목표일 것이다. 그러나 이주국들은 시민권의 부여와 인정에서 서로 다른 입장을 취해왔다. 현실의 통합모델은 이론적 통합모델과 달리 이주민집단의 자세와 대응보다는 일차적으로 이주국이 시민권을 어떻게 부여하는가에 따라 결정된다고 할 수 있다.

케슬과 밀러는 서구 사회가 이 시민권의 인정과 관련해 네 가지 다른 구상을 가지고 있음을 분석한 바 있다(Castles and Miller 2006, 44). 헬드 등은 케슬과 밀러의 시민권 모델을 수용해 현실에서 발견할 수 있는 네 가지 다른 통합모델을 제시했다(헬드 외 2002, 496-497). 이 네 가지 모델은 이주민의 시민권 부여는 물론 자국의 민족적 정체성에 대해서도 서로 다른 태도를 보여주기에 현실의 통합모델에 보다

가깝다고 할 수 있다. 이 모델들이 이주 및 이주민의 통합과 관련된 이
민정책, 귀화정책, 교육정책, 문화정책과 관련해서도 서로 다른 입장
을 보여주는 것은 물론이다. 이주민의 통합과 관련된 다양한 구상이
실험된 유럽에서는 이 네 가지 모델을 모두 발견할 수 있다. 이 네 가
지 모델을 먼저 살펴보는 것은 독일의 통합모델의 전환을 이해하는 데
도 도움이 된다.

첫째, 이주민의 실체를 인정하지 않고 무시하는 비실체적 모델이
있다. 비합법적 이주민들이 상당수 존재하지만, 이들을 방관하거나
무시하는 경우이다. 동아시아에서는 일본이, 그리고 서유럽에서는 과
거 이탈리아나 스페인이 이 모델에 속했다. 비실체적 모델은 의도적
인 비결정(non-decison)을 통해 이주민들을 주변화하고 배제함으로
써 국지적으로나마 인종주의가 성행할 수 있는 조건을 만들어낸다(헬
드 외 2002, 496). 이 모델은 이주민집단이 아주 소규모일 때만 가능함
은 물론이다. 과거 스페인이나 이탈리아는 유입되는 이민자들에 비해
훨씬 많은 이주자들을 내보냈다. 그러나 냉전체제 종식 이후 이들 국
가에도 이주민들의 유입이 크게 늘어나면서 비실체적 모델은 위기에
빠진다.

둘째, 혈통주의적 · 종족적 · 배타적 모델을 지적할 수 있다. 오스트
리아와 스위스와 함께 과거 독일이 이 모델의 전형이었다. 혈통주의적
모델에서 이주민의 유입은 엄격하게 규제된 외국인 노동자 프로그램
을 통해 주로 이루어졌다. 이주노동자들의 법적 지위는 인정되었을지
라도, 이들이 시민권을 취득할 가능성은 매우 낮았다. 독일은 여전히
1999년까지 혈통주의적 국적법을 고수했다. 오랜 기간 독일에 거주한
이주노동자들에게조차 시민권을 부여하는 데에 매우 인색했고, 이들
의 사회적 통합을 지원하는 프로그램도 거의 없었다.

셋째, 공화주의적 모델이 있다. 영국과 프랑스가 이 모델의 전형
으로 꼽힌다. 이 모델은 시민권의 획득을 혈통이 아닌 거주지와 연관
시키기에 이주자의 시민권 획득이 보다 용이하다. 공화주의적 모델은
공적 영역과 사적 영역을 구분하여 문화적·종교적·종족적 차이는 사
적 영역의 문제로 돌리더라도, 최소한 공적 영역에서는 원주민과 이주
민 사이의 법적·형식적 평등을 실현하기 위해 노력한다. 그런데 이 모
델 역시 최근 심각한 위기에 처해 있다. 프랑스의 제노포비아(Xeno-
phobia) 현상이 혈통주의적이었던 독일에 비해서도 훨씬 심각함은 이
주민 통합의 문제가 매우 복잡한 맥락을 지니고 있음을 잘 보여준다
(Thränhardt 2007).[6]

넷째, 다문화주의 모델을 지적할 수 있다. 캐나다나 오스트레일
리아, 그리고 유럽에서는 스웨덴이 이 모델에 속한다. 네덜란드 역
시 공화주의와 다문화주의의 경계에 놓여 있는 것으로 평가된다. 다
문화주의 모델은 문화적·종교적·종족적 차이를 사적 영역의 문제로
돌리기보다는 공적인 영역에서도 수용하고, 이를 동등하게 평가하려
노력한다. 요컨대 공적 영역에서도 종족적·문화적·종교적 다양성이
인정되고, 정부의 정책 또한 이 다양성을 촉진하려 시도하는 것이다.
이주민들의 시민권 취득에서도 다문화주의 모델이 가장 개방적임은
논리적이라 할 것이다. 그러나 이주의 급격한 증가와 함께 다문화주
의 모델에서도 균열의 조짐이 일어나고 있음은 더 이상 간과하기 어
렵다.

---

6   이주민의 사회적 통합은 다양한 사회정책, 특히 주택정책과 교육정책에 크게 의존한다.
　　독일은 혈통주의적 모델을 유지했음에도 불구하고 공공주택을 광범위하게 제공했고, 이
　　는 이주민 게토의 형성을 막았음을 주목해야 한다.

III. 독일 이주정책의 변화와 통합모델의 전환

앞에서 논의한 유럽의 네 가지 통합모델은 냉전체제 종식 및 지구화의 과정과 결부된 "새로운 이주"[7]의 충격과 함께 모두 위기에 빠졌다(Koser and Lutz 1998; Castles and Miller 2006). 그런데 이 충격은 다문화주의 모델이나 공화주의적 모델보다는 비실체적 모델이나 혈통주의적 모델에 훨씬 강력하게 작용했음은 물론이다. 흥미롭게도 대표적인 혈통주의적 모델인 독일이 1990년대에 들어 유럽의 가장 중요한 이주국으로 부상했다. 급격히 늘어난 이주의 압력 앞에 혈통주의적 모델이 위기에 빠졌을 것임은 어느 정도 상상해볼 수 있을 것이다. 아래에서는 먼저 독일의 과거 혈통주의적 모델의 특징을 살펴본 뒤, 어떤 정치적 맥락 아래서 어떤 성격의 이주정책들이 이 혈통주의적 모델의 전환을 가져왔는지 논의할 것이다.

7   그렇다면 "새로운 이주"에서 과연 무엇이 새로운 것인가? 최소한 다음 세 가지 측면에 주목해야 한다. 첫째, 이주민의 숫자가 크게 늘어났음은 이 논문의 서두에서 이미 지적했다. 둘째, 이주의 원인 및 이주의 동기가 매우 다양화되고 복잡해졌다는 점이다. 경제적 격차는 여전히 이주의 중요한 동인이다. 반론이 제시되기는 하지만(예컨대 Parnreiter 2000), 이주국들의 경제발전 및 높은 임금 수준이 이주를 결정하는 중요한 이유의 하나임을 부정하기는 어렵다. 물론 염두에 두어야 할 점은 이주의 동기가 절대적 임금격차 때문이라기보다는 상대적 빈곤, 불안정 및 위험의 완화 등에 있다는 사실이다. 또한 이주의 결정은 개인적 차원보다는 주로 가족 단위에서 이루어진다(Stark 1991). 1990년대에 들어 유럽연합 회원국들에서 가장 중요한 이주형태는 난민의 유입이다. 구 소련과 구 유고슬라비아, 그리고 제3세계 분쟁지역으로부터 난민이 급격히 늘어났다. 정치적 망명 역시 꾸준히 증가하는 추세이다. 셋째, 이주민들의 출신 지역이 급격히 다양화되었다. 지구적 차원의 인간이동이라는 말이 실감 날 수준이다. 예컨대 오늘날 독일에는 동유럽과 남유럽은 물론, 아프리카와 아시아에 이르는 다양한 지역 출신의 이주민들이 거주하고 있다. 그런데 이 출신지의 다양화는 이주국의 문화적 · 종족적 다양화를 가져올 수밖에 없다. 유럽의 전통적인 통합모델들은 급격한 문화적 · 종족적 다양화에 노출되고 있다(Böcker and Thränhardt 2003).

1. 혈통주의적 모델의 이주 관리

독일 근대 이주의 역사는 "희망의 대륙" 아메리카를 향해 수많은 독일인들이 고향을 등졌던 19세기까지 거슬러 올라간다. 독일은 유입이 아니라 유출로부터 자신의 이주 역사를 시작했던 것이다. 독일로 이주민들이 들어오기 시작한 것은, 프로이센의 농업개혁 이후 농업부문의 인력난이 심각해지면서 이웃 나라 폴란드 노동자들이 유입되면서부터이다(Herbert 2001, 14-21). 1871년 독일 통일 이후 급속히 진행된 산업화과정은 1890년대에 들어서 상당한 노동력 부족을 낳았고, 이 무렵부터 공업부문에서도 외국인 노동자들이 모집되기 시작했다. 제1차 세계대전 발발 이전까지 독일에 체류했던 외국인 노동자들의 숫자는 농업에서 50만 명, 공업에서 70만 명에 달했던 것으로 추산된다(Herbert 2001, 23). 독일은 20세기 초반 두 번의 세계대전을 일으킴으로써 세계를 파국으로 내몰았고, 전쟁 중 직면한 산업의 인력난을 점령지로부터 강제징용을 통해 해결했다. 독일에 의해 강제로 동원된 외국인 노동자의 규모는 제1차 세계대전의 막바지에 약 200만 명, 그리고 제2차 세계대전 종결 무렵에는 무려 760만 명에 이른 것으로 알려져 있다(박명선 2007, 274).

　　외국인 노동자의 이주 문제가 다시 논의되기 시작한 것은 우리에게 "라인강의 기적"으로 알려진 독일의 "경제기적(Wirtschaftswunder)"이 심각한 노동력의 부족을 야기하면서부터이다. 서독 정부는 1955년 이탈리아 정부와 전후 최초의 노동자 모집협정을 체결했다. 1960년 베를린 장벽이 건설되면서 동독으로부터의 노동력 유입이 막히자 서독 정부는 보다 적극적인 외국인 노동자 모집에 나선다. 1960년 스페인과 그리스, 1961년 터키, 1963년 모로코와 한국, 1964년 포르투갈, 1968년 유고슬라비아 정부가 서독 정부와의 노동자 모집협정 체결에 합류한다.

"초청노동자(Gastarbeiter)"라고 불렸던 이주노동자들은 1960년 대 노동시장의 긴장을 완화함은 물론, 경제성장에도 상당한 기여를 한 것으로 평가된다. 특히 이주노동자들을 고용한 기업들이 이들의 저임금으로부터 직접적인 수혜를 입었다(Höhne et al. 2014, 10). 만약 이주노동자들이 없었더라면 노동력이 부족한 상황에서 주당 평균 노동시간을 낮추는 것은 불가능했을 것이다. 1960년 주당 44.4시간이었던 노동시간은 1967년 41.4시간으로 낮춰졌는데, 이는 대규모 이주노동자의 유입 때문에 가능했던 것임은 물론이다. 이주노동자들의 대규모 유입 덕택에 독일은 노동력 부족의 상황에서도 은퇴 개시 연령을 낮출 수 있었고, 또한 직업훈련 기간을 연장할 수 있었다. 간혹 오해되듯이 이주노동자들은 토착노동자들과 경쟁관계에 있었던 것이 아니라, 주로 저숙련·저임금 분야에 노동력을 제공했다. 이는 노동력의 부족이 야기할 긴장을 완화함과 동시에 일반적인 노동조건의 개선에도 기여했던 것이다(Santel 2007, 11-12).

이 시기 대규모의 이주노동자들이 유입되었음에도 불구하고 이들을 통합하기 위한 특별한 정책이 존재했던 것은 아니다. 이주정책은 사실상 노동시장 정책이었고, 노동력의 원활한 수급이라는 목표 아래 종속되었다. 이주노동자를 상시적으로 관리하고 통제하기 위해 노동청과 외국인관청은 밀접히 협력하였다. 모집협정을 위반한 사례가 생겼을 경우, 해당 노동자는 재계약으로부터 배제됨은 물론 추방의 대상이었다. 이주노동자들은 원칙적으로 독일인에 의해 채워지지 않은 분야에서만 고용이 허가되었다. 이주노동자들에게는 시민적 권리가 부여되지 않았으며, 이들의 정치활동은 엄격히 감시되었다. 다행히도 경제적 보상과 관련해서는 저임금 경쟁을 우려한 노동조합의 강력한 요구 덕택에 독일 노동자와 동일한 임금 및 노동조건이 모집협정에 관철되었다(Pagenstecher 1995, 720).

당시 서독 정부의 공식적인 정책은 아니었을지라도 이주노동자들에게는 일종의 교대원칙(Rotationsprinzip)의 적용이 기대되었다(Pagenstecher 1995, 719). 즉 필요한 분야에서 필요한 기간만큼 이주노동자를 고용하며, 필요하지 않을 경우 신속히 모국으로 되돌려보내는 것이다. 이는 짧은 기간 동안 상당한 금액을 저축한 뒤 귀국해서 삶의 터전을 마련하려는 이주노동자들의 초기 태도와 어느 정도 부합하는 측면도 있었다. 그러나 이러한 기대와 달리 현실에서 유입은 항상 유출을 초과했다. 교대원칙에 따라 귀국하려는 이주노동자들의 숫자보다 새로 이주하거나 가족 동거 등을 이유로 추가로 이주한 사람들의 숫자가 압도적으로 많았던 것이다. 이주노동자들을 고용한 기업 역시 이들을 돌려보내는 것보다 계속 고용하는 것이 비용 측면에서 유리했다. 새로운 노동자의 모집비용과 훈련비용을 절감할 수 있기 때문이다. 1961년 68만 6천 명이던 서독의 외국인 숫자는 1967년 180만 명으로 늘어났다. 1968년 경기침체와 더불어 이 숫자는 약간 줄어들었지만, 경기회복과 더불어 다시 빠르게 증가한다. 1973년 자본주의의 "황금시대"가 종식되면서 외국인 노동자에 대한 전면적인 모집중지가 내려질 때까지 독일로 이주한 외국인 노동자 및 그 가족의 숫자는 390만 명에 이르렀다(Höhne et al. 2014, 6).[8]

---

8   한편 동독의 경우 서독에 비해 외국인 노동자의 수가 많지 않았고, 가족들의 합류나 추가 이주를 허용하지 않았기에 이주민 통합은 사실상 거의 문제가 되지 않았다(Oltmer 2016, 11). 통일 이전 구 동독지역에 거주한 전체 외국인 숫자는 19만 명을 약간 상회하는 수준이었다(Weiss 2007, 119).

외국인 숫자의 주목할 증가에도 불구하고 독일의 혈통주의적 모델은 변화할 조짐이 없었다. 이 혈통주의적 모델은 1913년에 제정된 제국국적법(Reichs- und Staatsanghörigkeitsgesetz)에 기초하여 독일 혈통을 지닌 사람에게만 배타적으로 시민권을 부여하고 있었다. 독일인이 되기 위해서는 부모가 독일인이어야 하거나, 아니면 최소한 부모의 한쪽은 독일인이어야 했다.[9] 외국아이의 입양이나 외국인과의 혼인의 경우도 진술 등 복잡한 절차를 거치고서야 국적이 부여되었다. 독일에 거주하는 외국인, 즉 대규모로 이주해온 이주노동자들이 독일 시민권을 얻기 위해서는 다음의 네 가지 조건을 충족시켜야 했다. 첫째, 최소한 15년 이상을 독일에 합법적으로 거주해야 하며, 둘째, 형을 받은 사실이 없어야 하고, 셋째, 가족을 부양할 수 있는 능력이 있음을 증명해야 하며, 넷째, 자신의 기존 국적을 포기해야 했다(고상두·하명신 2010, 427). 요컨대 이중국적은 인정되지 않았으며,[10] 상당히 까다로운 법률적 요건이 국적 취득에 부과되었던 것이다.

이러한 까다로운 시민권 취득 조건 때문에 오랜 기간 독일에 거주하는 이주민들조차 종종 불안정한 체류상태에 빠지기도 했다. 시민

9   아버지가 독일인이고 어머니가 외국인일 경우는 자동적으로 독일 국적을 취득할 수 있었으나, 그 반대의 경우에는 진술 절차를 거치고서야 국적이 부여되었다. 혈통주의적 국적법은 상당한 가부장적 요소를 지니고 있었던 것이다. 혈통주의적 국적법이 1999년까지 유지된 것은 독일의 역사적 경험과도 관련이 있다. 즉 근대 국민국가의 형성과정에서 혈통주의적 민족(Volk) 개념이 강하게 뿌리내린 점, 그리고 제2차 세계대전 패전 이후 과거 독일 영토, 즉 오데르-나이세강 동쪽에서 추방당했던 실향민(Heimatvertriebene)을 수용해야 하는 현실적 문제가 있었다. 전후 독일은 약 1,200만 명—서독 약 800만, 동독 약 400만—에 달한 실향민을 수용했는데, 이 수용의 법적 근거가 바로 혈통주의적 국적법이었다. 이른바 "독일 민족소속(Deutsche Volkszugehörigkeit)"은 냉전시대 동독을 탈출한 사람들에게 서독 정부가 곧 바로 시민권을 부여했던 헌법적 근거이기도 했다(기본법 116조).

10   바로 이 때문에 오랜 기간 독일에 거주한 외국인들이 국적 취득 신청을 꺼렸다. 독일 국적을 얻는 순간 출신국의 국적을 잃기 때문이다(Bade 1992, 20).

권이 없는 이주민들은 정치적 참여로부터 배제됨으로써 일종의 "이등 시민"이 되었다. 이들이 사회적 차별에도 노출되었으리라는 것은 충분히 짐작이 가는 일이다. 혈통주의적 국적법은 특히 점점 숫자가 늘어나고 있는 이주 제2세대의 통합에 심각한 걸림돌이 되었다. 이주 제2세대가 설령 완벽한 독일어를 구사하고 완전히 독일 문화에 동화되어 독일적 정체성을 가지고 있을지라도 위의 법률적 요건이 충족되지 않는다면 시민권을 얻을 수 없었다. 혈통주의적 국적법의 시기 독일에서 이주민들의 시민권 취득 건수는 속지주의적 국적 원칙[11]을 채택한 프랑스의 10분의 1에 지나지 않았다(Nuscheler 2004, 155).

이주민들에게 배타적으로 작용했던 혈통주의적 모델은 반대로 이른바 독일 혈통에 대해서는 매우 관대한 모습을 띠었다. 냉전체제 종식 이후 동유럽과 구 소련으로부터 이주해온 독일 혈통의 이주자(Aussiedler)들은 그들이 단지 "독일 피"를 나눴다는 이유만으로 바로 독일 국적을 취득할 수 있었고, 정착과정에서도 정부의 재정적 지원을 기대할 수 있었다.[12] 독일의 혈통주의적 신화에 대한 집착은 변화된 이주의 현실을 상당 기간 방관하도록 만들었으며 이주정책과 관련해 정부의 지연된 대응을 가져오는 배경이 되었다.

---

11   이는 자국 영토에서 태어난 모든 아이들에게 아무런 법률적 제약 없이 시민권을 부여한다.

12   이른바 "러시아독일인(Russlanddeutsche)"으로 불린 독일 혈통의 이주자들은 95% 이상이 러시아, 우크라이나, 카자흐스탄에서 왔다. 이들 중 젊은 계층의 일부는 1990년대에 빈번하게 경찰의 범죄통계에 등장함으로써 새로운 사회문제를 야기하고 있었다. 독일 정부는 2000년 이후 한 해에 수용할 수 있는 독일 혈통 이주자들의 숫자를 10만 명으로 제한했다(Nuscheler 2004, 131).

2. 혈통주의적 통합모델의 딜레마와 전환의 배경

독일의 혈통주의적 모델은 원주민들과 이주민들의 통합에는 큰 관심
이 없었다. 이 모델은 부족한 노동력의 확보라는 목표 아래 이주의 국
가적 관리를 핵심으로 작동했을 뿐이다. 이주민들 역시 최소한 초기에
는 독일 사회로의 통합보다는 높은 임금이 관심대상이었다. 당시 서독
정부는 이주를 노동력의 활용이라는 관점에서 바라보았고, 이주노동
자들은 물질적 보상 때문에 이주를 택했다. 정부 대 정부 간의 협정을
통해 이주노동자들의 법적 지위는 보장되었다. 원주민들과 이주민들
은 문화적 상호작용에는 큰 관심이 없었다. 독일의 혈통주의적 모델은
이주국과 이주노동자 사이의 경제적 이익을 공집합으로 하는 자발적
이고 주체적인 만남이었지만, 그러나 그 만남의 깊이는 매우 얇고 협
소한 서로주체적 분리의 모델이었다고 할 것이다.

　　그러나 이러한 성격의 모델은 이주민의 숫자가 어느 정도 통제 가
능한 수준일 때만 작동 가능하다. 만약 이주민의 숫자가 수백만 명대
로 불어난다면 이 모델은 두 측면에서 압력을 받을 것이다. 한편 이주
의 관리와 통제를 위한 비용이 급격히 늘어날 것이다. 다른 한편 정부
의 의도와 무관하게 원주민들과 이주민들 사이의 사회적 접촉이 발생
할 것이며, 이주민들에게 부여된 "이등 시민"의 지위 때문에 이 접촉
은 상당한 긴장을 유발할 가능성이 높을 것이다. 요컨대 이주민의 통
합 문제가 본격적으로 등장하는 것이다.

　　앞서도 언급했듯이 이미 1973년 독일의 외국인 숫자는 400만 명
에 육박했다. 같은 해 모집금지가 발효되면서 이주노동자들의 숫자가
줄어들 것으로 기대되었지만, 가족 재결합 등을 이유로 추가 이주가
이루어지면서 1980년대에 들어서면 오히려 외국인 숫자가 더 늘어난

다. 1982년 출범한 보수·자유연정은 "독일은 이민국가가 아니다"라고 선언하면서 외국인 숫자를 100만 명 수준으로 줄일 것으로 약속했다. 1983년 보수·자유연정은 반이주정책의 전형으로 꼽히는 외국인 귀국촉진법을 시행했다. 그러나 1980년대 이 법을 통해 귀국한 이주노동자들의 수치는 전체의 5%가 채 안 되는 것으로 알려져 있다(한영빈 2015, 49; 박명선 2007, 276).

1998년까지 무려 17년을 집권한 보수·자유연정의 이주정책은 앙에넨트에 따르면 다음의 세 가지로 특징지어진다. 첫째, 유럽공동체 밖으로부터의 이주를 엄격히 제한한다. 둘째, 외국인들의 본국으로 자발적인 귀국을 촉진한다. 셋째, 합법적으로 독일에 거주하고 있는 외국인의 통합은 개선한다는 것이다(Angenendt 2008, 11). 그러나 혈통주의적 모델이 여전히 작동하고 있는 한에서 외국인 통합의 개선은 상징적인 성격이 강했다. 외국인 숫자를 대폭 줄이겠다는 약속은 강제적 수단에 의존하지 않고서는 실현될 가능성이 애당초 크지 않았음은 물론이다. 1982년 보수·자유연정 출범 당시 독일의 외국인 숫자는 467만 명이었지만, 냉전체제 종식 직전인 1988년 462만 명으로 사실상 큰 변동이 없었다(Statisches Bundesamt 2019).

1989/90년 냉전체제의 종식과 더불어 시작된 "새로운 이주"는 특히 독일에 큰 영향을 미쳤다. 1990년대 들어 독일을 향한 이주의 물결은 세 방향으로부터 등장했고, 이주민의 숫자도 대폭 늘어났다. 첫째, 기존에 정착한 이주노동자들의 가족이 꾸준히 합류하고 있었다. 무엇보다 터키 출신 이주민들의 숫자가 크게 늘었다. 1970년 약 90만 명 정도였던 터키 출신 이주민들은 1990년 167만 명, 그리고 2005년 약 250만 명으로 늘어났다(Statisches Bundesamt 2019). 둘째, 난민 및 정치적 망명자가 크게 늘어났다. 독일 헌법은 정치적 망명권을 보장하고

있고, 1992년 망명법이 강화될 때까지 다른 국가들에 비해 관대하게 망명을 인정했다. 유럽으로 온 망명자의 압도적 다수가 독일로 망명을 신청했음은 물론이다. 1990년과 1992년 사이 독일에는 약 90만 건의 망명 신청이 접수되었다. 1992년 독일로 이주한 122만 명 중 약 44만 명이 망명 때문이었다(Oswald 2007, 184). 셋째, 동구권 공산주의 체제가 붕괴되면서 구 소련 및 동유럽 국가들에 거주하던 독일 혈통의 이주자(Aussiedler)들의 귀환이 가파르게 늘어났다. 1989년에서 2000년까지 약 250만 명의 독일 혈통 이주자들이 독일로 들어왔다(Oswald 2007, 185).

1988년 독일의 외국인 숫자는 462만 명이었지만 사민 · 녹색연정이 출범하기 직전인 1997년 742만 명으로 늘어났다. 10년 사이에 약 280만 명이 증가한 것이다. 독일은 이미 1990년대 초반 외국인 비중이 7%를 넘어섬으로써 사실상의 이민국가로 변모하고 있었지만, 보수 · 자유연정의 이주정책은 혈통주의적 모델을 근간으로 이주의 억제에 집중하고 있었다. 그러나 냉전체제 종식 이후 이주의 급격한 증가가 보여주듯이 이주를 둘러싼 환경의 근본적인 변화는 이주의 억제가 달성하기 어려운 과제임을 보여준다. 특히 다음과 같은 다섯 가지 측면에서 혈통주의적 모델의 유지에 파열음이 들려왔다. 구 모델의 전환이 불가피하게 된 것이다.

첫째, 역내시장인 단일유럽시장이 출범하고 솅겐조약이 발효되면서 회원국 시민들의 자유로운 이동을 보장해야 했다. 단일시장은 상품과 자본은 물론, 노동력의 자유로운 이동을 실현했다. 솅겐조약은 참여국들의 내부 국경통제를 폐지했다. 물론 노동력의 이동은 눈 깜짝할 사이 움직이는 화폐나 재화에 비해 훨씬 공간에 의해 제약되는 것이 사실이다. 그러나 임금과 노동조건의 격차가 유럽연합 회원국들 사이에 엄연히 존재하는 이상 독일을 향한 역내 이주가 증가할 것임은 명백한 일이었다. 역내 이주의 급격한 증가와 빈번한 문화적 교류를 통해 유럽적 정체성이 형성되고 있는 상황에서 혈통주의적 모델을 고수하는 것은 대단히 시대착오적으로 비쳐졌음이 분명하다.

둘째, 망명신청자와 난민의 증가에 대해 독일은 1992년 망명법을 강화하는 것으로 대응했다. 그러나 이는 독일로 집중되고 있는 망명자의 흐름을 주변국들로 분산시키는 효과는 있었을지언정, 문제의 원인에 대한 진정한 처방이 아니었음은 당연하다. 사실 난민의 발생 원인들을 치유하는 것은 독일 정부의 역량 밖의 문제이기도 했다. 이 원인들이 완화되지 않는 한, 난민문제는 보다 심각해질 것이며 유럽을 향한 이주는 보다 강화될 것으로 전망되었다(Nuscheler 2004).[13] 한편 기존 이주자들의 가족 재결합을 위한 추가 이주 역시 헌법과 국제법적인 이유로 완전히 막을 수는 없었다.

셋째, 혈통주의적 모델에 대한 근본적인 경고는 무엇보다 인구구성의 변화로부터 등장했다(Santel 2007, 21 ; 이철용 2008, 220). 독일은 유럽에서도 인구의 고령화가 가장 진전되어 있고, 출산율은 매우 낮은 대표적인 나라이다. 이른바 "베이비붐" 세대인 1964년 약 136만 명의 아이들이 새로 태어났지만, 2001년에는 약 73만 명에 불과해 무려 40% 이상이 줄었다. 1964년에 인구 1천 명당 18.2명이 출생하고 10.2명이 사망했던 것에 비해, 2001년에는 9.3명의 출생과 10.3명의 사망을 기록했다. 출생자와 사망자의 숫자가 역전된 것이다. 독일 인

---

13   특히 환경난민은 앞으로 우려되는 가장 극단적인 인간이동의 시나리오이다. 유엔환경계획(UNEP)은 지구에 있는 경작지의 60%와 목초지의 80%가 이미 상당한 손상이 진행된 상태라고 지적한다. 물 부족과 사막화는 12억이 넘는 인구를 괴롭히고 있다. 환경난민의 이동은 이미 시작되었고, 만약 본격화될 경우 전쟁난민의 몇 배에 이를 것으로 예측된다(Nuscheler 2004, 112)

구의 평균연령은 2000년 41.1세였고 향후 더욱 빠르게 늙어갈 것으로 전망된다(Deutscher Bundestag 2002). 인구의 고령화와 출산율의 저하는 경제활동인구의 규모에도 부정적인 영향을 끼칠 수밖에 없다. 향후 적극적인 조치가 취해지지 않을 경우 경제활동인구는 지속적으로 줄어들 것이며, 이 경제활동인구가 부담해야 할 연금수령인구의 비율 역시 가파르게 늘어날 것으로 예측되었다.[14] 혈통주의적 모델에 대한 집착이 미래세대에 엄청난 경제적 부담을 야기할 것이라는 경고등이 켜진 것이다.

　넷째, 혈통주의적 모델은 "우수한 두뇌"를 놓고 일어나는 지구적 경쟁을 외면하고 있었다. 특히 정보통신 분야의 빠른 기술혁신을 위해 필요한 고급인력의 공급에 혈통주의적 모델이 부응하지 못했다. 독일은 기초과학 분야 및 그 응용과 관련해 대학-연구소-기업으로 이어지는 네트워크들이 강력한 경쟁력을 보유한 것에 비해, 정보통신 분야에서는 다른 경쟁국들에 뒤처지고 있는 것으로 평가되었다. 영향력 있는 싱크탱크들이 향후 정보기술 분야에서 전문인력이 턱없이 부족할 것이라는 전망을 내놓았다(Reißlandt 2006, 140). 여러 자유주의적 기업인들 또한 혈통주의적 모델에 대한 비판에 합류했다. 이 모델이 불가피하게 고급 전문인력의 이주를 차단할 것이며, 이는 생산입지로서 독일의 경쟁력과 미래에 부정적인 영향을 끼칠 것이라는 목소리가 커졌다. 고급 노동력의 이주가 경쟁력을 강화하는 요인으로 받아들여지면서 이주에 대한 긍정적인 평가가 경제학자들 사이에서도 등장했다(예컨대 Straubharr 1997, 61).

14　1970년 경제활동인구(20-65세) 대 연금수령인구(65세 이상)의 비율은 100 대 25 정도였지만, 2010년 이미 100 대 34로 커졌고, 2030년에는 100 대 50, 즉 두 명이 한 명을 부양하는 수준으로 상승할 것으로 전망되었다(Statistisches Bundesamt 2011, 3)

다섯째, 마스트리히트조약의 체결 이후 유럽통합은 매우 역동적
으로 전개되었다. 1993년 발효된 마스트리히트조약은 사법과 내무 분
야의 협력이 유럽통합의 세 번째 기둥임을 강조했다. 당연히 이주 및
망명정책과 관련해서도 유럽연합 차원의 협력과 초국적 조절이 등장
하였다. 1997년 암스테르담조약은 망명 및 이주정책이 공동체의 과
제임을 못 박았다(Jahn et al. 2006, 3). 이주와 망명을 유럽연합 차원
에서 조율하기 위해 1999년 탐페레 프로그램 지침(Richtilinien des
Tampere-Programes)이 합의되었다. 지금까지 프랑스와 함께 유럽통
합을 주도해온 독일이 이미 곳곳에서 파열음이 들리고 있는 혈통주의
적 모델을 고수하기 위해 이주정책과 관련된 유럽적 협력을 가로막을
수 없었음은 당연하다. 혈통주의적 모델은 유럽통합으로부터도 전환
의 압력을 받고 있었던 것이다.

3. 새로운 이주정책의 특징 – 분리에서 선별적 이주와 통합으로

1998년 10월 독일은 17년 만에 정권교체가 일어나고 사민당(SPD)과
녹색당(die Grünen)의 사민·녹색연정이 출범한다. 보수·자유연정
의 장기집권은 여러 분야에서 개혁의 정체 현상을 낳고 있었다. 바데
가 "잃어버린 10년"이라고 얘기할 정도로 이주정책 영역에서 개혁의
정체는 특히 심각했다(Bade 1994, 10). 혈통주의적 모델의 전환을 압
박하는 여러 요인의 출현에도 불구하고 보수·자유연정의 이주정책은
통합에 대한 명백한 구상 없이 급한 불을 끄는 데에 급급하고 있었다.
1992년 망명법의 강화가 그 대표적 사례일 것이다. 사민·녹색연정은
이주정책에서도 개혁의 정체를 해결하고, "새로운 이주"의 시대에 걸
맞은 이주정책을 제시할 것으로 기대되었다. 아래에서는 사민·녹색연

정 이후 21세기에 등장한 독일의 새로운 이주정책의 핵심적 내용을 네 가지로 요약하면서 그 특징을 파악하려 시도할 것이다.

1) 국적법 개혁

사민 · 녹색연정은 출범하자마자 국적법 개정 초안을 제출하였다. 이 초안의 핵심은 다중국적을 허용하고, 혈통주의적 국적 원칙을 속지주의적 국적 원칙으로 보충하는 것이었다. 이 초안은 오랜 기간 독일에 거주해온 이주민들, 특히 이주 제2세대의 국적 취득을 쉽게 하려고 했다. 이중국적의 허용은 지금까지 원국적의 박탈 때문에 독일 국적 취득을 주저했던 이주 제1세대의 시민권 취득을 고무할 것이었다. 이주 제2세대에 대한 속지주의적 원칙의 적용은 시민권 취득에서 혈통주의적 걸림돌을 제거할 것으로 기대되었다. 그러나 이 개정 초안은 보수세력의 격렬한 반대에 부딪쳤다. 보수세력은 시민권 취득이 성공적인 통합 과정의 완성을 의미하는 것이지, 이주자에 대한 사회통합의 수단이 될 수 없다고 주장했다(구춘권 2012, 138). 즉 시민권 부여는 독일 문화로의 동화의 전제로서만 가능하다는 얘기다.[15] 보수세력은 전국에서 5백만 개의 국적법 개정 반대 서명을 받아내는 대대적인 캠페인을 벌였다. 이에 힘입어 기민련(CDU)이 헤센 주의회 선거에서 승리했고, 이는 연방상원(Bundesrat)에서 사민 · 녹색연정의 과반수를 무너뜨렸다. 사민 · 녹색연정의 국적법 개정 초안은 연방상원의 통과가 어려워졌고, 결국 이 초안을 상당 부분 수정한 절충안이 2000년 1월 1일부로 발효된다.

---

15   보수세력은 특히 전체 외국인의 4분의 1을 차지하는 터키인들이 시민권을 취득할 경우 심각한 사회적 · 정치적 변화가 일어날 것임을 경고하며, 심지어 독일의 이슬람화에 대한 우려와 국내 안보의 위협에 대한 문제까지 제기했다(고상두 · 하명신 2010, 430).

이 절충안은 개정 초안에 비해 그 내용이 대폭 후퇴했다. 원래 개정안의 핵심이었던 다중국적의 허용이 철회되었고, 속지주의 원칙은 조건부 형태로 도입되었다. 다른 속지주의 국가들처럼 출생과 더불어 자동으로 국적이 부여되는 것이 아니라, 부모 중 최소 한 명이 독일에 8년 이상 합법적으로 거주했거나 영주권을 보유하고 최소한 3년 이상 독일에 거주한 경우로 제한했다. 이 경우 이주민 자녀에게는 자동으로 이중국적이 부여된다.[16] 그러나 이 자녀가 18세에 도달하면 5년 이내에 반드시 한 개의 국적을 선택해야 하기에 사실상 성인에게 이중국적은 허용되지 않는다(Spindler 2002, 60). 새로운 국적법은 시민권 취득의 조건을 어느 정도 완화하기는 했다. 예컨대 합법적 최소 체류기간이 과거 15년에서 8년으로 크게 줄었다. 그럼에도 불구하고 시민권의 신청 자격으로 다음의 조건들이 부과되었다. 첫째, 영주권을 보유해야 한다. 둘째, 본인과 부양가족이 실업급여나 사회부조에 의존하지 않고 생활이 가능함을 증명해야 한다. 셋째, "충분한(ausreichend)" 독일어 구사가 가능해야 한다. 넷째, 범죄로 인해 형을 받은 사실이 없어야 한다. 다섯째, 자유민주주의적 기본질서와 독일의 헌법을 존중해야 한다. 여섯째, 기존의 국적을 포기해야 한다. 일곱째, 독일의 법·사회질서 및 생활관계에 대한 지식의 보유, 즉 "귀화시험"에 합격해야 한다는 것이다(Bundesregierung 2017).

2) 그린카드

사민·녹색연정은 정보통신 분야의 전문인력 부족을 그린카드의 도입

---

[16] 조건부이기는 하지만 이주민 자녀들에게 속지주의 원칙의 적용은 독일 이주정책의 중요한 전환점으로 평가된다. 출생과 더불어 독일 사회에 속했지만 이들을 "외국인"으로 만들었던 국적 개념의 종식을 의미했기 때문이다(Reißlandt 2006, 142).

을 통해 해결하려 시도했다. 독일의 그린카드 제도는 미국의 그린카드
와 달리 정보통신 분야에 한정된 것이고, 그리고 체류기한 또한 최대
5년으로 제한했다. 정보통신 분야의 대학 졸업 자격이 있거나, 1년에
최소한 5만 유로를 받는 일자리를 확보한 사람이 그린카드를 신청할
자격을 갖는다. 그린카드는 1973년 "초청노동자"의 모집금지 이후 처
음으로 정부 차원에서 이주 노동력의 유입을 허용한 것이다. 독일 정
부는 2000년부터 2004년까지 5년 동안 2만 명의 전문인력을 수용하
기로 결정했다. 이 제도를 통해 17,931명의 유럽연합 밖의 정보통신
분야 전문인력이 그린카드를 신청했으나, 실제 독일로 이주한 사람은
13,041명에 그친 것으로 알려져 있다(BAMF 2006).

　한 가지 흥미로운 점은 그린카드에 대한 매우 격렬한 비판이 보수
세력으로부터 제기되었다는 사실이다. 국적법 개정 반대 서명 덕택에
헤센 주의회 선거에서 승리했던 기민련은 2000년 5월 노르트라인-베
스트팔렌 주의회 선거를 앞두고 또다시 사민 · 녹색연정의 이주정책을
집중적으로 공격했다. 외국인 문제가 쟁점이 될 때 통상 보수당에 유
리한 선거분위기가 만들어지는 계산 때문이었음은 물론이다.[17] 그러나
기민련은 이 선거에서 패배했다. 그리고 이 패배는 역설적으로 보수세
력의 이주에 대한 사고가 급격히 선회하는 계기가 된다. 지금까지 분
리와 통제라는 틀 안에서 작동했던 보수정당의 이주정책이 한계에 달
했음을 이 패배가 드러냈기 때문이다. 이제 보수적인 정치인들조차 독
일에 필요한 고급인력의 이주를 환영한다는 발언이 빈번해졌다. 요컨

17　당시 기민련의 주지사 후보 뤼트거스(Jürgen Rütgers)는 그린카드 제도에 대해 "인도인
　　을 컴퓨터로 데려오는 대신 우리 아이들을 컴퓨터로"라는 구호로 공세를 펼쳤다. 그는
　　기민련이 승리할 경우 각급 학교의 이주민 자녀를 위한 모국어 강의를 폐지할 것을 공약
　　했다. 다문화주의 대신 독일의 "주도문화(Leitkultur)" 안으로 이주민을 동화시키겠다는
　　강력한 의지를 표현한 것이다(구춘권 2012, 140).

대 그린카드를 둘러싼 논쟁은 고급인력의 이주가 필요하다는 공감대
를 도출해냈고, 이를 위해서는 새로운 이주법이 필요하다는 합의를 만
들어냈다.

3) 새로운 이주법

새로운 이주법은 2005년 그 발효에 이르기까지 숱한 우여곡절을 겪어
야 했다. 여기서 이 격렬한 논쟁의 과정을 추적할 지면이 허락되지 않
는다.[18] 우여곡절의 큰 흐름만 얘기하면 다음과 같다. 2000년 이주정
책을 논의하기 위한 독립적이고 초당파적인 이주위원회가 만들어진
다. 이 위원회의 최종 결과보고서는 독일이 이민국가임을 강조하면서
젊고 능력 있는 이주민의 유입을 위해 새로운 이주법이 모집중지에서
이주민 유입정책으로 패러다임을 전환할 것을 요구했다(Bericht der
Unabhängigen Kommission "Zuwanderung" 2001). 그러나 보수 야당
은 초당파적 합의에 대해 의구심을 제기하면서 결과를 인정할 수 없다
고 반발한다. 사민·녹색연정은 이주위원회의 제안을 부분적으로 수용
하고 보수 야당에 대해 상당한 양보를 포함한 이주법 초안을 연방의회
에 제출했다. 그러나 보수 야당은 보다 강력한 이주 제한 조치를 법안
에 담을 것을 요구했고, 사민·녹색연정은 이를 반영한 이주법안을 다
시 내놓았지만 2001년 11월 연방상원에서 부결된다. 동일한 법안이
2002년 3월 다시 제출되어 연방하원과 연방상원을 통과한다. 그러나
보수 야당이 지배하는 여섯 개 주가 연방상원의 통과절차를 문제 삼아
연방헌법재판소에 제소하였고, 헌법재판소는 이를 인정해 위헌 판결
을 내렸다. 헌법재판소의 판결이 절차적 하자를 문제 삼았기에 사민·

---

18 국내에서도 이미 여러 문헌이 새로운 이주법을 둘러싼 논쟁을 분석한 바 있다(예컨대 구
춘권 2012; 유숙란 2010; 이철용 2008).

녹색연정은 2003년 5월 이 법안을 다시 상정하지만, 연방상원에서 또 다시 기각된다. 결국 보수 야당의 주장을 보다 적극적으로 수용한 새로운 안을 만들어 마침내 2004년 5월 새로운 이주법에 대한 극적인 타협이 이루어지고, 곧바로 7월에 연방하원과 상원을 통과하였다. 4년에 걸친 격렬한 논쟁과 우여곡절 끝에 새로운 이주법이 탄생한 것이다 (Zuwanderungsgesetz 2004). 새 이주법은 2005년 1월 1일부로 발효되었는데, 그 내용은 이주위원회의 구상과는 상당히 다르게 변질되어 있었다. 그렇다면 새로운 이주법은 어떤 내용을 담고 있는가?

첫째, 노동이주와 관련해 새 이주법은 고급인력과 미숙련인력에게 다른 잣대를 적용했다. 고급인력, 즉 과학자, 정보통신분야 전문가, 매니저 등은 처음부터 영주권을 획득할 수 있다. 자영업자는 최소 1백만 유로 이상을 투자해 10개 이상의 일자리를 창출할 경우[19] 3년의 체류허가가 주어지며, 이 허가는 3년이 더 지난 후 영주권으로 바뀔 수 있다. 독일에서 대학을 마친 유학생은 졸업 후 1년 동안 일자리를 찾는 목적의 체류허가를 받을 수 있다. 그러나 미숙련인력의 경우 모집금지 원칙이 계속 적용된다. 새 이주법의 노동이주 조항은 고령화와 저출산에 대한 우려를 불식시키기에 크게 부족한 것으로 평가되지만, 최소한 고급인력과 투자이민에 대해 독일이 개방적일 것임을 명시했다. 즉 독일의 경쟁력 향상과 일자리 창출에 기여한다면 선별적 이주를 허용하겠다는 것이다.

둘째, 새 이주법의 망명 조항은 녹색당의 요구 및 유럽연합의 망명지침을 적극적으로 수용해 비국가적인 박해를 인정했다(Reißlandt 2006, 147). 특히 여성에 대한 위협, 예를 들어 여성에 대한 강제 할례

---

19   자영업자의 투자액수는 나중에 25만 유로로 대폭 줄어들고, 일자리의 창출 숫자 역시 다섯 개로 낮추어졌다.

와 같은 박해에 대해서도 망명권을 인정하기로 했다. 망명권의 인정
여부가 불확실한 경우 강제로 추방하지 않는 "묵인(Duldung)"을 원
칙적으로 유지하기로 했고, 이를 판단하는 관청에 상당한 재량을 부여
했다. 또한 관청으로부터 독립적인 곤란위원회(Härtefallkommission)
의 심사를 통해서도 위협에 처한 망명자의 체류를 인정하도록 했다.

셋째, 새로운 이주법은 이주민의 통합과 관련해서도 보다 적극적
인 조치를 담았다.[20] 이주민들에게 독일어 학습 및 독일 문화 체득 기
회를 제공하고, 관청의 담당자가 이주민의 사회적 적응과정을 동반하
면서 도움을 주도록 하였다. 새 이주법은 이주민의 통합과정을 도입하
여 이를 시민권 취득과 연계하여 운영하기로 했다. 이 통합과정은 참
가자의 교육수준과 기초지식에 따라 총 600시간의 독일어 강좌 및 30
시간의 교양 강좌가 제공된다. 독일어 소통능력과 더불어 독일의 역
사, 문화, 법규의 기본가치를 이해시킴으로써 독일 사회에의 적응을
돕는 것이다. 독일 정부는 통합과정을 재정적으로 지원하고, 이주민의
참여는 의무사항이다. 통합과정에 성공적으로 참여하면 시민권 취득
을 위한 의무 체류기간이 8년에서 7년으로 줄어든다. 참여 의무를 지
키지 않을 경우 체류 연장을 거부하거나 사회복지 혜택을 삭감하는 등
의 불이익을 주도록 했다(고상두·하명신 2010, 435; 박명선 2007, 284;
Renner 2004, 267).

넷째, 새 이주법은 이주에서 안보의 측면을 고려해야 한다는 보
수정당의 요구를 수용했다. 보수정당은 추방절차의 간소화 및 이주자
의 신원조사 강화를 강력히 요구했는데, 이는 모두 받아들여졌다. 영

20　몇몇 학자들은 이를 새 이주법의 가장 주목할 성과로 얘기한다. 잔텔은 새 이주법이 이
　　주민들의 독일 사회로의 통합을 적극적으로 지원하겠다는 명백한 의지를 밝혔다는 점에
　　서 일종의 "정치적 돌파구"였다고 지적한다(Santel 2007, 20).

주권이나 시민권 신청 시 정보기관인 헌법수호청(Verfassungsschutz) 이 이주자의 헌법 적대성 여부를 조회하도록 했다. 테러단체에 가입 했거나, 이를 지지할 경우 곧바로 추방이 가능하다. 잠재적인 테러용 의자나 테러를 선동하는 경우에도 "사실에 기반을 둔 위험예측(tatsachengestützte Gefahrenprognose)"을 통해 추방할 수 있도록 하였 다. 9·11 테러 이후 테러리즘은 독일에서도 가장 중요한 안보 위협이 되었고, 새 이주법은 테러리즘에 대한 강력한 예방조치를 담고 있다.

다섯째, 새 이주법은 지금까지 각기 다른 관청에 의해 개별적으로 수행되던 정책들, 즉 이주노동자정책, 체류정책, 난민 및 망명정책, 이 주민 통합정책을 단일한 법률체계로 묶고, 이를 연방이주난민청(Bundesamt für Migration und Flüchtlinge)의 관할 아래 두게 했다. 각 주 정부마다 다소간 편차를 보이던 이주정책의 단일화가 가능해진 것이 다. 체류는 영주권과 한시적 체류의 두 가지로 대폭 간소화했다. 또한 체류의 목적은 교육, 직업, 가족합류, 인도주의적 이유 등 네 가지로만 구분했다. 영주권은 5년 이상 독일에서 합법적으로 거주한 경우 신청 가능하도록 했다.

새 이주법은 독일이 폐쇄적인 혈통주의적 모델로부터 최소한 고 급인력과 투자이민에 대해 개방적인 이주모델로 전환되고 있음을 잘 보여준다. 고급인력에 대해 선별적 이주를 허용하고—물론 이 선별의 권한은 독일 정부가 가지고 있다—이 이주민들에게 상당히 적극적인 통합정책을 실행함으로써 독일 사회로 통합하겠다는 것이 새 이주법 의 핵심적 구상이다. 요컨대 혈통주의적 모델 이후 독일의 통합모델은 선별적 이주/통합모델로 변화하고 있다고 할 수 있다. 이는 기존의 공 화주의 모델이나 다문화주의 모델과는 또 다른 성격의 모델로 향후 어 떤 방향으로 발전할지 세심한 관찰이 필요하다.

4) 국민통합계획과 블루카드

2005년 11월 메르켈(Angela Merkel)을 수반으로 하는 대연정이 출범한다. 대연정은 사민당의 참여 때문이기도 했겠지만 기본적으로 사민·녹색연정의 이주정책을 계승했다. 그러나 2009년 보수–자유연정이 출범한 이후에도 독일의 이주정책에는 큰 변화가 없었다. 오히려 사민·녹색연정에 의해 틀이 만들어진 선별적 이주/통합모델이 더 뚜렷한 모습을 갖추어가는 형국이라고 할 수 있다. 이는 두 가지 이유 때문이었다. 첫째, 앞에서 논의했듯이 혈통주의적 모델을 위기로 이끈 여러 요인들은 시간이 갈수록 보다 강화되고 있었다. 따라서 보수세력일지라도 이러한 변화된 현실을 수용하지 않을 수 없었다. 혈통주의적 모델에 대한 집착은 바이에른주의 기사련(CSU)의 일부를 제외한다면 보수세력의 대세가 아니었다. 그 사이 보수세력의 압도적 다수는 독일의 경쟁력에 도움이 된다면 이주를 선별적으로 허용하고 이들을 적극적으로 통합해야 한다는 쪽으로 방향을 바꿨다. 2006년 시작된 메르켈 정부의 국민통합계획(Nationaler integrationsplan)은 이러한 선회를 잘 보여준다. 둘째, 이주와 관련된 유럽연합의 초국적 조절이 보다 강화되었다. 전문인력의 이주와 관련해서 유럽연합은 독일보다 더 개방적인 기준을 적용한 지침을 만들었고, 흥미롭게도 독일은 이를 가장 적극적으로 수용한 회원국이 되었다. 2009년 도입된 유럽연합의 블루카드 제도는 독일이 가장 적극적으로 활용하였다.

우선 국민통합계획은 이주자들의 사회통합을 보다 적극적으로 수행하기 위해 만들어진 프로그램이다. 2006년 6월 이주자들의 원활한 통합을 지원하기 위해 내무부, 가족노인여성청소년부, 노동사회부, 법무부, 교육연구부, 연방이주난민청 등 다양한 부처들이 국민통합계획을 작성하기 위한 워크그룹을 만들어 협력하기로 했다. 이 워크그룹에

는 연방, 주, 자치체뿐만 아니라 경제, 노동조합, 교회, 스포츠, 매체,
학문, 문화 등 다양한 영역을 대표하는 380명의 대표들이 참여했다.
이들이 작성한 국민통합계획은 2007년 6월 메르켈이 주최한 통합정상
회의에서 발표되었다. 국민통합계획은 10개의 주제영역, 즉 ① 통합과
정의 개선 ② 독일어의 조기 교육 촉진 ③ 양질의 교육과 직업교육의
확보 ④ 여성과 소녀의 상황 개선 및 성 평등의 실현 ⑤ 현장에서 통합
의 지원 ⑥ 문화와 통합 ⑦ 스포츠를 통한 통합 ⑧ 매체 – 다양성의 활
용 ⑨ 시민의 참여를 통한 통합 ⑩ 세계에 개방적인 학문 등을 망라하
면서 적극적인 통합방안을 모색하고 있다(Nationaler Integrationsplan
2007).

블루카드는 유럽연합의 고급인력 지침(2009/50/EG)에 근거한 제
도이다. 즉 유럽연합 밖의 제3국 출신의 고급인력이 유럽연합 회원국
에서 고용되기 위해서는 체류허가, 즉 블루카드를 획득해야 한다. 이
지침은 2012년 독일에서 "유럽연합 고급인력 지침 실행을 위한 법"으
로 법제화됨으로써 기존의 체류법 및 고용조례가 부분적으로 변경되
었다. 블루카드 제도는 기존의 그린카드에 비해 좀 더 개방적인 내용
을 담고 있고 이주의 기준과 조건을 좀 더 완화했다(한영빈 2015, 52).
2016년 블루카드의 발급기준은 연소득 49,600유로 이상일 경우이다.
자연과학자, 수학자, 기술자, 의사, 정보통신 분야 등 고급인력이 부
족한 직종은 38,688유로로 기준이 더 낮추어진다. 2015년 독일은 약
14,500개의 블루카드를 발급하였고, 이는 유럽연합 전체의 87%에 달
한다. 2016년 독일에는 약 28,000명이 블루카드 제도를 활용해 체류
하였다(Der Spielgel 2016).

IV. 나오는 말

냉전체제의 종식 이후 유럽에서 "새로운 이주"의 중심에는 독일이 있었다. 이주의 급격한 증가는 독일의 혈통주의적 모델에 전환의 압력으로 작용했다. 혈통주의적 모델은 시민권 부여를 우선적으로 독일 혈통과 연계시켰고, 이주를 주로 노동력의 활용이라는 관점에서 바라보면서 이주노동자들에 대한 국가적 관리를 핵심으로 작동했었다. 그러나 이주를 둘러싼 환경의 근본적인 변화는 1990년대에 들어 혈통주의적 모델의 곳곳에서 파열음을 발생시켰다. 상당한 시간을 허비하고 격렬한 논쟁을 거친 끝에 사민·녹색연정 시기(1998~2005년) 국적법과 이주법이 개정됨으로써 혈통주의적 모델의 전환이 일어났다. 새로운 모델은 최소한 고급인력과 투자이민에 대해 개방적인 이주를 허용하며 이주민들에 대해서도 상당히 적극적인 통합정책을 실행하려고 한다. 선별적 이주/통합모델로 지칭해볼 수 있는 이 새로운 통합모델은 기존의 공화주의 모델이나 다문화주의 모델과도 일정하게 구분된다. 이 선별적 이주/통합모델이 향후 어떤 방향으로 발전할지에 대해서는 세심한 관찰과 논의가 필요할 것이다.

새로운 모델이 뿌리를 내리는 도중 지금까지 독일 이주역사의 가장 거대한 충격이 2015년 발생했다. 특히 시리아내전의 영향으로 엄청난 숫자의 난민이 지중해를 건너 유럽으로 피난했다. 2015년 한 해만 거의 110만 명의 난민이 독일로 들어왔다. 이른바 "난민위기(Flüchtlingskrise)"가 정점으로 치달았던 2015년 10월 한 달 동안만 20만 6천 명이 독일에 피난했다. 발칸루트의 폐쇄 및 터키와의 협정 덕택에 그 수가 많이 줄기는 했어도 2016년 여전히 32만 명이 넘는 난민이 독일로 왔다(BAMF 2016). 메르켈은 "우리는 할 수 있다(Wir schaffen das)"며 난민을 환영하는 정치적 신호를 보냈다. 그러나 많은 시민들의 자발적 참여와 연대에도 불구하고 단시간 내에 이 많은 난민들에게 위생적인 숙식을 제공하는 것만도 쉬운 과제는 아니었다. 더욱이 이슬람근본주의자들의 무차별적인 테러가 유럽에서 일상적인 위협이 된 상황에서 난민을 바라보는 시선이 우호적이기는 어려웠다. 난민 숙소에 대한 극우주의자들의 공격 역시 잇따랐다. 사회적 긴장과 불안이 확산되는 조짐이 역력했다.

2017년 9월 24일 제19대 연방의회 선거에서 많은 사람들의 우려가 현실로 되었다. 극우정당인 '독일을 위한 대안(AfD)'이 12.6%의 지지를 얻어 일약 제3당으로 부상한 것이다. 독일연방공화국 역사상 처음으로 극우정당이 연방의회에 진출하는 사태가 발생했다. 만약 "난민위기"가 없었더라면 '독일을 위한 대안'의 부상은 상상하기 힘들었을 것이다. 이 극우정당은 "난민위기"와 관련된 사회적 긴장과 불안을 극단적으로 자극하는 전략으로 2015년 이후 빠르게 세력을 확장했다. 과거 혈통주의적 모델에 대한 강력한 향수를 불러일으키는 것도 이들의 핵심전략의 하나이다. 민족주의적 극우세력의 부상은 독일의 새로운 통합모델 앞에 놓인 가장 큰 걸림돌이다. 만약 극우세력이 힘을 더 확장한다면 선별적 이주/통합모델은 선별의 기준을 강화하면서 좀 더 폐쇄적인 방향으로 이동할 것이다. 그러나 이러한 방향으로의 이동이 오늘날 이주의 현실은 물론, 독일이 처한 딜레마에 대한 바람직한 대응이 될 수 없음은 명백해 보인다. 혈통주의적 모델은 미래가 아닌 과거의 이야기였기 때문이다.

제2장

브렉시트와 정치공동체의 분리와 통합

김미경 | 조선대학교

I. 서론

정치공동체의 근대적 유형인 국민국가는 현재 유럽에서 초국가 수준
과 하위국가 수준에서 동시에 그 정당성을 도전받고 있다. 유럽연합이
국민국가 수준을 넘어 초국가 수준에서 정치공동체를 창출하려는 '통
합'프로젝트의 산물이었다면, 유럽통합이 심화된 현재, 오히려 영국의
유럽연합 탈퇴(이하 브렉시트)와 같이 정치공동체로서 국민국가의 복
원을 주창하거나, 더 나아가 도시 혹은 지역과 같은 국민국가의 하위
수준에서 정치공동체의 재형성을 추구하는 '분리'의 정치프로젝트가
시도되고 있다.[1] 2016년 6월 23일 이후 현재까지 지속되는 브렉시트
의 찬반을 둘러싼 영국 국내정치적 갈등은 이제 브렉시트에 대한 찬반
이 아니라, '노딜 브렉시트'에 관한 의회승인을 둘러싼 찬반으로 그 갈
등의 쟁점이 변한 듯하다. 유럽연합을 떠날 것인가, 남아 있을 것인가
라는 쟁점으로부터 2018년 영국 상하원이 통과시켜 2019년 9월 9일
발효된 유럽연합탈퇴법을 준수하며 떠날 것인가, 아니면 브렉시트 추
가연기를 거부하고, 의회승인 없이 그냥 떠날 것인가라는 쟁점으로 이
동함으로써, 사실상 영국의 유럽연합 탈퇴는 더 이상 돌이킬 수 없는
사태로 확정되었다고 볼 수 있다. 떠날 것인가, 말 것인가의 문제가 아
니라, 어떻게 떠날 것인가의 문제만 남은 셈이 된 것이다.

　　브렉시트를 단순히 유럽연합이라는 국제조직으로부터 한 회원국
이 탈퇴하기로 결정한 사건으로 인식한다면, 우리는 왜 2016년 이후

1　　하위 국민국가 수준으로 분리를 지향하는 사례들은 유럽 전역에 확산되어 있다. 스페인
　　의 카탈루냐, 이탈리아의 남티롤, 롬바르디아, 베네토, 벨기에의 플랑드르, 그리고 영국
　　스코틀랜드의 분리독립운동이 대표적 사례로 인식되지만, 조지아의 남오세티아, 아제르
　　바이잔의 나고르노-카라바흐, 몰도바의 트란스니스트리아, 키프로스의 북키프로스 등
　　에서도 분리독립운동이 진행되고 있다.

현재까지 영국의 국내정치가 그토록 혼란에 휩싸여 있는가를 이해하기가 힘들다. 브렉시트를 둘러싼 영국 국내정치의 갈등은 분명 처음에는 초국가 수준으로 정치공동체의 경계를 확장하고자 했던 통합의 프로젝트에 잔류할 것을 지지하는 개인과 집단, 이들에 반대하여 국민국가 수준으로 다시 정치공동체의 경계를 축소·복원할 것을 지지하는 개인과 집단 사이의 갈등이었다. 이 갈등은 정치학적으로 중요한 의미를 갖는 갈등이었음에도 불구하고, 현재는 영국의 국내정치에서 브렉시트를 실행하는 법적 절차를 둘러싼 정치엘리트들끼리의 지루한 정치적 공방으로 변질되어, 대다수 시민들은 그들의 정치적 공방에 대해 냉소적으로 반응하고 있다.

현재 영국 보수당의 내분과 보리스 존슨(Boris Johnson)과 같은 브렉시트 강경파들의 독주는 브렉시트가 경제적 합리성의 관점에서 논의되는 대상이 아니라는 것을 잘 보여주고 있다. 노딜 브렉시트가 낳을 예측 가능한 경제적 혼란과 손실에 대한 많은 토론과 주장이 제기되었음에도 불구하고, 그러한 주장들이 브렉시트 강경파들의 독주를 제어할 수는 없었다. 그렇다면, 그들은 왜, 그리고 무엇을 위해 그토록 브렉시트를 원하는가? 그들에게 브렉시트는 브렉시트로 인해 지불해야만 하는 것으로 예측되는 경제적 손실에 관한 합리적 추론을 압도하는, 보다 더 중요한 무엇인가를 상징하는 것인가? 그렇다면, 도대체 그것이 무엇인가? 이 의문을 풀기 위해 우리는 현재 영국 정치의 혼란으로부터 거리를 두고, 브렉시트의 찬반을 둘러싼 정치적 갈등의 초기 상태에서 제기되었던 중요한 질문들을 상기할 필요가 있다. 왜 영국은 애초에 유럽연합으로부터 탈퇴를 원했는가? 왜 영국 시민의 일부는 탈퇴를 지지하고, 다른 일부는 잔류를 지지하며 서로 갈등했는가? 그들에게 브렉시트는 각각 어떤 정치적 의미를 갖는 것이었는가?

이 모든 의문들을 해소하기 위해 우리는 영국의 브렉시트를 고유명사
가 아닌, 일반명사로 전환할 필요가 있다.

우리가 유럽연합을 초국적 수준으로 정치공동체의 경계를 확장
하고자 했던 통합의 정치적 프로젝트로 정의하면, 영국의 브렉시트는
그 통합 프로젝트의 역행과 이탈을 시도하는 행위로 볼 수 있다. 통합
의 역행, 즉 정치공동체의 경계를 다시 국민국가 수준으로 축소·복원
하고자 하는 행위로 볼 수 있다는 것이다. 브렉시트를 일반명사화한다
면, 정치공동체의 경계를 확장 혹은 축소하고자 하는 행위의 동기와
메커니즘에 관한 탐구를 위한 하나의 경험적 사례로서 브렉시트를 볼
필요가 있다. 그렇다면, 우리는 브렉시트를 정치공동체의 통합과 분리
라는 보다 보편적인 맥락 속에 위치지우며, 다음과 같은 질문을 제기
할 필요가 있다. 왜 어떤 정치공동체는 정치공동체의 경계를 확장하는
통합을, 혹은 그 반대로 정치공동체의 경계를 축소하는 분리를 추구하
는가? 그리고 하나의 정치공동체에 속해 있는 개인과 집단의 통합과
분리에 관한 선호는 왜 서로 다른가?

유럽통합의 초기와는 달리, 유럽통합이 심화되면서 정치공동체는
한동안 잊혀진 개념이 되었다.[2] 정치공동체라는 개념 대신, 거버넌스
라는 개념이 유럽통합 연구에서 지배적이었던 시기가 있었다. 그러나
유럽통합이 전후 유럽 시민들의 정치적 충성심을 개별 국가를 넘어 초
국가 수준으로 이전(transfer)하는 것에 대한 정치적 관심으로 시작되
었음을 상기한다면, 유럽통합은 처음부터 국민국가라는 근대적 정치

---

2   이와 관련해 킴리카(Kymlicka 2002, 208)는 흥미로운 주장을 제기한 바 있다. 그에 따르
면, 2차 대전 이후 정치철학에서 공동체에 관한 관심이 사라졌고, 공동체에 대한 관심이
자칫하면 전체주의, 파시스트나 인종주의와 연루된 것으로 오해받기 쉬웠으며, 특히 현
대 자유주의 철학자들은 공동체라는 말을 거의 사용하지 않게 되었다고 한다.

공동체의 전환에 관한 것이었다. 이 점은 50년대, 60년대 유럽통합의 초기, 아렌트가 초국적 테크노크라트의 지배에 대한 그녀의 혐오에도 불구하고, 민족주의와 전체주의가 야기한 유럽적 위기를 해결하기 위해 "위험한 민족주의의 허울"을 넘어서 하나의 통합유럽을 위한 "탈-국민국가적 프로젝트"에 대해 기대와 지지를 표명했던 사실을 상기했을 때, 보다 명료해진다(Verovsek 2014, 405). 그러나 탈-국민국가적 정치공동체로의 전환을 의미했던 유럽통합프로젝트는 아렌트가 우려했던, 초국적 테크노크라트의 지배 속에서 통합 초기 근대적 정치공동체의 전환에 관한 낙관적 비전을 상실했고, 초국적 테크노크라트에 저항하는 개별 국가의 경제적 민족주의의 정서를 오히려 확산·강화시켰다. 초국적 테크노크라트의 지배와 경제적 민족주의 정서의 적극적 동원이 공존하는 현재 상황에서 개인과 집단은 다시 국민국가 수준의 정치공동체로 회귀를 지향하거나, 더 낮은 수준의 공동체에 대한 강한 지향을 갖게 된 것이다. 이것이 다시 정치공동체에 대한 관심이 되살아난 맥락이다.

II. 정치공동체의 두 차원과 브렉시트의 다중적 의미

1. 정치공동체의 크기와 질서

브렉시트를 정치공동체의 통합과 분리의 시각에서 해석함으로써, 우리는 브렉시트를 영국의 국내정치적 혼란으로부터 분리시켜, 그것이 갖는 중요한 정치적 의미를 온전히 해석할 수 있다. 이를 위해 우선, 정치공동체의 다층적 관계에서 작동하는 분리와 통합의 복합성에 관한 이론적 가설을 발전시키기 위해 다음 두 쟁점을 분명히 하고, 그 쟁점들에 대한 기본 생각을 공유하는 것으로부터 우리의 논의를 시작할 수 있다. 첫 번째의 쟁점은 정치공동체의 분리와 통합의 개념에 관한 것인데, 우선 분리와 통합을 이분법적으로 대비되는 사태의 최종적 결과(outcome)로 인식하는 것이 아니라, 하나의 행위(action)로 인식할 것을 제안한다. 분리와 통합을 정치공동체의 다양한 층위에서, 둘 이상의, 다양한 크기의 정치공동체들이 갖는 관계의 최종상태가 아니라, 다양한 층위와 다양한 크기의 정치공동체들을 구성하는 개인과 집단의 행위유형으로 보자는 것이다. 이때 분리의 행위와 통합의 행위의 구분을 가능하게 하는 중요한 변수는 정치공동체들의 구성원들이 지향하는 정치공동체의 이상적인 크기(size)이다.

어떤 개인 혹은 집단이 보다 더 작은 공동체로 자신들의 정치적 충성심을 이전하고자 하는 선호를 가질 때, 우리는 그 같은 선호와 그 선호의 실현을 위한 실천을 분리의 행위라고 정의할 수 있다. 반면, 어떤 공동체의 구성원들이 보다 더 큰 공동체로 자신들의 충성심의 이전을 선호하고, 그 선호의 실현을 위해 행위를 할 때, 그것을 통합의 행위로 볼 수 있다. 그런데, 정치공동체의 크기는 단순히 물리적인 의미의 정치공동체의 영토적 크기로 이해되어서는 안 된다. 모든 정치공동체는 공동체 구성원들이 공유하는 고유한 집합적 정체성을 특징으로 한다. 달리 말해, 서로 다른 정치공동체를 구분하는 것은 각 정치공동체들의 고유한 정체성의 경계(the boundaries of collective identity)이다. 이 점에서 초국가, 국가, 하위국가라는 다층적 수준에서 발생하는 정치공동체의 통합과 분리의 정치프로젝트는 곧 공동체 구성원들의 집합적 정체성의 경계에 대한 인식을 반영하는 동시에, 집합적 정체성의 경계를 확장하는 것과 축소하는 것에 관한 인식의 전환을 추구하는 의식적인 행위라고 볼 수 있다.

두 번째 쟁점은 분리와 통합의 행위에 있어 동일한 정치공동체 내부의 상이한 개인과 집단의 분리와 통합에 관한 선호의 차이를 어떻게 설명할 수 있는가이다. 한 정치공동체 내부의 모든 개인과 집단이 일사분란하게 분리 혹은 통합의 행위를 추구하는 것은 아니다. 뿐만 아니라, 분리 혹은 통합의 행위를 추구하는 개인과 집단 내부에서조차 갈등이 존재한다. 그 갈등의 원천은 분리 혹은 통합의 행위를 통해 성취하고자 하는 정치공동체의 질서가 어떤 것이어야 하는가에 대한 상이한 선호들이다. 즉, 단순히 정치공동체의 크기에 관한 선호만이 아니라, 정치공동체의 질서형성원칙(the principle of order)에 대한 상이한 선호들의 문제가 여전히 갈등의 원천으로 남아 있다는 것이다. 이 점은 유럽연합으로부터 영국의 탈퇴를 지지하는, 달리 말해 유럽연합으로부터 영국의 분리행위를 지지하는 개인과 집단이 모두 동질적인 행위동기를 가진 것은 아니었다는 현실을 통해 쉽게 이해될 수 있다. 누군가는 민주주의의 이름으로, 또 다른 누군가는 민족주의(Britain First)의 이름으로, 혹 누군가는 계급계층의 이름으로 유럽연합으로부터 영국의 분리를 지지했다.[3] 이러한 상황은 영국의 탈퇴를 반대했던 개인과 집단에게서도 마찬가지이다. 이 점에서 우리는 앞에서 언급한 정치공동체의 이상적인 크기라는 차원과 더불어 정치공동체의 또 하나의 차원인 정치공동체의 질서형성의 원칙에 대한 이론적 논의가 필요하다.

정치공동체의 질서형성원칙에 관한 우리의 논의를 진전시키기 위해, 우리는 정치질서를 형성하는 두 가지 원칙으로서 보조성(subsidi-

---

3   2016년 6월 16일 유럽연합탈퇴를 반대했던 조 콕스 영국 노동당 의원을 공격했던 유럽연합탈퇴 극렬지지자는 "Britain First"를 외쳤다.

arity)과 연대성(solidarity) 사이의 긴장과 갈등이라는 공동체발전에 관한 오래된 사회철학적 주제에 주목할 것을 제안한다. 개인, 공동체, 국가, 초국적 조직이라는 일련의 정치질서의 위계 속에서 가장 낮은 수준의 정치질서로의 하향적 지향이 보조성의 원칙이라면, 연대성의 원칙은 정치질서의 상향적 지향을 담고 있다. 보조성의 원칙이 중시되는 정치질서의 하향적 지향에서 모든 개인과 집단은 그 자체로 고유하며, 권력의 원천이며, 평등하고, 자유로운 존재이다(Evans 2013, 46). 반면, 정치질서의 상향적 지향을 담고 있는 연대성의 원칙이 중시되는 정치질서는 우리와 그들이라는 정체성의 경계를 재고할 것과 "그들(others)"에 대해 관심을 가질 것을 요구한다. 다시 말해, 연대성 원칙이 지배적인 정치질서에서 정치공동체의 정체성의 경계는 확장되는 경향이 있다. 특히, 연대성 원칙은 사회구성원들 중 약한 개인과 집단에 대한 강자의 보호와 책임을 중시하며, 바로 그와 같은 이유로 개인과 집단의 자율성에 대한 불가피한 제한과 개입의 필요성을 인정한다(Evans 2013, 46, 54). 또한 보조성의 원칙이 개인과 집단 vs. 정치적 권위의 수직적 관계에 민감하며, 정치적 권위의 개입에 비판적이라면(Evans 2013, 51). 연대성 원칙은 개인과 개인 혹은 집단과 집단의 수평적 관계를 중시하며, 이 수평적 관계를 조정하고, 중재하는 정치적 권위의 역할에 수용적 태도를 취한다.

이상의 정치공동체와 크기와 질서형성원칙에 관한 두 가지 쟁점, 1) 행위로서의 분리와 통합 그리고 두 행위를 구별하는 변수로서 정치공동체의 크기, 2) 분리와 통합행위의 근원적 동기로서 정치질서의 형성원칙인 보조성과 연대성의 구분에 대한 논의를 공유하면서, 마지막으로 우리는 정치공동체의 크기와 질서의 전환이라는 이론적 쟁점을 고려할 필요가 있다. 그 쟁점은 분리에서 통합으로 혹은 통합에서 분

리로의 전환 그리고 보조성에서 연대성으로 혹은 연대성에서 보조성
으로의 전환의 문제이다. 전자의 전환은 선호하는 공동체의 크기에 관
한 개인과 집단의 선호의 변화를 말하는 것이며, 후자의 전환은 선호
하는 정치사회질서의 형성원칙에서 개인과 집단의 선호의 변화를 말
하는 것이다. 전자를 '정치공동체의 크기에 관한 선호의 전환(shifting
size)'이라 칭하고, 후자를 '정치공동체의 질서형성원칙에 관한 선호
의 전환(shifting orders)'으로 칭할 수 있다. 정치공동체의 크기와 정
치질서의 형성원칙의 측면에서 발생하는 두 가지 전환이라는 아이디
어를 통해, 우리는 분리와 통합의 행위와 보조성과 연대성이라는 정치
질서 형성의 원칙에 동학을 부여하여 '변화'를 설명할 수 있다.

한편, 분리와 통합의 복합성을 동태적 측면에서 보는 "공동체 크
기의 전환"과 "질서형성원칙의 전환"을 설명하는 이론적 논의가 필요
한데, 이를 위해 우리는 『참여의 전환(*Shifting Involvement*)』에서 논
의된 "허쉬만의 사이클(Hirschman's cycle)"이라 불리는 정치공동체
구성원들의 공적 행위(정치적 행위)의 고양과 퇴조에 관한 논의를 적
극 수용할 수 있다. 분리(통합)가 보다 작은(큰) 정치공동체로 충성심
의 이전을 추구하는 행위라면, 왜 개인과 집단이 보다 작은(큰) 정치
공동체로 충성심의 이전을 추구하게 되는가? 왜 개인과 집단은 질서
형성의 원칙으로 보조성의 원칙에서 연대성의 원칙으로 혹은 역으로
연대성의 원칙에서 보조성의 원칙으로 전환하는가? 이 같은 질문은
"허쉬만의 사이클"이라는 이론적 논제를 상기시킨다. 즉, "사회가 공
적 이슈에 강하게 몰입해 있는 시기와 개인적 향상과 사적 복지추구에
전적으로 집중하는 시기 사이에서 동요(oscillation)하는 경향이 있는
가?"라는 허쉬만의 질문을 상기시킨다(Hirschman 1982, 3).

사실, 허쉬만의 질문을 사회가 "분리와 통합의 행위 사이에서 혹

은 보조성 원칙과 연대성 원칙 사이에서 진동하는 경향이 있는가?"라
는 질문으로 대체하는 것이 가능한지를 논증하는 것이 중요한 이론적
과제가 될 것이다. 허쉬만의 사이클에서 전환을 추동하는 것은 "실망"
이라는 개인과 집단의 사회 심리적 메커니즘이다. 허쉬만은 사적인 삶
과 행복에 대한 추구로부터 공적 행위에 적극적으로 참여하는 삶의 추
구로, 다시 공적 행위의 적극적 참여에서 후퇴하여 사적인 삶으로 침
잠하는 근원적인 이유를 "실망(disappointment)"이라고 주장한다. 그
러나 사적인 삶에서 공적 행위의 적극적 참여로의 전환과 공적 행위
의 적극적 참여에서 사적인 삶과 행복추구로의 전환 과정에는 실망의
상이한 메커니즘이 작용한다. 허쉬만에 따르면, 개인과 집단이 사적
인 삶의 향상과 행복추구에 만족하는 것은 재화와 서비스를 소비하는
행위 그 자체가 아니라, 그 소비행위가 만들어내는 "기쁨(pleasure)"
에 있다. 그래서 사적인 삶의 향상과 행복추구에서 개인은 내구재와
서비스(durable goods and service)가 아닌, 비내구재와 서비스(non-
durable goods and service)의 소비에서 더 큰 기쁨과 만족을 느낀다
(Hirschman 1982, 29, 33). 내구재와 서비스는 소비하는 최초의 순간
에만 기쁨을 느끼고, 그 이후에는 익숙한 편안함(comfort)을 느끼는
반면, 비내구재와 서비스는 소비의 매 순간 기쁨을 느낄 수 있기 때문
이라고 한다. 기대했던 소비의 기쁨과 실제의 기쁨 사이에 격차가 클
수록, 실망도 커진다. 이러한 실망의 축적이 개인과 집단, 더 나아가
한 사회의 개인 수준의 소비적 삶의 추구에 의문을 품게 하며, 개인적
소비에서의 불만족과 실망을 불평하는 것에서 멈추지 않고, 집합적 항
의의 행위를 조직하게 하며, 더 나아가 개인적 소비로부터 기쁨과 만
족을 얻는 삶에 대해 근원적으로 회의하게 한다(Hirschman1982, 64).
바로 이 순간에 사적인 삶의 향상과 행복추구에서 공적 행위에의 적극

적 참여로의 전환이 발생한다.

역으로 공적 행위의 적극적 참여로부터 사적 삶의 향상과 추구로
의 후퇴라는 전환을 낳는 실망의 중요한 메커니즘은 공적 행위에의 과
도참여(over-involvement)와 과소참여(under-involvement)이다. 공
적 행위에 참여하는 것으로부터 얻게 되는 실제적 만족과 참여 초기에
기대했던 것 사이에 항상 격차가 존재한다. 즉, 이상과 현실의 격차이
다. 그러나 공적 행위의 추구에서 사적인 삶의 향상과 행복추구로 전
환하는 결정적 이유는 이 같은 이상과 현실의 격차 그 자체는 아니다.
과도참여와 과소참여 모두 공적 행위에 참여하는 것에 대한 실망감을
낳는다. 만약, 공적 행위에의 참여비용이 시간이 지남에 따라 더욱 증
대하여 개인과 집단 그리고 한 사회가 용인할 수 없는 수준을 넘어선
다면, 그 공적 행위의 목적이 아무리 정당한 것이라 할지라도, 개인과
집단은 그 공적 행위에 대해 깊은 실망을 느끼고 사적인 삶의 영역으
로 후퇴하게 될 것이다(Hirschman 1982, 97). 동시에 이와는 반대로,
근대적 민주주의의 다수결제와 주기적 선거가 상징하듯이, 공적 행위
에 참여하는 비용의 효율적 감축을 위해 공적 행위에의 참여가 '선거
와 투표'와 같은 제한적인 정치적 행위유형으로 축소되어 과소참여의
불만족이 축적되면, 개인과 집단 그리고 사회는 또한 공적인 삶에 참
여하는 것 자체에 실망감을 느낄 것이다(Hirschman 1982, 103). 이처
럼 공적 행위에의 참여는 과잉참여와 과소참여를 낳은 "과도한 불만
족 또는 선택지의 부족"(unsatisfactory too-much or too-little choice)
에서 발생하는 실망감으로부터 결코 자유로울 수 없다(Hirschman
1982, 120).

허쉬만의 사이클에 관한 논의를 통해 우리는 정치공동체의 다층
적 관계에서 발생하는 정치공동체의 이상적 크기에 관한 선호의 전환

과 정치공동체의 질서형성의 원칙에 관한 선호의 전환의 동학을 허쉬
만이 말하는 실망이라는 동일한 심리적 메커니즘에 의해 설명할 수 있
다. 먼저 정치공동체 크기의 전환에 관한 선호의 측면을 논의해보자.
왜 개인과 집단이 보다 작은 공동체로, 혹은 보다 큰 공동체로 자신들
의 충성심을 이전하고자 하는가? 이상적인 정치적 공동체의 적정한
크기가 존재한다는 생각은 플라톤과 아리스토텔레스까지 거슬러 올라
간다. 이 연구에서 정치공동체의 크기를 분리와 통합을 구분하는 중요
한 변수로 삼은 것도 정치적 공동체의 최적의 크기(optimal size)에 대
한 많은 정치학자들의 견해를 수용한 것이다. 정치공동체의 최적의 크
기라는 아이디어를 수용하면, 분리와 통합은 정치공동체의 최적의 크
기를 추구하는 행위로 볼 수 있다. 정치공동체의 크기가 과도하게 크
다고 생각할 때, 분리를 추구하며, 정치공동체의 크기가 지나치게 작
다고 생각할 때, 통합을 추구하는 것이다. 물론, 정치공동체의 최적의
크기가 무엇인가에 대한 한 정치공동체 구성원들 사이에 보편적 합의
가 존재하지 않을 수 있다는 점에서 정치공동체의 이상적 크기를 둘러
싼 분리와 통합의 행위는 항상 갈등을 함축하고 있다.

　　그러나 적어도 우리는 보다 큰 공동체로의 전환을 추구하는 통합
행위와 과정이 개별의 특수이익을 넘어서는 공동의 보편이익 추구라
는 정당화를 요구한다는 점에 대해서는 합의할 수 있다. 즉, 둘 이상
의 작은 정치공동체를 결속하여 하나의 보다 큰 정치공동체로 전환하
고자 하는 통합행위는 본질적으로 '공적 행위'로서의 특성을 갖는다는
것이다. 이처럼 우리가 통합행위의 공적 특성을 인정한다면, 그때 공
적 행위와 사적 행위의 구분과 그 전환에 관한 허쉬만의 논지를 정치
공동체의 분리와 통합행위에 적용하는 것이 가능해진다. 허쉬만의 사
이클논리를 적용하면, 보다 큰 정치공동체로의 전환을 추구하는 통합

행위는 개별 공동체의 특수이익 추구를 통해 얻을 수 있는 재화와 서비스의 소비에 대한 불만족과 실망이 축적되어, 개별 공동체에서의 삶에 근원적으로 회의하게 되는 순간, 발생할 가능성이 높다. 이와 같이, 통합행위의 공적 특성을 인정하면, 동일한 논리에 의해 보다 작은 공동체로 충성심을 이전하며 정치공동체의 최적의 크기를 축소하고자 하는 분리행위와 과정은 허쉬만의 표현을 빌리자면, 공적 영역의 참여를 회피하고, 사적인 삶의 영역으로 후퇴하는 것과 같은 것이다. 마찬가지로 정치공동체의 분리행위의 근원도 허쉬만이 말한 공적 행위에의 과도참여와 과소참여로 인해 발생하는 실망이 될 것이다.

다음으로 정치공동체의 정치질서 형성의 원칙에 관한 선호의 전환의 측면을 보자. 정치사회질서의 상이한 원칙은 정치의 자율성에 대한 상이한 인식을 반영한다. 보조성의 원칙이 지배적인 정치공동체에서 정치의 자율적 영역, 즉 공적 영역은 가능한 한 최소화된다. 보조성의 원칙은 정치공동체를 구성하는 기본단위에 정치적 권위를 부여할 것을 지향한다. 달리 표현해, 보조성의 원칙은 정치적 권위의 지역화(localization), 즉 탈중앙화(decentralization), 하향화(downwards)를 지향하고, 단지 정치공동체 기본단위의 필요에 따라 제한적으로만 정치적 권위의 행사를 중앙으로 상향 이전할 뿐이다(Friesen 2003, 2-3). 반면, 연대성의 원칙은 정치적 영역의 자율성의 확장, 즉 공적 영역의 확장을 추구한다. 공적 영역은 개별의 특수이익을 넘어서는 보편이익을 추구하는 집합적 행위의 공간이다. 그러므로 보조성의 원칙에서 연대성의 원칙으로의 전환은 사적 이익추구에서 공적 행위추구로의 전환으로 볼 수 있는 반면, 연대성에서 보조성의 원칙으로의 전환은 공적 행위에서 사적 이익추구로의 전환으로 볼 수 있다. 물론, 모든 정치공동체에서 정치사회질서 형성을 위한 두 가지 이념형적 원칙은 공존

표 2-1. 분리와 통합행위의 특성

		정치공동체의 질서형성의 원칙	
		보조성	연대성
정치공동체의 크기	분리	사적-사적	사적-공적
	통합	공적-사적	공적-공적

한다. 다만, 개별 공동체의 고유한 맥락에 따라, 보조성과 연대성의 원칙 중 특정 원칙이 보다 지배적인 원칙으로서 그 공동체 구성원의 집합적 정체성과 질서형성에 영향을 미칠 수 있다.

이상의 이론적 논의가 던지는 함의를 정리해보면, 정치공동체의 분리와 통합을 둘러싼 갈등은 정치공동체의 최적의 크기에 관한 갈등뿐만 아니라, 정치공동체의 질서형성원칙을 둘러싼 갈등이라 볼 수 있으며, 그 갈등의 본질적 성격은 공적 영역에서의 삶과 행위의 추구와 사적 영역에서의 삶과 행위의 추구 사이의 갈등이라 할 수 있다. 정치공동체의 크기와 질서형성원칙의 두 차원에서 모두 사적 영역에서의 삶과 행위의 추구 경향이 압도적일 때, 정치공동체 구성원들의 분리행위는 강화되며, 그들은 정치적 권위의 지역화를 추구하는 보조성의 원칙에 경도된다. 반면, 정치공동체의 크기와 정치공동체의 질서형성원칙의 두 차원에서 모두 공적 영역에서의 삶과 행위의 추구 경향이 압도적일 때, 정치공동체 구성원들의 통합행위는 강화되며, 그들은 정치적 권위의 상향을 추구하는 연대성의 원칙에 경도된다. 양단의 사이에서 정치공동체의 크기를 확장하기를 추구하면서도, 확장된 정치공동체의 정치사회질서를 보조성의 원칙하에 구성하려는 시도, 그리고 반대로 정치공동체의 크기를 축소하기를 원하는 분리행위를 추구하지만, 축소된 정치공동체는 연대성의 원칙에 의해 지배되는 정치사회질서를 지향하는 시도가 존재할 수 있다.

2. 브렉시트의 상징적 가치와 다중적 의미

지금까지 논의한 정치공동체의 분리와 통합에 관한 이론적 틀이 갖는
유의미성을 토론하기 위해서는 정치공동체의 분리와 통합행위의 구체
적인 사례분석에 그 이론적 틀을 적용해보는 시도가 유용할 것이다.
영국의 브렉시트는 그와 같은 분석적 시도를 위해 매우 중요한 사례이
다. 이 같은 분석적 시도의 첫 단계로서 이 절에서는 브렉시트의 정치
적 의미를 둘러싼 다양한 해석 사이의 갈등을 중심으로 정치공동체의
분리와 통합의 경험적 사례로서 브렉시트의 상징적 가치와 다중적 의
미를 토론할 것이다.

　　2016년 국민투표 이후 가속화되는 브렉시트를 둘러싼 갈등에 대
해 영국 총리 테레사 메이(Teresa May)는 "브렉시트는 브렉시트일 뿐"
이라고 일축했던 적이 있다.[4] 그녀의 정치적 수사는 영국의 유럽연합
탈퇴결정의 불가역성을 강조하여, 국민투표 이후 국내 정치적 갈등을
종결하려는 의도를 함축하고 있었다. 하지만, 브렉시트의 의미를 둘러
싼 영국 사회 내부의 갈등은 지속되었다. 더구나 2017년 2월 브렉시트
가 전 세계적으로 확산되고 있는 민족주의, 포퓰리즘, 심지어 파시즘
적 징후들과 무관하지 않다는 저스틴 웰비(Justin Welby) 켄터베리 대

4　　영국 총리 메이의 이 발언은 2016년 6월 23일 실시된 국민투표 이후 7월 13일에 총리로
　　취임하기 직전인 7월 11일 그녀의 전국 캠페인 중 버밍햄연설에서 한 발언이다. 그녀는
　　이 연설에서 유럽연합에 잔류하려거나 재가입하려는 어떤 시도도 하지 않을 것이며, 2
　　차 국민투표도 실시하지 않을 것을 분명히 했다. 그녀의 버밍햄연설의 전문은 다음 출처
　　를 참조할 것. (http://www.ukpol.co.uk/theresa-may-2016-speech-to-launch-leadership-
　　campaign/)

주교의 발언은 브렉시트가 단순히 영국의 유럽연합탈퇴 문제에 국한
되어 해석되지 않고, 전 세계적인 차원의 시대적 도전과 전환의 문제
와 깊이 연계되어 있음을 강조함으로써, 브렉시트의 의미를 둘러싼 논
쟁과 갈등을 국내적 수준에서 국제적 수준으로 확장하는 효과를 낳았
다.[5] 브렉시트를 파시즘적 징후와 연계시켰던 켄터베리 대주교의 발언
은 브렉시트를 유럽연합의 개입과 규제에 맞서는 주권회복을 위한 영
국인의 애국적 결단으로 보는 보수진영뿐만 아니라, 브렉시트를 "패
자들의 민주적 저항(the democratic struggle of the left behind)"으로
해석하는 진보진영 모두에게 매우 도전적인 것으로 인식되었다. 그리
하여 브렉시트의 의미를 둘러싼 논쟁은 다시 브렉시트에 대한 찬반의
양상으로 회귀함으로써, 찬반의 각 진영 '내부'에 존재하는 정치학적
으로 매우 중요한, 그러나 전면적인 토론의 대상이 되지 못했던 또 다
른 쟁점은 여전히 논쟁의 수면 아래에 침잠해 있다.

　　그 또 다른 쟁점이란 브렉시트에 대한 찬반의 문제가 아니라, 브
렉시트가 지향하는 정치질서가 무엇인가의 문제이다. 브렉시트에 대
한 찬반의 문제가 브렉시트가 무엇을 상징하고 지향하는가의 문제를
압도함으로써, 우리는 여전히 브렉시트의 정치적 의미를 알지 못한다.
우리는 브렉시트의 정치적 의미를 둘러싼 상이한 해석들에 관한 연구
를 통해 브렉시트에 대한 찬반의 이분법을 넘어 브렉시트라는 정치적
사건의 의미를 해석하는 다양한 시각과 논점을 확인하고, 그들이 상호

---

5   켄터베리 대주교는 2017년 2월 13일 런던연설에서 브렉시트를 경제적으로는 '세계화',
　　정치적으로는 '주변화'(marginalization), 그리고 문화적으로는 '탈근대성'이라는 복합
　　적 요인에 영향을 받은 시대적 도전과 전환의 징후로 볼 수 있으며, 미국의 트럼프 행
　　정부의 출범과 유럽 극우정당들의 부상과도 무관하지 않는 현상이라고 논평했다. 관련
　　기사는 다음 출처를 참조할 것. (https://www.theguardian.com/uk-news/2017/feb/13/
　　archbishop-suggests-brexit-fascist-tradition)

분기하고 결합하는 원천들이 무엇인지 이론적으로 명료하게 설명하는 것을 향해 나아갈 수 있다.

브렉시트의 의미에 관한 상이한 해석들을 직접적인 분석의 대상으로 삼는 것이 학술적으로 의미 있는 것은 하나의 정치적 사건으로서 브렉시트가 그 자체로 중요한 '상징적 가치'를 갖기 때문이다. 브렉시트는 국제정치에서 일반적으로 관찰할 수 있는 정부간조직과 국제조약으로부터 한 국가가 탈퇴하는 일회적 사건과 동일시할 수 없다. 브렉시트는 국민국가를 넘어 정치공동체의 경계를 확장하여 초국적 정치공동체의 형성을 추구했던, 유럽의 통합프로젝트가 심각한 정당성의 위기에 직면하였음을 보여주는 역사적 사건이었다. 동시에 브렉시트는 정치공동체의 경계에 관한 두 가지 태도와 지향, 그리고 행위의 유형, 즉 통합과 분리를 둘러싼 정치균열이 하나의 "새로운 국제적 균열"로 등장했음을 경험적으로 보여주는 상징적 사건이었다(Adler-Nissen, Galpin and Rosamond 2017, 574). 그리고 우리는 그 균열을 세계시민주의와 공동체주의 사이의 균열이라고 부를 수 있다.

그러나 우리의 문제의식은 정치공동체의 통합과 분리 사이 혹은 세계시민주의와 공동체주의 사이의 정치적 균열의 관점에서 브렉시트의 의미를 해석하는 것에 국한되지 않는다. 오히려 정치공동체의 경계, 즉 정치공동체의 최적의 크기가 무엇인가를 둘러싼 현재의 통합과 분리의 균열이 전면적으로 부상함으로써 가려진, 또 하나의 중요한 정치적 균열, 즉 브렉시트를 지지하거나 거부했던 개인과 집단 각각이 추구했던 정치질서는 무엇이었는가를 둘러싼 균열을 이론적으로 분석하는 것에 보다 큰 관심이 있다. 다시 말해, 정치공동체의 질서형성에 관한 두 원칙, 보조성과 연대성 사이의 균열이 브렉시트에 대한 찬반의 논쟁에 묻혀 어떻게 정치적으로 최소화(marginalization)되었는지를 분석하는 것에 보다 더 큰 이론적 관심이 기울여져야 할 필요가 있다는 것이다. 우리가 브렉시트를 영국과 유럽연합의 관계의 문제로 협소하게 해석하는 한, 브렉시트를 지지했던 혹은 반대했던 각 진영 내부의 개인과 집단 사이에 존재하는 상이한 정치적 지향들을 분별하고, 그들 사이의 갈등을 분석할 수 없게 된다. 브렉시트는 영국과 유럽연합의 관계가 문제가 아니라, 현재 유럽과 유럽연합의 정치가 보다 근원적인 문제, 연대성의 위기(the crisis of solidarity)에 직면해 있음을 상징하는 사건이다. 브렉시트에 대한 찬반의 문제가 유럽과 유럽연합의 정치가 직면한 연대성의 위기의 문제를 압도할수록, 그 위기는 더욱 심화될 것이다.

브렉시트의 정치적 의미에 관한 해석은 크게 네 가지 시각으로 분류할 수 있다. 첫 번째 시각은 브렉시트를 유럽연합의 과도한 규제와 개입에 대한 영국인들의 불만족과 저항의 표출이라고 보는 것이다. 불만족은 두 가지 논리를 통해 정당화된다. 하나의 논리는 자본주의 다양성의 논리이다. 즉, 영국의 자본주의는 대륙 유럽 국가들의 자본주의와 다른 유형의 자본주의로서 시장에 대한 국가개입의 최소화와 노동시장의 유연성, 그리고 1970년대의 대처리즘이 상징하듯 신자유주의적 경제개혁의 적극적 추구를 주된 특성으로 한다. 그러므로 영국이 유럽통합에 참여했던 것은 "경쟁적 유럽"의 비전을 실현하기 위한 것이지, 결코 대륙 유럽 국가들이 지향하는 "사회적 유럽"의 비전을 실현한 것은 아니라는 것이다. 그런데 경제통합의 심화는 경쟁적 유럽의 실현이 아니라, 독일식 질서자본주의 모델을 영국에게 강요하는 상황으로 귀결되었기 때문에 더 이상 영국은 진정한 자유시장 질서의 실현에 방해가 되는 "규제적 장애물"로 변질된 유럽연합에 잔류할 이유가 없다는 것이 자본주의 다양성의 논리에서 브렉시트의 정당성을 주장하는 내용이다(Finlayson 2016; Adler-Nissen, Galpin and Rosamond 2017, 582). 다른 하나의 논리는 국경통제권의 논리이다. 이 논리는 유럽통합에 의한 국경 없는 유럽의 형성이 영국의 자국 국경에 대한 통제권을 약화시킴으로써, 결정적으로 영국이 난민의 최종적 귀착지로 전락하게 되는 상황으로 내몰았을 뿐만 아니라, 동시에 젊고, 부유한, 고학력의, 다중언어능력을 가진 인적 자원의 해외유출을 가속화시켜, 국가경제와 복지체제의 활력을 약화시켰다는 인식으로부터 제기된 것이다(Vollaard 2014, 10). 국경통제권과 경제적 민족주의에 관한 이 같은 인식은 1993년 창당되어 유럽회의주의와 반 이민정서를 동원했던 영국독립당(UKIP)에 의해 정치적으로 대표되었으며, 유로분리주의(Euro-separatism)의 국내적 확산을 낳았고, 2015년 독일 메르켈 정부가 주도했던 유럽연합의 난민정책에 의해 격화된 난민위기의 상황에서 결국 브렉시트의 찬성투표로 표출되었다.

두 번째의 시각은 브렉시트를 세계화가 낳은 사회경제적 불평등과 리스크의 증대에 대한 "사회적 패자들(the left behind)"의 민주적 저항으로 보는 것이다(Blyth 2016; Wilson 2017). 세계화에 대한 저항은 경제적 민족주의의 정서를 필연적으로 내포하고 있지만, 첫 번째 시각과는 달리, 이 두 번째 시각은 세계화로부터 이득을 얻는 개인과 집단과 그렇지 못한 개인과 집단 사이의 갈등이 유럽 정치의 새로운 정치균열을 형성했다고 인식하며, 브렉시트의 지지자들 사이의 사회경제적 동질성을 강조하는 경향을 보인다. 바로 이 점에서 많은 사람들에게 브렉시트는 단순히 영국적 현상이 아니라, 세계화와 "민주적 자본주의의 쇠퇴"에 항의하는 전 세계적 대중운동의 일환으로 해석된다(Adler-Nissen, Galpin, and Rosamond 2017).

이 같은 해석은 브렉시트를 첫 번째 해석에서 주장하는 다수결의

횡포 혹은 "재앙적 분노의 투표"라는 영국 민주주의의 실패의 결과가
아니라, 오히려 유럽적 세계화로서 유럽경제통합의 심화가 낳은 경제
적 불평등의 심화, 실질소득 감소, 빈곤층의 증대에 따른 영국 대중들
의 정치적 활력의 회복으로 보는 것이다(Romel 2016). 이 같은 시각에
서 브렉시트의 지지자들이 저항하는 대상은 초국적 시장과 세계시민
주의(cosmopolitanism)를 옹호하는 정치적, 경제적 기득권 세력이며,
시장 근본주의와 시장사회의 폭력성에 대항하는 "이중적 운동"의 유
럽적 확산이 예측된다(Taylor 2017, 41 ; 정재환 2017).

　세 번째 시각은 브렉시트를 경제적 자유주의의 후퇴와 도전으로
본다. 이 세 번째 시각은 앞의 두 시각에 대한 방어적 반응으로서 브
렉시트를 보호주의와 경제적 민족주의 정서의 확산에 따른 "자유주의
적 국제질서의 위축"을 야기하는 퇴행적 시도로 본다(the Economist
2016. 7. 2). 그렇다면, 어떻게 이 같은 퇴행적 시도가 가능했는가? 미
국의 경제학자 케네스 로고프의 표현처럼 경제적 분석에서 강조되는
브렉시트의 경제적 동기와 효과의 관점에서 보면, 브렉시트는 "공화
국의 러시안룰렛"이라 부를 수 있을 만큼 "비이성적 행위(lunacy)"로
인식된다(Rogoff 2016). 더 나아가, 이 세 번째 시각은 그 비이성적 행
위의 근원을 다수결의 횡포라는 "영국 민주주의의 실패"에서 찾는 반
정치적(anti-political) 결론에 도달한다. 즉, 시장의 문제가 아니라, 민
주주의가 문제라고 보는 것이다. 따라서 경제적 합리성이 온전히 관철
되었다면 결코 일어나지 않았을 사건인데, 정치적 비합리성이 지배했
던 영국 국내정치의 상황으로 인해 발생했던 사건이 곧 브렉시트이다.
이 논리에서 브렉시트는 결코 일어나지 않았어야 할 사건이었다.

　네 번째 시각은 브렉시트 지지에 내재한 공동체주의적 경향의 정
치적 위험성을 경고한다. 이 네 번째 시각에서 개인주의적 자본주의

표 2-2. 브렉시트의 다중적 의미: 4가지 해석

		정치공동체의 질서형성의 원칙	
		보조성	연대성
정치공동체의 크기	분리	해석1: 자본주의 다양성과 국경통제권의 회복	해석2: 패자들의 민주적 저항
	통합	해석3: 경제적 비합리성과 민주주의의 실패	해석4: 파시즘적 징후

의 세계적 확산이 공포와 배제의 정치를 낳은 현재의 파시즘적 상황의 징후는 매우 명료하다. 공허한 "통제권 회복(take back control)"과 반이민주의, 인종주의가 공동체주의적 정치적 수사와 경제적 민족주의의 외피를 쓰고 등장하여, 관용이라는 전통적인 자유주의의 가치에 도전한다(Faulkner 2017). 폴라니에 따르면, "파시즘적 움직임"의 근원은 시장사회가 그 기능을 멈춰버린 데 있다(Polayni 1944). 브렉시트를 "파시즘적 움직임"으로 보는 이 네 번째 시각은 신자유주의 세계화에 의해 피폐화된 시장사회를 회복하는 길은 민족주의적 대응과 전혀 상관이 없으며, 오직 "사회적 유럽"의 건설만이 유일한 해결책이라고 주장한다. 그리고 이를 위해서는 유럽통합프로젝트에 관한 사회적 합의를 파괴하고 있는 현재의 신자유주의적 긴축기조의 정책을 "공동의 경제정책과 사회정책"으로 전환해야 하며, 유럽의회에 의해 민주적으로 선출된 행정부에 의해 이 정책이 수행되어야만 한다(Allespach and Machnig 2013, 92).

〈표 2-2〉는 브렉시트의 정치적 의미에 관한 이상의 4가지 해석을 정치공동체의 분리와 통합에 관한 이론적 틀을 적용해 재분류한 것이다. 자본주의 다양성의 논리와 국경통제권의 논리에 근거한 유럽연합에 대한 영국의 불만족과 저항의 표출로서 브렉시트를 이해하는 해석

1은 국민국가라는 기존의 정치공동체를 초국적 수준의 보다 큰 정치
공동체로 통합하여 정치공동체의 경계를 확장하고자 했던 유럽통합에
대한 저항의 행위로서 브렉시트를 인식한다. 해석1의 관심사는 통합
에 역행하여 정치공동체의 경계를 다시 국민국가 수준으로 축소하는
정치공동체의 크기에 관한 선호의 전환에만 국한된 것이 아니라, 기
존의 통합행위와 과정이 형성하고자 했던 유럽적 수준의 정치질서 형
성의 원칙에 근원적 의구심을 가지며, 그 원칙의 전환에 주목하는 것
이다. 국가 수준에서 초국가 수준으로 정치공동체의 경계를 확장하고
자 했던 유럽통합의 행위와 과정은 개별 국가의 특수이익과 고유한 정
체성을 유럽공동이익과 유럽정체성으로 대체하기 위한 행위와 규범의
표준화를 요구했고, 이 과정을 통해 정책결정의 권위는 초국적 테크노
크라트에게 중앙집중화된다.

해석1은 범유럽주의 혹은 유럽보편주의라는 이름하에 그들, 초국
적 테크노크라트들에 의한 표준화된 행위와 보편적 규범의 강요가 유
럽연합 내부의 개별 정치공동체(국민국가)들의 고유한 정책권한과 정
체성의 지속을 위협하는 지점까지 확산되고 있다는 강한 위기의식을
반영한다. 그와 같은 위기의식이 개별 정치공동체의 보존을 위해서는
초국적 테크노크라트에게 이전되었던 정책결정의 권위를 다시 국민국
가 수준으로 재이전할 것을 요구하게 만들었다. 이 점에서 해석1은 유
럽통합의 보조성 원칙을 상기할 것을 촉구하며, 보조성의 원칙을 개별
국가의 주권수호라는 관점에서 재해석한다. 해석1을 공유하며 "주권
주의자"로 불리는 영국의 보수 정치엘리트 세력은 개별 국가주권의 영
역에 해당하는 정책영역에서조차 정책결정의 권위를 초국적 수준으로
이전할 것을 강요받는 대표적인 정책영역이 곧 개별 정치공동체의 경
계를 확정하고, 누가 공동체의 일원인가를 결정하는 국경통제정책이

라고 본다. 이 점에서 2015년 유럽의 난민위기로 점화된 영국의 유럽연합 탈퇴운동이 왜 이른바 주권론자라 불리는 보리스 존슨과 같은 정치인들에 의해 주도되었는가를 이해할 수 있다.

　해석2는 개별 국가를 넘어 초국적 수준으로 정치공동체의 경계를 확장하는 것에 강한 의구심을 제기한다는 점에서는 해석1과 유사하지만, 그 의구심의 근원에 대한 인식은 상이하다. 해석1이 초국적 정치공동체를 보조성 원칙의 차원에서 비판한다면, 해석2는 초국적 정치공동체를 위한 통합프로젝트를 연대성 원칙의 차원에서 근원적으로 회의하는 것이다. 현재 유럽연합이 주도하는 유럽의 정치사회질서가 과연 연대성을 근간으로 했던 유럽의 전통적인 사회민주주의 질서라고 말할 수 있는가라는 의구심이 증대하면서 유럽통합을 주도했던 중도좌우세력에 대한 전면적 비판이 제기되었고, 유럽 사회민주주의 세력 중 일부가 초국적 수준에서 사회민주주의적 정치사회질서가 형성 가능한가에 대한 부정적 판단을 하기에 이르렀다. 해석2의 시각은 이들 세력의 인식을 반영한다. 해석2가 브렉시트를 세계화가 낳은 사회경제적 불평등과 리스크의 증대에 대한 "사회적 패자들의 민주적 저항"으로 보는 이유는 유럽통합프로젝트에 의해 확장된 것은 신자유주의적 단일시장이지, 연대성 원칙을 근간으로 하는 정치공동체는 아니라는 인식에 근원한다. 즉, 유럽통합은 유럽의 경제적 세계화에 다름 아니었고, 경제적 세계화로 확장된 단일시장이 낳은 증대하는 불평등과 사회적 리스크로부터 사회적 패자들을 보호할 수 있는 연대성의 원칙이 관철되는 진정한 의미의 초국적 정치공동체는 형성하지 못했다. 그렇다면, 무엇을 할 수 있고, 해야만 하는가라는 대안적 사고에 있어 해석2의 시각을 공유하는 유럽의 급진 사회민주주의 세력들은 유럽 단일시장의 팽창을 제어할 수 있도록, 국민국가 수준의 민주주의를

복원할 것을 제안한다. 이들은 전후 유럽의 민주적 자본주의의 전통을
상기시키며, 민주주의의 통제로부터 벗어난 현재 유럽 자본주의가 직
면한 위기의 징후가 곧 브렉시트라고 인식한다.

해석3은 브렉시트를 지금까지 유럽통합이 성취해왔던 세계시민
주의적 유럽질서에 역행하는 퇴행적 시도라고 본다. 해석3의 시각에
따르면, 유럽통합 과정은 국민국가적 통제와 규제로부터 개인을 자유
롭게 하는 과정이었으며, 자기조정적 시장이 국민국가를 넘어 전 유럽
적 차원에서 확장되는 역사적 진보의 과정이었다. 국경의 장벽을 넘어
노동, 상품, 자본이 자유롭게 이동하는 것이 가능해진 통합의 세계에
서 모든 개인은 그 스스로 주권자로 행위를 한다. 달리 말해, 국가주권
이라는 이름하에 정당화되었던 서로 다른 국가 성원들 사이에 존재했
던 모든 차별과 불평등에 저항하며, 유럽시민이라는 보편적 정체성과
평등한 정치적 지위와 권리를 부여하는 유럽 세계시민주의가 경제적
세계화의 맥락에서 자기조정적 시장의 유럽적 확장이라는 신자유주의
프로젝트를 정당화하는 중요한 규범적 담론으로 기능하게 되었다. '시
장의 계약관계에서 모든 개인은 평등하고, 유럽연합 헌법과 사법재판
소는 계약관계의 평등성을 보장하며, 국가주권의 자의적 행사로부터
개인을 보호하는 것'이 신자유주의 세계시민주의의 핵심적 내용이다.
"이윤추구를 위해 세계를 자유롭게 이동할 수 있는 자들을 위한" 이
념적 담론이 곧 신자유주의 세계시민주의이다(Gilbert 2017). 신자유
주의 세계시민주의가 담론적 영향력을 행사하는 데 큰 공헌을 한 세력
이 1990년대의 미국의 빌 클린턴, 영국의 토니 블레어, 독일의 게르하
르트 쉬뢰더로 대표되는 이른바 제3의 길을 주창했던 중도좌파 정치
엘리트들이었다. 이들 모두를 "신자유주의적 세계시민주의(neoliberal
cosmopolitanism)"의 주창자들로 불러도 무방할 것이다. 이 정치엘리

트들에 의해 유럽 정치에서 좌우 정치세력들은 중도에서 통합되었다. 브렉시트를 민주주의의 실패, 경제적 비합리성의 산물, 자유주의의 실패로 보는 해석3은 바로 브렉시트에 대한 이들 세력들의 비판적 해석을 대표한다.

　해석3은 유럽통합의 최대 성취 중 하나를 이동의 자유에 관한 개인의 평등한 권리확립이라고 본다. 바로 이 점에서 개인의 이동의 자유에 대한 국가통제력의 복원을 요구하는 브렉시트는 해석3의 관점에서는 유럽통합의 최대 성취를 무력화하는 전면적인 시도로 이해될 수밖에 없다. 시장의 세계화를 지향하는 글로벌리즘, 국가권위의 후퇴를 촉구하는 신자유주의, 세계시민주의적 공동체에서 상이한 문화적 정체성의 공존을 이상시하는 다문화주의 담론들에 의해 영향을 받은 해석3은 모든 개인을 그들의 특수 공동체적 정체성과 충성심을 탈각한 보편적 문화공동체의 개인 수준으로 환원하며, 정치적 권위행사의 주체를 개인으로 설정하는 정치적 권위행사의 극단적인 하향을 지향하는 정치질서를 이상적 질서로 인식하고 있다는 점에서 보조성 원칙추구의 극단적인 경향으로 볼 수 있다. 역설적이게도, 해석3에서 강조하는 정치적 권위행사의 주체로서 개인은 통합된 시장에서 원자화되고 분절화된 개인으로서 정치적 권위행사를 위해 요구되는 그 어떤 실질적인 집합적 영향력도 갖지 못한다. 정치적 권위의 행사는 본질적으로 공동선에 관한 공유된 생각을 전제로 한다. 정치적 권위의 행사는 정당성의 문제와 불가분한 것이며, 정당성에 관한 생각은 결코 원자화되고 분절된 개인으로부터 형성될 수는 없는 것이기 때문이다. 무엇이 정당한 것인가에 관한 생각이 원자화되고 분절된 개인들의 특성이라면, 사회질서의 형성 자체가 가능하지 않다. 이 점에서 기본적으로 정치질서 형성을 위한 원칙으로서 보조성의 원칙은 그 원칙의 실현주체를 개인이 아

니라, 공동체로 보고 있다. 신자유주의 세계시민주의에 입각한 해석3
은 보조성의 원칙을 개인 수준으로까지 환원함으로써, 보조성의 원칙
에 내재한 공동체적 질서에 대한 인식에 도전하는 셈이다. 바로 이 같
은 이유로 해석1과 유사하게 보조성의 원칙을 강조함에도 불구하고,
해석3은 해석1의 공동체주의적 경향과 내적으로 대립할 수밖에 없다.

해석4는 현재 유럽연합이 직면한 위기의 특성을 "연대성의 위기"
로 인식한다(Grimmel and Giang 2017, 1-3). 이민과 난민위기, 유로존
위기와 그리스에 대한 가혹한 긴축의 강요 등 유럽연합의 위기를 보여
주는 일련의 사건들은 유럽통합이 추구하는 기본가치가 개별 국가를
넘어서 유럽적 가치의 실현임에도 불구하고, 그리고 유럽적 가치의 중
요한 구성요소가 연대성임에도 불구하고, 통합의 심화가 오히려 유럽
연합 국가들 사이의 연대성을 파괴하고, 유럽 시민들 사이의 연대성을
위협하는 모순적 상황에 직면했음을 보여준다. 또한 유럽연합의 연대
성의 위기는 유럽 전역에서 발생하고 있는 분리주의운동과 극우적 민
족주의운동이 개별 국가의 국내정치에서 정치적 영향력을 획득함에
따라, 국내정치에서 연대성의 위기로 심화되고 있다. 해석4의 관점에
서 브렉시트는 이 점을 예시하는 중요한 사례가 된다. 해석4는 해석2
가 주장하는 유럽통합에 의해 확장된 것은 신자유주의적 단일시장이
지, 연대성 원칙을 근간으로 하는 정치공동체는 아니라는 인식에 깊은
공감을 표현하지만, 그렇다고 통합의 프로젝트를 포기하는 것에는 동
의할 수가 없다는 입장을 가지고 있다.

해석4의 지지자들은 이미 시장이 유럽화되었다면, 유럽화된 시장
을 규율할 수 있는 정치적 권위의 조직화 또한 유럽화되어야 한다는
논리와 함께, 진정한 의미의 연대성은 "동료애(fellowship)"와 구분되
어야 한다고 주장한다. 동료애가 "상속되고(inherited), 규범적으로 구

조화된 삶의 형식(normatively structured forms of life)"의 공유를 전제한다면, 연대성은 유럽 시민 개개인의 보편적인 윤리성의 내면화를 전제한다(Carrabregu 2016, 510). 해석4의 지지자들은 유럽통합은 유럽 시민들의 정치공동체의 형성을 위한 프로젝트로서 지금까지 두 가지의 혁신을 성취했다고 인식한다. 그 첫 번째 혁신은 초국적인 유럽연합법에 개별 국가의 헌법을 종속시킴으로써 국가권력과 법의 관계의 균형을 근본적으로 전환한 것이다(Habermas 2012, 340). 이 첫 번째 혁신은 개개인이 자신이 속한 국가의 시민이 아닌, 유럽연합의 개별 시민으로서 "시민적 연대성(civic solidarity)"을 형성할 수 있는 중요한 계기를 제공했다. 두 번째의 혁신은 "공유된 인민주권(shared popular sovereignty)"으로, 개별 시민은 유럽연합의 시민으로서 그리고 동시에 자신이 속한 국가의 시민으로서 정치적 결정과 판단을 형성할 수 있어야만 한다. 그런데 공유된 주권은 집중된 정치권력이 유럽이사회로 집중되어 있는 현재의 유럽연합의 제도적 구조에서 정당성의 결핍이라는 문제를 안고 있다. 그러므로 유럽연합은 "행정부주도의 연방주의(executive federalism)"와 "초국적 민주주의(transnational democracy)" 사이에서 중요한 선택의 기로에 서 있다(Habermas 2012, 345).

해석4의 관점에서 브렉시트는 독일과 프랑스에 의해 주도되는 행정부주도의 연방주의에 대한 영국의 저항으로 해석될 수 있다.[6] 그렇다고, 영국이 초국적 민주주의를 추구하는 것은 물론 아니다. 독일과

---

6   하버마스는 독일의 메르켈과 프랑스의 사르코지가 독일적 경제적 자유주의와 프랑스적 국가주의(etatism) 사이의 타협을 모색하며, 유럽이사회를 중심으로 하는 행정부주도 연방주의의 비전을 공유하고 있다는 의심을 가지고 있었다. 이 점에 대해서는 하버마스 (2012, 348) 참조.

프랑스, 그리고 영국이 모두 그동안 유럽연합이 성취했던 두 가지의 혁신에 이어 세 번째의 혁신, 즉 초국적 민주주의의 실현으로 나아가지 못하고 있는 현재의 시점에서 유럽연합이 직면한 연대성의 위기를 극복할 수 있는 유일한 대안은 유럽연합의 사법적 질서의 국내화를 일관된 태도로 지속하는 것, 특히 유럽연합법 106조 3항, "삶의 표준의 단일성(the uniformity of living standards)"을 성취하는 것이지, 지금까지의 유럽연합의 혁신을 다시 무로 되돌리는 것은 결코 아니다. 바로 이 점에서 해석4의 시각은 초국적 수준에서 민주주의와 연대성의 실현에 비관적인 해석2의 주장에 대해 비판적이다. 지금까지의 유럽통합이 성취했던 혁신을 무로 돌리는 행위는 역사적 퇴행이며, 바로 이 점에서 해석4의 지지자들은 브렉시트가 역사적 퇴행을 추구하는 정치세력이 대중의 비합리적 정서와 열정을 동원했던 1920년대, 30년대의 파시즘의 비극적 기억을 되살리는 정치적 사건이라고 해석한다. 우리는 다음 절에서 4가지 해석을 분기시키는 정치적 균열의 원천을 정치이론적으로 규명하면서, 유럽통합의 공동체주의적 전환과 그 전환의 신자유주의적 기원을 토론할 것이다.

III. 브렉시트와 정치공동체의 분리 · 통합에 관한 정치철학적 경향들

1. 상이한 해석들의 분기와 결합의 원천

브렉시트의 의미에 관한 4가지 상이한 해석들의 분기와 결합의 원천은 과연 무엇인가? 이들 상이한 해석 사이의 차이는 과연 무엇에 관한 차이인가? 이제 이 질문에 답할 차례이다. 우리는 먼저 브렉시트에 대한 찬성과 반대의 입장을 구분할 수 있다. 앞에서 논의한 해석1과 해석2는 비록 각자의 내적 논리는 상이할지라도 브렉시트를 지지하며, 브렉시트가 현재 영국 혹은 유럽연합이 직면하고 있는 많은 문제들에 대한 완전한 해결책은 아닐지라도, 적어도 문제 해결을 향한 의미 있는 첫걸음이라고 긍정적으로 평가한다. 반면, 해석3과 해석4는 브렉시트를 비합리적 선택이며, 유럽통합의 위기, 더 나아가 세계정치사적 위기의 징후라고까지 인식한다. 이처럼 깊은 인식의 간극을 낳은 근원적인 원천은 무엇인가? 브렉시트에 대한 찬반의 입장은 모두 유럽연합과 유럽통합의 현재적 상태에 대한 위기의식을 공유하고 있다. 유럽연합의 해체위기는 2004년 유럽연합의 5차 회원국 확대 시점에서 이미 유럽집행위원회 위원장이었던 자크 들로르(Jacqes Delors)에 의해 예측된 바 있었으며, 일 년 후 유럽연합 헌법제정이 프랑스와 네덜란드의 거부로 무산되었을 때에도 유럽통합 회의주의의 확산이 우려된 바 있었다. 위기의식을 강화시켰던 결정적인 타격은 유럽연합 회원국들을 부유한 북반구와 가난한 남반구의 남북갈등으로 분열시켰던 2011년의 유로존 경제위기였으며, 2015년의 난민위기는 이제 회원국 내의 갈등을 넘어 초국적 정치공동체로서 정치공동체의 영토적 경계의 확장만이 아니라, 국민국가의 시민권을 넘어서는 세계시민주의적 시민권의 제도화를 지향했던 유럽연합의 도덕적 정당성의 위기까지 야기했다.

　이 같은 정치적, 경제적, 그리고 도덕적 위기의 심화라는 일련의 점층적 과정을 회고해볼 때, 브렉시트는 예측 가능하지 않았던 돌출적인 사건이거나, 그것 자체가 유럽연합의 위기를 촉발한 원인이 아니라, 오히려 위기의 징후와 위기에 대한 개별 국가의 방어적 대응으로 볼 수 있다. 초국적 정치공동체로서 유럽연합의 퇴락에 대한 반응으로서 탈퇴(exit)의 동학이 작동하기 시작한 것이다. 항의(voice)가 작동하지 않고, 결국 탈퇴의 동학이 작동한 것은 유럽연합에 대한 영국의 충성심(loyalty)이 상대적으로 약했다는 점을 반영하지만, 브렉시트를 단지 유럽연합에 대한 영국의 상대적으로 낮은 충성심의 소산으로 해석하려는 시도는 유럽연합이 직면한 위기의 보편성을 영국과 유럽연합의 관계라는 특수성의 문제로 환원하는 중대한 오류를 범한다. 사실 영국의 전임 수상 데이비드 캐머론(David Cameron)의 국민투표 실시 결정은 탈퇴가 아니라, 오히려 항의의 메커니즘을 강화시키기 위한 전략적 선택이었다. 캐머론이 원했던 것은 탈퇴가 아니라, 이동의 자유에 대한 브뤼셀의 양보를 얻어내는 유럽연합조약의 "성형적 변화(cosmetic changes)"를 통해 영국 국내정치에서 반유럽연합적인 영국독립당(UKIP)이 정치적으로 대표하고 동원하는 반이민주의와 유로-분리주의자들의 영향력을 약화시키려는 것이었다(Streeck 2016, 1).

　　그러나 그는 유럽연합이 직면한 해체(disintegration) 위기의 심각성을 인지하지 못했다. 해체의 위기는 통합의 위기와 같지 않다. 유럽 수준으로 정치공동체의 경계를 확장하는 과정에서 발생하는 통합의 위기는 오히려 통합을 심화시킴으로써 해소될 수도 있다. 기능주의적 표현을 빌자면, 기능적 협력의 확산(spill-over) 과정에서 발생하는 통합 과정의 위기는 확산을 가속화하는 것을 통해 해소될 수 있다는 것이다. 그러나 해체의 위기는 더 이상 통합의 심화를 통해 위기가 해소될 수 없는 통합의 임계점에 도달한 시점에, 즉 확산의 과정이 역확산(spill-back)의 과정으로 전환하는 시점에 발생한다(Vollaard 2014, 3). 현재의 유럽연합은 바로 그런 역확산의 시점에 와 있고, 브렉시트는 역확산의 과정이 시작되었다는 것을 보여주는 중요한 징후이다.

그러므로 브렉시트에 대한 찬반을 가르는 균열은 통합 과정의 지속을 원하는 개인과 집단, 그와는 반대로 통합 과정에서 이탈을 원하는, 즉 분리를 추구하는 개인과 집단 사이의 균열이다. 이때, 우리는 분리와 통합의 개념을 영국의 고유한 혹은 유럽연합의 고유한 맥락에 국한하지 않고, 상이한 층위와 크기의 다양한 정치공동체들 사이의 관계라는 보다 보편적인 맥락에서 명료하게 정의할 필요가 있겠다. 우선 분리와 통합을 이분법적으로 대비되는 사태의 최종적 결과로 인식하는 것이 아니라, 하나의 행위로 보는 것이 필요하다는 논의를 상기하자. 분리와 통합을 둘 이상의 정치공동체가 갖는 관계의 최종상태가 아니라, 다양한 층위에서 정치공동체를 구성하는 개인과 집단의 행위 유형으로 볼 때, 분리의 행위와 통합의 행위는 결국 정치공동체의 경계에 관한 것이다. 유럽통합의 과정은 국민국가라는 정치공동체의 경계를 확장하여 유럽 수준에서 형성되는 보다 큰 공동체로 개인과 집단의 충성심을 이전하고자 했던 과정이었다. 반면, 브렉시트는 개인과 집단의 충성심을 다시 국민국가 수준으로 이전하여 정치공동체의 경계를 축소하려는 분리의 행위로 볼 수 있다. 앞에서 논의했던 해석1과 해석2는 바로 이 같은 분리의 행위를 자본주의 다양성의 논리에서 그리고 국경통제권의 논리를 통해, 혹은 시장의 경계를 확장하려는 경제적 세계화에 저항하는 민주적 계급투쟁의 논리에서 정당화하는 다양한 논거들로 볼 수 있다. 이에 반해 해석3과 해석4는 분리의 행위를 비판하며, 통합의 현 상태를 지지하거나, 통합의 심화를 통해 통합의 위기를 해소하는 것이 여전히 가능하고, 정당하다고 주장하는 논거들로 볼 수 있다. 통합의 지속과 심화를 주장하는 이 논거들은 브렉시트를 경제적 비합리성과 영국 민주주의의 실패의 산물로 보는 세계시민주의적 신자유주의 시각, 혹은 보다 근원적으로 분리의 정치적 프로젝트를 지지하는 개인과 집단의 정치적 지향이 자유주의, 다원주의, 민주주의를 거부하는 신자유주의적 세계화가 낳은 병리적인 현상, 즉 파시즘적 상황의 도래로 해석하는 인식에 입각해 있다.

만약, 우리가 브렉시트에 대한 찬반이라는 이분법적 인식에 비판적일 수 있다면, 사실 브렉시트의 찬반을 주장하는 각 진영의 내부는 동질적인 집단으로 구성되어 있지 않다는 사실에 주목할 수 있다. 브렉시트를 지지하는 개인과 집단이 모두 동질적인 행위동기를 가진 것은 아니었다. 예를 들어, 브렉시트를 지지하는, 달리 말해 유럽연합으로부터 영국의 분리 행위를 지지했던 개인과 집단은 매우 이질적이었다. 그들 내부에 매우 중요한 정치적 균열이 존재한다. 많은 논자들이 세계화가 야기한 경제적 불안정과 불평등에 대한 증대하는 불만을 제기하며, 사회적 연대성의 회복을 요구했던 저학력, 저숙련, 백인 남성 노동자들과 같은 사회적 패자들이 브렉시트를 지지했다고 주장한다. 이것은 브렉시트 찬성투표가 뚜렷한 계급투표의 경향을 보였다고 주장하는 것이다. 그러나 사실은 그렇지 않다. 브렉시트를 지지하는 저학력, 저숙련 노동자의 투표는 브렉시트를 지지했던 전체 투표의 24%만을 차지했다(Jones and O'Donnell 2017). 브렉시트에 대한 찬성투표는 대처리즘을 옹호하고, 유럽연합의 공동농업정책을 비판하며, 유럽연합에서 독일 질서자본주의의 패권을 강력히 비판했던 애덤 스미스연구소(ASI)와 경제문제연구소(IEA)와 같은 영국의 신자유주의적 싱크탱크들과 그 지지자들에 의해 적극적으로 조직되었다.

이와 같은 상황은 브렉시트 반대투표진영에서도 동일하게 발견할 수 있다. 유럽연합 잔류를 강력하게 지지했던 집단은 정치이념의 좌우 스펙트럼 모두에서 발견할 수 있다. 보수당의 캐머런, 코빈의 노동당 좌파, 신생 좌파정당인 레프트 유니트(Left Unity), 영국노총(TUC)은 잔류를 선택했다. 잔류를 선택했던 캐머론을 위시한 보수당의 우파는 신자유주의 노선으로 인식되는 유럽연합의 현 상태를 유지하기를 원했고, 코빈의 노동당은 유럽연합의 신자유주의 노선에 반대했지만, 인종주의와 반이민주의의 정서를 동원하는 극우적 탈퇴그룹과 동일시되는 것을 방관할 수는 없었다. 캐머론의 보수당과 코빈의 노동당은 모두 유럽연합의 탈퇴를 자유주의와 민주주의, 그리고 유럽적 가치에 근본적으로 도전하는 극우적 정치세력의 도전으로 인식했다. 그러므로 보수당과 우파 그리고 노동당과 좌파는 탈퇴와 잔류를 두고 내적으로 분열했고 좌우 이념의 양극단에서 탈퇴에 대한 가장 강력한 지지가 동원되었다.

그렇다면, 브렉시트의 찬반 양 진영 내부에 존재하는 이 같은 갈등의 원천은 무엇인가? 그것은 정치공동체의 질서형성의 원칙에 관한 상이한 선호이다. 보조성과 연대성이라는 두 가지 질서형성의 원칙은 분리와 통합을 추구하는 행위의 근원적 동기라고 볼 수 있다. 개인, 집단, 국가, 초국적 조직이라는 일련의 정치질서의 위계 속에서 가장 낮은 수준의 질서로의 하향적 지향이 보조성의 원칙이라면, 연대성의 원칙은 사회질서의 상향적 지향을 담고 있다. 보조성의 원칙이 중시되는 정치질서의 하향적 지향에서 모든 개인과 집단은 그 자체로 고유하며, 권력의 원천이며, 평등하고, 자유로운 존재이다. 반면, 정치질서의 상향적 지향을 담고 있는 연대성의 원칙이 중시되는 정치질서는 우리에게 "그들(others)"에 대해 관심(caring)을 가질 것을 요구하며, 사회구성원들 중 약한 개인과 집단에 대한 강자의 보호와 책임을 중시하며, 바로 그와 같은 이유로 개인과 집단의 자율성에 대한 정치적 권위에 의한 제한과 개입의 필요성을 인정한다. 보조성의 원칙이 개인과 집단 vs. 정치적 권위의 수직적 관계에 민감하며, 정치적 권위의 개입에 비판적이며 권위의 분산과 탈집중화를 선호한다면, 연대성의 원칙은 개인과 개인 혹은 집단과 집단의 수평적 관계를 중시하며 이 수평적 관계를 조정하고 중재하는 집중화된 정치적 권위의 역할에 수용적이다. 요약하자면, 보조성과 연대성이라는 정치질서의 두 가지 형성원칙 사이의 긴장과 갈등은 정치적 권위의 탈집중화 vs. 정치적 권위의 집중이라는 정치적 권위에 대한 상호 대립적인 지향에서 발생하는 것이다.

　논지의 핵심은 브렉시트의 정치적 의미를 제대로 해석하고자 한다면, 우리는 분리와 통합이라는 상이한 행위유형의 차원을 넘어 각 행위의 근원적 동기에 대한 분석이 필수적이며, 분리와 통합행위는 정치적 권위의 조직화에 관한 상이한 지향에 의해 형성될 수 있다는 것이다. 이상의 두 가지 쟁점, 1) 정치공동체의 경계의 축소와 확장 혹은 분리와 통합이라는 두 행위유형; 2) 분리와 통합행위의 근원적 동기로서 정치질서 형성의 두 원칙인 보조성과 연대성의 구분에 대한 논의를 상기하면서, 우리는 〈표 2-3〉과 같이, 브렉시트의 의미에 대한 네 가지 해석이 상호 분기하고 결합하는 원천들을 확인할 수 있다.

　〈표 2-3〉은 분리와 통합의 복합성을 앞 장에서 논의한 두 변수, 정치공동체의 크기와 정치사회질서 형성의 원칙의 4가지 조합에 의해 이론화하려는 시도를 보여주고 있다. 여기서 우리는 한 걸음 더 나아

표 2-3. 분리와 통합행위의 복합성과 정치철학적 경향

		정치공동체의 질서형성의 원칙	
		보조성	연대성
정치공동체의 크기	분리	공동체주의 (communitarianism)	국민국가 민주주의 (national democracy)
	통합	세계시민주의 (cosmopolitanism)	헌정적 애국주의 (constitutional patriotism)

가 네 가지 조합을 각각 세계시민주의(cosmopolitanism), 공동체주의 (communitarianism), 헌정적 애국주의(constitutional patriotism), 국민국가 민주주의(national democracy)라는 정치철학적 경향들로 명명할 수 있다. 이 네 가지 정치철학적 경향은 유럽통합의 본질과 전망을 둘러싼 다양한 논쟁을 통해 이미 널리 알려진 것이다. 세계시민주의와 공동체주의가 정치사회질서의 원칙으로서 보조성의 원칙을 선호한다면, 헌정적 애국주의와 국민국가적 민주주의는 연대성의 원칙을 선호한다. 한편, 세계시민주의와 헌정적 애국주의가 보다 큰 정치공동체로의 개인과 집단의 정치적 충성심의 이전을 추구하는 통합의 행위를 강조한다면, 공동체주의와 국민국가 민주주의는 보다 작은 정치공동체로의 정치적 충성심의 이전을 추구하는 분리의 행위를 강조한다.

2. 브렉시트와 영국의 공동체주의로의 전환

에치오니(Etzioni 2013)는 유럽연합의 근원적 문제가 정치통합의 부족과 민주적 결핍이 아니라 "공동체주의적 결핍(communitarian deficit)"이라고 주장한다.[7] 브렉시트는 정치적 충성심을 보다 작은 공동체로 이전하고자 하는 공동체주의적 지향을 가진 분리의 행위로 볼 수 있다. 유럽통합의 과정 그 자체가 유럽연합 수준으로 유럽 시민들의 정치적 충성심을 이전하는 데 실패했다고 평가하는 시각을 취한다면, 브렉시트는 그 평가의 타당성을 확인하는 중요한 경험적 사례가 될 것

---

7   그러나 그가 말하는 공동체주의는 세계시민주의와 하버마스의 헌정적 애국주의 사이에 놓인 어떤 것으로 느껴진다. 그는 공동체주의를 사회구성원들의 상호애정(mutual affection), 상호헌신(mutual commitment), 공유된 가치를 지향하는 사회철학으로 정의한다. 이 점에 대해서는 Etzioni(2015) 참조.

이다. 즉, 브렉시트는 유럽통합 실패의 산물로 볼 수 있다는 것이다. 통합의 실패는 분리의 추구를 강화한다. 이때 브렉시트, 즉 분리의 행위는 "어떤 사회가(영국 사회가) 그 사회(영국 사회) 특유의 관습과 제도들 속에 각인된 그 사회(영국 사회) 구성원들이 공유하는 이해에 합치되게끔 행동한다면, 그 사회(영국 사회)는 정의로울 것이다"라고 인식하는 공동체주의적 지향에 의해 정당화된다(Kymlicka 2002, 211). 영국인들에게 정의로운 것이 무엇인가는 영국인 스스로가 결정해야 한다는 인식이 공동체주의적 지향이다. 그렇다면 왜 이와 같은 공동체주의적 지향을 가진 분리의 행위로의 전환이 발생했는가? 이 질문에 답하기 위해 허쉬만의 사이클에 관한 논의를 상기하며, 우리는 정치 공동체의 다층적 관계에서 발생하는 공적, 사적 경계의 전환(shifting boundaries)의 동학을 허쉬만의 '실망'이라는 동일한 심리적 메커니즘에 의해 설명할 수 있다. 왜 개인과 집단이 보다 작은 공동체로 혹은 보다 큰 공동체로 자신들의 충성심을 이전하고자 하는가?

　이상적인 정치적 공동체의 최적의 크기가 존재한다는 생각은 플라톤과 아리스토텔레스까지 거슬러 올라간다(Dahl and Tufte 1973). 정치적 공동체의 최적의 크기라는 아이디어를 수용하면, 분리와 통합은 정치공동체의 경계를 축소하거나 확정함으로써 정치공동체의 최적의 크기를 추구하는 행위로 볼 수 있다. 정치공동체의 크기가 과도하게 크다고 생각할 때, 공동체의 경계를 축소하며 구성원들 사이의 결속(binding)을 강화하는 분리를 추구하며, 정치공동체의 크기가 지나치게 작다고 생각할 때, 공동체의 경계를 확장하며 이질적인 구성원들을 연결(bridging)하고 합의(consensus)를 창출하는 통합을 추구하는 것이다. 물론, 정치적 공동체의 최적의 크기가 무엇인가에 대한 보편적 합의가 존재하지 않는다는 점에서 분리와 통합의 행위는 항상 갈등

을 함축하고 있다. 그러나 적어도 우리는 보다 큰 공동체로의 전환을
추구하는 통합의 과정이 개인과 집단의 사적 이익추구에서 공적 행위
에의 참여로 전환하는 과정 없이는 성공적일 수 없다는 점에는 합의가
가능하다. 다시 말해, 통합의 행위는 공적 행위로서 정당화를 요구한
다. 이에 반해 보다 작은 공동체로의 충성심을 이전하는 분리의 행위
와 과정은 개인과 집단의 개별적이고 고유한 특수성에 대한 존중을 의
미하는 것으로 허쉬만의 논의에 비추어보면 공적 행위에의 참여에서
사적인 삶의 향상과 이익추구로의 전환에 해당한다고 볼 수 있다.

　1970년대 유럽통합에 참여함으로써 영국인은 유럽인으로 정체성
의 경계를 확장하는 시도를 했다. 반대로 웨일스와 스코틀랜드는 분리
를 추구하며, 영국인에서 웨일스인(Cymry), 혹은 스코틀랜드인으로
그들의 정체성의 경계를 축소하는 선택을 했다. 정체성의 경계를 확장
하거나 축소하는 것은 우리의 문제를 그들의 문제와 동일시함으로써
집합적 위기해결 능력을 강화하거나, 위기의 원천을 그들에게서 찾음
으로써 그들과의 분리를 통해 독자적인 문제해결을 추구하려는 시도
이다. 70년대 영국은 자국의 경제적 쇠퇴를 유럽의 경제적 쇠퇴와 동
일시했고, 유럽단일시장의 형성이라는 집합적 해결책의 추구에 동참
했다. 한편, 웨일스와 스코틀랜드는 위기의 원천을 잉글랜드에게서 찾
음으로써 분리를 통해 스스로의 운명을 개척하고자 했다. 정치공동체
의 크기를 전환하고자 하는 시도, 분리와 통합이 집합적 정체성의 경
계를 전환하는 것이라면, 이는 더 나아가 한 정치공동체 성원의 윤리
적 경계(the boundary of morality)를 전환하는 시도이기도 하다. '우
리'의 범위를 확장하거나 축소하는 것은 관용과 정의라는 두 가치를
적용하는 대상의 범위를 확장하거나 축소하는 것을 의미한다. 관용과
정의의 가치는 '우리'의 범주에 드는 사람들에게만 적용된다. 다만, 매

우 제한된 유형의 '그들', 즉 일시적인 방문자로서의 타자들은 '환대 (hospitality)'의 대상일 뿐이다.

그런데 또 다른 유형의 그들이 있다. 그들은 자신의 공동체로부터 탈출한 사람들, 다시 되돌아갈 수 없기 때문에 일시적인 방문자가 될 수 없는 사람들, 우리도 그들도 아닌, 주권국가라는 정치공동체들의 경계에 존재하는 사람들, 바로 난민이다. 영국은 원래 이 유형의 타자 들에게 매우 민감한 국가였다. 1995년 이후 다른 유럽연합 국가들이 국경개방조약이라 할 수 있는 셍겐조약에 가입했을 때, 영국은 비셍겐 조약국으로 남아 있었다. 비록, 영국이 유럽통합에의 참여를 선택했지 만, 국경개방까지 선택한 것은 아니었다. 영국은 유럽으로 입국한 불 법체류자의 최종목적지가 될 생각이 처음부터 없었던 것이다. 현재 유 럽연합의 위기의 본질은 이들 난민문제가 유럽연합 회원국들과 유럽 인들의 정체성의 경계와 윤리적 경계가 어디까지 확장될 수 있는지를 시험하고 있다는 데 있다. 이 시험에 직면해서 영국은 결국 탈퇴, 즉 분리를 선택했다.

허쉬만의 표현을 빌자면, 유럽통합에의 과도한 참여가 영국 사회 가 용인할 수 없는 수준에 도달했다고 인식한 것이다. 영국의 탈퇴를 정당화하는 공동체주의적 지향은 동일하게 영국으로부터 탈퇴를 원하 는 스코틀랜드 독립지지자들에게서도 발견될 수 있다. 더 나아가 동일 한 공동체주의적 인식은 스코틀랜드 내에 거주하는 인종적, 문화적 소 수집단에게도 확산될 수 있다. 그러므로 공동체주의적 지향에 의해 추 동되는 분리의 추구는 개인과 집단이 보다 더 작은 공동체로 자신의 충성심을 이전하도록 하향적, 분권적 압력을 가하는 분리의 악순환의 위험을 내포하고 있다.

세계시민주의는 유럽인권재판소와 유럽인권협약으로 상징되는 초국적 인권 가치의 추구를 유럽연합의 정체성으로 인식한다. 세계시민주의의 비전에서 유럽연합의 모든 개인은 프랑스인, 독일인, 영국인인 동시에 세계시민이다. 그러나 그들은 하나의 통합된 유럽인의 정체성을 가질 수는 없다. 이 점에서 세계시민주의는 유럽연합의 연방적 비전을 거부한다(Beck 2007, 116). 유럽연합의 정치통합을 거부한다는 점에서 세계시민주의는 유럽단일시장의 지지자들과 함께한다. 이에 반해, 헌정적 애국주의는 세계시민주의와 공동체주의 사이에서 제3의 길을 추구하며, 세계시민주의와 민족주의와 구별되는 새로운 유형의 연대성을 제안한다(Lacroix 2002; Muller and Scheppele 2008, 67). 이때 연대성의 원천은 민족적, 인종적, 문화적 정체성이 아니라 헌정적 정체성(constitutional identity)이 되어야 하며, 동시에 유럽연합 수준의 연대성은 세계시민주의의 주장과는 달리, 초국적 정치공동체의 형성을 요구한다.

브렉시트에 의한 영국의 공동체주의로의 전환은 유럽 정치에서 공동체주의 vs. 세계시민주의 사이의 균열이라는 새로운 정치균열의 정치적 중요성을 강화시켰다. 그러나 이 새로운 균열의 강화와 함께 유럽 정치에서 또 다른 균열의 정치적 중요성은 약화되었다. 〈표 2-4〉는 우리가 앞서 논의했던 〈표 2-2〉의 브렉시트의 의미에 관한 네 가지 해석이 담지하고 있는 각각의 정치적 지향을 개념화한 것이다. 분리와 통합과 보조성과 연대성이라는 두 차원의 상호조합에 의해 네 가지 유형의 정치이념적 지향을 분류할 수 있다. 그 네 가지 조합을 각각 신자유주의적 공동체주의, 진보적 공동체주의, 신자유주의적 세계시민주의, 진보적 세계시민주의로 명명할 수 있다. 신자유주의적 공동체주의와 신자유주의적 세계시민주의가 정치질서의 원칙으로 보조성의 원칙을 선호한다면, 진보적 공동체주의와 진보적 세계시민주의는 연대성

표 2-4. 두 개의 정치균열

		정치공동체의 질서형성의 원칙	
		보조성	연대성
정치공동체의 크기	분리	신자유주의적 공동체주의	진보적 공동체주의
	통합	신자유주의적 세계시민주의	진보적 세계시민주의

의 원칙을 선호한다. 한편, 신자유주의적 공동체주의와 진보적 공동체
주의는 개인과 집단의 정치적 충성심을 국민국가 수준으로 재이전하
는 분리의 행위를 선호한다면, 신자유주의적 세계시민주의와 진보적
세계시민주의는 국민국가 수준을 넘어 초국적 수준의 정치공동체로
정치적 충성심을 이전하는 통합의 프로젝트의 지속을 선호한다.

　　분리와 통합의 차원을 공동체주의와 세계시민주의로 개념화하는
것은 지금까지 어느 정도 논의된 바 있다. 문제는 정치질서 형성의 두
원칙에 대한 정치적 지향을 신자유주의와 진보주의로 구분할 수 있는
가일 것이다. 왜 개인과 집단은 정치질서의 형성원칙으로 보조성의 원
칙에서 연대성의 원칙으로 혹은 연대성의 원칙에서 보조성의 원칙으
로 전환하는가? 이 질문은 허쉬만의 사이클이라는 논제, 즉 "사회가
공적 이슈에 강하게 몰입해 있는 시기와 개인적 향상과 사적 복지추구
에 전적으로 집중하는 시기 사이에서 진동하는 경향이 있는가?"라는
허쉬만의 질문을 상기시킨다.

　　허쉬만의 질문을 사회가 "보조성의 원칙과 연대성의 원칙 사이에
서 진동하는 경향이 있는가"라는 질문으로 대체할 수 있다. 정치질서
형성의 상이한 원칙은 정치의 자율성에 대한 상이한 인식을 보여준다.
보조성의 원칙이 지배적인 정치질서에서 자율적인 정치의 영역, 즉 공
적 영역은 가능한 한 최소화된다. 보조성의 원칙은 사회질서를 구성하

는 기본단위에 정치적 권위를 부여한다. 달리 표현해, 보조성의 원칙은 정치적 권위의 지역화와 분권화를 지향하고, 단지 정치질서의 기본단위의 필요에 따라 때때로 정치적 권위의 행사를 중앙으로 이전할 뿐이다. 반면, 연대성의 원칙은 정치의 자율성의 확장, 즉 공적 영역의 확장을 추구한다. 공적 영역은 개별의 특수이익을 넘어서 보편이익을 추구하는 집합적 행위의 공간이다. 그러므로 보조성의 원칙에서 연대성의 원칙으로의 전환은 사적 이익추구에서 공적 행위추구로의 전환으로 볼 수 있는 반면, 연대성에서 보조성의 원칙으로의 전환은 공적 행위에서 사적 이익추구로의 전환으로 볼 수 있다.

유럽통합은 개별 국가 영토의 배타적 경계를 특징으로 하는 근대 국민국가를 넘어 정치공동체의 경계를 확장하려는 최초의 정치적 시도였다. 그러나 확장된 것은 정치공동체가 아니라 시장이었다. 유럽통합은 유럽단일시장의 완성을 통해 자본주의를 초국적 수준으로 확장했다. 그러나 초국적 수준에서 재분배 기능을 수행할 수 있는 정치적 권위의 확립에 실패함으로써, 자본주의와 민주주의의 갈등을 심화시켰고, 유럽의 민주적 자본주의의 위기를 초래했다. 유로존 경제위기는 유럽의 민주적 자본주의의 근원적 위기를 반영한다. 이때 영국의 유럽연합 탈퇴는 유럽의 민주적 자본주의의 정치적 위기의 징후로 볼 수 있다. 자본주의는 초국적 수준으로 확장되었으나 민주적인 정치적 권위는 여전히 국가적 수준에 긴박되어 있을 때, 민주적인 정치적 권위가 부재한 초국적 시장의 공간은 비대칭적 경제관계를 가진 국가들 사이의 경쟁과 불평등이 심화되는 갈등의 공간이 된다. 독일과 그리스가 초국적 시장에서 국가들의 불평등 관계를 보여주었다면, 영국의 유럽연합 탈퇴는 초국적 시장에서 독일의 독주에 저항하는 영국과 독일의 경쟁관계를 보여준다.

허쉬만이 공적 행위에의 참여에서 사적 영역으로의 철회를 설명하는 실망의 두 가지 메커니즘은 공적 행위에의 과잉참여와 과소참여라고 했다. 영국의 유럽연합 탈퇴는 영국 스스로는 과잉참여라고 주권적으로 인식했지만, 다른 유럽연합 국가들의 관점에서는 과소참여의 결과라고 인식할 수 있다는 점에서 흥미로운 사례로 볼 수 있다. 이 같은 인식의 간극이 발생하는 결정적 이유는 유럽통합을 시장통합이라고 생각했던 영국과 시장통합 이상의 그 무엇이라고 생각하는 다른 유럽연합 국가들의 인식 차이가 통합의 초기부터 존재했기 때문이다. 물론, 영국을 제외한 모든 유럽연합 국가들이 시장통합을 넘어서는 정치통합을 지향하고, 보조성의 원칙이 아닌 연대성의 원칙이 관철되는 유럽적 사회질서 형성의 비전을 공유한다고 말할 수는 없다. 오히려 인식의 간극은 보조성의 원칙이 적용되는 범위에 대한 합의의 부재에 있다. 예를 들어, 독일은 이민자 유입의 문제를 유럽연합 내의 개인의 이주의 자유라는 관점에서 보는 반면, 영국은 동일한 문제를 국경통제에 관한 영국 국가의 주권행사의 관점에서 본다. 영국은 유럽연합이 너무 많은 것을 요구한다고 생각하는 반면, 독일은 영국이 유럽연합에 대해 너무 약한 헌신을 가지고 있다고 보는 것이다.

영국의 유럽연합 탈퇴는 유럽통합 과정이 보다 큰 정치공동체로의 유럽인들의 충성심의 이전을 추구했으나, 통합과정을 통해 형성하고자 했던 정치질서의 형성원칙에 대한 합의의 부재로 인해, 오히려 분리의 압력에 직면한 현재 유럽연합의 위기를 보여주는 중요한 역사적 사건이다. 또한 유럽연합으로부터 영국의 분리는 현재의 유럽연합과 유럽 민주주의의 미래가 유럽적 수준에서 그리고 개별 국가수준에서 공동체주의적 분리의 압력에 어떻게 대응할 것인가에 달려 있음을 함축하는 중요한 사례라고도 볼 수 있다. 그동안 유럽연합의 세계시민주의적 대응이 성공적이지 못했다는 것은 자명하다. 그러나 그 대안이 헌정적 애국주의가 될 수 있는 것인지에 대한 심각한 비판이 유로존 경제위기 이후 강화되고 있다는 점에서 유럽통합의 심화와 분리의 가속화 사이의 결정적 국면에 서 있다.

IV. 결론

영국의 탈퇴가 유럽연합의 위기를 가져온 것이 아니라, 유럽연합의 위기가 영국의 탈퇴를 촉진한 것이다. 영국의 탈퇴가 유럽연합의 위기를 낳은 것이 아니고, 유럽연합이 직면한 위기의 징후이자 대응이라면, 이때 말하는 유럽연합의 위기는 주권국가를 넘어 정치공동체의 크기를 확장하고자 했던 통합에 관한 유럽적 실험이 좌초될 위기이다. 왜 유럽연합은 이 같은 위기에 직면했는가? 2011년의 유로존 경제위기는 그 위기의 실체를 보여주었다. 유럽통합의 심화가 유럽연합 회원국들을 채권자와 채무자라는 두 국가집단의 불평등한 계층화로 귀결되었음을 보여주는 유로존 경제위기는 유럽단일시장을 넘어 유럽통합이 심화되는 것에 반대했던 영국의 마가렛 대처 총리의 우려가 현실로 나타난 것처럼 보인다. 금융통합의 단계로 진입하면서 유럽연합의 회원국들은 개별 국가의 주권을 상징하는 두 가지, 즉 '국경'과 '통화' 모두에 대한 통제력을 초국적 수준으로 이전했다. 보다 완전한 통합을 성취한 듯했다. 그러나 2008년 미국 금융위기와 시리아내전이라는 외생적 충격에 의해 촉발된 부채위기와 난민위기는 유럽연합 국가들 사이의 취약한 연대성의 실상을 보여주었다.

　취약한 연대성의 위기에 직면해 두 가지 방식의 대응이 제시되었다. 하나는 통합의 심화를 통해 위기를 극복하는 것이다. 다른 하나는 분리를 선택하는 것이다. 전자의 대응은 독일이 선호하는 것이고, 후자의 대응은 영국이 선택한 것이다. 다시, 우리는 동일한 위기상황에 대한 통합과 분리라는 상반된 대응을 확인할 수 있다. 독일적 대응은 유럽연합의 현재적 위기의 원인이 불충분한 통합이 있다는 인식으로부터 나온 것이다. 그래서 금융통합을 넘어 재정통합으로 나아가는 것만이 위기의 확산을 막을 수 있다고 주장한다. 이때 재정통합은 회원국들의 재정지출에 대한 통제력도 초국적 수준으로 이전하는 것을 말한다. 그러나 공동의 난민정책에 대한 구체적인 대안은 없다. 독일 메르켈 총리의 국경개방결정이 유럽연합의 도덕적 시험에 대한 적극적 대응이었지만, 그것은 오히려 유럽연합 회원국에게 난민에 대한 공포심을 확산시켰다. 유럽통합에 참여하는 것이 너무 많은 희생을 요구하고, 지금까지 통합의 과정에 과잉 참여했다고 느낄수록, 이 공포심은 강해진다.

현재 유럽 정치에서 극우 민족주의정당들의 정치적 영향력이 증대하고 있는 것은 확산된 공포심의 정치적 동원이 활발하게 작동하고 있음을 보여준다. 그 공포심을 즉각 표출했던 영국이 생각하는 유럽연합의 미래는 개별 국가들이 국경과 통화에 대한 통제력을 다시 회복하는 것이다. 그러므로 독일적 대응과는 달리, 영국적 대응은 이민과 난민정책을 유럽연합이 아닌, 개별 국가들이 결정할 것과 유로존의 탈퇴까지도 포함하는 것이다. 그러나 역설적이게도, 영국 스스로는 현재의 유럽연합이 직면한 것과 동일한 분리의 압력에 직면해 있다. 과연 영국이 유럽연합에 대해 대응했던 동일한 방식의 대응을 자국 내의 분리주의운동에게도 허용할 수 있을 것인가? 이 점에서 영국은 유럽연합의 모델이다. 1960년대 이후 웨일스와 스코틀랜드가 영국으로부터 분리 독립을 추구했던 당시 영국이 위기상황에 직면했던 것과 동일하게 2016년 6월 영국이 유럽연합으로부터 분리를 선택했다.

브렉시트는 유럽통합의 과정이 정치공동체 질서의 전환 과정이 동반되지 않은 채, 크기의 전환 과정만이 진행되었음을 보여주는 대표적인 사례로 볼 수 있다. 즉, 초국적 수준의 정치공동체로 개인과 집단의 충성심을 이전하고자 하는 유럽통합의 과정이 보조성의 원칙에 의해 주도되었을 때, 초국적 수준의 연대성을 요구하는 통합의 심화 압력과 동시에 국가적 수준의 연대성으로의 복귀를 요구하는 분리의 압력에 동시에 직면하는 교착상태에 빠지게 된다. 이것이 현재 유럽연합이 직면한 상황이다. 그렇다면 왜 유럽통합의 과정은 보조성의 원칙에 의해 주도되었던 것인가?

정확히 말하면, 유럽통합의 과정은 보조성의 원칙이 관철되는 신자유주의 세계시민주의적 유럽질서의 형성 과정이었다. 신자유주의 세계시민주의는 유럽인권재판소와 유럽인권협약으로 상징되는 초국적 인권 가치의 추구를 유럽연합의 정체성으로 인식한다. 그러나 현재 유럽연합의 법과 법정은 "정의론(a theory of justice)"이 아니라 "해석학(a theory of interpretation)"에 의존함으로써 유럽연합의 정체성에서 윤리적 비전을 제거했다(Sangiovanni, 2013). 신자유주의 세계시민주의 비전에서 유럽연합의 모든 개인은 프랑스인, 독일인, 영국인인 동시에 유럽인이다. 그러나 그들을 세계시민주의적 유럽인의 정체성으로 결속하는 원천은 유럽단일시장에서 개인이 향유하는 이동의 자유, 기회의 평등, 법 앞의 평등에 대한 추구이다. 이 점에서 현재의 세계시민주의적 유럽질서는 본질적으로 유럽단일시장의 지지자들에 의해 주도되는 신자유주의적 질서이다. 신자유주의가 작은 정부와 공적 서비스의 민영화, 그리고 복지에 관한 개인의 책임성을 지향한다는 점에서 정치적 권위의 분산과 탈집중화를 지향하는 보조성의 원칙과 윤리적, 사회적, 정치적 지향을 공유한다. 이처럼 초국적 수준에서 신자유주의와 보조성의 원칙이 결합하는 정치질서가 형성되었을 때, 신자유주의에 대한 진보주의적 저항과 세계시민주의에 대한 공동체주의적 저항이 동시에 나타날 수 있으며, 브렉시트는 바로 그와 같은 복합적이고 다중적인 위기의 산물이지, 그 자체가 위기의 원인은 아니다. 보다 큰 정치공동체로 개인과 집단의 충성심을 이전하고자 하는 통합행위가 보조성의 원칙에 의해 주도되었을 때, 초국적 수준의 연대성 형성을 요구하는 통합의 심화 압력과 동시에 국가적 수준의 연대성 회복으로의 복귀를 요구하는 분리의 압력에 직면하는 교착상태, 이것이 현재 유럽연합이 직면한 상황이다.

제3장

노르웨이 동등분리와 핀란드 일방분리 비교 – '같은통합', '다른분리'의 경로와 함의*

김인춘 | 연세대학교

*   이 글은 필자의 기존 논문(김인춘 2014, 2016, 2017)을 종합하여 분석한 것임을 밝힌다.

I. 들어가며 – '같은통합', '다른분리'

오늘날 대표적인 민주주의 국가이자 보편적 복지국가인 노르웨이와
핀란드는 각각 1905년, 1917년에 완전한 주권국가로서의 독립을 이루
었다. 역사적으로 지역적 변방이었던 노르웨이는 1360년경부터 1814
년까지 덴마크로부터, 핀란드는 1150년경부터 1809년까지 스웨덴으
로부터 각각 지배를 받았다. 19세기 초 나폴레옹 전쟁은 북유럽의 지
정학을 완전히 바꾸었는데 핀란드는 1809년 러시아에, 노르웨이는
1814년 스웨덴에 각각 강제 병합되었고 덴마크의 영토는 크게 축소되
었기 때문이다. 노르웨이는 스웨덴·노르웨이 연합체제(왕국)의 일원
으로, 핀란드는 러시아제국의 대공국으로 모두 높은 수준의 자치가 허
용되었지만 대외적 주권은 없었고, 최고권력이자 국가수반은 각각 스
웨덴 군주와 러시아 황제로 이들은 총독을 임명하여 통치했다. 19세기
후반부터 노르웨이와 핀란드는 당시 유럽 민족주의의 영향과 독립에
대한 내부적 자각으로 완전한 주권을 추구하게 되었다. 이러한 분리·
독립 과정에서 대내적, 대외적 헤게모니 투쟁이 나타났는데, 노르웨이
에서는 내부적 통합이 이루어진 가운데 민족주의와 민주적 의회주의
가, 핀란드에서는 내부적 분열과 정치적 적대가 심화되는 가운데 민족
주의와 급진적 사회주의가 중요한 역할을 했다(김인춘 2014; 2017).

　　노르웨이는 19세기 말부터 민주주의와 의회주의라는 규범적 헤게
모니의 구축과 민족주의에 기반한 사회계급 간 연합과 정치세력 간 협
력으로 1905년 스웨덴과 평화적인 동등분리, 즉 자력에 의한 독립에
성공하게 된다. 노르웨이를 스웨덴에 할양한다는 킬조약(Kiel Treaty,
1814년 1월)을 거부한 노르웨이는 독립을 위해 민주적 헌법을 제정하
고 1814년 5월 독립을 선언했지만 독립이 불가능해진 상황에서 불가

피하게 스웨덴과의 연합체제를 수용해야 했다. 노르웨이는 자신의 헌법을 보존하면서 연합체제에 참여하게 되었고 그 후 민주주의를 지속적으로 발전시켜왔다. 반면, 핀란드는 1905년 러시아혁명의 영향으로 1906년 보통선거와 단원제 의회 등 급격한 민주화가 이루어지면서 서유럽에서 마지막으로 신분제 의회가 폐지되었다. 그러나 선거정치에서 우세적 지위를 갖게 된 좌파와 이를 인정하지 못한 우파 간 정치적 대립과 적대는 계급갈등과 언어분리 등 사회적 분열에 더해 핀란드 내부의 분리를 심화시켰다. 이러한 상황에서 1916년 6월 총선에서 절대다수(200석 중 103석)를 차지한 좌파세력은 의회주의를 지지하며 정치권력을 주장했고, 1917년 2월 러시아혁명으로 러시아 황제가 궐위되자 같은 해 7월 18일 자신들의 주도로 일방적 준독립을 선언했다. 이에 당시 러시아 임시정부는 핀란드 우파와 함께 핀란드 의회를 해산했고, 분리독립 문제는 좌우파간 권력투쟁의 성격을 띠게 되었다.

　핀란드의 분리독립은 1917년 10월 러시아혁명으로 새로운 국면이 전개되면서 엄청난 갈등과 희생을 초래했고, 급격한 국면 전환에 따라 독립의 주체와 성격 또한 급변했다. 볼셰비키혁명 직전인 10월 1-2일 실시된 총선에서 사회민주당 의석은 92석으로 줄면서 우파가 다수파가 되었다. 이에 의회 해산의 불법성을 주장하며 적대적 대결을 앞세운 핀란드 사회주의 급진세력은 10월 볼셰비키혁명이 성공하자 민주적 계급투쟁을 버리고 총파업, 볼셰비키와의 연대 등으로 혁명적 변혁을 시도하게 되었다. 핀란드 의회는 국민 다수의 독립 열망에 따라 1917년 12월 6일 우파 주도로 일방적 독립을 선언했지만 핀란드 내부의 극심한 사회적 분열과 정치적 적대로 1918년 1월 유혈내전이 발생했다. 높은 수준의 제도적 민주화를 달성한 핀란드였지만, 또한 독일제국과의 전쟁 종결을 위해 소비에트 러시아가 1917년 12월 말

핀란드 독립을 인정했지만, 정치적 갈등과 적대, 폭력적 계급투쟁으로 의회민주주의는 파국을 맞았던 것이다. 1918년 5월 독일제국의 지원을 받은 우파 민족주의 세력의 승리로 내전이 종료되었으나 같은 해 11월 독일제국의 패전과 소비에트 러시아의 브레스트-리토프스크조약[1] 무효화로 핀란드의 독립은 위험에 처하게 되었다. 그러나 러시아제국, 독일제국 모두 몰락했고 소비에트 러시아 내전 와중에 핀란드는 1919년 3월 총선 및 7월 대통령 선거 실시, 민주주의에 기반한 정치적 합의, 토지개혁 등 사회적 분리를 극복하기 위한 사회개혁 등으로 완전한 독립을 이루게 되었다.

이 글의 목적은 19세기 초 노르웨이와 핀란드가 각각 스웨덴 및 러시아의 군사적·정치적 헤게모니에 의해 일방적으로 병합되면서 통합의 객체가 되었지만 노르웨이는 스웨덴과 대등하게, 핀란드는 러시아에 일방적으로 각각 분리하게 된 요인과 과정, 영향과 결과를 비교분석하는데 있다. 즉 '같은통합'과 '다른분리'의 역사적 동학과 헤게모니 투쟁을 살펴보는 것이다. 이러한 비교분석이 가능한 것은 노르웨이와 핀란드가 나폴레옹 전쟁 이전 오랜 기간 북유럽의 변방으로 수동적 통합 상태에 있었고, 나폴레옹 전쟁이라는 같은 요인에 의해 새로운 주체에 의한 일방적 통합의 대상이자 객체가 되었기 때문이다. 즉, 같은 조건과 같은 방식의 일방적 통합이었던 것이다.

통합 이후 노르웨이와 핀란드는 강력한 군사력을 지닌 군주국이었던 스웨덴 및 러시아와 헤게모니적 지배·지도관계였지만, 19세기

---

1   레닌의 소비에트 러시아가 핀란드, 우크라이나, 폴란드, 발트3국 등 러시아제국 지배하에 있던 영토를 독일제국에 양도하는 조약(Brest-Litovsk)으로 1918년 3월 3일 체결되었다. 이 조약은 1917년 12월부터 소비에트 러시아와 독일제국 간 진행된 종전 협상의 결과로, 사실상 소비에트 러시아의 항복조약이었으나 1918년 11월 독일제국이 붕괴되자 소비에트 러시아는 이 조약을 무효화했다.

중반까지 스웨덴·노르웨이연합(1814-1905), 러시아·핀란드대공국(1809-1917)은 각각 정치적으로 우호적인 통합관계를 유지했고 경제적으로도 상호적인 관계이기도 했다는 점이다. 그 결과 일방적 통합의 균형 상태는 스웨덴·노르웨이 연합체제에서는 1860년대까지, 러시아·핀란드대공국 관계에서는 1870년대까지 이어질 수 있었다. 1812년 4월 맺은 러시아·스웨덴 우호조약 이후 스웨덴의 친러정책이 지속되었고, 평화와 안정이라는 19세기의 빈(Vien) 평화체제하에서 성장한 자유주의와 자본주의는 북유럽 지역의 안정과 발전에도 기여했던 것이다. 이러한 발전과 함께 성장한 민족주의와 민주주의는 19세기 말 노르웨이와 핀란드의 분리운동, 즉 완전한 주권국가로서의 독립을 추구하는 데 중요한 역할을 하게 되었다. 더구나 20세기 초까지, 최소한 1905년까지 러시아제국은 물론 스웨덴 또한 민주화가 매우 지체되어 있었고 권위주의적 관료 및 귀족세력이 정치적 헤게모니를 쥐고 있었다. 19세기 말, 20세기 초, 대내적으로 대중 민주주의의 등장으로 대표성의 문제가 중요해지고, 민족주의와 제국주의의 시대에 대외적으로 약소국의 생존 위기가 커지는 상황에서 노르웨이와 핀란드가 어떻게, '다른분리'를 통해 독립을 하게 되었는지 검토하고 중요한 함의와 일반화의 가능성을 찾아보고자 한다.

II. 분석모델

이 글은 기본적으로 분리(separation), 통합(integration)이라는 개념으로 노르웨이와 핀란드의 병합과 독립을 연속적 개념인 통합과 분리의 동학으로 분석하고자 한다. 이론적으로는 분리통합론(김학노

2014a) 외에 뢰너(Roehner 2017)의 균형/불균형상태 모델, 애빙크와
브란트(Abbink and Brandts 2016)의 균형/신균형 모델을 적용하여 노
르웨이와 핀란드의 분리독립 과정을 서로주체적 분리, 홀로주체적 분
리로 각각 분석하고자 한다. 이러한 분리 과정에서 수반되는 헤게모니
투쟁은 구조적 차원의 갈등과 불균형, 국면적 차원의 위기를 유발하
며, 이러한 상황에서 상호간의 관계, 즉 서로주체와 홀로주체, 인정과
배제의 성격에 따라 분리의 형태가 이루어진다고 본다. 나폴레옹 전
쟁이라는 같은 요인으로 러시아와 스웨덴에 각각 같은 방식으로 일방
적으로 병합된 핀란드와 노르웨이가 일정 기간 균형 상태를 유지했지
만 왜, 어떻게 '다른분리', 즉 일방분리와 동등분리를 하게 되었는지를
분석하는 것이다. 이와 함께 소아(小我, 즉 노르웨이, 핀란드)로의 분리
과정에서 노르웨이와 핀란드 내부의 정치 · 사회적 통합과 분리를 살펴
보고, 소아 내부의 '더 작은 소아들'(계급, 언어집단, 당파집단 등) 간의
연합 및 통합 정도가 소아의 분리에 어떤 영향을 주었는지를 검토하고
자 한다.

　김학노의 분리통합론은 정치를 '아(我)와 비아(非我)의 헤게모니
투쟁'으로 정의하면서 '아', 즉 '우리'의 건설을 헤게모니 수립 과정의
하나로 본다. 헤게모니 투쟁의 핵심은 '소아'에서 '대아(大我)'로 자아
를 확대하는 것이라고 본다. 헤게모니란 넓은 의미로 강압과 동의의
양면성을 포함한 지배 · 지도관계를 지칭하며, 아와 비아의 헤게모니
투쟁에서 '우리'를 형성하는 단위는 계급뿐 아니라 국가, 민족, 정당,
이념, 지역, 세대, 성(gender), 종교, 인종, 문화, 언어 등 다양한 범주
가 될 수 있다(김학노 2014b). 분리와 통합의 역학관계는 고정적이지
않고 변화 가능하며, 소아와 대아는 상대적인 개념이다. 통합은 '소아
에서 대아로의 확대'를 의미하며, 둘 이상의 행위자가 더 큰 우리를 형

성하는 과정을 의미하거나 또는 그 최종적인 결과로서 더 큰 우리를 형성한 상태를 지칭한다. 소아, 즉 '작은 우리'는 '더 작은 우리'에 대해서는 대아에 해당하며 대아, 즉 '큰 우리'도 '더 큰 우리'에 대해서는 소아에 해당한다. 반면, 분리는 '대아에서 소아로의 축소'를 의미하며 하나의 행위자가 둘 이상의 더 '작은 우리'를 형성하는 과정을 의미하거나 그 최종적인 결과로서 작은 우리를 형성한 상태를 지칭한다.

분리통합론에서 중요한 것은 소아에서 대아로의 확대방식을 '홀로주체적' 헤게모니와 '서로주체적' 헤게모니로 구분하고 있다는 점이다. 홀로주체적 헤게모니는 주체인 아가 비아를 주체가 아닌 객체로 간주하며, 서로를 동등하게 인식하지 않고 억압과 배제를 전제한 것이다. 반면, 서로주체적 헤게모니는 아와 비아가 서로 상대를 객체가 아닌 주체로 간주하며, 당사자들이 주체성을 인정하고 서로를 동등하게 인식함으로써 공존을 전제하는 것이다. 분리의 차원은 아와 비아가 개체로서 존재하는 차원이고, 통합의 차원은 새로운 대아로 접합하여 새로운 '우리의식'을 갖는 차원이다. 소아에서 대아로 우리의 외연이 확대되는 통합과정은 헤게모니의 구축과정이지만, 대아에서 소아로의 분열과정도 헤게모니 구축과 투쟁의 과정이다. 아와 비아의 헤게모니 관계는 통합이 발전하거나 분리를 지향하게 되며 분리와 통합은 정도의 문제로 하나의 연속선으로 볼 수 있다. 따라서 이러한 분리, 통합 모두 홀로주체적 헤게모니와 서로주체적 헤게모니 방식 중 어느 것이 지배적인가에 따라 〈표 3-1〉과 같이 4개의 유형이 가능해진다. 즉, 분리통합론은 홀로주체적 분리와 서로주체적 분리, 홀로주체적 통합과 서로주체적 통합이라는 이념형을 도출하게 된다.

분리통합론의 4개 유형은 분리와 통합의 과정에서 역동적으로 변화한다. 통합 또는 분리라는 균형상태에서 구조적 차원의 헤게모니 투

표 3-1. 일방분리/통합, 동등분리/통합의 이념형

	홀로주체	서로주체
분리	일방분리	동등분리
통합	일방통합	동등통합

쟁과 국면적 차원의 헤게모니 투쟁을 통해 또 다른 균형상태에 이를 수 있는 것이다(Roehner 2017). 뢰너에 따르면, 기본적으로 분리주의 운동은 중앙의 구심력(통합주의)과 지방의 원심력(분리주의)이 대립할 때 견제가 가능하다면 중요한 변화가 일어나지 않는 통합의 균형상태(equilibrium)가 유지될 수 있다고 한다. 분리의 균형상태도 마찬가지이다. 이러한 균형상태에서 다른 균형상태로 이동할 때의 과정에는 구조적 차원의 헤게모니 투쟁과 그에 따른 위기, 즉 불균형상태가 나타나게 되며, 그 후 국면적 차원의 헤게모니 투쟁 과정을 통해 또 다른 균형상태를 갖게 되는 것이다. 하나의 균형에서 새로운 균형상태가 되는 과정이 바로 (재)분리나 (재)통합의 과정인 것이다. 애빙크와 브란트(Abbink and Brandts 2016)도 유사한 모델을 제시하고 있는데, 지배적 집단과 비지배적 집단 간 정치적 타협과 정치적 갈등의 두 경로에서 두 집단 간 분리와 통합 사이의 적정 지점, 즉 비지배적 집단에 얼마의 자율성을 줄 것인가를 제안한다. 이 안에 대해 먼저 전체국민투표를 실시한 후에 비지배적 집단만의 투표를 통해 이를 수용할지 아니면 완전한 분리독립을 위해 정치투쟁을 할지를 결정하게 된다. 따라서 분리통합론의 관점에서 보면, 통합의 균형상태에서 정치적 과정을 통해 정치적 타협(새로운 균형상태) 또는 정치적 갈등이 나타나게 되고, 이러한 정치적 갈등은 헤게모니 투쟁을 통해 분리든 통합이든 또 다른 새로운 균형을 가져오게 된다. 중요한 것은 분리통합론은 단순히

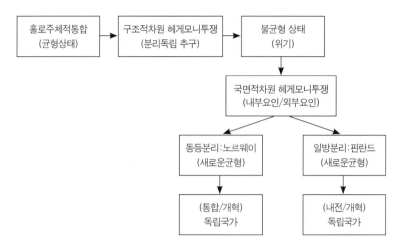

그림 3-1. 노르웨이, 핀란드의 '같은통합'/ '다른분리' 분석모형

분리, 통합만 분석하는 것이 아니라 그 분리, 또는 그 통합의 성격이 비지배적 상대를 객체로 보는 지배 및 배제 관계인지, 아니면 서로를 인정하고 서로를 주체로 보며 공존하는 관계인가를 보는 것에 있다.

　이 글은 뢰너 모델과 애빙크와 브란트 모델을 수용한 분리통합론 모델에 기반하여 노르웨이가 스웨덴에 통합된 과정과 분리된 과정을 홀로주체적 통합과 서로주체적 분리로, 핀란드가 러시아에 통합된 과정과 분리된 과정을 홀로주체적 통합과 홀로주체적 분리로 이해하고 그 과정의 헤게모니 투쟁을 분석하고자 한다. 또한 이러한 분리 과정의 다양한 요인을 분석하고 그 영향과 결과를 검토하고자 한다. 분리 과정의 헤게모니 투쟁에는 역사적 요인, 구조적 요인, 내부의 정치적·사회경제적 요인, 외부적 요인 등이 작용하게 되며, 이들 요인 간의 역동적 관계 또한 중요한 요인이 될 수 있다. 노르웨이와 핀란드의 '같은통합', '다른분리'의 분석모형은 〈그림 3-1〉과 같다.

III. 노르웨이, 핀란드의 통합과 분리의 역사적 변천

1. 스웨덴·노르웨이 통합과 분리 개요

1) 1814년 스웨덴·노르웨이 연합체제 성립

역사적으로 스웨덴은 덴마크와 함께 노르딕 지역의 강국으로 오랫동안 식민주의적 지배와 지역적 헤게모니를 행사해왔다.[2] 경쟁관계였던 덴마크와 스웨덴은 19세기 초까지 각각 노르웨이와 핀란드를 지배하고 있었으나 나폴레옹 전쟁으로 덴마크는 노르웨이를, 스웨덴은 핀란드를 상실했다. 1806년 나폴레옹 군이 오스트리아와 프러시아를 침략하고 프러시아가 나폴레옹에 패하자 러시아 황제는 1807년 6월 나폴레옹과 틸지트(Tilsit)조약을 맺게 되었다. 이 조약에서 프랑스와 러시아는 적대국에서 동맹국으로 바뀌게 되었고 덴마크로 하여금 나폴레옹 편에 서서 영국에 대항하도록 만들었다. 틸지트조약으로 스웨덴은 그때까지 같은 동맹이었던 영국과 러시아 중 어느 한쪽을 선택해야 했고 또다시 영국을 택하자 러시아는 1808년 2월 핀란드를 공격해 들어왔다. 이 전쟁('핀란드 전쟁', 1808.2-1809.9)에서 패한 스웨덴은 12세기부터 지배해온 핀란드 전역을 1809년 러시아에 양도하여 스웨덴 왕국 영토의 3분의 1을 잃는 국가적 위기에 처하게 되었다. 이 전쟁은

---

2   스웨덴 최고의 전성기는 1611년 구스타브 2세 즉위 이후로, 러시아 및 폴란드와의 연이은 전쟁에서 승리하고, 종교전쟁(30년 전쟁, 1618-1648)에서는 가톨릭 세력과의 전쟁에서 연승을 거두었다. 이 시기 스웨덴은 발트해 지역의 에스토니아와 라트비아 일부, 핀란드와 현재의 상트페테르부르크 일대를 지배하였으며, 독일 북부 포메른 지방까지 차지한 강대국이었다(Andersson 1955). 스웨덴은 17-18세기에 유럽에서 뛰어난 전쟁국가, 군사국가였으며, 이에 힘입어 17세기에 스웨덴제국을 건설했다(Frost 2000; Thomson 2011).

북유럽의 오랜 정치지도를 완전히 바꾸었는데, 핀란드는 러시아제국
지배하의 대공국이 되었고, 그 후 스웨덴은 노르웨이를 병합했고, 덴
마크는 몰락 상태에 처했기 때문이다. '핀란드 전쟁'으로 1809년 핀란
드를 잃은 스웨덴은 국왕을 폐위하고 프랑스 장군이었던 베르나도트
(Bernadotte)를 섭정 겸 왕세자 칼 요한(Carl Johan)으로 정하였다.[3]
스웨덴은 노르웨이 지배에 대한 오랜 야망과 함께 자국의 안전을 위해
노르웨이 합병이 필수적이라는 판단을 하게 되었다. 프랑스 출신으로
섭정 겸 왕세자가 된 칼 요한은 당시 유럽의 영토전쟁에서 그 어떤 승
리라도 해야 했고 노르웨이 합병이 가장 중요한 목표가 되었다. 이를
위해 스웨덴은 러시아와 '1812년 4월 동맹'을 맺고 1813년 3월 영국과
도 조약(Treaty of Stockholm)을 체결하여 전쟁의 이권으로 노르웨이
병합을 약속받게 되었다(Orfield 1953, 153; Nielsen 2012; Glenthøj
and Ottosen 2014). 결국, 스웨덴은 러시아의 지지와 함께 1814년 1월
체결된 킬조약(Treaty of Kiel)[4]으로 덴마크로부터 노르웨이를 할양받
게 되었다.

　그러나 노르웨이는 킬조약을 거부하고 독립을 추진했다. 1814년
4월 제헌의회 대표들은 미국 다음으로 민주적인 헌법으로 평가되는
노르웨이 헌법을 제정했고,[5] 1814년 5월 17일 독립 선언과 함께 노르

3　또한 스웨덴 의회가 새로운 헌법을 채택하고 1818년 베르나도트 가를 새로이 왕가로 옹
　　립하는 계기가 되었다.

4　영국, 덴마크, 스웨덴이 체결한 킬조약은 핀란드에 대한 보상과 승전의 대가로 노르웨이
　　할양이라는 스웨덴의 요구를 보장한 것이었다.

5　전국에서 112명의 제헌의회 대표들이 선출되어 헌법을 제정하여 선포하고(1814년 5월
　　17일), 왕(덴마크 왕자인 Frederik)을 선출하였다. 제헌의회 대표 112명 중 1/3인 37명이
　　일반 농민이었는데 이는 유럽에서는 물론 세계 근현대사에서 매우 이례적인 일이었다.
　　하위 관료 출신이 57명으로 가장 많았고 농민, 법률가, 상인자본가 등이 선출되었다. 노
　　르웨이 헌법은 19세기 후반 스웨덴 자유주의자들과 급진주의자들의 개혁운동에 큰 영
　　향을 주었다.

웨이 헌법을 선포하고 덴마크 왕자를 노르웨이 왕으로 선출했다.[6] 그러나 스웨덴뿐 아니라 영국, 러시아 등 반나폴레옹 강대국들도 노르웨이를 압박했고 스웨덴은 군사적 침공까지 감행했다. 스웨덴과의 연합이 불가피해지자 노르웨이 독립파는 노르웨이 헌법이 연합 협상의 기초가 되어야 한다고 요구하게 되었다. 노르웨이 독립파의 강한 저항에 직면한 스웨덴은 노르웨이 헌법을 존중하겠다는 약속으로 1814년 8월 14일 모스조약(Moss Treaty)을 맺어 스웨덴 · 노르웨이연합국가(왕국)(The Union between Sweden and Norway, Svensk-norska Unionen)가 구성되었다. 노르웨이의 운명은 자신과 상관없이 스웨덴과 강대국들에 의해 결정되었고, 스웨덴은 핀란드 상실 등 많은 희생이 있었지만 노르웨이를 병합하고 전승국으로서의 지위를 누리게 되었다.[7]

스웨덴의 군사적, 정치적 헤게모니에 의한 일방적 통합과 노르웨이의 비자발적인 연합왕국체제 참여로 두 나라는 연합체제와 통합에 대해 근본적인 인식의 격차가 있었다. 그럼에도 스웨덴은 영구적 성격의 통합으로 모든 행정 분야에서 동질화를 이루어 완전한 하나의 통일국가를 이루고자 했고, 19세기 중반까지 다수의 노르웨이인들은 스웨덴과의 연합 자체에 큰 거부감을 갖지 않았다. 연합체제는 큰 갈등 없이 유지되었고 시장개방(1825년)과 화폐통합으로 두 나라는 경제적으로도 깊이 통합되어갔다. 스웨덴 · 노르웨이 연합체제는 동질적인 언어와 종교, 문화적 유사성으로 일상적 어려움이 거의 없었고, 독자적 헌법과 의회, 내각을 갖는 노르웨이의 정치적 자율성으로 1860년대까지 큰 대립 없이 유지될 수 있었다. 각 국가의 급속한 경제발전과 함께 세

---

6   당시 노르웨이에는 독립파뿐 아니라 연합파도 있었다. 헌법 제정 당시 제헌의회 대표였던 베르지란트(Nicolai Wergeland)는 대표적인 연합파였다.

7   1814년 5월 1차 파리강화조약에 스웨덴은 영국, 프러시아 등과 함께 전승국으로 참석했다.

력균형과 '평화'의 시기라는 19세기의 유럽적 특수성도 작용했다. 스
칸디나비아 3국의 연대와 통일을 추구한 19세기 중반의 범스칸디나비
아운동, 1875년 덴마크·스웨덴·노르웨이 3국의 스칸디나비아 통화
동맹이 이를 잘 보여준다. 시기적으로 격차가 있었지만, 노르웨이, 스
웨덴 모두 내부적으로 경제발전과 정치·사회개혁이 지속적으로 이루
어졌다.

2) 1905년 스웨덴·노르웨이 연합체제 분리

크림전쟁(1853-56년) 후 스웨덴은 친러노선을 버리고 노르웨이와의
완전한 통합을 일방적으로 추구하게 되었다. 노르웨이는 영국과의 무
역 등으로 북유럽에서 경제적으로 발전한 나라였고 19세기 중반이 되
면서 민주주의는 물론 사회경제적으로 더 발전하고 있었다. 1850년
대 이후에는 조선 및 해운 산업이 비약적으로 발전했다. 외교권이 없
는 노르웨이에서 해운과 무역이 활성화되면서 노르웨이인들은 영사문
제(외교권)에서 불편을 겪게 되었다. 1880년대 들어 노르웨이 내부적
으로 의회와 내각의 상호 관계 및 위상 문제를 둘러싸고 자유당과 보
수당, 그리고 스웨덴(왕)과의 갈등이 나타났다. 왕이 임명하는 내각과
노르웨이인들의 대표로 구성된 의회 간 갈등이 그것이었다. 진보적인
자유당 세력은 빠르게 세력을 확대하여 1882년 총선에서 의회의 다수
파로 부상했고, 1884년 의회는 보수적인 내각에 대해 불신임 결의하
고 왕으로 하여금 개혁적인 새로운 내각 구성과 자유당 당수 스베르드
룹을 총리로 임명할 것을 요구하게 되었다. 1884년 7월 자유당 내각
이 구성되고 의회주의가 수립되면서 스웨덴·노르웨이 연합관계는 중
요한 분기점에 이르게 되었다. 스웨덴이 '1884년 위기(The Crisis of
1884)'라 칭한 1884년 사건 이후 노르웨이에 완전한 의회정치가 실시

되었고 그 결과 노르웨이 의회의 결정은 그 자체로 효력을 갖게 되었기 때문이다. 또한 이 시기에 노르웨이는 외교권(영사권)을 요구하면서 연합체제 내 갈등이 시작되었다. 연합체제의 균형상태가 완전히 무너진 것이다. 노르웨이 민족주의 운동이 확산되면서 1905년 연합해체까지 20년의 헤게모니 투쟁이 시작되었다.

노르웨이의 정치적 민주주의 달성, 급속한 경제·사회적 발전, 농민세력과 부르주아계급의 연대, 개혁적 자유주의 세력의 등장은 노르웨이 독립에 대한 민족주의적 열망으로 나타났고 그 결과 연합 내 갈등과 긴장이 발생하게 되었다. 1890년대 들어 연합해체와 독립을 위한 노르웨이의 투쟁은 격화되었다. 의회 내 다수파인 자유당의 분리운동은 더욱 강해졌고, 특히 노르웨이 국민들이 갈수록 연합체제에 비판적이 되면서 보수당도 연합 내의 평등을 강력하게 주장하게 되었다. 노르웨이인들의 민족주의와 내부의 사회적 통합은 연합분리에 중요한 역할을 했는데 현상유지적인 보수당도 노르웨이의 독립과 평등을 주장하게 된 것이다. 사회세력과 정치세력 모두 독립을 위해 민주적 방식으로 내부적 통합을 이루었던 것이다. 1897년 선거에서 자유당의 압승에 힘입어 1898년에는 연합의 상징물들이 철폐되었고 단독으로 노르웨이 국기를 공표하기에 이르렀다.

스웨덴·노르웨이연합의 왕은 물론 스웨덴은 연합의 해체를 막기 위해 다양한 방안을 제안했고 협상을 시도하였다. 스웨덴의 보수세력은 노르웨이의 독립을 상상할 수 없었고 의회주의를 내세운 노르웨이의 규범적 헤게모니로 연합체제 내 대립과 긴장은 커져갔다. 결국, 1905년 6월 7일 노르웨이 의회는 연합 해체를 선언했다. 노르웨이 의회는 연합왕국의 국왕이 노르웨이 국왕의 역할을 거부하고 노르웨이의 입헌적 군주로서의 권능을 상실하였으므로 연합체제는 해체되었다고 선포했다.[8] 노르웨이인들은 환호했지만 스웨덴은 노르웨이의 '반란'에 경악했고 이는 두 나라 간 국가적 자존심 문제로 비화되면서 전쟁의 위기에 빠지게 되었다. 결국, 스웨덴 의회는 양국 간 협의를 제안하게 되었고 스웨덴 왕은 국민투표를 제안하며 중재적 역할을 했다. 1905년 8월 13일 투표 결과 절대적인 연합분리 찬성으로 노르웨이는 연합체제의 해체를 공식화했다. 1905년 8월 31일, 8명의 스웨덴·노르웨이 대표단은 역사적인 칼스타드 회담(The Karlstad Convention)을 시작하여 1905년 9월 23일 협상을 완료했다. 스웨덴은 평화적 분리에 의해 노르웨이의 완전한 독립을 인정하게 되었고 강대국들도 노르웨이 독립을 인정했다.[9]

2. 러시아·핀란드 통합과 분리 개요

1) 1809년 러시아·핀란드대공국체제 성립

12세기부터 스웨덴의 지배를 받았던 핀란드는 1809년 러시아제국에

---

8 노르웨이와 스웨덴은 '6월 7일 사건'을 서로 다르게 보고 있다. 노르웨이는 무엇보다 왕이 새 내각을 구성하지 못하여 왕권의 권능이 정지되었기 때문에 합법적 정당성이 있다고 주장하였다. 그리고 연합왕국 왕의 권능이 정지되었으므로 노르웨이와 스웨덴은 공식적 관계가 종결되고 따라서 연합체제도 종료된다는 것이다. 그러나 스웨덴은 물론 강대국들도 노르웨이의 일방적 결정에 동의하지 않았다. 노르웨이 행동이 비록 자국의 주권과 민주주의를 위한 정당성이 있다고 해도 '6월 7일 사건'은 합법적이지 않은 정치혁명이라고 보았다. 연합의 분리문제는 노르웨이 의회의 일방적인 결정만으로 해결될 수 없다는 것으로, 강대국들도 스웨덴의 동의가 있어야 연합분리가 가능하다는 입장이었다. http://www.nb.no/baser/1905/tema_7juni_e.html 참조

9 러시아는 노르웨이 영토 존중을 선언하고 가장 먼저 노르웨이 독립을 인정했다. 노르웨이 헌법은 연합체제에 관한 조항만 삭제되고 그대로 존속되었다. 연합 분리 직후 정부형태에 대한 국민투표를 통해 군주제를 채택했고 덴마크 왕자 칼(Karl)을 왕으로 선출하여 호콘7세(Hakon VII, 재위 1905-1957)가 되었다. 당시 강대국들도 노르웨이의 군주제를 원했다.

병합되었으나 대공국(Grand Duchy of Finland)으로 자치를 허용받으면서 기존의 법과 권리, 관습과 제도가 대부분 유지되었다. 핀란드의 자치정부이자 최고행정기관으로 행정위원회와 사법위원회로 구성된 '행정평의회'(1816년 핀란드원로원, The Senate로 개칭)가 만들어졌으며 러시아제국 짜르가 임명한 구성원은 핀란드인이었지만 의장은 러시아인으로 짜르를 대표하는 총독이었다. 러시아 수도에는 '핀란드대공국 국무비서'가 이끄는 핀란드위원회가 러시아–핀란드 업무를 담당했다(박상철 2004, 366-7).[10] 정치적 대표성이 제한된 핀란드의 신분제 의회는 1809년 핀란드가 러시아에 병합되면서 한 번 열린 후 1863년까지 개최되지 못했고 그 후에도 대표체로서의 역할보다 짜르에 대한 자문역할이 중요했다. 오랜 기간 스웨덴의 직접적인 중앙 통치로 많은 스웨덴인의 핀란드 이주를 가져왔고 루터교의 전파·확산과 함께 행정체계, 신분제 의회,[11] 스웨덴어 사용 등 핀란드의 제도와 생활방식은 스웨덴과 매우 유사해졌다. 1800년 시기 핀란드의 다수 인구는 핀란드어를 사용했지만 15%는 스웨덴어를 사용했다(Coleman 2010, 2). 특히, 관료와 엘리트 전문가 등 소수의 지배계층은 모두 스웨덴어를 사용했고 이들의 대부분은 민족적으로 스웨덴계의 핀란드인이었다.

핀란드의 신분제 의회[12]는 50여 년 만인 1863년 다시 소집될 수

---

10 대북방전쟁(1700-21)에 따른 1721년 뉘스타드(Nystad or Uusikaupunki)평화조약과 러–스웨덴 전쟁(1741-43)에 따른 1743년 오부(Abo or Turku)조약에 의해 핀란드 영토의 일부가, 그리고 1808-09년의 러–스웨덴 전쟁에 따른 1809년 프레드릭스함(Fredrikshamn or Hamina)평화조약에 의해 핀란드 영토 전체가 러시아에 병합되었다(박상철, 2004: 364-65).

11 핀란드는 17세기부터 스웨덴의 신분제 의회에 4계급의 대표를 보낼 수 있었고 이는 핀란드 의회의 기원이 되었다. https://finland.fi/life-society/parliamentarism-in-finland/

12 1869-1906년간 4계급 핀란드의회의 대표는 귀족 201명, 성직자 40명, 부르주아 30-70명(지속적으로 증가함), 농민 70명으로 구성되었다. https://en.wikipedia.org/wiki/Diet_of_Finland

있었다(Barton 2006). 크림전쟁(1853-56년)을 계기로 자치권이 확대되었고 의회가 복위되면서 19세기 후반 들어 핀란드 언어와 문화를 수호하기 위한 페노만(Fennomans)운동이 등장하게 되었다. 스웨덴의 오랜 통치로 억압되었던 핀란드의 고유문화와 민족의식이 자치 확대와 당시 유럽의 민족주의 영향으로 부활한 것이다. 이들은 1860년대 들어 핀란드당(The Finnish Party)을 구성하고 핀란드 언어와 문화를 농민계급의 지위에서 국가의 공식 지위로 격상시키고자 하면서 언어 갈등이 나타나게 되었다.[13] 이에 대응하여 나타난 것이 스베코만(Svecomans)운동이었는데 이들은 스웨덴계의 지위와 스웨덴어를 지키고자 했다(Barton 2006, 13-15). 신분제 의회는 1869년부터 정기적으로 소집되었고 스웨덴어 대신 핀란드어를 공식 언어로 채택했다. 페노만과 스베코만의 언어·문화적 갈등은 정치적 분열로 나타났는데 페노만은 러시아의 지지를 얻은 반면, 스베코만은 핀란드를 서로 다른 지역에서 유래된, 각각의 언어와 문화를 갖는 '2개의 민족'이 사는 나라라고 인식하면서 자신들의 스웨덴 정체성을 중시했다(Barton 2006, 14). 당시 지배계급 및 엘리트 계층의 대부분은 스웨덴계 핀란드인 또는 스웨덴어 사용자였으며 따라서 언어갈등은 계급갈등의 성격도 갖게 되었다.

의회가 정기적으로 소집되고 1870년 대중적인 스웨덴인당(The Swedish People's Party)이 만들어지면서 신분제 의회의 역할이 중요해졌으나 사회적 갈등과 정치적 대립 문제에 적극적으로 관여하지 못했다. 언어, 계급 등 사회적 분리가 심화되고 신분제 의회의 기능이 제

---

13   페노만운동 첫 세대 대부분의 모국어는 스웨덴어였고 일부는 핀란드어나 이중언어 사용자였으며 당시 일반적이었던 스웨덴식 성을 가졌다. 페노만들은 점차 핀란드어를 배우고 일상적으로 사용했다.

한된 가운데 19세기 말부터 소작농과 노동계급을 중심으로 급진적 이
념이 전파되기 시작했고 민족주의가 성장함에 따라 분리·독립 정서가
나타나게 되었다. 이에 러시아는 1890년대 들어 핀란드인들의 반대
에도 핀란드에 대한 직접적인 통제를 위한 '러시아화(Russification)'
를 적극적으로 추진하게 되었다. 특히 '1899년 2월 칙령'은 핀란드 의
회의 권한을 약화시키고 핀란드의 행정권과 자치권을 러시아 정부로
이전하는 것이었다. 러시아어 교육 및 사용을 강화했고 1903년부터는
더 강력한 통치로 핀란드 지배를 강화하자 '러시아화'에 대한 불만과
민족주의운동은 더욱 커져갔다(Thaden 1981). 러시아제국 내부의 급
진주의 및 민족문제 등장뿐 아니라 스웨덴 지배하에 있던 노르웨이의
강력한 분리·독립운동, 독일제국의 부상 등 당시의 대외적 여건의 변
화도 '러시아화'를 압박하게 된 요인이었다.[14]

2) 1917년 러시아·핀란드대공국체제의 분리

1904-05년 러일전쟁과 1905년 혁명, 그 후 1차 세계대전은 핀란드-
러시아 관계는 물론 러시아제국과 핀란드의 역사도 완전히 바꾸었다.
1905년 러시아혁명을 계기로 1906년에 핀란드에 신분제 의회가 폐지
되고 단원제와 보통선거권 등 민주주의 제도가 도입되었지만 헌정적
으로는 여전히 러시아제국의 공국으로 러시아의 지배를 받았다(Ku-
jala 2013). 1차 세계대전으로 러시아-핀란드대공국체제는 갈수록 불
안정해졌고, 결국 전쟁과 독일의 군사력에 의해 1917년 3월(러시아력

---

14   이러한 러시아의 압력에 대응하여 핀란드의 자유주의적인 지배세력에서는 소극적 저
      항, 폭력을 포함한 적극적 행동, 순응 등의 방안이 대두되었으나 결국 1904년 6월 헬싱
      키에서 스웨덴어를 쓰는 핀란드 지배계급 출신의 민족주의자 청년에 의해 핀란드 주장
      관인 보브리꼬프 총독 암살사건이 발생했다.

2월혁명) 러시아 군주제가 붕괴되었다. 1차 세계대전은 핀란드 독립의 궁극적 요인(Barton 2006)이었지만 핀란드의 분리독립은 1917년 10월 볼셰비키혁명이라는 외부적 요인과 핀란드 내부의 사회적 분리와 대립, 정치적 갈등과 적대로 폭력적 혁명과 내전 등을 거치며 국면의 전환과 반전에 따라 분리운동의 주체와 성격 또한 급변했다. 급진 사회주의세력에[15] 의한 계급투쟁과 좌우파 간의 권력투쟁은 핀란드를 폭력적 혁명과 내전의 길로 가게 만들었다.

핀란드 정치세력은 모두 분리독립을 추구했지만 분리운동은 정치적 대립과 적대로 내부적인 권력투쟁의 성격을 갖게 되었다. 1907년 3월 첫 총선에서 제1당이 된 좌파 사회민주당은 민주적 계급투쟁에서 승리하면서 지속적으로 정치적 헤게모니를 가질 수 있었다. 그러나 러시아 정부와 핀란드 우파의 방해로 1917년 2월 러시아혁명 때까지 한 번도 의회가 소집되지 못했고 2월혁명 직후인 1917년 3월 사회민주당 총리가 선출되고 7월 사회민주당 주도로 의회에서 준독립을 일방적으로 선언했다. 핀란드 내부적으로나 러시아에 대해 모두 홀로주체적 분리의 선언이었다(Carr 1950). 이에 러시아 임시정부는 핀란드 우파와 함께 핀란드 의회를 해산했고 10월 볼셰비키혁명의 성공으로 더욱 급진화된 핀란드 좌파는 극단적이고 혁명적인 방식으로 계급투쟁, 이념투쟁, 권력투쟁에 나서게 되었다. 우파 주도로 핀란드 의회는 12월 6일 독립을 선언했고, 독일제국과의 종전을 위해 레닌의 볼셰비키 정부는 18일 핀란드의 독립을 인정했다. 그 어떤 합의나 협정 없이 양쪽이 각자 일방적으로 분리를 선언하고(핀란드 우파) 분리를 인정한(러시아 좌파), 매우 아이러니한 상황이 핀란드 내부의 요인과 함께 1차 세계대

---

15 1899년 창당 당시 당명은 핀란드노동당이었고 급진 사회주의자, 사회민주주의자를 포괄했다. 이 글에서는 좌파, 사회주의자, 사회민주주의자를 같은 의미로 사용한다.

전과 러시아혁명에 의해 발생한 것이다. 이러한 상황에서 1918년 1월 핀란드 급진좌파에 의한 폭력적인 핀란드 혁명과 내전이 발발했다. 독일제국과 연대한 핀란드 민족주의 우파의 승리로 같은 해 5월 내전이 종료되었으나 핀란드의 완전한 일방적 분리독립은 러시아에 이어 독일제국이 무너진 1918년 11월에 가능했다.

내전 후 핀란드는 의회민주주의를 발전시키고 언어와 계급 등으로 분리된 사회의 내부 통합을 이루면서 규범적 헤게모니를 구축하고자 했다. 1918년 가을부터 실시된 좌파사면과 토지개혁을 시작으로 사회개혁과 함께 타협과 합의의 정치가 시작되었고 1919년 3월 총선, 7월 대통령 선거가 실시된 것이다. 헌법(the Constitution Act of 1919)과 함께 핀란드는 완전한 독립국가(공화제)가 된 것이다. 1920-21년 올란드섬 위기 해결은 명실상부한 핀란드 민주공화국의 성취였다. 2차 세계대전에서 막대한 물적, 인적 손실을 입었지만 내부적 결속의 힘으로 홀로 소련의 침략을 막아냈고 전후 정치적 합의와 사회적 평등, 중립·평화주의로 핀란드의 발전과 위상을 높여왔다. 1905년 이후 민주주의의 확산과 노르딕 국가들 간 서로주체적 분리의 시기를 거치고 2차 세계대전 후 스웨덴 주도의 지역동맹 노력이 나타났지만 노르딕 국가들은 안보군사적으로 다른 노선을 선택했다. 핀란드는 전후 북유럽 5개국의 협력과 통합을 강화하기 위해 1952년에 발족한 북유럽협의회에 1956년 가입함으로써 서로주체적 지역통합에 참여하게 되었다. 소련(러시아)으로부터 홀로주체적 분리를 한 핀란드는 '핀란드화'에도 불구하고 냉전시기 소련의 사회주의 블록과는 거리를 두고 민주주의와 평화의 노르딕 블록에 참여하게 되었다.

IV. 노르웨이·스웨덴 연합체제의 서로주체적 분리

1. 과정

스웨덴·노르웨이 연합왕국은 불완전한 연합체제였다. 스웨덴은 노르웨이를 나폴레옹 전쟁 참여와 승전의 대가로 1814년 1월 킬조약에 의해 양도받은 종속적인 나라로 간주했으며 이는 연합 시기 내내 논란과 갈등의 요인이 되었다. 킬조약의 당사자인 영국은 노르웨이에 대한 러시아의 영향력 확대를 우려하여 스웨덴 양도를 압박했고, 신속한 노르웨이 병합을 위해 스웨덴은 형식적으로 노르웨이 헌법을 인정한다는 조약(1814년 8월 모스협약, 1815년 8월 연합조약)을 체결했기 때문이다. 당연히 스웨덴은 흡수통합, 즉 일방적인 병합으로 보았고 노르웨이는 자발적인 대등한 연합으로 인식했던 것이다.[16] 이러한 인식의 격차로 정치적 긴장은 있었지만 19세기 중반까지 연합체제는 큰 갈등 없이 유지될 수 있었다. 1833년 선거에서 농민대표가 처음으로 의회 과반 의석을 차지하게 되었고, 1837년 지방자치제 도입, 1848년 의무

---

16   http://www.kongehuset.no/artikkel.html?tid=30100&sek-27320 동군연합에는 물적 동군연합(real union)과 인적(人的) 동군연합(personal union)이 있다. 물적 동군연합은 조약 등의 국제적 합의에 의해 동일의 군주를 받들고 그 권능의 일부를 연합 자신에게 일임하는 경우를 가리킨다. 구체적으로 어떠한 권능이 연합 자신에게 일임되는지는 경우에 따라 다르지만 인적 동군연합과 달리 적어도 그 범위 내에서 연합 자신에게 국제법인격이 인정된다. 1814~1905년의 스웨덴과 노르웨이, 1867~1918년의 오스트리아와 헝가리가 주요 사례라고 한다. 인적 동군연합은 상속 등의 우연의 사정에 의해 동일의 군주를 받드는 경우를 가리킨다. 이 경우 각 구성국은 각각 별개의 국제법인격을 유지하면서 상속 등에 대해 새로운 사정이 발생한 경우에는 그 결합이 해소되는 경우도 있다(『21세기 정치학대사전』(2002) 참조). 그러나 노르웨이는 스스로 인적 동군연합(personal union)임을 주장한 반면, 1905년 노르웨이가 일방적 독립을 선언했을 때 스웨덴은 물론 강대국들도 스웨덴의 동의가 있어야 연합분리가 가능하다는 입장을 보였던 것은 물적 동군연합으로 보았기 때문이다.

교육 도입, 보통선거권의 확대 등으로 일반대중의 정치 참여가 증대
되고 민주주의가 발전해왔다. 연합체제가 수립된 후 연합왕국의 왕,
즉 스웨덴 왕은 왕의 권한을 강화하고자 했지만 노르웨이 의회는 이
를 거부했다. 농민대표들이 의회를 장악하면서 노르웨이 각료의 스웨
덴 외교부 회의 참석, 독자적인 노르웨이 상선기 사용 등 노르웨이의
권리를 스웨덴에 요구하고 관철시켰다. 의회와 달리 노르웨이 정부의
내각은 왕이 임명하는 만큼 연합체제를 지지하는 보수파로 이루어져
있었다. 그럼에도 19세기 중반까지 연합관계는 전반적으로 우호적이
었다.

　크림전쟁을 계기로 스웨덴과 러시아의 관계가 약화되면서 러시아
와 노르웨이 간 국경문제를 겪게 되었고 이에 스웨덴은 러시아의 위
협을 막고자 1855년 영국·프랑스와 '11월 협약'을 맺어 스칸디나비아
반도의 안정, 즉 노르웨이에 대한 확실한 지배를 보장받았다. 1864년
덴마크-프러시아 간 제2차 슐레스비히-홀슈타인 전쟁도 노르웨이에
대한 스웨덴의 통합 심화 필요성을 증대시켰다. 노르웨이의 자유주의
및 민족주의 세력은 이러한 일방적 통합 강화를 반대했고, 연합체제에
대한 불신이 커지면서 독자적인 영사서비스라는 상징적이고 정치적인
문제를 제기하게 되었다(김인춘 2014, 200-201). 1859년 노르웨이 의
회는 총독 폐지를 의결하였다(1873년 스웨덴 왕은 총독폐지 승인). 연
합 내 우위성을 주장하는 스웨덴 의회 및 보수세력은 자유주의적이고
진보적인 노르웨이의 정치환경, 특히 노르웨이의 의회 민주주의에 거
부감을 갖게 되었다.

　19세기 후반 들어 노르웨이는 경제성장, 지방자치의 발달, 교육
개혁 등 내부적으로 사회·경제적 발전과 통합을 이루게 되었다. 이러
한 발전과 함께 노르웨이의 민족주의 의식이 강해지면서 연합체제의

평등한 관계 또는 분리에 대한 요구가 나오기 시작했고, 이는 1880년대 들어 영사서비스를 둘러싼 외교권 문제로 나타나면서 연합 내 갈등의 핵심이 되었다. 1814년 수립된 스웨덴·노르웨이 연합체제의 단일화된 왕위와 외교권은 연합왕국의 왕, 즉 스웨덴 국왕이 갖기 때문이다. 1815년 연합조약 또한 단일 왕을 인정하고 왕에게 외교에 대한 자율권한을 부여했음에도 연합조약에 대한 인식의 차이로 연합 내 대립은 1880년대부터 심화되었다. 이에 스웨덴은 1885년 헌법을 개정하여 외교업무를 외교장관에게 위임하도록 함으로써 연합체제의 외교업무는 연합왕국의 왕에서 스웨덴 정부의 관할로 넘어가게 되었다. 그 결과 외교정책 논의에 노르웨이의 참여를 인정한 1835년 칙령이 중지되고 스웨덴이 외교권을 독점하게 되었다. 연합관계를 구조적으로 변화시킨 '1884년 위기'와 함께 1885년 스웨덴 헌법 개정은 연합체제의 균형을 무너뜨리고 위기상황을 초래하여 결정적으로 분리독립을 위한 헤게모니 투쟁을 가져왔다. 스웨덴이 독점한 외교권을 독자적으로 갖겠다는 노르웨이의 의지가 1905년 6월 7일 일방적 연합탈퇴, 즉 독립선언으로 나타났던 것이다.

　1897년 선거에서 자유당의 압승에 힘입어 1898년에는 연합의 상징물들이 철폐되었고 단독으로 노르웨이 국기를 공표했다. 1900년 총선에서도 압승한 자유당이 별도의 영사서비스와 외교권을 더욱 강력하게 요구하면서 연합체제가 분열의 위기에 직면하자 1905년 2월 연합왕국의 (스웨덴)왕세자가 양국 간 협상을 주선했지만 실패했다. 노르웨이 보수당도 연합체제 유지를 포기했고, 노르웨이 의회는 1905년 3월 11일 자유당의 크리스티안 미켈센(Christian Michelsen, 1905.3.11–1907.10.23 재임)을 수상으로 하는 연립내각을 구성했다. 노르웨이 의회는 1905년 5월 23일 만장일치로 연합 해체에 합의하고 내각의 별도 영사서비스 안을 의결했다. 1905년 5월 27일 노르웨이는 별도 영사서비스 법안을 왕에게 승인을 요청했으나 (스웨덴)왕은 이를 거부했다. 영사권은 곧 외교권을 의미했고, 독자적 외교권은 노르웨이의 독립, 즉 연합 해체를 의미했기 때문이다(Nordlund 1905, 10). 연합왕국의 왕이 법안 승인을 거부하자 미켈센 내각은 총사퇴로 대응했고, 1905년 6월 7일 연합 해체를 선언하는 '혁명'이 발생했다.

　노르웨이의 독립선언으로 정치적 긴장과 군사적 대립의 위기 상황이 발생했고, 강대국들의 지지를 얻기 위한 외교전이 본격화되었다. 스웨덴은 무력사용과 평화적 분리라는 양자택일의 상황에 처하게 되었지만 1905년 총선에서 과반을 획득한 자유주의·사회주의(사회민주주의) 연합, 민주주의 발전(1905년 투표권 확대), 군사적 중립노선 등 무력 반대 여론이 확산되었다. 러일전쟁 등으로 더 큰 국제적 문제들에 처한 강대국들도 스웨덴에 대화를 통한 해결을 압박하게 되면서 결국 스웨덴 의회는 협상을 선택하게 되었다. 노르웨이의 민주적 헤게모니와 1905년의 국제적 상황(특히, 러일전쟁)이 영국, 독일, 프랑스, 러시아 등 강대국들로 하여금 노르웨이의 독립을 지지하게 만들었고 스웨덴도 강력한 대응을 요구하는 우파 민족주의 세력 대신 평화적 방안을 선택했다.[17]

17　20세기 초 스웨덴은 자유주의자들은 물론 사회주의자들과 노동계급이 부상하였고 이들은 노르웨이와의 평화로운 협력관계를 주장했다. 특히 1889년 창당된 사회민주당의 브란팅(Hjalmar Branting(1920.3-1920.10, 1921.10-1923.4 총리 역임) 당수는 적극적으로 '평화로운 결별'과 '위대한 해결'을 주장하였고, 1905년 노르웨이가 스웨덴과의 연합을 일방적으로 분리한 후 다른 사회주의자 및 자유주의자들과 함께 스웨덴인들의 보복주의적 감정을 진정시키는 데 중요한 역할을 했다. http://jjohansen.net/2013/12/29/the-war-that-never-took-place-1905/
http://preview.britannica.co.kr/spotlights/nobel/list/B10b2122a.html 참조.

2. 요인

노르웨이가 제국주의적 식민주의 경쟁과 갈등이 최고조에 달한 시기인 1905년에 사실상 자국의 힘으로 분리·독립할 수 있었던 것은 매우 놀라운 일이다. 노르웨이의 평화적인 동등분리는 민족주의, 자유주의, 제국주의 열강 간 경쟁, 노르웨이의 경제적 발전, 또는 노르웨이의 전반적인 국가 발전 등이 그 요인으로 간주된다. 그러나 이러한 요인들은 동등분리의 과정과 결과보다 독립이라는 결과를 설명하는 데 초점을 두고 있다. 노르웨이의 동등분리에는 민주주의 발전과 민주주의 규범이 중요했다. 민주주의에 기반한 노르웨이의 자유주의와 국가 발전은 분리·독립 투쟁에서 강력한 민주적 헤게모니를 보장했기 때문이다.

1) 1814 노르웨이 헌법과 민주주의

1814년 4월 노르웨이 오슬로 인근 소도시 이즈볼(Eidsvoll)에 모인 제헌의회 대표들은 당시 미국 다음으로 자유주의적이고 민주적인 헌법으로 평가되는 노르웨이 헌법을 만들었다. 노르웨이 헌법은 1815년 빈체제(The Wiener System)가 수립되기 이전 발생한 혁명적인 헌정주의 시대의 마지막 헌법이었다. 현재까지 유지되고 있는 노르웨이 헌법은 유럽에서 가장 오래된 헌법이며 전 세계적으로 미국 다음으로 오래된 헌법이기도 하다(Stensvand 2014). 1814년 5월 17일 독립 선언과 함께 선포된 노르웨이 헌법은 독립과 주권, 개인의 자유 및 재산권, 평등 보장을 명시하였다. 모든 권력은 국민에게 있음을 명시했고, 농민의 재산권과 토지 상속권을 보장하였다. 또한 왕권을 약화시키고 행정부(왕)·법원·의회의 권력 분립을 명시하였으며, 의회의 입법권과 국민 투표권(농민을 포함하여 당시 남성의 약 50%)을 보장하였다. 노르웨이 헌법은 사회의 주인이자 사회를 구성하는 국민, 자유와 평등을 가진 인민(folk)인 개인을 중시했다. 민주주의란 평등한 개인들의 사회라는 원칙이 그것이다(Stråth 2005). 노르웨이는 스웨덴과 달리 역사적으로 귀족계급이 미약했고, 사회는 왕과 인민 간 직접적 관계로 구성되었다.[18] 민주적 헌법에 기반한 노르웨이의 민주주의는 노르웨이가 정치적으로, 경제적으로, 사회적으로 발전하는 데 크게 기여했고,[19] 오늘날까지 민주주의 가치는 물론, 국민통합의 힘이자 사회번영의 근간이 되고 있다.

노르웨이인들도 '기적의 해(The Year of Miracles)'라고 할 정도로 1814년 당시 덴마크 지배로부터 스웨덴 지배로 넘어가던 국가적·정치적 격변의 시기에 노르웨이는 진보적인 근대 민주주의를 실현한 것이다.[20] 그 결과 노르웨이는 스스로 헌법을 가진 독립국가라는 정체성으로 스웨덴과 연합관계를 수립했다. 19세기 말 노르웨이의 분리·독립운동은 의회의 민주적 제도와 절차를 통해 이루어졌고, 북유럽에서 가장 앞섰던 노르웨이의 민주주의 제도는 연합체제에 도전할 수 있는 힘과 정당성을 부여했다. 중요한 것은 단순히 민주적 헌법의 존재가 아니라 이 헌법에 기반하여 민주주의를 지속적으로 발전시켜왔다는 점이다. 또한, 노르웨이의 민주주의 발전은 스웨덴·노르웨이 연합국가의 사회·경제적 발전과 함께했다는 점이다. 19세기 후반 스웨덴의

---

18 스웨덴에서는 1865년까지 4개의 신분제 의회가 있었고 강력한 귀족계급이 존재했다.

19 유럽적 근대 민주주의의 형성은 1789년 프랑스혁명과 함께 시작되었다. 이러한 민주주의가 19세기 유럽 사회 속에서 서서히 자리 잡기 시작하였고, 19세기 말에 이르면 민주주의의 안정화가 중요한 문제가 되었다(홍태영 2014). 노르웨이의 근대 민주주의는 1814년 제정된 노르웨이 헌법에서부터 비롯된다.

20 나폴레옹 전쟁 당시 1807년부터 1814년까지 영국 해군의 덴마크-노르웨이 봉쇄 작전으로 노르웨이는 덴마크와의 관계가 단절되면서 큰 어려움을 겪었지만 이 시기 독자적으로 국가 행정을 운영하게 된 것도 노르웨이가 독립을 선언하는 데 기여했다고 할 수 있다.

경제적 대외팽창에서 비롯된 경제적 이득은 노르웨이의 경제성장에도 크게 기여했다. 스웨덴도 참여한, 식민지 분할의 역사적 이벤트였던 베를린회의(1884-1885) 후, 노르웨이는 무역과 해운에서 큰 이익을 얻었고, 노르웨이의 부르주아세력은 농민세력과 함께 노르웨이의 민주주의 발전과 분리독립의 핵심 주체가 되었던 것이다(김인춘 2016).

2) 민주주의와 민족주의의 결합: 서로주체적 분리의 토대

노르웨이의 민주주의는 완전한 의회주의로 발전했고, 의회주의에 입각한 노르웨이의 외교주권 회복 운동은 민족주의와 결합하여 큰 정치적 힘을 발휘했다. 계급연합, 국민주권과 의회주의에 기반한 민주주의, 이러한 민주주의와 결합한 민족주의가 노르웨이의 평화로운 동등분리를 가져온 것이다. 노르웨이 민족주의는 스웨덴·노르웨이 연합에 도전하는 진보적 담론으로 1880년대에 등장했는데 국민이라는 개념이 중요한 역할을 하였다. 과거 강제합병에 대한 분노와 연합 내 노르웨이의 종속적 위치에 대한 국가적 자존감 문제는 독립의 열망을 급격히 증대시켰다(Lindgren 1959). 1890년대 들어 연합 해체와 독립을 위한 노르웨이의 헤게모니 투쟁은 격화되었는데 민족주의자들은 19세기 후반 진보적 민주주의 세력과 연계하여 의회주의와 민주주의 규범에 기반한 국가건설과 근대화를 추구하게 되었다. 노르웨이 사회가 정치적, 계급적으로 분리되어 있었지만 민주주의 제도는 평등한 정치참여, 상호인정과 공존을 보장할 수 있었고, 그 결과 노르웨이인들은 민족주의와 독립의지로 하나가 될 수 있었다.

　　노르웨이의 민주주의 제도는 지속적인 경제사회적 발전과 함께 연합체제에 도전하는 결과를 가져왔다. 1833년 선거에서 농민대표가 의회 과반 의석을 차지하면서 민주주의와 개혁에 대한 요구가 확대되었고, 지배계급에 대한 농민 및 급진주의자들의 저항도 나타났다. 노르웨이의 분리운동은 민주주의의 발전과 함께 계급적 요인도 크게 작용했는데 국제적으로 성공한 해운 및 조선 부르주아계급이 연합 분리를 지지했기 때문이다. 이들은 분리운동을 계기로 보수적인 고위관료, 부농 등 현상유지를 원하는 구지배세력에 저항하면서 정치적으로 부상하게 되었다.[21] 현대적 정당 형성이 본격화되면서 많은 정당들이 창당되었고[22] 1872년 최초의 직종별 노동조합이 설립되었고, 1898년 보통선거권이 도입되었다(여성은 1913년). 1884년에는 기존의 농민당(Bondepartiet) 일부를 흡수하고 도시의 진보세력을 포괄한 '좌익당(Venstre, 자유당)'이라 부르는 사회적 자유주의(social liberal) 노선의 자유주의 정당이 출현하였다. 자유당은 연합 내 완전한 평등권을 추구했고, 완전한 의회주의 정착을 위해 자유당 지도자 요한 스베르드룹(Johan Sverdrup)은 의회의 권한을 강화시켜나갔다. 자유당이 주도한 자유주의적 민족주의 운동 세력은 농민 지위 향상 등 사회개혁을 추진했다. 자유당이 강력한 정치적 헤게모니를 갖게 되자 현상유지적인 '우익당(Højre, 보수당)'도 노르웨이의 독립과 평등을 주장하게 되었다. 이러한 상황에서 자유당은 노르웨이의 독자적인 영사권 문제를 제기하는 등 보다 적극적으로 연합체제에 도전하게 되었다.

　　민주주의와 자유주의적인 민족주의의 결합은 서로주체적 동등 분

21　베르겐의 해운업자이자 자유당 소속으로 1891년 의회에 진출한 미켈센 의원이 대표적이다. 미켈센 의원은 연합 분리 후 노르웨이 초대 수상을 역임하였다(재임 1905.3-1907.10).

22　자유당은 1869년 요한 스베르드룹(Johan Sverdrup)에 의해 처음 만들어졌고 그 후 여러 세력을 흡수하여 거대한 자유당으로 발전하였다. 사회민주주의 정당인 노동당은 1887년에 창당되었고, 1912년 총선 이후 자유당에 이어 제2정당이 되었으며 1935년 집권 이후 노르웨이의 지배정당이 되었다.

리의 든든한 토대가 되었다. 1890년대 들어 외교에서 동등한 대표성을 요구한 노르웨이 분리주의운동이[23] 자국의 경제적 이익이 침해되고 있다고 주장한 것은(Leira and Neumann 2007)[24] 바로 무역과 해운 부르주아의 입장이기도 했다. 노르웨이 영사업무의 분리 실현과 남성보통선거권을 강령으로 채택한 자유당이 1891년 선거에서 승리한 후 노르웨이 의회는 1892년 독자적 영사서비스 설립을 의결하였다. 이는 노르웨이의 독자적 외교권을 의미했으며 국왕의 통치권에 대한 도전이자 일방적 독립선언을 의미했다. 민주주의 제도하에서 분리주의세력이자 민족주의세력인 부르주아계급과 농민계급의 연대가 성공한 것이다.

3. 영향과 결과

노르웨이의 선진적 민주주의와 평화적인 동등분리는 중요한 영향과 결과를 가져왔다. 첫째, 노르딕 지역에 민주주의를 확산시키는 중요한 계기가 되었다는 점이다. 스웨덴은 1809년 형식상 절대군주제가 무너졌지만 강력한 군주와 귀족주의로 남성보통선거권은 1909년에, 민주주의(의회주의)는 1917년에 이루어졌다. 1808-1809년 초의 국가적 위기 상황에서 구스타브 4세는 폐위되었고 곧바로 1809년에 신헌법을 제정하여 입헌군주국이 되었으나 노르웨이의 민주적 헌정주의와 달리

---

23   노르웨이 헌법에 별도 영사서비스가 명기되어 있으나 노르웨이 의회는 1814년 11월 영사관을 설치하지 않기로 하였다. 그 후로도 별도 영사서비스의 필요성이 크지 않았고 또한 비용문제로 운영하지 않았으나 19세기 후반 들어 연합문제로 대립이 심화되고 무역과 해운업이 급성장하면서 영사문제가 대두되었다.

24   당시 노르웨이의 무역량은 스웨덴의 2배에 달하여 해외 영사서비스의 중요성이 커지고 있었다(김인춘 2014).

귀족주의적 헌정주의(aristocratic constitutionalism)가 등장했다. 스웨덴에는 귀족, 관료, 지주, 산업가 등으로 이루어진 강력한 지배계급이 존재했고 이들이 20세기 초까지 의회를 지배했다. 물론, 스웨덴, 노르웨이 모두 19세기에 정치사회적 개혁과 발전이 이루어졌다. 19세기 중반부터 교육운동, 선거권 확대운동, 노동운동, 금욕운동 등의 사회운동이 나타나면서 전통적 권위를 거부하는 진보적 대중 공동체가 발전했고 개인주의와 자유주의도 확산되었다.

노르웨이는 1884년 의회주의가 완성되었고 1898년 남성보통선거권을 도입했다. 약소국으로서 강제적으로 연합에 참여한 노르웨이는 연합왕국의 왕이 스웨덴 왕이었기 때문에 노르웨이 국민이 곧 주권이자 국가를 대표한다는 의식이 강했다. 자유주의 운동에 기반한 노르웨이 대중운동은 자유당의 근간이 되었고, 자유당은 다양한 대중운동 단체를 포괄하여 분리운동을 대표했다. 노르웨이는 이미 19세기 말에 실업보험을 도입하는 등 사회개혁에 적극적이었고 1896년 통합국민교육으로 유럽 최초의 5년제 공교육을 실시하였다(Sejersted 2011).[25] 스웨덴 또한 19세기 중반 자유주의적 개혁이 이루어지면서 의무교육(1842년), 민간기업(1845년)이 도입되었고, 종교적 자유(1860년)가 이루어지고 지방자치(1862)가 실시되었으며, 1864년에는 무역과 산업에서 기업의 완전한 자유를 허용했다. 중산층과 자유주의가 발전했지만 신분제 의회는 1866년까지 존재했고, 개혁과 발전은 강력한 관료집단이 주도했다(Sejersted 2011)는 점에서 노르웨이와 대비되었다.

---

25 1930년대에는 보편주의와 유사한 연금제도를 도입하는 등 현재의 복지 시스템의 근간을 이루는 제도들을 협상과 타협을 통해 발전시켜왔다. 노르웨이의 사회적 연대 중시, 철저한 평등사상, 인권 존중 철학이었다(이병화 "노르웨이 헌법 제정 200주년", 문화일보 2014. 1월 22일).

유럽에서 민주화가 가장 늦은 나라 중 하나였던 스웨덴은 1905년을 계기로 참정권 확대, 의회주의 도입 등으로 민주주의를 발전시켰다.

둘째, 동등분리는 노르웨이와 스웨덴의 경제협력 관계를 지속시켜주었다는 점이다. 노르웨이-스웨덴 연합체제는 정치사회적 통합의 어려움에도 불구하고 산업화와 경제성장을 목표로 하면서 1880년대까지 경제정책의 조화를 이룰 수 있었다. 스웨덴은 19세기 중반부터 금융시스템의 발달, 기술대학 운영, 회사법으로 기업 발전이 이루어졌으며 특히 기계 등 중공업의 발전은 국제적으로도 뛰어났다.[26] 19세기 후반 들어 경제발전에 집중하였으며 국민들의 노동윤리와 기업가들의 혁신정신, 풍부한 천연자원으로 경제기적을 이루었다.[27] 급속한 경제성장은 거대 자본세력의 등장을 가져왔고 이들은 보수적이고 권위적인 기존 지배계급의 일원이 되었다. 스웨덴은 산업자본주의가 일찍부터 발달하여 산업부르주아(big business)의 권력이 강했던 반면 민주주의 제도의 발전은 늦었다. 노르웨이는 산업화보다 민주화가 먼저 이루어지면서 대중의 권력이 정당성을 갖게 되었으며 큰 기업보다 민주적 쁘띠부르주아의 힘이 강했다(Sejersted 2011). 1870년대 이후 산업화에 크게 성공한 스웨덴은 20세기 들어 산업 및 경제강국으로 부상했고 이는 1930년대 이후 복지국가 발전에 중요한 토대가 되었다. 19세기 후반 이후 노르웨이의 산업화와 경제발전은 스웨덴의 영향을 받았고 이러한 경제적 관계는 동등분리 후에도 지속될 수 있었다. 대표적으로 1875년 완성된 스웨덴, 덴마크, 노르웨이 3국 간 통화동맹은

---

26 1856년 설립된 Stockholms Enskilda Bank, 1829년 설립된 Chalmers University of Technology가 대표적이다. 세계 최초의 중앙은행(스웨덴은행, Sveriges Riksbank, 1668년 설립) 등 스웨덴은 일찍부터 금융이 발전하였다.

27 스웨덴 산업혁명은 19세기 중반 근대적 목재산업과 철도건설이 이루어지고 1870-1890년대에 이르러 금속산업 및 제조업의 성장으로 본격화되었다.

1905년 노르웨이 분리 후에도 제1차 세계대전까지 성공적으로 유지되었다.[28]

셋째, 노르웨이 민주주의의 확산은 노르딕 평화를 가져왔다는 점이다. 19세기 말 스웨덴의 급속한 산업화는 노동계급의 성장과 강력한 노동운동, 계급갈등을 가져왔다. 이 시기 스웨덴 진보세력은 노르웨이 민주주의를 벤치마킹해왔고 자유주의와 사회민주주의가 정치적으로 힘을 갖게 되었다. 노르웨이의 민주적 과정과 타협 원칙으로 1905년 동등분리가 실현되면서 스웨덴의 극단적 민족주의 세력과 권위적 우파세력은 크게 약화되었고 이는 1920-21년 핀란드 올란드섬 위기 해결에서 보듯이 노르딕 지역의 평화공존에 중요한 역할을 하게 되었다(김인춘 2017). 민주주의라는 규범적 헤게모니가 갖는 서로주체성은 상호인정과 공존을 내포하기 때문이다. 이러한 민주주의 문제는 노르웨이와 핀란드의 분리주의 헤게모니 투쟁과 분리 과정을 결정하는 데 중요한 요인이었다. 민주주의란 단순히 형식적인 제도가 아니라, 모두가 참여하고 대표되며 타협과 합의를 이룰 수 있는, 민주적 제도가 실천되고 정치가 우선되는 것이 중요하기 때문이다(Diamond 2009; Berman 2005; 최장집 2017). 20세기 들어 노르딕 지역의 강국인 스웨덴에서 자본주의와 민주주의의 결합, 스웨덴사회민주당의 집권으로 계급타협과 사회민주주의적 보편적 복지가 발전하기 시작했고 평등과 번영, 평화와 협력의 노르딕모델이라는 공통된 정체성이 형성되기 시작했다.

---

28 유럽에서 가장 성공적인 통화통합 사례로 평가되고 있는 스칸디나비아통화통합은 1차 세계대전이라는 외부적 요인으로 해체되었다. 스칸디나비아 경제는 해외무역과 개방성을 기반으로 빠른 성장을 이루면서 20세기 들어 유럽 핵심국가 수준이 되었다(Kærgård & Henriksen 2003).

V. 러시아·핀란드대공국의 홀로주체적 분리

1. 과정

러일전쟁과 1905년 혁명의 결과로 1906년 러시아와 핀란드에 역사적
인 의회제와 입헌주의가 도입되었다. 핀란드에서는 이미 1899년 사회
주의 정당인 핀란드노동당(1903년 사회민주당으로 변경)이 창당되어
성공적으로 노동자들을 조직하고 있었다. 1905년 10월 핀란드에서 총
파업이 발생했고 사회주의자들과 핀란드의 신분제 의회는 러시아에
개혁을 요구하게 되었다. 1906년 10월 신분제 의회를 대체한 200명의
단원제 의회(the Parliament, Eduskunta)가 도입되었고[29] 동시에 24세
이상 남녀 보통선거권 도입, 내각에 대한 의회 우위의 의회주의와 함
께 언론·집회·출판·결사의 자유가 보장되면서[30] 당시 유럽에서 최고
수준의 제도적 민주화가 이루어졌다. 1906년 이후 핀란드에는 민주주
의에 의해, 또 민주주의를 위해 민주적 계급투쟁과 폭력적 계급투쟁이
나타나게 되었다. 1905-07년 단원제 의회 도입 전후로 핀란드의 우파
지배계층은 대중에게 권력을 주는 것에 대해 부정적이었고 신분제 의
회와 귀족 상원을 주장하기도 했다. 이는 사회주의세력 및 노동계급,
대중민주주의에 대한 우파 지배계층의 거부감과 불신을 보여준 것으
로 극심한 이념갈등과 계급투쟁을 예고한 것이라 하겠다.
　　대부분의 핀란드인들이 지지한 분리·독립운동은 20세기 들어 강

29　단원제 의회를 도입한 '의회법(The Parliament Act of 1906)'은 사실상 핀란드 헌법의 효
　　력을 가졌다. 핀란드는 1906년부터 비례대표제였다.

30　https://www.eduskunta.fi/FI/sivut/page-not-found.aspx 여성보통참정권은 핀란드
　　가 유럽에서 처음이었고 세계에서 뉴질랜드 다음으로 두 번째였다.

해졌고 1905년 러시아혁명을 계기로 '핀란드는 러시아와는 상이한 독자적인 국가'라는 주장으로 '핀란드의 분리' 또는 '최대한의 자치권 획득'을 위해 단원제 의회의 권한을 강화하고자 했다(Barton 2006, 20-21). 1907년 3월 역사적인 민주적 총선이 처음 실시되었고 놀랍게도 좌파의 사회민주당이 제1당이 되었다. 이러한 상황은 당시 러시아의 개혁우파 정부에게는 물론, 핀란드의 분리·독립을 추구한 핀란드 우파 지배계급에게도 불리한 것이었다. 러시아는 핀-러 관계를 논의하기 위해 1909년 3월 '러시아핀란드위원회'(위원장 1인과 위원 10명. 5명 핀란드 위원은 핀란드원로원 추천)를 구성했는데 핀란드 위원들(핀란드인)은 제1당인 사회민주당을 제외한 정당의 대표로 이루어졌다. 핀란드 위원들의 핀란드 독자적인 국가 요구에 러시아 위원들은, 핀란드가 스웨덴 군주와 러시아 군주 간 협약에 의해 병합한 지방으로 러시아의 일부임을 강조했다. 핀란드 좌파(사회민주당)에 대한 러시아핀란드위원회의 공통된 거부감에도 핀란드 우파가 독립을 강력히 요구한 것은 핀란드인들의 분리·독립 지지, 핀란드 내 자신들의 지배적 위치, 1905년 노르웨이의 분리·독립이 중요했다. 이러한 대립 속에 러시아 정부는 1910년 5월 핀란드 자치권 박탈과 종속적 지위를 확고히 하려는 '핀란드법'('핀란드에 관련된, 전국가적 의미를 지닌 법률과 규정을 제정하는 절차에 관한 법')을 러시아 의회(두마)의 압도적인 찬성으로 도입했다(박상철 2004). 핀란드의 헌정주의자들은 핀-러 관계는 본질적으로 전제군주제에 의한 동군연합이므로 1905년 10월 혁명 후 입헌군주제가 되었으므로 모든 효력이 중지되며, 1906년에 도입된 단원제 의회와 1907년 3월 총선에 따라 핀란드는 독자적인 정부를 갖는다고 주장했다. 그러나 군주제는 살아 있었고, 핀란드 의회는 짜르와 러시아제국의 핀란드국무비서 대신에 의해 지배되었으며 핀란드의 입

법은 '핀란드법'에 따라 러시아의 의회와 국가평의회의 동의도 필요로
했다(박상철 2004, 376-377). 핀란드의 분리독립은 러시아의 헌정주의
도입과 두마로 인해 더욱 어려워진 것이다.

　더 큰 문제는 내부에 있었다. 좌파인 사회민주당이 선거정치에서
헤게모니를 장악할수록 좌우파 간, 이념 간, 계급 간 대립과 적대가 심
화되었고, 이러한 상황은 1916년 6월 총선에서 사회민주당이 절대다
수(200석 중 103석)를 차지하면서 최고조에 달했다. 1906년 이후 핀란
드 우파 지배계급의 의회민주주의 무시와 방관 속에 러시아의 지속적
인 의회 해산과 재선거로 핀란드 의회는 제 기능을 할 수 없었다. 당시
유럽에서 최고 수준이었던 핀란드 민주주의는 제도적으로만 존재할
뿐 실제적으로는 아무런 성과도 가져오지 못했고 결과적으로 정치적
대립과 투쟁만 심화시켰다. 1917년 2월혁명으로 러시아제국이 붕괴되
고 1차 세계대전과 1917년 10월 볼셰비키혁명으로 위기에 처한 러시
아가 더 이상 핀란드를 통제할 수 없게 되자 핀란드 의회는 우파 주도
로 1917년 12월 6일 독립을 선포하며 일방적 분리를 선언했다. 그러
나 외부의 비아가 사라지자 핀란드, 즉 작은 우리 내부의 사회적 분리
와 대립, 정치적·이념적 갈등과 적대로 1918년 1월 폭력적 혁명과 내
전이 초래되었다. 계급, 언어, 이념, 당파 등 내부의 홀로주체적 분리
의 심화는 더 작은 우리들 간의 극단적이고 폭력적인 헤게모니 투쟁,
즉 내전으로 나타났던 것이다.

2. 요인

1) 사회구조적 요인: 사회적 분리와 내부의 홀로주체성
핀란드의 사회적 분리는 계급, 이념, 민족·언어가 중요했다. 핀란드의

공식언어는 핀란드어와 스웨덴어로 이중언어 원칙은 헌법에 보장되어
있다. 이러한 이중언어와 민족 · 언어의 사회적 분리는 역사적 요인에
의해 형성되었다. 오랜 기간 스웨덴의 직접적인 중앙 통치로 많은 스
웨덴인들이 핀란드로 이주했고 그 결과 1800년경 핀란드 인구의 15%
가 스웨덴어를 사용했다(Coleman 2010, 2). 특히, 관료와 엘리트 전문
가 등 소수의 지배계층은 모두 스웨덴어를 사용했고 이들의 대부분은
민족적으로 스웨덴계의 핀란드인이었다. 1809년 이후 러시아가 지배
했지만 핀란드대공국은 높은 수준의 자치로 스웨덴어 사용 등 기존의
제도와 생활방식이 그대로 지속되었다. 스웨덴어는 행정, 교육 · 과학
등에서 유일 공식언어였고, 전통적인 위계질서도 유지되었다. 1812년
체결된 러시아-스웨덴 우호조약으로 핀란드의 지배계급(스웨덴계)은
신분제 의회,[31] 원로원(내각) 등을 통해 1870년대까지 특권을 유지할
수 있었다(Barton 2006). 핀란드의 두 개의 '민족' 문제는 언어분리는
물론 계급분리와 계급갈등을 가져왔다(Dutton 2016; Coleman 2010).
1900년 인구의 15%인 스웨덴어 사용자는 여전히 부유하거나 엘리트
들이었다.[32] 1900년을 전후로 계급갈등과 언어갈등은 정치적 · 이념적
갈등으로 발전되었는데 핀란드어를 사용하는 노동계급과 무산계급,
진보주의자들은 개혁주의와 사회주의를 주창한 반면, 부르주아와 지
배계급은 보수주의와 자본주의를 지지했다. 언어분리뿐 아니라 계급

---

31 1869-1906년간 4계급 핀란드 의회의 대표는 귀족 201명, 성직자 40명, 부르주아 30-70
    명(지속적으로 증가함), 농민 70명으로 구성되었다. https://en.wikipedia.org/wiki/
    Diet_of_Finland
32 1917년 당시 핀란드 인구의 15% 정도가 스웨덴계 출신이었다. 현재 전체 인구의 5.4%
    가 스웨덴어를 사용하고 있다(Statistics Finland 2012). 1940년 겨울전쟁 후 핀란드 동부
    에서 나오게 된 42만 명의 핀란드어 사용 카렐리안 난민도 또 다른 언어갈등의 요인이
    되었다. 오늘날에도 스웨덴어 중심의 행정기관들, 취업에서 스웨덴어 지식이 요구되는
    문제 등에 대한 논쟁이 있다.

및 이념 분리로 구핀란드당, 청년핀란드당, 스웨덴인당, 사회민주당, 농민당, 기독노동당 등은 각각 지지세력을 동원했고 정치적으로 경쟁하게 되었다. 핀란드는 사회개혁이 필요했지만 대중민주주의의 도래와 정치·이념 갈등은 개혁 대신 극심한 정치적 경쟁과 대립을 가져왔다.

1918년 1월 발생한 핀란드의 혁명과 내전은 계급문제와 밀접히 연관되어 있다. 핀란드 계급구조는 19세기 들어 오랜 신분제가 약화되고 산업화로 부르주아 및 노동계급이 형성되면서 변화하기 시작했다. 특히, 19세기 후반 들어 자본주의와 자유주의가 발전하고 목재, 펄프, 제지의 대량생산과 수출이 이루어지면서 노동계급의 성장과 노동문제의 등장, 빈곤과 불평등의 심화 등이 나타나게 되었다. 19세기 후반 핀란드의 1세대 사업가들은 모두 스웨덴계 출신들로 이들은 정치적, 경제적 파워를 갖는 스웨덴계 엘리트집단을 만들었다(Michelsen and Kuisma 1992, 350). 소수의 핀란드인은 러시아제국의 군장교와 관료로 진출한 반면, 19세기 후반 들어 다수의 핀란드인이 기술자와 근로자로 러시아로 이주하면서 1870년 전후 제국의 수도였던 페트로그라드에는 핀란드어 사용 인구가 헬싱키 인구보다 많았다(Barton 2006). 핀란드는 1차 세계대전까지 유럽시장에서 3위의 목재수출국이었고 상당량의 펄프와 제지가 러시아로 가면서 러시아와 핀란드 간의 교역과 이주가 매우 활발했다(Michelsen and Kuisma 1992; Jensen-Eriksen 2015). 그러나 1차 세계대전, 1917년 러시아혁명으로 러시아 시장이 붕괴되면서 핀란드 제지산업은 큰 어려움에 처하게 되었고 당시 핵심산업이었던 임업 노동자들은 실업과 영양실조 등 큰 어려움을 겪게 되었다. 1809년 이후 핀란드 농촌은 자작농 쇠퇴와 지주 중심 농업체제로 전환되면서 농촌프롤레타리아트 계급이 만들어졌고, 이들의 일부

는 도시노동자가 되었다(Kujala 2013 ; Jörgensen 2006). 1900년 전후
로 소작농과 노동자들은 계급분리와 계급격차에 대한 사회적 현실을
의식하게 되었고, 토지개혁과 계급적대를 둘러싸고 정치적으로, 계급
적으로 조직되고 투쟁하고 동원되었다. 핀란드 사회민주당은 1899년
설립 직후부터 다수의 노동자들을 조직할 수 있었고 농촌프롤레타리
아트와 노동계급의 문제를 적극적으로 제기하면서 토지개혁과 근로
조건 개선 등을 주장하게 되었다.[33] 그러나 대학, 교회, 부르주아, 관료
및 엘리트 등 지배계급은 개혁을 거부하면서 하층계급과 적대적인 관
계를 형성했다(Alapuro 1988 ; Kirby 1979). 1906년에 200명의 단원제
의회와 남녀보통선거권이 도입되고 1907년 3월 총선으로 사회적 분리
와 갈등은 (민주적) 계급투쟁으로 전개되었다. 이러한 계급투쟁은 내
전의 중요한 원인이었다(Haapala 2014, 30-33).

2) 역사적, 구조적 요인

핀란드가 러시아로부터 일방적 분리 · 독립을 하게 된 중요한 역사적,
구조적 요인은 1차 세계대전과 볼셰비키혁명이었다(Barton 2006). 러
시아제국의 봉건적 지배로 인한 민중의 고난은 1차 세계대전으로 더
욱 심화되었고 결국 1917년 2월혁명으로 제국이 무너지면서 핀란드대
공국의 국가수반이 궐위되는 헌정위기가 발생했다. 러시아제국의 지
배(보호)를 받는 핀란드대공국의 최고권력인 대공은 러시아 황제였기
때문이다. 사회주의자들과 우파 지배계층 모두 입헌주의(constitution-

---

33   핀란드에서 토지개혁은 1880년대부터 농촌지역에 광범위하게 유포된 토지재분배에 대
       한 루머에서 그 근원을 찾기도 한다. 이 주장에 따르면 1918년, 1922년 핀란드 토지개
       혁은 19세기 말부터 시작된 아래로부터의 토지개혁 요구에서 비롯되었다고 한다(Suo-
       denjoki 2015).

alism)를 주장하면서 분리독립은 현실화될 수 있었다. 그러나 이들의 입헌주의는 상이했다. 1906년 이후 계속된 의회 해산으로 1917년 2월 러시아혁명 때까지 핀란드 의회가 한 번도 소집되지 않았지만 1916년 6월 총선에서 103석의 절대 다수를 차지한 사회주의자들은 의회주의 (parliamentarism)를 주장하면서 핀란드에 대한 완전한 의사결정권은 의회에 있고 의회가 그 역할을 해야 한다고 주장했다. 1907년부터 사회민주당 소속 의원으로 사회민주당 및 노동운동 지도자인 사회주의자 토코이(Oskari Tokoi, 1873-1963)가 1917년 3월 26일 핀란드의 첫 총리(원로원 의장)가 되었다(1917년 9월 8일까지).[34] 7월 초 핀란드 사회민주주의자들과 러시아 임시정부 간 협상이 진행되었으나 핀란드의 분리(또는 완전한 자치)를 합의하지는 못했다. 그러나 단독 과반의 사회민주당이 주도하는 핀란드 의회는 농민당 일부 및 무소속의 협조로 1917년 7월 18일 '최고권한법(the Power Act, valtalaki)'을 채택하여 외교 및 군사권만 러시아 임시정부가 갖고 핀란드 의회가 모든 대내적 권한을 갖는 핀란드의 준독립을 선언했다(Hodgson 1967, 28; Upton 1980). 좌파 주도로 일방분리가 시도된 것이다. 헌정위기는 기존의 핀란드 헌법으로는 해결할 수 없는 사안이었고, 볼셰비키가 권력을 잡을 것으로 기대한 핀란드 사민주의자들과 독립 전망으로 과감한 주장이 힘을 얻게 된 것이다.

　그러나 러시아 임시정부는 7월 31일 '권한법'을 거부하고 핀란드 의회를 해산했다. 핀란드 사회주의 좌파의 급진적인 주장과 절대 다수당인 사회민주당을 견제하기 위해 핀란드 우파와 러시아 임시정부가 협력하여 핀란드 의회를 해산했던 것이다. 8월 17일 토코이 총리는

34　토코이 총리 후임은 청년핀란드당 소속의 민족주의자 Eemil Nestor Setälä(1917.9.8 - 1917.11.27 재임), Pehr Evind Svinhufvud(청년핀란드당 소속, 1917.11. 27 - 1918.5.27.)

사임했고 청년핀란드당 소속의 민족주의자가 후임이 되었다. 9월 17일 신임 총독이 부임했다. 핀란드 좌·우파 간 적대로 인해 의회주의 원칙에 따라 주권을 주장할 수 있는 기회를 버린 것이다. 사회민주주의자들은 8시간 노동, 토지분배와 소작농 해방 등 강력한 개혁을 요구했고, 우파와 민족주의 정당들은 핀란드의 완전한 독립 후 사회·경제 개혁을 추진할 것을 주장했다. 1917년 10월 1-2일 재선거가 실시되어 사회민주당 의석은 103석에서 92석으로 줄었다. 러시아 임시정부와 핀란드 보수파 및 부르주아 세력이 우파 의회를 만들었던 것이다. 사회주의 세력의 저항은 거셌고 1917년의 의회 해산과 재선거의 불법성을 주장하면서 적대적 대결의 극단적인 정치가 나타나게 되었다. 11월 7일 볼셰비키혁명(러시아력 10월혁명)이 발발하자 다음날인 11월 8일 사회주의 급진세력은 혁명위원회를 구성하여 총파업과 함께 볼셰비키와 연대하여 더욱 혁명적인 방식을 취하게 되었다(Hodgson 1967; Tepora and Roselius 2014). 볼셰비키와 연대한 핀란드 사회주의 좌파는 독립보다 혁명을 우선하고 있었다.

　11월 15일 핀란드 의회는 스스로 핀란드의 최고권력임을 선언했고 12월 6일 의회는 우파 정부의 스빈후부드 총리((Pehr Evind Svinhufvud, 1917. 11. 27- 1918. 5. 27 재임)가 제출한 독립선언서를 의결하고 독립을 선포했다. 12월 말 소비에트 정부는 핀란드 독립을 인정했다(Carr 1950).[35] 핀란드 독립은 1917년 12월 3일부터 시작된 소비에트 러시아와 독일 간의 종전협상에서 핀란드에 대한 지배권을 확보하기 위해 독일이 요구한 조건의 하나였다는 점에서 핀란드 우파와 독일제국에 의해 이루어졌다 할 것이다. 1918년 3월 3일 체결된 브레스

35　https://en.wikipedia.org/wiki/Timeline_of_Independence_of_Finland_(1917-1920)
　　https://en.wikipedia.org/wiki/Finnish_Declaration_of_Independence

트-리토프스크조약은 혁명 완성이 시급했던 소비에트 러시아(사실상 레닌)가 독일과 단독 강화한 것으로 독일에 폴란드, 우크라이나, 발트 3국, 핀란드 등을 양도하는 것으로 사실상의 항복조약이었다. 핀란드 우파와 독일제국의 연대, 핀란드 사회주의자들과 볼셰비키의 연대는 핀란드 내전의 또 하나의 축이 되었다.

3) 정치적 적대의 심화와 민주주의 실패

핀란드는 분리·독립 투쟁과정에서 내부적인 사회통합과 계급연합을 이루지 못했다. 1906년 '혁명적으로' 민주화가 이루어졌으나 핀란드 민주주의는 러시아의 방해와 핀란드 내 좌우파 간 정치적 적대로 제대로 작동하지 못했다. 핀란드 사회민주당은 선거정치를 통한 민주적 계급투쟁에 성공적이었으나 유명무실한 의회민주주의에 대한 반발과 볼셰비키혁명을 계기로 폭력적 계급투쟁을 전개하게 되었다. 1906년 민주주의 도입과 1917년 러시아혁명은 핀란드의 민주주의 발전과 분리 독립에 매우 유리한 기회였으나 이 모든 기회는 내부의 갈등과 적대로 멀어졌고 결국 핀란드 내전과 1차 세계대전의 결과로 독립을 얻게 되었다. 핀란드 독립은 내부의 분열로 합의가 결여된, 내부적으로도 홀로주체적 분리였다. 러시아의 핀란드 독립 인정 또한 핀란드와의 협의나 합의가 아니라 독일제국과의 종전협상 과정에서 이루어진 것이다.

핀란드 내부의 정치적 적대는 1907년 3월 총선에서 좌파의 사회민주당이 제1당이 되면서 시작되었다. 이러한 선거 결과는 핀란드 우파는 물론 당시 러시아의 우파개혁주의 정부도 인정하기 어려운 것이었다. 러시아와 핀란드는 핀-러 관계를 논의하기 위해 1909년 3월 구성한 '러시아핀란드위원회'에 사회민주당을 배제했다. 1905년 혁명으로 러시아에 의회(두마)와 기본권이 도입되었지만 체제 변혁기의 보수적 개혁과 왕당파의 건재, 대(大)러시아 민족주의에 따라 러시아는 핀란드 지배를 강화하기 위해 1908-1917년 핀란드 의회를 지속적으로 해산했다. 다시 실시된 1908 총선(38.40%지지율, 83석), 1909 총선(39.89%, 84석), 1910 총선(40.04%, 86석), 1911 총선(40.03%, 86석), 1913년 8월 총선(43.11%, 90석) 모두에서 사회민주당은 제1당을 유지했지만 러시아는 물론 핀란드 우파의 방해로 자신들의 개혁입법을 도입할 수 없었다. 선거마다 사회민주당의 지지율은 높아졌고, 1913년 총선에서 43.11%의 지지율은 노동자와 소작농 계급의 개혁에 대한 지지가 얼마나 큰지를 보여주었다. 이는 1차 세계대전 전 실시된 유럽 각국의 총선에서 사회주의 계열 정당 중 가장 높은 지지율이었지만[36] 러시아 정부는 전쟁을 이유로 1914년 핀란드 의회 해산을 결정했다.

1차 세계대전 중인 1916년 6월 다시 총선이 실시되었다. 열악한 근로조건의 노동자와 착취당하는 소작농은 빈곤층과 소외층을 위한 개혁을 약속한 사회민주당을 중심으로 조직되었다. 이들의 절대적인 지지로 사회민주당은 47.29%의 득표율과 103석으로 의회 내 첫 단독 다수당이 되면서 민주적 계급투쟁의 승리이자 사실상의 '무혈혁명'에 성공하게 되었다. 이러한 정치적 '혁명'과 함께 1917년 2월 러시아 혁명 및 러시아제국 몰락으로 핀란드는 엄청난 혼란에 빠졌다. 계속된 의회 해산으로 1917년 2월 러시아혁명 때까지 핀란드 의회가 한 번도 소집되지 않으면서 사회민주당은 제 역할을 할 수 없었고, 그 결과 민주적 의회에 대한 사회주의 지지자들의 높은 기대는 사라지게 되었다.

---

36 두 번째로 높은 지지율은 1914년 9월 총선에서 36.5%를 획득한 스웨덴 사회민주노동당이고 세 번째는 독일사회민주당으로 1912년 총선에서 34.8%를 얻었다(Eley 2002, 66).

1916년 6월 총선 후 단독 다수당이 된 사회민주당은 급진파 주도로 혁명적인 개혁들을 시도했으나 이에 반발한 핀란드 우파는 러시아 정부와 함께 1917년 7월 말 의회를 해산했다. 이는 1918년 1월 폭력적 혁명과 내전이 발발하게 되는 중요한 요인이 되었다. 핀란드 내부의 정치를 볼 때 계급연합이나 정치적 타협은 없었다. 1906년 이후 핀란드 사회주의자들은 선거정치에서의 승리와 자신들의 이념에 사로잡혀 계급연합, 즉 다수승리연합을 거부했다. 이들은 정치적으로 누구와도 타협하지 않았고, 사회민주당 내 온건파와도 연합하지 못했다. 내전 전 온건 사회주의자도 참여한 핀란드의 우파 정부는 토지개혁을 제외한 8시간노동 등 사회민주당이 요구한 다수의 개혁을 도입했다. 특히, 결정적인 국면인 1917년 12월 6일 핀란드 독립 선언 후 농민당은 사회민주당에 연정을 제안했으나 이를 거부한 급진적 사회주의자들은 러시아 볼셰비키의 지원을 믿고 홀로 혁명적 방식으로 권력을 쟁취하고자 했다. 결국 내부적으로 대안를 만들려는 생각도, 시도도 없이 러시아로부터의 독립보다 내부 권력투쟁을 추구한 것이다. 볼셰비키혁명의 성공으로 핀란드 좌파의 목표와 노선이 모순되는 상황이 발생했고, 어느 쪽이든 계급연합을 거부한 것이 핀란드 좌파의 실패의 중요한 요인이었다. 내부적 서로주체성과 우리의식 없이 분리 또는 혁명을 추구한 것이다. 이는 내전 후 핀란드가 내부적 서로주체성과 우리의식으로 번영과 공존을 이룬 것과 비교된다.

3. 영향과 결과

1) 폭력적 계급투쟁과 내전
1918년 1월 26일 폭력적 계급투쟁이자 사회주의 혁명인 내전이 발발

했다. 핀란드 혁명은, 러시아 볼셰비키혁명과 유사한 방식으로, 1918
년 1월 26일 밤 사회민주당 내 급진파의 무장행동으로 시작되었다. 다
음 날인 27일 사회주의 좌파세력인 적위군은 수도인 헬싱키를 점령하
고 권력을 장악하면서 핀란드사회주의노동자공화국(Suomen sosial-
istinen työväentasavalta)을 선언했다(Tepora and Roselius, 2014). 러
시아 볼셰비키의 지원을 받은 적위대와 사회민주당의 혁명(또는 반란)
세력은 헬싱키를 점령했고 바사(Vasa) 임시정부와 백위군은 독일제
국의 지원을 받게 되었다. 핀란드의 내전은 이미 러시아 볼셰비키혁
명 직후부터 핀란드 노동자 적위군과 우파 시민군(백위군) 간 충돌
로 나타났고 독립 선언 후 권력공백 상태에서 벌어진 무장 권력투쟁
이었다. 27일 당일부터 약 7만 명의 백위군과 약 9만 명의 적위군 양
측의 거리처형이 시작되었고 백위군은 1918년 4월 5일 혁명산업도시
인 탐페레를 장악하면서 다수의 노동자 적위군을 학살하는 등 잔인한
내전이 5월 중순까지 이어졌다. 내전의 총 희생자는 38,000여 명(러
시아인 및 기타 외국인 2,000여 명 포함)으로 당시 핀란드 인구 320만
의 1%를 훨씬 넘었다. 대부분 노동자와 농민인 적위군의 희생자 수는
28,000여 명이었고 8만 여 명의 노동자 및 사회주의자가 강제수용소
에 갇혔다.[37]

내전은 핀란드의 사회 · 경제구조를 근본적으로 바꾸기 위한, 볼
셰비키 이념에 기반한 계급전쟁이자 혁명전쟁이었다(Upton 1980;
Maude 2010). 레닌의 핀란드 혁명 지원과 1917년 11월 핀란드 총파
업으로 이미 노동자 적위군과 우파 시민군(백위군) 간 충돌이 나타났
고, 12월 6일 독립 선언 후 핀란드의 권력투쟁과 적위대와 백위대 간

---

37   https://encyclopedia.1914-1918-online.net/article/finnish_civil_war_1918

무장충돌은 격화되었다. 사회주의 급진파가 정부를 장악하려 하자 우파 정부는 백위군을 정부군으로 선언하고 만네르하임(Carl Gustaf Emil Mannerheim, 1867 - 1951)장군을 정부군의 사령관으로 임명하면서 무장투쟁이 시작되었다(Tepora and Roselius 2014; Kirby 1979). 20세기 유럽에서 가장 강력하고 폭력적이었던 계급전쟁에서 보수파와 부르주아 세력인 백위군은 독일제국의 군사적 지원에 힘입어 승리했다.[38] 볼셰비키혁명노선은 핀란드인들의 민주주의 의식에 맞지 않았고, 이들은 러시아 볼셰비키와 연계한 핀란드 좌파에 소극적이었다. 내전 중 핀란드 좌파 지도부 다수의 해외 망명은 일반 적위군을 크게 실망시켰다. 핀란드는 독립 선언 직후 레닌으로부터 독립을 승인받았고, 1918년 3월 3일 독일-러시아 간 체결된 브레스트-리토프스크조약으로 대외적으로 독립이 이루어지기도 했다. 레닌과 볼셰비키에 의해 독립이 승인되었지만 승리한 핀란드 백위군은 러시아, 특히 볼셰비키를 주적으로 보았다.

핀란드는 1917-1923년 유럽의 혁명기에 폭력적 내전을 경험한 유일한 노르딕 국가였다.[39] 1906년 유럽에서 가장 늦게 신분제 의회를 폐지하고 세계 최고 수준의 급진적 민주화를 이룬 핀란드였지만 내부의 사회적 분리와 정치적 적대는 민주주의의 파국과 내전을 초래했다.

---

38 핀란드 내전 당시 스웨덴 정부는 기본적으로 중립을 견지했으나 사실상 백위군을 지원했다. 1918년 3월 3일 독일제국-소비에트 간 브레스트-리토프스크조약으로 독일제국이 핀란드 지배권을 확보하게 되면서 만네르하임을 포함한 우파(국민연합당, 스웨덴인당)의 군주제 지지세력은 1918년 10월 독일 왕자(Prince Frederick Charles of Hesse)를 왕으로 선출했지만 독일의 1차 세계대전 패전으로 그는 곧바로 12월 왕위를 포기했다.

39 노르웨이 노동당과 핀란드 사회민주당은 1917년 러시아 볼셰비키혁명의 영향을 받았는데 노르웨이 노동당은 코민테른에 가입하기도 했다. 그러나 노르웨이 노동당은 코민테른을 탈퇴했으나 핀란드 사회민주당 좌파는 볼셰비키혁명을 지지했다. 반면, 덴마크 사회민주당과 스웨덴 사회민주당은 볼셰비키혁명과 거리를 두었다.

20세기 초반 핀란드는 세계 최고 수준으로 발전한 민주주의와 근·현대 역사상 가장 폭력적인 계급전쟁을 동시에 경험한 나라였다. 1906년 단원제 의회의 도입과 함께 유럽 최초로 남녀보통선거권이 실시되었고, 1906년 세계 최초의 여성피선거권으로 세계 최초의 여성의원이 탄생했으며, 1917년 유럽 최초의 사회민주주의 총리가 나왔으며, 3개월의 짧은 내전기간에 인구 대비 가장 많은 수의 희생자가 발생했기 때문이다. 더욱 중요한 것은 거의 모든 인구가 두 개의 계급과 이념으로 갈라져 내전을 치렀다는 점이다. 노동자와 소작농 무산계급의 사회주의적 개혁주의, 지주와 부르주아 유산계급 중심의 자본주의적 보수주의가 그것이다.

내전 직후 1918년 5월 의회에 의한 정치질서의 회복이 이루어지게 되면서 임시 국가수반이 임명되었고(Pehr Evind Svinhufvud, 1918.5.18-1918.12.12; Carl Gustaf Emil Mannerheim, 1918.12.12.-1919.7.27 재임), 영국과 미국으로부터 핀란드의 독립을 인정받았으며, 러시아 내전에 거리를 두었다. 내전 후 핀란드는 사회적 국민국가와 민주주의를 목표로 사회통합 프로그램을 실행하게 되었다. '국가 만들기'와 '독립 지키기'이기도 한 이 계획은 토지개혁과 의회주의에서부터 시작되었다. 내전으로 유럽지역에서 소외되고 스스로 큰 상처를 입은 핀란드는 보수 민족주의 세력의 승리에도 국가적 통합을 위해 내전 직후부터 많은 개혁을 실시했다. 내전으로 사회적, 정치적, 문화적 분리가 심화되는 상황에서 임시 국가수반과 우파 정부는 국가적 통합을 최우선하여 1918년 가을부터 좌파사면, 소작농과 농촌프롤레타리아트를 위한 토지개혁을 실시했다. 이러한 통합 노력은 성공적이었고 이념갈등이 완화되면서 정치적 긴장과 대립도 크게 약화되었다. 좌우파 타협으로 준대통령제(semi-presidentialism)의 공화국 헌법(The

Constitution Act of 1919)이 제정되었다. 의회 내 좌·우파의 타협과 민주적인 정치질서가 유지되면서 내전 후 첫 총선이 1919년 3월 실시되었다. 내전의 패배에도 불구하고 제1당이 된 좌파 사회민주당은 여전히 다수 핀란드 '인민(the people)'의 희망이었고 노동계급 및 소작농들의 요구는 분명했다. 다수의 핀란드 국민들은 소작농 해방과 토지분배 등 대대적인 사회개혁을 약속한 정당들 편이었다(Zetterberg et al. 2003). 또한 농촌지역을 대표하는 중도적인 농민당이 제2당이 되었고, 1918년 창당된 우파의 국민연합당(The National Coalition Party)이 제3당이 되었고, 또 다른 신생정당인 중도개혁적인 진보당(The National Progressive Party)이 그 뒤를 이었다. 농민당은 백위군파였으나 내전 후 스웨덴어 사용 농민세력을 포함한 인민을 대변하는 중도적인 정당이 되었다. 1919년 총선 이전 핀란드당은 해체되어 농민당과 국민연합당으로 흡수되었고 진보당은 청년핀란드당원(Young Finns) 주도로 결성되었다(Rintala 1969, 72-74). 1919년 7월에는 의회에서 선출되는 초대 대통령 간접선거가 실시되었다.[40] 진보당 후보인 카를로 유호 스톨베리(Kaarlo Juho Ståhlberg)가 선출되었는데 그는 온건 자유주의의 개혁적 중도 정치인으로 노동자들과 빈곤층의 물질적 복지 증진을 약속했다. 스웨덴어 사용자로 사회민주당과 농민당의 지지를 받아 선출된 스톨베리 초대 대통령은 현재까지 이어지는 핀란드 정치의 특징인 합의제와 '중도주의(Centrism)'의 기원이 됐다(김인춘 2017). 원내 제1당, 제2당, 제3당 후보도 아닌, 내전에서 승리한 우파의 지도자 만네

---

40   대통령 직선제는 1994년에 도입되었다. 당시 스웨덴인당의 여성 후보가 2위를 차지하여 큰 주목을 받았다. Pertti Pesonen(1994). "The First Direct Election of Finland's President." *Scandinavian Political Studies*, Bind 17 (New Series). 대통령 임기 6년, 의원 임기 4년.

르하임 후보(무소속)도 아닌 중도개혁적인 신생의 진보당 후보가 당선된 것은 그만큼 기존의 정파적 분열을 극복하려는 의지를 보여준 것이다.

2) 핀란드 민주주의의 재건 - 일방분리 및 내전의 극복

대통령과 의회 간 정치권력의 분점으로 일방적 독주를 막고 상호견제가 가능해졌다. 타협의 정치와 중도주의가 실현되면서 핀란드의 준대통령제에 기반한 민주공화주의와 의회주의가 발전하는 데 중요한 토대가 되었다. 스웨덴어를 사용하는 상층 · 엘리트보다 핀란드어를 사용하는 중산층이 정치적으로 신생 핀란드 공화국을 지배하게 된 것도 정치적 통합을 용이하게 만들었다. 또한 대대적인 사회개혁을 통해 민족통합과 계급통합 등 사회통합을 이루는 데 중요한 역할을 했다(Blom et al. 1992; Dutton et al. 2016). 1918년, 1922년 대규모 토지개혁이 실시되어 자영농이 크게 증가했고(Jörgensen 2006), 1921년 의무교육제도가 도입되었다. 또한 지방정부의 공공주택건설 사업, 근로자의 노동조건 개선 등으로 인민들의 삶의 조건이 향상되면서 사회적 국민국가의 토대가 마련되었다. 사회적 평등과 민주주의로 핀란드 내부의 동등통합이 이루어지면서 핀란드는 대외적으로 서로주체적 분리가 가능해졌다. 순수 핀란드인으로 2대 대통령에 선출된 농민당의 렐란데르(Lauri Kristian Relander, 1883-1942; 1925-31 재임) 대통령은 핀란드어 사용자로 좌파세력에 거부감을 가졌지만 정당 간 화해와 협력을 추진했고 여전히 헤게모니를 가진 스웨덴어 세력에도 온건했는데 이는 국가통합을 위해서였다(Maude 2010, 68). 기존의 스웨덴계 기업엘리트집단과 새로운 핀란드 기업인도 서로 경쟁하면서 공존하게 만들어 1930년대의 경제적 황금기와 현대산업국가로의 전환을 가져왔다

(Micheisen and Kuisma 1992, 351).[41] 지속적인 사회개혁과 민주주의로 정치적 갈등과 사회적 분리를 극복해나갔고 이는 1939년 '겨울전쟁'과 1941-44년 '계속전쟁'을 '하나의 국민'으로 이겨내는 강력한 힘이 되었다. 민주주의 제도를 지켜낸 핀란드 국민들의 자주성과 자긍심은 전후 국가발전과 사회통합, 평화중립주의로[42] 소련에 대한 서로주체적 분리, 노르딕 지역에의 서로주체적 통합에 중요한 토대가 되었다.

　노르웨이의 동등 분리독립의 토대가 민주주의와 민족주의의 결합에 있었다면, 핀란드의 일방 분리독립에서는 민족주의와 급진사회주의가 중요했다. 핀란드는 신분제 의회의 개혁에 따른 내부적 민주화가 아니라 1905년 러시아혁명에 의해 민주주의가 급격히 전면적으로 도입되었다. 19세기 후반 들어 신분제 의회의 성격과 발전에 대한 논의가 활발해지면서(Pekonen 2017) 자유주의자들과 핀란드어 사용 민족주의자들은 신분제 의회가 보다 강력한 대표성과 권한을 가져야 한다고 했지만 보수파, 민족주의자들, 자유주의자들 간 어떤 합의도 만들지 못했고 1906년까지 유럽의 마지막 신분제 의회로 존재했다. 1906년

41　이들 중에는 백위군 출신도 많았지만 핀란드 민족주의, 핀란드 국민주의를 주창하며 핀란드의 산업발전과 경제성장에 큰 기여를 했고, 특히 2차 세계대전 후 소련에 지불한 막대한 배상금을 마련하는 데 있어 이들의 역할이 컸다고 한다. '애국적 경영자들'은 제도화된 특수 집단을 형성하여 200년 이상 지속된 스웨덴식 기업문화를 핀란드 기업문화로 바꾸고 19세기 말부터 설립된 민족주의적 핀란드어 기업인들과 함께 핀란드의 산업화와 경제발전에 중요한 역할을 했다.

42　핀란드는 중립국의 위치를 활용하여 유럽의 동서 양 진영간 협력을 이끌어내기도 했는데 핀란드의 중재와 주도로 1975년 헬싱키에서 개최된 역사적인 유럽안보협력회의 (Conference on Security and Co-operation in Europe, CSCE)가 그것으로 세계평화와 탈냉전에 크게 기여했다. 유럽국가 33개국과 미국, 캐나다가 참석한 35개국의 지역포럼으로 '헬싱키최종의정서'라고 불리는 문건을 채택하였다. '헬싱키최종의정서'는 안보, 인권, 그리고 경제 및 과학 분야의 협력에 관한 조항을 포함하고 있다.

의회개혁으로 완전한 보통선거와 단원제가 도입되었지만 총선에서 좌파의 승리를 인정하지 못한 보수파와 러시아에 의해 핀란드 민주주의는 지속적으로 훼손되었다. 결국, 핀란드의 극심한 좌우대립과 권력투쟁은 일방적 분리독립과 사회주의세력의 폭력적 계급투쟁을 초래했다. 정치적 적대성과 극단성으로 폭력적 혁명과 내전을 겪게 되었다. 1차 세계대전에서 러시아제국도 독일제국도 패망하는 '역사적 행운'도 있었지만 내전 후 핀란드 스스로 자유와 평등의 민주주의를 발전시키고 새로운 정치로 민족·언어분리와 계급분리를 극복하고 사회통합을 이루었다. 우파 자유주의세력의 헤게모니에도 민주주의와 사회통합을 적극적으로 추진하여 사회적 국민국가와 합의적 민주주의의 기반을 구축하게 되었다. 토지개혁과 사회개혁, 의회주의의 발전이 그것이다. 이러한 성과는 전간기의 경제발전과 함께 2차 세계대전 중 소련과의 두 차례의 전쟁을 이겨내고 전후 핀란드의 국가 발전과 선진 민주주의의 토대가 되었다.

VI. 노르웨이 동등분리와 핀란드 일방분리의 함의

노르웨이와 핀란드는 19세기 초 나폴레옹 전쟁이라는 같은 시기, 같은 외부 조건에서 모두 내부적으로 높은 수준의 자치가 허용되면서 스웨덴과 러시아에 일방적으로 병합되었다. 19세기 중반까지 스웨덴과 러시아 간 우호관계로 노르웨이와 핀란드는 외부적으로 그 어떤 위협도 받지 않았고, 19세기 내내 러시아는 물론 스웨덴 또한 민주주의가 발전하지 못했고 보수·귀족기득권세력의 헤게모니가 강했다. 그리고 20세기 초 평화적인 동등분리와 비평화적인 일방분리의 방식으로 각

각 독립했다. 이 글은 이러한 '같은통합', '다른분리'의 과정과 요인, 동
학을 살펴보았다. 노르웨이의 동등분리와 핀란드의 일방분리가 주는
함의는 적지 않다. 20세기 초 분리 시점에서의 과정과 결과가 주는 함
의뿐 아니라, 20세기 중반 이후 오늘날까지 노르딕 국가들의 번영과
사회적 평등, 노르딕 지역의 민주주의와 평화, 지역협력과 지역통합
이 주는 함의가 매우 중요하기 때문이다. 가장 중요한 함의는, 김학노
의 분리통합론에서 볼 때, 내부의 서로주체적 통합, 즉 소아 내부의 작
은 소아들 간의 통합과 강력한 '우리의식'을 갖는 '새로운 공동주체'의
형성이 중요하다는 점이다. 이는 '정치계획(political project)으로서의
새로운 민족국가'(조홍식 2014), '통합적 (큰)연대'(김재한 2001) 개념
과 유사하다 할 것이다. 결국, 내부의 서로주체적 통합이 외부와의 서
로주체적 분리 또는 통합으로 이루어지는 방식이 국민국가의 민주주
의의 본질과 상통할 수 있다 할 것이다. 노르웨이는 이러한 방식으로
동등한 분리독립과 지역통합을 이룬 사례이고, 핀란드는 그 반대였다.

표 3-2. 노르웨이, 핀란드 사례의 공통점과 차이점

	통합방식	홀로주체적 통합 (균형상태)	불균형/위기발생
스웨덴·노르웨이 연합(1814-1904)	홀로주체적 병합	연합의 정치적 통합 지속 노르웨이의 정치적 대표성(노르웨이 의회) 가능 노르웨이의 경제·사회발전	1870년대 이후 대내외 환경 급변 분리독립 추구 의회민주주의 정치적 연합과 계급연대 서로주체적 분리로의 경로
러시아·핀란드대공국(1809-1917)	홀로주체적 병합	공국관계의 정치적 통합 지속 핀란드의 높은 수준의 자치와 자율성 핀란드의 경제·사회발전	1880년대 이후 대내외 환경 급변 분리독립 추구 급진적 민주주의 정치적 적대, 폭력적 계급투쟁 홀로주체적 분리로의 경로

내전 후 핀란드는 노르웨이 방식으로 내부의 '새로운 공동주체'를 구축하여 많은 위기를 극복했고, 2차 세계대전 후 노르딕 지역에서의 서로주체적 분리와 서로주체적 통합의 경험으로 유럽의 평화공존에 기여할 수 있었다. 보다 구체적으로 주요 함의를 살펴보자.

1. '서로주체성'과 '우리의식' – 민주주의와 계급연합

민주주의의 궁극적이고 최종적인 가치가 다양성(자유)과 포용성(평등)이라 한다면(김인춘 2017), (작은)소아들 간의 서로주체적 통합, 즉 '우리'의 형성과 '우리의식'의 강화는 민주주의 그 자체가 될 수 있을 것이다. 계급연합을 포함하여 다양한 사회적 작은 소아들의 연합은 우리의식을 확대하고 강하게 할 것이며 이는 사회통합의 과정이자 결과이다. 따라서 서로주체성과 우리의식은 각각 민주주의, 사회통합과 본질적으로 동일하며, 서로주체성과 우리의식이 강할수록 더 큰 민주주의와 더 견고한 사회통합이 가능해지는 것이다. 1906년 핀란드에 민주주의가 도입되었지만 의회주의를 무시한 우파지배계급, 정치세력 간 적대, 계급연합을 거부한 급진 좌파로 인해 핀란드 민주주의는 파국을 맞고 내전으로 비화되었다. 물론 러시아라는 요인도 중요했지만, 노르웨이의 분리·독립 과정 당시에도 스웨덴의 민주주의는 매우 지체되어 있었고(Eley 2002) 보수적이고 권위적인 스웨덴 지배계급은 노르웨이 분리에 적대적이었다.

노르웨이의 민주주의는 스웨덴과 덴마크의 민주화에 중요한 영향을 미쳤다. 스웨덴은 20세기 초 서유럽에서 가장 민주화가 지체된 국가 중 하나였고, 1849년 입헌주의를 도입한 덴마크도 참정권 확대가 늦은 나라였다. 노르웨이와 달리 덴마크와 스웨덴, 핀란드는 20세기 들어 급속한 민주화를 이루었는데 보편적 참정권은 핀란드 1906년, 덴마크 1915년, 스웨덴 1918년에 도입되었다. 1881－1914 기간 20세 이상 인구 중 평균적으로 참정권을 가진 인구의 비율은 노르웨이 55.1%, 핀란드 66.2%, 덴마크 29.2%, 스웨덴 15.2%였다(Aidt et al. 2006). 핀란드는 1905년 러시아혁명의 영향으로 하루아침에 '민주주의 혁명'이 이루어졌기 때문이다. 노르딕 민주주의는 모두가 평등하고, 모두가 참여하고, 모두를 인정하는 사회민주주의, 시민민주주의, 문화민주주의의 가치를 지향했다. 이러한 가치는 오늘날 노르딕 국가들의 높은 사회적 신뢰와 '완전한 민주주의(full democracy)'를 가능하게 했다(Rothstein and Uslaner 2005).

노르웨이와 내전 후 핀란드의 경험에서 볼 때 중요한 것은 선거 정치의 헤게모니가 아니라 민주주의 헤게모니가 중요하며, 이는 '선거'가 곧 민주주의는 아니며 선거와 민주주의의 본질, 즉 더 많은 진보와 자유, 포용과 다양성이 핵심인 것이다. 선거로 대표되는 대표성의 기제는 민주주의의 핵심적인 가치가 아니고, 대의 민주주의는 통치(governance)를 위한 어쩔 수 없는 선택이며, 대표성 자체가 대의 민주주의와 필연적이며 논리적인 연관을 갖는지 역시 불명확하다는 버나드 마넹의 비판이 그것이다(버나드 마넹 2004). 핀란드뿐 아니라 남성선거권과 사회민주당이 일찍 도입된 독일이 민주주의에 실패한 사례가 보여주듯이, 선거로 구현되는 대표성을 대체할 민주주의에 대한 사유가 중요한 이유이다(Hurd 2000; 오경환 2014). 이 점은 지금의 한국에도 중요한 함의라 할 것이다.

2. 서로주체성을 보장하는 사회통합

사회적인 것의 핵심은 계급의 문제를 어떻게 사회적으로 인식하고 대응할 것인가의 문제로, 핀란드의 혁명과 내전, 일방 분리독립은 계급 문제, 즉 사회적 분리 및 배제와 밀접하게 연관되었다. 사회통합과 민주주의를 통한 규범적 헤게모니 구축 여부가 노르웨이와 핀란드의 분리독립 과정과 결과에 중요한 요인이었다. 핀란드의 폭력적 혁명과 내전은 외부적 요인도 중요했지만 당시 핀란드 내부의 사회적 분리와 갈등에 대한 정치적 대응과 해결 방식, 즉 민주주의의 문제와 직접적으로 연관되었다. 20세기 초 대중민주주의의 부상, 대표성 위기와 헌정 위기로 폭력적 계급투쟁과 권력투쟁인 내전이 발생했으나 내전 후 민주주의와 사회개혁으로 사회통합을 이루고 보편적 복지국가와 강소국 핀란드로 발전시킬 수 있었다.

핀란드는 내전 직후 대규모의 토지개혁과 중요한 사회개혁으로 전간기에 사회적 국민국가의 토대를 구축했고 2차 세계대전 후 사회적 평등과 평화, 계급통합을 위해 보편적 복지국가를 추진하게 되었다. 내전 후 정치적으로나 경제적으로 협력과 공존으로 민족통합 과정은 순탄하게 이루어질 수 있었지만 사회적으로는 여전히 계급 및 언어 분리가 지속되었다. 내전과 이에 따른 사회적 긴장으로 노동, 지주, 자본 간 적대적 관계가 지속되었고 그 결과 전간기 핀란드는 계급적으로, 언어적으로 심각한 사회적 갈등과 대립이 존재했기 때문이다(Alestalo 1986). 핀란드 사회는 여전히 유산계급과 무산계급으로 분리되어 있었고 레크리에이션활동, 사회단체, 교육 및 문화 등에서 계급적으로, 언어적으로 배타적인 활동이 이루어졌다. 이러한 사회적 분리는 내전 직후의 사회개혁과 2차 세계대전 중 소련과 두 번의 전쟁으로 국가적 존망과 국민적 단합의 분위기 속에서 크게 약화되었다(Blom et al. 1992).

계급격차는 토지개혁 등으로 완화되었는데 특히 1차 대전 후 유럽의 재건과 러시아 부르주아의 몰락으로 핀란드 기업들은 정부와 협력하여 성공적으로 재기하면서 근로자들의 상황도 나아졌다. 발터 샤이델(Scheidel 2017, 136, 139, 153)에 따르면 핀란드의 계급불평등은 내전과 전쟁으로 크게 감소했고 토지개혁으로 더 큰 평등이 이루어졌다고 한다. 중요한 것은 단순 평등이 아니라 높은 수준의 사회적 평등과 삶의 질은 정치적, 정책적 노력에 기인한 바가 크다는 점이다. 지방과 농촌을 중시한 정책 덕분에 수출과 높은 경제성장이 가져온 부는 지역적으로, 계급적으로 분산되어 전 국민의 생활수준이 향상될 수 있었다. 2차 세계대전 후 합의정치와 경제성장에 기반하여 개인의 적극적인 자유와 평등을 목표로 광범위한 사회개혁이 추진되었다. 1950년대 중반 이후 경제가 성장하고 1960년대 중도-좌파가 집권한 후 본격적인 북유럽형 사회보장제도가 시작되어 급여 수준은 다소 낮았지만 스웨덴과 유사한 보편적, 포괄적 복지제도가 구축되었다(김인춘 2016). 1968년 노사정 협약으로 소득정책이 도입되고 사회 코포라티즘의 제도화가 구축되면서 노동시장에서 근로자의 지위가 강화되었다(Alaja 2012, 9). 핀란드는 경제적으로 매우 어려운 시기임에도 복지제도를 도입했는데 이는 내전 이후 가장 중요한 국가목표였던 국민적 통합을 위한 것이었다. 모든 핀란드인의 평등과 사회통합에 대한 국가적 열망과 이에 대한 국민적 합의가 있었기 때문이다. 사회적 분리를 극복함으로써 '분열의 민주주의'(김재한 2001)를 '통합의 민주주의'로 전환시킨 것이다.

3. 노르딕 민주주의 – 서로주체적 분리와 서로주체적
    통합의 토대

노르딕 민주주의의 발전은 1917년 이후 노르딕 국가들 간 서로주체적
분리와 서로주체적 통합을 가능하게 했다. 노르웨이와 핀란드는 1809
년부터 1917년에 걸쳐 덴마크와 스웨덴으로부터 1차 분리되고 스웨
덴과 러시아로부터 2차 분리되었다. 물론 분리의 성격은 서로 달랐다.
그러나 1917년 이후 노르딕 4국은 모두 정치적 민주주의를 달성했고
서로주체적 분리를 통해 각자 민주주의 성숙과 사회발전, 산업화와 경
제적 번영, 자국의 안전을 추구해왔다. 스웨덴과 노르웨이는 1905년
이후 서로주체적으로 분리되었고, 스웨덴과 핀란드는 1918-21년 올란
드섬 위기를 겪으며 관계가 더욱 멀어졌다. 역사적으로 약소국이었던
노르웨이와 핀란드는 노르딕 지역의 서로주체적 통합에 회의적이었고
무엇보다 신생독립국으로 자국의 주권과 안전이 더 중요하고 시급했
다. 스웨덴은 연합해체 후의 충격과 함께 국내적으로 노사갈등과 정치
사회적 전환의 문제를 겪고 있었고, 덴마크 또한 1900년, 1915년 급진
적 민주화를 이루었다.

　　노르웨이는 1905년 연합 분리 후 스웨덴과 마찬가지로 중립적 외
교노선을 유지했다. 노르웨이 주권에 대한 안전보장은 1907년 11월
영국 · 프랑스 · 독일 · 러시아 4대 강국이 노르웨이와 맺은 협약(The
Treaty of Guarantee of the Integrity of Norway)으로 이루어졌는데, 이
는 어느 나라도 홀로 노르웨이에 개입할 수 없음을 말한다. 이 시기의
노르딕 지역은 지정학적으로 보면 국가블록(state-bloc)도 보호세력
도 없는 상태로 노르딕 각국이 서로주체적으로 분리되어 있는 상태였
다. 다만, 정치적으로는 중립이지만 안보적 차원에서 스웨덴은 독일과

은밀한 협력을 유지하고 있었다(Tunander 2005). 스웨덴의 친독노선은 19세기 후반부터 진행되었고 20세기 들어서도 보수파와 군엘리트를 중심으로 2차 세계대전까지 지속되었다. 스웨덴, 덴마크, 노르웨이 3국은 1912년 공동 중립노선을 선언했고 1914년 8월 1차 세계대전이 발발하자 중립을 선포하고 상호 긴밀한 협력관계 구축을 결의했지만 협력이나 지역통합의 제도화로 발전하지 못했다. 노르딕 지역을 둘러싼 강대국 러시아제국과 독일제국이 동시에 무너지자 덴마크는 슐레스비히 지역의 일부를 되찾았고 핀란드의 독립이 이루어졌다. 핀란드는 1918년 11월 13일 브레스트-리포프스크조약이 무효화되자 자국의 안전과 독립을 위해 내부개혁에 더욱 박차를 가하게 되었다. 내전으로 노르딕 국가들로부터 홀로주체적 분리 상태에 있었으나 민주주의, 평화·중립주의의 헤게모니로 대내외적 정당성을 구축하고자 했다. 민주화 이후 북유럽의 1920년대와 30년대는 급속한 산업화 및 대공황과 함께 사회경제적 위기와 전환이 나타났는데 노동운동과 노사갈등, 사회보장제도의 확대와 사회적 타협, 사회민주당의 집권 등이 그것이다. 20세기 초 노르딕 국가들은 사회적 불평등과 빈곤의 문제가 심각했고, 노동운동과 진보세력의 부상은 정치사회적 투쟁과 사회개혁을 촉진했던 것이다.

　1930년 전후 스웨덴은 노르딕 방위동맹 구상했으나 실패했고 2차 세계대전 발발 직후 덴마크, 노르웨이와 함께 1939년 9월 3일 2차 공동 중립노선을 선언했다. 그러나 2차 세계대전 중 노르딕 국가들은 중립(스웨덴), 전쟁(핀란드), 점령(덴마크, 노르웨이)의 서로 다른 상황을 겪었고 전후에는 친서방중립(스웨덴), 친소중립(핀란드), NATO동맹(덴마크, 노르웨이, 아이슬란드)의 서로주체적 대외노선으로 냉전시대를 맞았다. 1948년 5월 스웨덴은 지정학적 국가블록과 같은 북유

럽 중립 안보동맹을 제안했으나 또 하나의 홀로주체적 통합을 우려한
노르웨이와 덴마크의 비협조로 북유럽 국가들은 군사·외교에서 상이
한 노선을 택하게 되었다. 노르웨이와 덴마크는 1949년 4월 NATO 회
원국이 되었고, 스웨덴은 친서방 무장중립으로, 핀란드는 1948년 4월
핀란드-소련 우호조약으로 친소 무장중립을 선택했다. 노르딕 국가들
은 강대국에 접해 있는 지정학적인 요인으로 20세기 내내 안보문제에
직면해 있었지만 1905년 연합 해체 후 '안보공동체(security commu-
nity)'가 오히려 발전된 것은 상호대등관계라는 요인에 기초해왔기 때
문이다(Deutsch 1957; Lindgren 1959). 서로주체적 분리가 가져온 노
르딕 밸런스(Nordic balance)와 안정은 핀란드로 하여금 노르딕 공동
체의 일원이 되게 만들었다.

　　20세기 전반기 국내적 민주주의의 발전과 노르딕 국가들 간의 서
로주체적 분리는 서로주체적 통합의 확대를 가져온 기반이 되었다. 2
차 세계대전 후 북유럽은 경제, 사회 및 문화 분야에서의 유대와 협력
을 강화하려는 움직임이 있었고 그 결과로 나타난 것이 1952년 덴마
크와 스웨덴 주도로 발족한 북유럽협의회(Nordiska rådet, The Nordic
Council)다. 1차 세계대전 발발 직후인 1914년 12월 스웨덴 말뫼에서
스웨덴, 덴마크, 노르웨이의 대외정책에서의 공동노선과 우호적인 무
역관계를 위한 결의가 북유럽협의회의 기원이다. 당시 약소국이었던
핀란드(1956년 가입)는 소련의 반대로 바로 참여하지 못했고 노르웨
이는 경제적 약자로 종속적 위치에 대한 불안으로 소극적이었으나 서
유럽 통합의 분위기 속에서 북유럽 상호간 협력체제 구축의 필요성이
커지면서 1953년 참여하게 되었다. 북유럽협의회는 강력한 통합보다
각국의 주체성을 존중하고 이해관계가 크게 상치되지 않는 방향에서
협력을 추구하고 필요한 분야에서만 서로주체적 통합을 이룬다는 점

에서 일종의 '실용적 통합'의 경향을 지니고 있다(변광수 2006; 김인춘 2014). 역사적 공통성이 이러한 북유럽 공동체 발전에 기여하기도 했지만 평화와 민주주의의 가치가 중요한 역할을 했다. 1814년 이후 스웨덴의 평화중립노선과 스웨덴·노르웨이 연합체제의 동등분리는 노르딕 지역의 평화와 협력을 가져온 중요한 요인이었다. 노르딕의 민주주의와 평화 규범은 북유럽의 서로주체적 지역공동체를 가져왔고 노르딕 지역협력과 '노르딕 복지모델'이라는 공통의 정체성을 발전시켜 지역협력과 지역통합의 모범적 사례가 되고 있다(김인춘 2017).

4. 노르딕 민주주의와 평화 – 핀란드의 역할

1905년 스웨덴·노르웨이연합 분리 이후 노르딕 정체성은 민주주의와 평화의 확산에 있었다. 노르딕 민주주의와 평화의 가치는 1930년대부터 대내적으로 경제성장과 진보주의에 기반한 보편적 복지국가, 계급타협과 사회평화로 나타났다. 스칸디나비아 반도의 역사와 문화의 공통성과 유사성이 협력과 공동체 발전에 기여했지만, 평화와 민주주의의 가치가 더 중요한 요인이었고 최종적으로 핀란드의 역할이 중요했다. 핀란드는 신생 독립약소국으로 2차 대전 중 두 차례에 걸친 소련과의 전쟁으로 국가 소멸의 위기를 겪었지만 주권과 민주주의를 수호하기 위한 용기와 희생, 전후 '핀란드화'에도 불구하고 스웨덴 등 노르딕 국가들과의 민주·평화연대는 오늘날의 핀란드뿐 아니라 노르딕 공동체를 만든 요인이었다(김인춘 2017). 민주주의와 평화, 분배와 보편적 복지국가, 시민민주주의와 문화민주주의를 실현하는 '완전한 민주주의'를 통해 사회적 분리와 갈등을 해결하고 규범적 헤게모니를 구축해왔다.

핀란드의 중립·평화주의와 '약소국의 힘'은 이미 1920년부터 발
휘되었다. 핀란드의 언어분리에 따른 사회 갈등의 통합은 올란드섬 위
기가 중요한 계기가 되었다. 핀란드의 계급갈등의 근본적 원인이기도
했던 민족·언어분리 문제는 핀란드 독립과 함께 나타난 올란드섬 위
기로 대외적으로 나타났다.[43] 국제적인 문제로 비화된 올란드섬 갈등
은 원래 스웨덴어를 사용하는 스웨덴계 핀란드인의 '민족'문제였다.
1917년 핀란드 독립이 이루어지자 스웨덴계가 90% 이상으로 언어는
물론 제도와 일상생활에서 사실상 스웨덴이었던 올란드섬 주민은 스
웨덴으로의 귀속을 요구하면서 스웨덴 정부의 지원을 요청했다. 독립
을 전후로 민족주의와 함께 핀란드에서 반스웨덴 정서가 강해졌고 핀
란드 정부가 올란드섬의 주권을 주장하면서 분쟁이 시작되었다. 그러
나 이 시기 스웨덴도 내부적으로 정치·사회적 혼란 상태였고 더구나
핀란드 내전으로 인해 스웨덴 정부는 올란드 문제에 적극적으로 개입
하기 어려웠다.[44] 이에 1920년 3월 최초의 스웨덴 사회민주당 출신의
브란팅(Hjalmar Branting) 총리는 중립노선을 내세우며 국제연맹에
의한 외교적 해결을 선택했다. 핀란드의 적극적인 외교에 힘입어 1921
년 6월 국제연맹 이사회(the Council of the League of Nations)는 올란
드에 대한 핀란드의 주권 인정, 올란드의 자치권과 스웨덴 정체성 보
장, 올란드섬의 비무장·중립화를 국제적으로 보장했다(Barros 1968;
Hannikainen and Horn 1997).[45] 올란드 주민들은 국제연맹에서 스웨

---

43   https://en.wikipedia.org/wiki/Finland%27s_language_strife
44   스웨덴 우파세력은 핀란드 내 스웨덴계와 핀란드 우파를 소극적으로 지원했지만 러시아
      혁명에 거리를 둔 중립노선의 중도좌파 사회민주당은 볼셰비키 세력과 연계된 핀란드의
      적위군을 지원하기 어려웠다.
45   핀란드 의회는 1920년 5월 The Act on the Autonomy of Åland로 올란드에 광범위한
      문화적, 정치적 자율성을 부여했다. 올란드 주민은 이를 거부했으나 국제연맹은 이를

덴의 소극적 태도와 올란드의 비무장 지위를 완전히 인정하지 않는 스
웨덴에 실망하게 되면서 스웨덴 귀속감은 크게 약화되었다. 이는 결과
적으로 다른 언어 사용에도 불구하고 하나의 '핀란드인'이라는 민족통
합을 가져오게 된 중요한 계기가 되었다.

VII. 나가는 말 – 민주주의와 서로주체적 노르딕 지역통합

1905년 노르웨이의 분리투쟁은 일반대중의 지지와 합의, 대중을 대표
하는 의회에 의해 추동되었다. 19세기 말 민주주의가 발전하고 대중의
독립의식과 민족주의가 고양되면서 연합으로부터의 분리를 추구하게
되었다. 민주적 의회정치, 경제발전, 진보주의와 사회개혁, 민족적 정
체성과 자부심에 기반한 국민의식의 성장 등이 연합분리와 독립을 가
져오게 한 근본적인 요인이었다(Sejersted 2011 ; Barton 2002). 연합기
간 90년 동안 노르웨이는 발전하고 강해졌으며, 자신의 가치와 이익,
제도를 지키고자 분리를 추구한 것이다. 분리의 주도세력은 노르웨이
의 농민 및 부르주아 계급, 사회개혁 세력과 이들의 지지를 얻은 자유
당이었다. 의회주의로 국민주권이 민주적으로 대표되었고 이러한 다
수의 국민주권을 위임받은 자유당이 분리를 이끌었다. 노르웨이 사례
는 정치공동체 내부의 민주주의의 제도화와 성숙도, 경제사회적 조건,
그리고 개혁적 자유주의 엘리트의 존재와 계급연합(타협)이 동등분리

올란드 주민의 스웨덴 언어와 문화를 보호하려는 요구를 만족시켰다고 보았다(https://
en.wikipedia.org/wiki/%C3%85land_Islands_dispute). 올란드 분쟁은 민주적으로 해결되
었지만 이는 사실상 핀란드의 외교적 승리로 스웨덴은 1930년대까지 이 문제를 포기하
지 못하고 있었다.

와 국가발전의 조건임을 보여준다.

노르웨이의 동등분리와 내전 후 핀란드의 공통점은 내부적 서로주체성과 우리의식이며 이러한 사회통합이 노르딕 국가들 및 지역의 민주주의 헤게모니를 강화시켰다는 점이다. 이는 1814년 이후 20세기 초까지 노르딕 지역의 홀로주체적 통합을 유지시켜온 정치적, 군사적 헤게모니를 쇠퇴시켰다. 1905년 노르웨이 독립 이후 1940년대까지 노르딕 국가들 간 서로주체적 분리와 각국 내부의 서로주체적 통합은 2차 세계대전 후 노르딕 평화와 협력의 서로주체적 지역통합을 가능하게 했다. 1905년 이후 1940년대까지 스웨덴은 노르딕 중립안보동맹 등 정치적 헤게모니를 구축하기 위한 시도를 해왔으나 다른 노르딕 소국들은 민주적 헤게모니에 기반한 실용적이고 제한된 서로주체적 통합을 구축했던 것이다. 평화와 평등, 민주주의의 가치를 발전시킨 노르웨이가 헤게모니 투쟁에서 우위를 점하여 동등분리의 길을 만들었다는 점은 매우 시사적이다. 국가 간 평화와 평등, 민주주의의 가치가 존중되지 못한 정치적 통합은 진정한 통합을 가져오기 어렵다. 정치적 헤게모니에 의한 연합이 해체된 후 오히려 노르딕 국가들 간 상호이해와 통합이 심화된 것은 오늘날 지역통합 사례에 중요한 함의를 준다고 하겠다.

노르웨이와 핀란드의 분리 사례가 주는 함의와 일반모델의 가능성은 분리통합론이 주장하는 것과 사실상 동일하다. 서로주체성과 우리의식이 그것이다. 다만, 분리와 통합에서 서로주체성은 외부적 관계에서뿐 아니라 내부적 사회관계에서도 중요하다는 점이다. 내부의 서로주체적 통합, 즉 (더) 작은 우리들 간의 연합과 통합이 우리의식을 형성시켜주며 이는 외부적 서로주체성을 강화시킨다는 점이다. 연합분리와 노르웨이 '독립'이 가능했던 요인으로는 노르웨이의 정치적 민주주의, 경제적 발전, 사회개혁과 민족의식의 고양 등 노르웨이의 발전이 가장 중요했다. 정치참여, 교육 등에서 평등한 사회적 기회가 보장되면서 사회적으로 계급이 서로주체적으로 통합되었다. 농민세력과 부르주아계급이 연합한 자유주의세력은 선거정치에서의 우세뿐 아니라 민주적 헤게모니로 분리독립를 위한 정치적 합의를 이루고 민주주의에 기반한 헤게모니 투쟁으로 평화적인 동등분리를 이루었다. 강제적 통합과정에서 노르웨이는 민주적인 헌법을 수호했고 민주주의를 개인들의 삶의 방식이자 정치 제도로 지속적으로 발전시켜왔다. 노르웨이 의회는 민주적으로 모두를 대표할 수 있었고 이러한 의회는 정당성과 규범적 헤게모니를 갖게 되었다. 연합의 지배세력인 스웨덴 의회와 보수세력은 자유주의적이고 진보적인 노르웨이의 정치환경, 특히 노르웨이의 의회 민주주의에 거부감을 가졌지만 1866년까지 신분제 의회가 유지되었던 스웨덴은 노르웨이의 민주주의 헤게모니를 인정하지 않을 수 없었다.

핀란드의 20세기 역사는 우리에게도 중요한 함의를 주고 있다. 핀란드와 유사하게 우리도 19세기 말부터 20세기 중반까지 식민, 해방, 이념 및 사회 갈등, 정치적 적대, 분단, 전쟁(내전), 혁명 등 대립과 고난의 역사를 겪어왔다. 그러나 핀란드와 달리 1950년대 이후 국가재건과 경제성장은 민주주의와 함께하지 못했고, 민주화 30년에도 우리는 여전히 이념 및 사회 갈등, 정치적 적대를 극복하지 못하고 있다. 사회경제적 불평등은 심화되고 있으며, 개혁은 요원하고, 민주주의는 정치적 필요에 따라 자의적으로 해석되고 있으며, 선거정치 만능주의 논리가 지배적이다. 핀란드는 핀란드대공국으로 볼셰비키혁명의 강력한 자장 내에서 폭력적인 혁명과 내전을 겪었지만 다른 러시아제국의 나라들과 달리 유일하게 볼셰비키혁명 후에도, 2차 세계대전 후에도 스스로 자국의 주권과 운명을 결정할 수 있었다. 민주주의의 평화 본능, 민주주의의 통합의 힘을 경험적으로 보여준 핀란드는 2차 세계대전 중에도 민주주의를 지킴으로서 스스로는 물론 노르딕 지역의 민주주의와 평화주의를 최종적으로 완성시켰다.

제4장

벨기에의 분리주의와 신플랑드르연대(N-VA)의 부상[*]

오창룡 | 고려대학교 노르딕베네룩스 센터

[*] 이 글은 "벨기에 분리주의 정당의 부상: 신플랑드르연대(N-VA)를 중심으로." 『유럽연구』 제36권 제1호(2018) 및 "벨기에 연합제 도입을 둘러싼 갈등: 신플랑드르연대(N-VA)의 연합주의(confederalism)와 왈롱 정당의 비판을 중심으로." 『유럽연구』 제36권 제3호(2018)를 재구성한 글임.

I. 서론

벨기에는 협의제 민주주의(consociational democracy)의 모델로 간주되어왔다. 정치균열을 반영하는 정당 간 갈등과 대립이 존재하지만, 갈등을 중재할 수 있는 타협안을 찾아 경쟁규칙을 변경하고, 상이한 정치집단이 공존하는 전통을 발전시켰기 때문이다(Lijphart 1981, 1-13). 이러한 정치 협력은 벨기에의 지정학적 배경에 토대를 두고 있다. 벨기에에서는 제2차 세계대전 이후 사회경제적 균열과 함께 지역균열을 반영한 정당체계가 발전했고, 대부분의 정당들은 네덜란드어를 사용하는 북부 플랑드르 지역과 프랑스어를 사용하는 남부 왈롱 지역에 기반을 둔 지역정당이다. 따라서 연방의회선거에서 특정 정당이 단독으로 다수를 점하기 힘들며, 정부를 구성하기 위한 협상이 매 선거 이후에 불가피한 절차로 정착됐다. 또한 벨기에에서 연방정부, 주정부, 언어공동체는 자율적으로 법을 제정하고 대표를 선출할 수 있는 권한을 가지며, 이에 따라 i) 연방정부, ii) 브뤼셀 주정부, iii) 플랑드르 주정부(네덜란드어권 공동체), iv) 왈롱 주정부, v) 프랑스어 공동체 정부, vi) 독일어 공동체 정부 등 총 6개의 정부가 상호 협력한다.

하지만 최근 벨기에 남부와 북부 간의 지역 분열이 보다 심화되는 양상을 보이고 있으며, 지역갈등이 이념과 종교보다 영향력 있는 정치균열로 부상하고 있다. 1990년대 이후 북부 지역에서 부상한 플랑드르이익당(Vlaams Belang)은 남부 주민과 이민자에 대해 공격적인 전략을 취하며 왈롱 지역과의 완전한 분리를 주장했고 플랑드르 지역에서 두 번째로 높은 득표를 기록하는 정당으로 부상했다. 나아가 최근보다 주목해야 하는 사실은 선명한 분리주의 노선을 표방하는 신플랑드르연대(N-VA; Nieuw-Vlaamse Alliantie)가 2010년대 이후 연방의회선거에서 연속 2회 제1당의 자리에 올랐다는 것이다. 과거 플랑드르이익당의 경우 북부 지역에서 인기를 얻었으나 연방의회에 미치는 영향력은 미미했고 분리주의 담론을 현실성 있는 담론으로 전파하는 데 한계가 있었다. 그러나 신플랑드르연대의 경우 창당 10년 만에 분리주의를 표방하면서 연방의회의 제1당이 되었기 때문에 벨기에 분리 현실화에 대한 위기의식이 고조되고 있으며, 벨기에가 현재의 정치체계를 유지할 수 있을 것인가라는 의문이 제기된다(Stroobants 2011).

   이러한 맥락에서 이 글은 신플랑드르연대가 2010년대 이후 급부상한 원인을 분석할 것이다. 단순한 지역 균열을 넘어선 분리주의가 공식적인 정당 강령으로 표출되고, 분리주의 정당이 연방의회의 제1당이 될 수 있었던 현실 이면에 어떠한 대중적 인식 변화가 존재하는지 살펴볼 필요가 있다. 벨기에 정당체계에 대한 기존 연구로 안영진·조영국(2008), 정남모(2010) 등의 논문이 있으며, 신플랑드르연대의 역사와 이념에 관한 연구로 판 하우트(Emilie Van Haute 2011; 2016), 베인스(Stefanie Beyens 2017), 달레 뮐레(Emmanuel Dalle Mulle 2018) 등이 있다. 반면 이하에서는 신플랑드르연대의 부상이 벨기에 국민들의 실질적인 분리주의 욕구를 반영한 것인가라는 질문에 보다 초점을 맞출 것이다. 이를 위해 먼저 벨기에에서 지역주의가 핵심 정치균열로 확산되는 과정과 극우정당이 기존에 표방했던 분리주의의 특징을 살펴볼 것이며, 다음으로 신플랑드르연대의 부상 과정을 추적하고 점진적 분리주의가 대중적인 영향력을 확보하게 된 맥락을 분석할 것이다.

II. 벨기에 연방주의 개혁과 한계

1. 1970년대 이후 연방제 개혁의 역사

벨기에는 1830년 독립 이후 언어와 문화가 상이한 국민들을 하나의 국민으로 포섭하는 다원주의적인 국가 형태를 유지해왔으나, 프랑스어, 네덜란드어, 독일어가 실제 벨기에 공용어로 인정된 것은 1963년이었다. 언어와 문화에 관한 입법에 뒤이어 1970년대부터 국가 구조를 개혁하는 개헌이 시작됐으며, 1993년 개헌에서 연방국가로서의 정체성이 명문화됐다.[1] 분권화를 확대하는 국가개혁은 2012년까지 총 6차에 걸쳐 이뤄졌다. 당시 벨기에 정부와 의회의 목표는 단순히 연방주의를 도입하는 것이 아니라 국정 전반을 근본적으로 개혁하는 데 있었다. 1970년 2월 가스통 에이스컨스(Gaston Eyskens) 총리는 "시대착오적인 단일국가 체제를 극복하고, 벨기에의 특수한 환경에 적합한 국가개혁을 통해 공동체와 지역의 위상을 제고해야 한다."며 개혁의 취지를 설명했다(Arcq et al. 2012, 51-52). 6차에 걸친 국가개혁의 세부 내용은 아래와 같다(〈표 4-1〉 참조).[2]

 1) 1970년 1차 개혁과 1980년 2차 개혁은 언어공동체에 문화적 자치뿐만 아니라 행정적인 자치권한을 인정했다. 1차 개혁에서 처음으로 언어 차이에 토대한 세 개의 '문화공동체'를 법적으로 구별했으며, 이와 함께 왈롱, 플랑드르, 브뤼셀의 '지역' 구분에 대한 논의가 시

---

1   벨기에 연방주의의 제도화 과정에 대한 상세한 분석으로 홍기준(2006)을 참고할 수 있다.

2   벨기에 정부 홈페이지. "Historical outline of the federalisation of Belgium." https:// www.belgium.be/en/about_belgium/country/history/belgium_from_1830/formation_federal_state (검색일: 2018/7/6).

작됐다. 2차 개혁은 '문화공동체'에서 '문화' 개념을 생략한 '공동체' 개념을 도입했고, 각각의 공동체는 독자적인 의회와 정부를 수립할 수 있게 됐다. 아울러 플랑드르 지역과 왈롱 지역에서 독립적인 의회와 정부를 창설했다.

2) 1988-89년 3차 개혁과 1993년 4차 개혁을 통해 벨기에 연방주의는 완성된 형태를 갖춘다. 3차 개혁은 브뤼셀-수도(Brussels-Capital) 지역에 독자적인 의회와 정부를 허용했으며, 공동체에서 교육 업무, 지역에서 교통과 공공사업을 담당하는 분권화를 진행했다. 4차 개혁은 1970년부터 시작된 분권화 개혁을 완수했으며, 수정 헌법에서 벨기에가 연방국가임을 명시했다. 헌법 제1조 1항의 "벨기에는 지방으로 분리된다."는 문구가 "벨기에는 공동체(Communities)와 지역(Regions)으로 구성되는 연방국가다."라는 문구로 대체됐다.

3) 2001년 5차 개혁과 2011년 6차 개혁은 공동체와 지역 간 지속되는 갈등을 고려한 권한 배분을 진행했다. 5차 개혁은 지역 차원의 입법 권한을 확장했으며, 지역 간 협력, 선거 지출 회계, 정당 보조금 지급 등의 권한을 공동체와 지역에게 위임했다. 또한 브뤼셀-수도 지역의 플랑드르 대표 의원을 직선제로 선출하도록 했으며 각 언어권을 대표하는 의석수를 조정했다. 6차 개혁은 브뤼셀-할레-비부르데 지역(Brussels-Halle-Vilvoorde; BHV)의 사법부 관할구역을 수정했으며, 이 지역 네덜란드어 사용자와 프랑스어 사용자가 각기 다른 명부에 투표할 수 있도록 허용했다.

벨기에 연방은 6차 개혁을 거쳐 연방의회와 연방정부를 구성했으며, '지역'과 '공동체'를 단위로 연방질서를 형성했다. 자치권한을 보유한 '공동체'에는 프랑스어 공동체, 네덜란드어 공동체, 독일어 공동체가 있으며, '지역'에는 플랑드르 지역, 왈롱 지역, 브뤼셀-수도 지

표 4-1. 벨기에 연방국가 개혁 과정

차수	연도	주요 내용
1차	1970	- 3개의 '문화공동체' 구분
2차	1980	- '문화공동체'를 '공동체'로 지칭, 네덜란드어 공동체, 프랑스어 공동체, 독일어 공동체로 표기 - 각 공동체가 개별 의회와 정부를 수립
3차	1988-89	- 브뤼셀-수도(Brussels-Capital) 지역 의회 수립 - 공동체에서는 교육, 지역에서는 교통과 공공사업 담당
4차	1993	- 1970년부터 시작된 연방주의 국가개혁 완성 - 헌법1조 1항 수정: "벨기에는 지방으로 분리된다." → "벨기에는 공동체(Communities)와 지역(Regions)으로 구성되는 연방국가이다."
5차	2001	- 램버몬트(Lambermont)조약: 중앙정부 업무 분권화(농업, 어업, 무역 등), 지역 재정 권한 확대 - 롬바르드(Lombard)조약: 브뤼셀-수도지역 의석배분 조정
6차	2011	- 브뤼셀-할레-빌부르데(Brussels-Halle-Vilvoorde; BHV) 선거구 조정 및 사법개혁

출처: https://www.belgium.be/en/about_belgium/country/history/belgium_from_1830/formation_federal_state (검색일: 2018/7/6).

역이 포함된다. 이처럼 언어와 지역의 두 기준으로 연방을 구성한 결과, 벨기에 연방제는 다른 국가의 사례와 차별화되는 특징을 갖게 됐는데, 그것은 연방을 구성하는 단위가 상호 중첩되거나 중복되는 형식을 갖는다는 것이다. 일례로 플랑드르 지역과 네덜란드어 공동체가 중복되며, 브뤼셀 지역은 네덜란드어 공동체 위원회(Flemish Community Commission; VGC), 프랑스어 공동체 위원회(French Community Commission; COCOF), 공동 공동체 위원회(Common Community Commission; COCOM)[3] 등의 언어공동체가 포함된다(Arcq et al.

---

3   브뤼셀-수도 지역에서 공동체는 언어 사용에 따라 개인적으로 결정되며, 프랑스어와 네덜란드어 공동체 중 어느 하나를 선택하지 않는 경우 공동 공동체 위원회(COCOM) 소속으로 배정되어 복지 서비스를 제공받는다. 브뤼셀 정부 홈페이지 http://be.brussels/

2012, 55-9).

2. 벨기에 연방제의 불안정성

1970년 이래로 진행된 연방제 국가개혁은 플랑드르와 왈롱 지역 간 합의의 산물이었다. 당초 언어와 문화에 토대한 '공동체'에 자치권을 부여하는 방안은 플랑드르 지역의 요구사항을 반영한 것이었으며, 영토를 기반으로 한 '지역' 구분은 왈롱 지역의 제안을 수용한 결과였다 (Jamart 2008, 189-90). 6차에 걸친 국가개혁은 분권화 확대로 간주됐다. 벨기에 연방정부는 고용, 가족수당, 보건 등의 업무를 지역 정부로 분산시켰으며, 지역정부가 70%의 재정을 세금에서 자체적으로 조달할 수 있도록 허용했다. 이러한 연방제도는 주요 정당들의 지지를 광범위하게 확보했다. 왈롱 지역에서는 사회당(Parti socialiste), 개혁운동당(MR), 기독민주당(CD&V), 녹색당(Ecolo) 등 대부분의 정당이 연방주의를 지지하며, 플랑드르 지역의 환경주의자당(Groen), 독립사회당(SPA), 자유민주당(Open VLD) 등도 공식적으로 연방주의를 강령으로 채택했다(De Visscher and Laborderie 2013, 25-28). 하지만 벨기에 연방제는 안정성 있는 정치제도로 정착하지 못하고 분권화 개혁이 국가 분열로 이어진 사례로 간주되기도 했다(Schmitt 2012, 150-51). 특히 2008년과 2011년에 연이어 발생한 정부 구성 난항은 벨기에 정치의 한계를 드러냈는데, 2008년 이브 레테름(Yves Leterme) 총리는 연정 실패로 퇴임하면서 "배타적인 연방 수준에서 협력하는 모델은 한계에 도달했다."고 주장한 바 있다(Jamart 2008, 225).

about-the-region/the-community-institutions-of-brussels/cocom (검색일: 2018.7.6).

이러한 맥락에서 벨기에 연방제의 한계는 다음과 같이 지적된다. 첫째, 벨기에 연방제는 지역 간 차이를 확대했으며, 공동의 이해관계를 발전시키는 데 실패했다는 비판을 받는다. 연방이 분리를 전제로 하지 않았으나 공동의 기획을 고려하지 않아도 되는 방식으로 발전했기 때문에, 결국 두 개의 지역을 병치시키는 방식으로 국가를 재구성했다는 지적이다(Uyttendaele 2011, 64). 벨기에는 여타 연방 국가들과 비교할 때 소수의 지역과 공동체로 구성되어 있으며, 사실상 왈롱과 플랑드르 지역이 연방의 두 축을 담당한다. 결과적으로 벨기에 연방은 두 지역이 제로섬 형태로 상호 경쟁하는 양상을 보였으며 불안정한 갈등을 지속할 수밖에 없었다(Bednar 2013, 372).

둘째, 전국 기반의 정당이 지역 단위로 분열한 것은 벨기에 연방제도의 중대한 결함으로 지적된다. 정당정치가 벨기에 국민 전체를 대변하기보다는 지역의 이해관계를 대변하기 때문에 정치인들은 연방 차원의 국민적 요구사항을 부차적으로 다루는 경향을 보인다. 이러한 경향은 벨기에의 선거제도와도 관련이 있는데, 연방의회 의원을 지역구에서 선출하므로 후보자는 타 지역 유권자들을 고려할 필요가 없다(Devos and Bouteca 2012; Cole and De Visscher 2016).

셋째, 연방제 개혁에도 불구하고 지역갈등이 존속하는 원인은 현재 각 지역이 당면한 과제가 현저하게 다르기 때문이다. 왈롱 지역은 전통적으로 석탄 및 철강업 등의 중공업을 발전시켰으나 1965년 이후 침체를 겪었으며 노후 산업을 첨단 산업으로 전환해야 하는 갈림길에 놓여 있다. 반면 플랑드르 지역은 산업 다원화, 일자리 창출, 경제성장 등을 성공적으로 달성했으나, 인구 고령화에 따라 복지 시스템을 개선해야 하는 상황에 직면해 있다. 반면, 브뤼셀 지역은 특히 실업문제가 심각한데, 청년층의 30%가 무직 상태에 있으며, 청년실업자의 75%가

미숙련 상태에 있다(Liebhaberg and Béa 2013, 122-23).

넷째, 마지막 분권화 개혁으로 평가받는 6차 개혁이 진행됐던 시기에 벨기에 연방제도에 대한 비판이 고조된 원인은 2008년부터 확산된 경제위기가 지역 간 이해관계 충돌을 보다 첨예하게 만들었기 때문이다. 벨기에의 지역과 공동체는 상당한 수준의 자치권을 보장받았음에도 금융위기 이후 자율적인 공공정책 수립에 상당한 제한이 따랐다. 경제위기 이후 지역과 공동체의 재정에 대한 책임이 증가한 상황에서 유럽연합의 재정 통제가 확대됐으며, 이러한 변화는 지역 간 경쟁과 긴장을 강화하는 결과를 낳았다(Cole and De Visscher 2016, 310-11).

III. 벨기에 분리주의와 정당체계

1. 분리주의 확산에 따른 정당체계 변화

단일국가에서 연방국가로 전환한 벨기에 분권화의 역사는 정당균열에 이미 반영되어 있었다. 벨기에 정당체계는 세 가지 균열을 중심으로 발전했다. 사회주의―자유주의 대립을 중심으로 하는 사회경제적 균열, 세속주의―가톨릭 대립을 중심으로 하는 종교적 균열, 프랑스어 사용자―네덜란드어 사용자 대립을 중심으로 하는 지역적 균열은 벨기에 정치 전반을 규정하는 중심축이었다. 19세기에는 대체로 기독교 정당과 세속주의 정당이 대립하는 종교적 균열이 부각됐으며, 1885년 노동당(POB) 창당 이후에는 사회경제적 균열이 두드러졌다. 두 균열을 중심으로 경쟁한 기독사회당, 사회당, 자유당은 1965년까지 주요 선거에서 90% 이상을 득표했다(Delwitt 2011, 11).

하지만 1960년대 후반부터 지역 균열이 앞선 두 균열을 압도하기 시작했다(Delpérée 2011, 12-13). 벨기에의 지역 간 대립은 기본적으로 언어 및 문화적 차이와 관련이 있다.[4] 벨기에는 1830년 독립 이후 약 백여 년 동안 프랑스어만을 공용어로 채택했고, 19세기 말부터 네덜란드어 사용을 제한적으로 인정하였으나, 플랑드르 지역 주민의 불만을 완화시키지 못했다. 이에 더하여 산업구조 변화는 지역균열을 보다 강화하는 결과를 가져왔다. 왈롱 지역은 전통적으로 철강, 석탄, 기계공업을 발전시켰으며, 북부 지역은 석유화학, 금속, 화학, 건축자재, IT산업 등을 토대로 성장했다. 1960년대 이후 왈롱 지역이 경기침체를 겪은 반면, 첨단산업 유치에 성공한 플랑드르 지역이 벨기에 경제의 주도권을 잡았다. 경제상황이 역전되자 플랑드르 주민들의 원한과 왈롱 주민들의 박탈감이 결합하여 복잡한 지역갈등 구도가 심화됐다(안영진 · 조영국 2008, 396-98).

주요 정당들 역시 지역 균열을 반영하여 지역정당으로 변모하기 시작했다. 1968년에는 기독민주당이 왈롱의 프랑코폰 기독사회당(현 CDH ; Centre démocrate humaniste)과 플랑드르의 기독민중당(현 CD&V ; Christen-Democratisch en Vlaams)으로 분리됐다. 1972년에는 자유민주당이 플랑드르 자유민주당(현 Open VLD ; Open Vlaamse

---

4   1912년 왈롱 지역에서 "벨기에는 존재하지 않으며, 왈롱과 플랑드르만 존재한다."는 분리주의 담론이 등장하기도 했다. 1912년 왈롱 지역의 쥘 데스트레(Jules Destrée)는 왕에게 보낸 서신에서 "플랑드르는 대부분 농촌이고, 왈롱은 대부분이 산업화되어 있다. … 플랑드르 사람은 느리고, 고집스럽고, 참을성 있고, 훈육되어 있으나, 왈롱 사람은 활동적이고, 변덕이 심하고, 권위에 잘 복종하지 않는다."며 왈롱과 플랑드르의 근본적 차이를 강조했다. Jules Destrée, "Lettre au Roi sur la Séparation de la Wallonie et de la Flandre."(1912)http://connaitrelawallonie.wallonie.be/sites/wallonie/files/lecons/jules_destree_lettre_au_roi_1912.pdf (검색일: 2017.12.27).

Liberalen en Democraten)과 왈롱의 혁신운동당(현 MR; Mouvement réformateur)으로 나뉘었으며. 1978년에는 사회당이 플랑드르 사회당 (SP; Sozialistische Partei)과 왈롱 사회당(PS; Parti socialiste)으로 갈라섰다. 마지막으로 녹색당은 왈롱 지역에서 1980년, 플랑드르 지역에서 1981년 별도로 창당했다(Vigour 2009, 67).

기성 정당의 분열은 각 정당 내부의 누적된 갈등에 의한 것이었다. 기독민주당의 분열은 루뱅 가톨릭대학교 분교가 직접적인 영향을 미쳤다. 플랑드르 주민들은 자신의 지역에 위치한 루뱅 가톨릭대학교에서 프랑스어로 교육하는 것에 반대해왔으며, 1968년 프랑스어권 학생 추방 시위를 계기로 루뱅 가톨릭대학교는 두 개의 대학(Katholieke Universiteit Leuven 및 Université catholique de Louvain)으로 분리됐다. 이 사건으로 기독민주당 판던 부이난츠(Vanden Boeynants) 내각이 물러났으며, 벨기에 기독민주당은 왈롱과 플랑드르의 지역정당으로 분리됐다. 자유민주당의 경우 1960년대 초반부터 기독민주당 지지층을 흡수해서 상승세를 이어갔으나 역시 분열을 피해갈 수 없었다. 1968년 선거 패배 이후 전국 단일 캠페인에 대한 비판이 있었으며, 1969년에는 네덜란드어계 당원들이 '푸른 사자(Blauwe Leeuw)' 그룹으로 독립했다(Fitzmaurice 1996, 191-92). 사회당은 앞선 두 정당보다 전국정당 형태를 오래 유지했으나 사회개혁 문제로 분열했다. 언어공동체의 자치권을 강화하고 브뤼셀 지역의 언어사용 문제를 조율했던 에그몬트(Egmont)협정과 스투이펜베르크(Stuyvenberg)협약이 네덜란드어계 주민들의 반발로 실현되지 못하자, 사회당은 지역에 기반을 둔 두 정당으로 분열했다(Delwitt 2011, 19).

1970년대 초 분열을 겪으며 지역정당으로 변모한 정당들은 대체로 2000년대까지 지지율 하락을 겪었다. 기독교 정당의 경우 플랑드르 지역에서 높은 지지율을 유지하며 1990년대 중반까지 제1당 자리를 유지했으나, 왈롱 지역에서는 5%대 득표율의 군소정당으로 후퇴했다. 연방 차원에서 2위와 3위를 기록했던 사회당과 자유당은 각각 10-15%대의 지지를 얻는 정당으로 양분됐다. 결과적으로 2000년대 들어 주요 정당 간 지지율과 의석수 격차가 현저하게 줄어들었고 매 선거에서 다수당이 바뀌는 혼전이 이어졌다. 2010년대 이후에는 주요 6개 정당 득표율이 공히 10%대로 수렴했다.

2. 극우정당의 급진적 분리주의

1950-60년대부터 플랑드르와 왈롱 지역에서 분리주의를 주창하는 정당이 등장하기 시작했다. 지역주의 정당은 플랑드르 지역에서 먼저 인기를 얻기 시작했고, 왈롱 지역에서도 일부 영향력을 확보했다. 플랑드르 지역에서는 1954년 창당한 가톨릭계 정당인 민중연맹(VU; Volksunie)이 분리주의를 최초로 공식화했고, 왈롱 지역에서는 각각 1965년과 1968년에 창당한 프랑코폰 민주전선(FDF; Front démocratique des francophones)과 왈롱연합(RW; Rassemblement wallon)이 연방주의 강화를 주장했다(Vigour 2009, 66). 하지만 왈롱의 분리주의 정당이 1980-90년대 타 정당으로 흡수되어 명맥을 이어가지 못한 것과 달리, 플랑드르의 민중연맹(VU)은 2000년대까지 5-10%대의 지지를 받으며 지속적인 영향력을 행사했다(〈그림 4-1〉 참조). 나아가 1978년 민중연맹에서 분리된 플랑드르블록(Vlaams Blok)은 보다 급진적인 분리주의를 주창했다.

　플랑드르블록(Vlaams Blok)은 유럽에서 영향력 있는 극우정당으로 성장했다. 플랑드르블록은 민중연맹이 프랑스어권 공동체와의 협

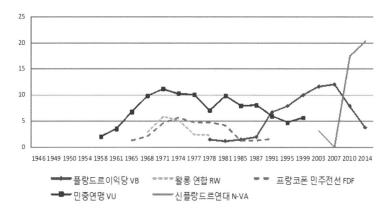

그림 4-1. 벨기에 분리주의 정당 득표율 변화(1946-2014)

출처: http://www.parties-and-elections.eu/belgium.html(검색일: 2017.12.18).

력을 시도한 것을 명분삼아 1978년 연방의회선거에 독자적으로 참여
했고, 1980년대를 거치면서 현대적인 극우정당의 이미지를 확보했다.
1990년대부터 득표율과 의석수가 비약적으로 증가했는데, 1991년 연
방의회선거에서 6.6%의 득표율로 12개의 의석을 확보했으며, 2000년
대에는 연방의회선거에서 15석 이상의 의석을 꾸준히 확보했다. 기성
정당들의 견제에도 불구하고 플랑드르블록은 1999년 플랑드르 지역
선거에서 20석을 확보하여 제3당이 되었다. 2004년 겐트(Ghent) 고
등법원이 반인종주의법 위반으로 고발하자 플랑드르블록은 '플랑드르
이익'으로 당명을 바꾸고 지역선거에 출마하여 24.6%의 득표율을 기
록했다(Pauwels 2011, 220-22).

　　2000년대 플랑드르이익당의 부상 배경에는 실업률, 범죄율, 이
민자 증가와 같은 사회경제적 변화가 있었다. 도시뿐만 아니라 지방
에서도 극우정당을 지지하는 인구비율이 증가했다. 플랑드르이익당
(플랑드르블록)은 플랑드르 지역의 분리를 핵심 강령으로 제시했다.

이들은 플랑드르가 하나의 공동체로서 독자적인 문화를 보호할 권리
가 있으며, 벨기에 국가를 점진적으로 개혁하기보다는 급진적으로 폐
지해야 한다고 주장했다. 플랑드르이익당은 이러한 목표를 달성하
기 위해 사회 내적인 '동질화'를 주요한 과업으로 설정했다(Pauwels
2011, 224).

동질화 정책의 맥락에서 이민자 문제 해결은 플랑드르이익당
의 주요 과제였다. 플랑드르이익당은 '우리 민족 먼저'라는 슬로건하
에 이민자 수용 중단을 촉구했다. 인종적으로 동질적인 공동체가 열
등한 인종과 결합되는 결과가 예상되므로 이민자 유입은 플랑드르
공동체에 위협이라는 주장이었다. 플랑드르이익당은 '좋은 국민'과
'부패한 엘리트'를 대립시키며 전형적인 극우 포퓰리즘 정당의 특징
을 드러냈으며, 벨기에 국가의 존속을 지지하는 정치인들은 국민들
의 실제 이해관계를 파악하지 않는 기회주의자라 비판했다(Pauwels
2011, 225).

현재 플랑드르이익당은 국민투표를 통한 신속한 지역분리를 주
장하고 있다. 플랑드르이익당에 따르면, 플랑드르 지역이 왈롱 지역
에 연간 16조 유로를 지원하지만, 벨기에 연방은 여전히 왈롱 중심으
로 작동하고 있다. 플랑드르 지역은 조세부담 증가와 복지 재원 부족,
경제침체 등의 문제에 직면해 있으나, 플랑드르의 사회경제적 독립을
위한 조치들은 왈롱의 반대에 부딪쳐 제대로 도입되지 못했다. 따라서
2007년 이후 벨기에의 정치제도 위기가 심화되는 상황에서 플랑드르
는 독립적인 주권을 요구할 필요가 있으며, 플랑드르 의회의 독립 결
정 이후 왈롱과의 협상을 단기간 내에 마무리하는 방식이 효과적이라
는 주장이다. 플랑드르이익당은 1993년의 체코슬로바키아 분리, 2006
년의 세르비아몬테네그로 분리가 국제법에 따라 국가분리를 달성한

모범 사례라고 언급했다(Annemans 2014, 5-15).

또한 플랑드르이익당은 지역분리 이후 브뤼셀의 플랑드르 귀속을 기본원칙으로 한다. 브뤼셀의 향후 위상과 소속은 분리의 현실적 가능성과 직결되는 문제이다. 플랑드르이익당은 "브뤼셀 문제에 대한 해결책이 없으니 벨기에가 분리되지 않을 것이다."라는 비판에 대해 "일단 플랑드르를 독립시키고 나서 브뤼셀 문제를 해결하자."는 대안을 제시한다. 이들은 플랑드르 영토로 둘러싸인 브뤼셀은 플랑드르의 수도 위상을 이어가야 하며, 국제법상으로도 브뤼셀이 플랑드르 소속이라는 사실을 뒷받침할 수 있다고 본다(Annemans 2014, 21-22).

사회개혁 및 유럽연합에 대한 플랑드르이익당의 입장은 이중적이다. 경제개혁과 관련하여 신자유주의적 개혁 필요성을 제안하면서도, 동시에 공동체 내부의 화합에 근거한 연대주의 원칙을 강조한다. 스스로 노동자를 대변하는 정당임을 명시하고 연금과 보조금 인상을 주장하면서도, 왈롱 지역 주민과 이민자에 대한 복지 지원에 대해서는 신랄한 비판을 가하고 있다. 2009년 연방의회선거의 슬로건은 "연금이 어디로 가는가? 모하메드의 지갑 안으로."라는 문구였다. 또한 이들은 유럽연합을 개별 국가의 주권을 위협하는 불필요한 존재로 묘사하면서도, 경제, 외교, 이민자 수용 정책과 관련하여 유럽연합 차원의 집단적 대책이 필요하다는 점을 인정한다.[5]

---

5   동시에 터키의 유럽연합 가입에 대해서는 분명한 반대 의사를 표명하는데, 터키는 이미 많은 불법 이민자를 유럽에 보낸 국가인 동시에, 향후 북아프리카 지역과 중동 지역 이민자들이 유럽에 들어오는 통로로 간주된다(Pauwels 2011, 227).

IV. 신플랑드르연대의 부상

1. 점진적 분리주의 이념

앞서 살펴본 바와 같이 2000년대까지 벨기에에서는 분열된 기성 정당들과 분리주의 정당이 10%대의 득표를 유지하면서 경합했기 때문에, 분리주의의 확장에도 불구하고 집권 다수당에 의해 지역분리가 실제로 추진될 가능성은 높지 않았다. 하지만 2010년대 신플랑드르연대의 약진은 지역분리를 공식적인 당 강령으로 표방한 정당이 실제 집권할 수 있다는 사실을 드러냈기 때문에 기존 사례와 구분해서 살펴볼 필요가 있다. 현재 신플랑드르연대는 2004년 대표로 선출된 드 베버(Bart De Wever)의 리더십하에 벨기에에서 가장 높은 지지율을 기록하고 있다(고바에르트 2015). 신플랑드르연대는 처음 단독으로 참여한 2010년 연방의회선거에서 27석을 확보하여 단숨에 벨기에 최대 정당이 됐으며, 2014년 연방의회선거에서도 33석을 얻어 왈롱의 사회당(23석)과 혁신운동당(20석), 플랑드르의 기독민주당(18석)을 큰 차이로 누르고 제1당이 됐다. 신플랑드르연대는 플랑드르 지역정부뿐만 아니라, 혁신운동당(MR)의 샤를 미셸(Charles Michel)이 수장을 맡은 벨기에 연립정부에도 참여하고 있다.

과거 신플랑드르연대의 전신인 민중연맹(VU)은 1960대부터 연방의회선거에서 10%대 지지율을 유지하며 20여 석 이상의 의석을 확보하는 정당으로 성장했으며, 플랑드르 지역에서는 자유민주당을 밀어내고 기독민주당과 사회당에 이어 제3당의 위상을 확보하기도 했었다. 그러나 1980년대를 거치면서 점차적으로 지지율이 하락했고, 지도부 선출을 둘러싼 갈등을 매개로 2001년 세 분파로 분열됐다. 신플랑드르연대는 2001년 10월 현 플랑드르 정부 총리인 기에르 부르주아 (Geert Bourgeois)의 노선을 따랐던 분파에서 출발했다.[6]

신플랑드르연대는 2003년 연방의회선거에서 6.97%의 득표율로 당 대표 1명만이 의원에 당선되는 수모를 겪었으나, 2007년 선거에서 플랑드르 기독민주당과 연합하여 진일보한 성과를 거뒀다. 당시 기독 민주당이 플랑드르 지역의회의 다수당이 됐으며, 6명의 의원을 당선 시킨 신플랑드르연대는 지역정부에 참여했다. 그러나 2008년 3월까 지 내각 구성이 지연된 여파로 국가개혁에 대한 모든 논쟁이 중단되자 신플랑드르연대는 플랑드르 기독민주당과 자유민주당, 왈롱의 기독 사회당, 혁신운동당, 사회당이 공동 구성한 레테름(Yves Leterme) 내 각에서 탈퇴했다. 이후 정치제도 개선을 위한 지역 간 협력 문제를 둘 러싸고 기성 정당들과 충돌했으며, 2009년 플랑드르 지역의회선거에 서 13.1%의 득표로 16석을 얻고, 2014년 지역의회선거에서 득표율 31.9%, 의석 43석을 확보하여 단숨에 제1당으로 부상했다(Van Haute 2011, 202-6).

신플랑드르연대는 플랑드르이익당과 마찬가지로 플랑드르의 분 리독립을 선명하게 지향했으며, 지역분리를 정당화하는 논리 역시 플 랑드르이익당과 유사했다. 신플랑드르연대에 따르면, 벨기에 정당들 은 지역 기반으로 분리되어 있고, 네덜란드어 언어권과 프랑스어 언 어권이 각자의 미디어, 언어, 문화를 가지고 완전히 다른 여론을 형성 한다. 정치제도의 비효율성은 높은 수준의 공공 지출로 이어지고 있으

---

6   기에르 부르주아(Geert Bourgeois)를 중심으로 첫 번째 분파는 플랑드르의 보다 많은 자치를 주장했으며 2001년 전당대회에서 47%의 지지를 얻었다. 베르트 안시오(Bert Anciaux)가 이끈 당내 좌파는 23%의 지지를, 현상 유지를 지지한 마지막 분파는 30%의 지지를 얻었다(Stefanie Beyens et al. 2015, 391-92).

며, 국민들은 연금 수준에 비해 높은 세금을 내야 한다. 따라서 벨기에 공동체의 민주적이고 효율적인 통치를 위해 지역분리가 불가피하다는 것이 이들의 주장이다.

하지만 신플랑드르연대는 완전한 형태의 분리를 장기 목표로 설정하고, 단기적으로 실현 가능한 목표로 '연합주의(confederalism)'를 제시한다. 연방주의가 국민으로부터 권력을 위임받은 강력한 연방정부를 구성하는 것과 달리 연합주의는 정부의 역할을 경제 및 외교 분야 등으로 한정한다. 플랑드르이익당이 국민투표에 토대한 급진적이고 배타적인 분리를 주창한 것과 달리, 신플랑드르연대는 연합주의에 토대한 점진적인 분리주의를 제시한다. 벨기에 연방정부의 재정 권한을 플랑드르와 왈롱으로 단계적으로 이전하고, 지역정부가 연방정부의 예산을 책정하는 방식을 분리 이전의 과도기 단계로 설정할 수 있다는 주장이다(Loughlin 2015, 9).

나아가 신플랑드르연대는 플랑드르 지역이 유럽연합 내에서 독립국가 지위를 얻는 것이 가능하다고 본다. 이들은 1980년대 민중연맹 시기부터 유럽연합 내에서 플랑드르와 왈롱 지역의 분리를 진행한다는 입장을 표명해왔다. 하지만 분리 이후의 브뤼셀 문제에 대해서는 플랑드르이익당과 마찬가지로 단호한 입장을 취한다. 브뤼셀 거주민의 다수가 프랑스어 사용자이지만 브뤼셀은 역사적, 지리학적으로 플랑드르 지방의 도시였기 때문에 브뤼셀을 왈롱에게 내어줄 수 없다는 주장이다. 다만 브뤼셀 지역에 거주하는 다양한 집단의 언어 선택권은 존중한다는 입장을 유지한다(Van Haute 2011, 210).

2. 신플랑드르연대의 부상 원인

그렇다면 플랑드르 지역에서 창당한 지 10년이 지나지 않은 신플랑 드르연대가 연방 차원에서 영향력을 확장하는 맥락을 어떻게 설명할 수 있을 것인가? 먼저 신플랑드르연대의 분리주의를 지지하는 계층 의 사회경제적 특징을 타 정당과 비교하면 다음과 같다. 2010년 6월 시행된 연방의회선거 유권자 조사에 따르면 신플랑드르연대는 전 연 령대의 지지를 고르게 받고 있는 편이나 상대적으로 50대 이상 유권 자의 지지는 적게 확보했다. 교육수준에 있어서 고학력자의 지지성향 이 두드러지는데, 지지자 중 대학졸업 이상이 32%, 고등학교졸업 이 상이 36.6%를 차지하여 녹색당 다음으로 높은 교육수준을 보였다. 직 업 측면에서 간부 및 전문가 계층이 35.7%, 사무직 노동자 및 공무원 20.2%의 지지를 얻고 있으며, 이 두 집단이 전체 지지층의 절반 이상 을 차지한다. 반면 자영업자와 미숙련 노동자의 지지 비율은 상대적으 로 높지 않다는 것이 드러났다(〈표 4-2〉 참조). 즉, 신플랑드르연대의 지지층이 대체로 고학력, 전문직이라는 점에서 저학력, 비숙련노동자 의 지지를 받는 플랑드르이익당과 차별화된다.

이와 관련하여 신플랑드르연대가 기존 극우 포퓰리즘과는 구분되 는 분리주의 전략을 취하고 있다는 사실에 주목할 필요가 있다. 2017 년 7월 인터뷰에서 신플랑드르연대의 당직자들은 흥미롭게도 분리주 의 자체의 영향보다는 젊고 참신한 정당 이미지가 변화를 원하는 여론 에 부합했다고 진단했다.[7] 신플랑드르연대는 지역분리를 지향하되 보

---

7   2017년 7월 3일, 신플랑드르연대 연구부(N-VA Research Department) 다비드 데상(Da-vid Dessin, Advisor Ideology) 및 리엔 회베르그(Rien Hoeyberghs, Advisor Transportation & Public Enterprises) 인터뷰. 이들은 완전한 분리를 장기적 목표로 상정하되 단기적으

표 4-2. 플랑드르 정당 지지자 사회경제적 특성 비교(2010년)

	신 플랑드르 연대 N-VA	기독 민주당 CD&V	사회당 SPA	자유민주 당 Open VLD	플랑드르 이익당 VB	녹색당 Groen
나이						
18-24	10.5	11.0	7.2	12.5	7.5	12.2
25-34	16.4	9.4	12.9	14.2	12.9	34.7
35-44	17.9	12.8	20.0	19.3	19.2	26.6
45-54	21.6	16.6	19.8	25.3	26.3	14.7
55-64	15.8	17.1	19.0	17.7	17.7	7.2
65-85	17.8	33.0	21.1	17.4	17.4	4.6
교육						
초등	9.9	16.6	20.0	11.9	14.6	1.0
중등	21.5	29.9	28.6	20.8	32.0	5.4
고등	36.6	29.4	31.3	38.6	45.1	38.0
대학이상	32.0	24.1	20.0	28.7	8.3	55.6
직업						
고위간부, 전문가	35.7	29.6	24.9	30.5	13.6	58.3
사무직 노동자, 공무원	20.2	13.0	12.0	15.0	20.6	13.2
자영업자	8.0	11.0	5.1	15.7	8.5	4.8
생산직 노동자 (숙련)	11.0	8.2	17.3	8.1	15.0	3.7
생산직 노동자 (비숙련)	17.6	23.4	34.7	19.0	35.9	11.8
은퇴	1.5	4.0	1.7	0.4	1.0	0.0
무직	6.1	10.8	4.4	11.3	5.3	9.9

출처: M. Swyngedouw and K. Abts, "Les électeurs de la N-VA aux elections fédérales du 13 juin 2010." *Courrier hebdomadaire du CRISP* Vol. 2125 (2011), p. 10.

수적이고 극우적인 정당 이미지에서 탈피하는 전략을 발전시켰다. 윤리 이슈와 관련하여 동성애자 결혼 및 입양 권한 합법화에 찬성하는 입장을 취하고 있으며, 연방의회의원으로 터키 출신 쥐할 드미르(Zu-hal Demir), 모로코계 나디아 스미나트(Nadia Sminate)를 당선시켜 이민자에게 배타적이지 않은 민족주의를 표방하고 있다.[8] 또한 신플랑드르연대는 플랑드르 독립을 지향하면서도 플랑드르 지역이 유럽연합의 한 구성원으로 남아야 하며 유럽 사회에서 고립을 자초해서 안 된다는 입장을 고수한다.

따라서 신플랑드르연대가 주요 선거에서 승리한 것은 플랑드르 독립 현실화에 대한 기대보다 기존 벨기에 정치체제의 비효율과 무능에 대한 민심이반을 동원할 수 있었기 때문이라는 분석이 가능하다. 2007년 6월 10일 연방의회선거 이후 플랑드르 기독민주당의 이브 레테름 수상은 왈롱의 기독민주당과 자유당의 연정참여 거부로 9개월간 정부를 구성하지 못했으며, 2010년 총선 이후 다시 18개월간 연정이 구성되지 않은 사태가 발생했다. 이는 벨기에 연방주의 정치의 한계를 드러낸 사건이었으며, 2000년대 후반 이후 확산된 경제위기에 제대로 대응하지 못한 정치체계에 대한 불신이 심화됐다(정남모 2010; 도종윤 2007).

로 연방정부를 약화시키는 프로그램이 플랑드르이익당과 구분되는 현실적인 접근이라 주장했으며, 이러한 시도가 플랑드르이익당의 성장을 막는 방파제 역할을 한다고 보았다. 또한 이들은 왈롱 지역에서 사회당이 제기하는 연대주의가 벨기에 분리를 가로막는 비현실적인 담론이라 보았고, 이와 상반되는 맥락에서 점진적 분리주의의 합리성을 강조했다. 벨기에 분리 절차에 들어가는 경우 직면하게 될 유럽연합과의 갈등문제에 대해서는 낙관했다. 유럽연합이 분리를 반대할 것이 당연하지만 신플랑드르연대가 친유럽연합 정당의 위상을 유지해온 만큼 협상을 통해 최대한 설득할 수 있다는 주장이었다.

8 N-VA, "The N-VA's ideology and purpose." https://english.n-va.be/frequently-asked-questions (검색일: 2017.12.27).

실제로 플랑드르 지역에서 기존 정치에 대한 불만과 불신의 정도
가 지지 정당 선택에 영향을 미치는 것으로 조사됐다(〈표 4-3〉 참고).
기성 정치에 불만을 갖거나 신뢰하지 못하는 유권자일수록 신플랑드
르연대 혹은 플랑드르이익당을 지지하고 있으며, 신플랑드르연대 지
지자들은 정치에 대한 만족, 관심, 신뢰도 면에서 모두 플랑드르이익
당 다음으로 낮은 점수를 기록하고 있다. 중앙정부의 권력 분산 문제
에 있어서는 신플랑드르연대 지지자들이 가장 강력한 지지 입장을 보
이고 있다(〈표 4-4〉 참조). "모든 권위를 국가 하부단위로 이양"해야
한다는 입장을 0점으로, "모든 권위를 벨기에 연방으로 집중"해야 한
다는 입장을 10점으로 하여 조사한 설문에서 신플랑드르연대 지지자
들은 약 3점대의 선호를 드러내어 지역공동체로의 권력 이양을 가장
적극적으로 찬성하는 모습을 보였다.

겐트대학 니콜라 부테카(Nicolas Bouteca) 교수 역시 분리주의 자

표 4-3. 플랑드르 지역 정치에 대한 만족, 관심, 신뢰도(정당 지지자별 비교, 0 = 매우 불만,
10 = 매우 만족)

	정치에 대한 만족도 (satisfaction)	정치에 대한 관심 (interest)	정치에 대한 신뢰 (trust)
자유민주당(Open VLD)	6.2	6.0	7.0
기독민주당(CD&V)	5.9	5.7	6.9
녹색당(Groen)	5.6	5.9	6.2
사회당(SPA)	5.6	5.9	6.3
신플랑드르연대(N-VA)	5.1	5.5	5.8
플랑드르이익당(Vlaams Belang)	4.6	5.1	4.9
평균	5.6	5.7	6.3

출처: Dassonneville and Hooghe 2013.

표 4-4. 연방정부 권력 이양에 대한 입장(정당 지지자별 비교)

	1999년	2003년	2009년		
			1차	2차	3차
기독민주당(CD&V)	5.52	5.6	4.48	4.28	4.32
자유민주당(Open VLD)	5.85	5.95	4.74	4.78	4.93
사회당(SPA)	6.11	6.19	4.74	4.78	4.63
녹색당(Groen)	5.71	6.06	5.16	5.04	5.14
플랑드르블록/ 플랑드르이익당(VB)	4.79	4.63	3.56	3.85	3.97
민중연맹/신플랑드르연대 (VU/N-VA)	3.38	3.27	2.79	3.11	3.15
평균	5.85	5.52	4.36	4.34	4.3

출처: Beyens et al. 2015, 6.

체에 대한 대중적 관심보다 최근 벨기에 정당정치의 한계에 대한 인식
이 신생정당인 신플랑드르연대를 지지하는 주요 배경이 되었다고 응
답했다.[9] 플랑드르 지역 주민의 12-15%만이 실제 지역 분리독립을 원
하고 있다는 사실에 주목할 필요가 있다. 신플랑드르연대는 분리주
의 정책과 함께 세금인하 등의 자유주의 개혁 공약으로 플랑드르 지
역 70%를 차지하는 중도우파 유권자들에게 호소력을 가졌다. 신플랑
드르연대는 플랑드르 지역 국내총생산(GDP)의 7%가 왈롱 지역으로
전해지고 있다는 사실을 강조했으며, 벨기에 연방이 플랑드르를 착취
하여 복지 재정을 충당한다는 희생양 담론을 강조해왔다(Dalle Mulle
2018). 나아가 연합정부에 참여하지 않는 플랑드르이익당에 대한 지

---

9   벨기에 겐트대학 니콜라 부테카(Nicolas Bouteca) 교수 인터뷰(2017. 7. 4, 벨기에 겐트).

표 4-5. 플랑드르 주민 이념성향(정당 지지자별 비교, 극좌= 0점, 극우= 10점)

	1999년	2003년	2009년		
			1차	2차	3차
기독민주당(CD&V)	5.73	5.48	5.42	5.39	5.35
자유민주당(Open VLD)	5.48	5.27	5.52	5.38	5.69
사회당(SPA)	4.25	4.23	3.66	3.88	3.82
녹색당(Groen)	3.91	3.42	3.53	3.74	3.83
플랑드르블록/ 플랑드르이익당(VB)	6.3	6.24	6.13	5.76	6.06
민중연맹/ 신플랑드르연대 (VU/N-VA)	5.2	5.5	5.93	5.81	5.7
평균	5.22	5.16	5.07	5.11	5.16

출처: Beyens et al. 2015, 7.

지가 사표로 이어진다는 판단이 신플랑드르연대의 지지율 상승으로
이어졌다. 신플랑드르연대와 플랑드르이익당 지지층의 이념 격차 역
시 점차 줄어들고 있는 상황에서(〈표 4-5〉 참조), 플랑드르이익당 득표
율 감소에 비례하여 신플랑드르연대 득표율이 상승해왔다. 1999년과
2003년 신플랑드르연대 지지자들의 이념성향은 기독민주당과 자유민
주당 지지자의 수준과 유사했으나(각각 5.2, 5.5점), 2009년에는 6점에
가깝게 이동하여 플랑드르이익당과의 격차가 크게 줄어들었다.[10]

---

10   신플랑드르연대가 표면적으로 유럽연합을 지지하면서도 점차적으로 유럽회의주의에 가
까운 입장으로 선회하고 있다는 사실도 간과할 수 없다. 신플랑드르연대는 2014년 유럽
의회선거에서 유럽보수개혁당(ECR)에 가입했다(Emilie Van Haute 2016, 100).

V. 결 론

2000년대 이후 남부 왈롱 지역의 분리주의 정당인 왈롱연합과 프랑코폰민주전선의 명맥이 끊어졌으며, 2010년 이후 북부 지역의 플랑드르이익당 영향력도 급속히 줄어들었다. 그럼에도 벨기에 정당정치에서 분리주의의 외연이 보다 확대되었다고 볼 수 있는데, 앞서 살펴보았듯 새로운 분리주의 정당인 신플랑드르연대가 벨기에 연방의회의 제1당으로 부상했기 때문이다. 플랑드르이익당과 신플랑드르연대가 플랑드르 독립을 주장하는 근거는 매우 유사하다. 이들은 플랑드르를 젖소(milk cow)에 비유하고, 왈롱의 가난한 주민을 위해 일방적으로 우유를 빼앗겨야 한다는 희생양 담론을 지속적으로 전파해왔다. 그러나 인종혐오적이고 극단적인 분리독립을 주장했던 플랑드르이익당보다 신플랑드르연대의 온건한 분리주의가 광범위한 인기를 얻고 있으며, 이러한 변화를 이해하기 위해 분리주의 확산 기저에 존재하는 기성 정치에 대한 대중적 반감을 분석할 필요가 있다.

벨기에 공동체의 지역 경계를 중심으로 정치, 문화, 경제의 분리가 이미 고착화되어 있고, 지역 균열을 반영하여 형성된 협의 민주주의는 행정의 심각한 비효율을 낳고 있다는 비판이 제기된다. 분리주의 정당은 플랑드르 주도의 사회개혁 시도가 왈롱의 반대에 부딪쳐 실현되지 못했고, 플랑드르 주민들의 조세부담이 가중되고 있다는 피해의식을 강화했다. 이러한 맥락에서 공동체의 효율적인 통치와 제도개선을 위해서라도 분리가 필수적이라는 주장이 설득력을 얻고 있는 것이다. 분리 독립의 절차에 있어서 플랑드르이익당은 단기간 내에 추진할 수 있는 플랑드르 주도의 분리를 제안했던 반면, 신플랑드르연대는 당장의 독립보다는 연방주의를 보완할 수 있는 연합주의 도입을 대안으로 제시한다. 플랑드르이익당이 1990년대 후반부터 가시화된 사회 불안을 전형적인 극우 포퓰리즘 전략으로 흡수하여 지지를 확대했으나, 신플랑드르연대의 경우 전통적인 이념균열을 넘어서는 사회정책과 완화된 분리주의 노선을 결합하여 중도 성향 중산층 유권자들의 광범위한 지지를 확보했다. 즉, 기존 분리주의가 포함했던 극우 포퓰리즘의 적대성을 완화하고 보다 합리적인 근거와 절차에 토대한 분리주의를 확립하는 데 성공했다고 볼 수 있다.

플랑드르와 왈롱의 분리는 현실성을 결여한 시나리오로 평가받기도 했으나, 2019년 연방의회선거에서 두 분리주의 정당의 득표율에 따라 플랑드르의 독립은 보다 현실적인 쟁점으로 재부상할 수 있다. 벨기에 국가 해체의 가장 큰 쟁점은 현재의 국가부채를 어떻게 분담할 것인가의 문제이며, 다음으로 브뤼셀을 어디에 귀속시킬 것인가의 문제이다. 플랑드르와 왈롱 지역은 모두 브뤼셀을 자신의 수도로 간주하고 있으며, 유럽연합 역시 벨기에 분리에 적대적인 입장을 취할 것이 분명하기 때문에 분리주의를 둘러싼 첨예한 이해관계 충돌이 지속될 것으로 예상된다.

제5장

분리를 넘어선 통합국가 미국의 이민 규제 사례

이옥연 | 서울대학교

I. 서론

2008년 미국 대선 기간 중 당시 오바마 민주당 대통령 후보의 출생지를 검증하자는 소위 "미국 영토 출생 난상토론(birther)"을 주도한 대표적 인물이 제45대 미합중국 대통령 도널드 트럼프다. 당시 이러한 논의가 공론화될 수 있는 정치적 배경에는 이민자의 권한과 지위를 포함해 미국의 국가 구상, 즉 "미국 찾기" 또는 미국 "되찾기" 논란이 가능했기 때문이다. 10여 년이 지난 현재까지 어찌 보면 이 논란은 계속된다고 볼 수 있다. 이는 미국을 가리켜 사회기반의 계층화가 주권분립과 직접적으로 연관되어 있지 않은 천운을 누렸다는 평가에 일면 배치되는 측면이다. 만약 두 유형의 분층이 완벽하게 겹친다면 통합과 분리는 상극으로 치달아 국가 체제를 유지하기 어렵다. 실제로 미국은 중앙-연방과 지방-주를 주축으로 상반된 방향으로 끌어들이는 구심력과 원심력 간 균형점에 대한 합의를 구축하기까지 내전이라는 큰 대가를 치렀다. 즉, 민족이 상정되지 않은 국가 정체성을 인위적으로 정립하는 과정에서 북부와 남부 간 이견이 급기야 국가 체제 해체를 위협한 유혈 상잔으로 이어진 굴곡진 역사를 경험했다.

내전이 종료된 이후에도, 미국 상위정부에 해당하는 연방정부가 창설되기 이전부터 독립적 주권체로서 존립한 주는 연방과 분리와 통합의 주체와 대상에 대한 공방을 치열하게 전개하고 있다(이옥연 2015b, 300). 특히 이 공방은 내전 종료 이후부터 20세기 초까지 영토 확장 과정에서 노예제의 존속을 둘러싼 남북 간 갈등 틀을 근본적으로 벗어나지 못했다. 이는 분리를 통합의 상극으로 상정하는 세력과 분리와 통합을 연속선으로 구현하려는 세력 간 팽팽한 대결이 반복되는 가운데 미국 건국은 진행 중이라는 증거이기도 하다. 주 주권론에 의하면, 연방은 각 주의 동의하에 성립된 연합체이며 나아가 연방이 성립될 때 각 주는 주권을 연방에 헌납하지 않았다는 결론에 천착한다. 따라서 연방이 주보다 우위가 될 수 없다는 주 주권론은 남부 패전에도 불구하고 여전히 건재하다고 볼 수 있다. 본 장에서는 복합국가임에도 단일 민족에 준하는 정상 국가를 표명하는 미국의 건국 역사와 전개를 이민과 이민자에 관한 법제도와 정치과정 간 간극에 투영해 재조명하고자 한다.

근대 국가 형성 과정에서 주권, 국민, 영토는 공동주체성과 밀접한 연관성을 지니기 때문에, 이민은 근대 국가 간 국경통제와 직결되는 중요성을 띠었다. 그러나 엄격하게 말하자면, 1차 세계대전이 종료되고 여권심사 체계를 정립한 이후에서야 실질적 국경통제력이 구축되었다. 그럼에도 불구하고 이민자와 이민 정책을 둘러싼 규제 담론은 지속적으로 국경통제와 국가 안보를 직결해 접근하곤 했다. 더불어 주목할 점은 이민 규제가 이주 대상 국가의 공공정책을 둘러싼 정치과정의 맥락에서 형성되기 때문에, 동일 국가 내에서도 시대의 요구나 집권 정당 성향에 따라 변동한다는 사실이다. 이에 본 장에서는 어떻게 미국이 국가 주체성을 보존하는지, 왜 국가 정체성 논쟁이 "이민 정치를 중심으로 정당 간 대립과 반목을 야기하는지(손병권 2018, 133)" 이민 규제 개혁의 발전사를 통해 분리를 넘어선 통합국가로서 미국 사례를 평가하고자 한다.

II. 분리와 통합 역학 그리고 이민 레짐을 통해 본 미국 사례

미국이 헌법상 단일한 체제이나, 엄격하게 말하면 원래 독립적으로 존립하던 완벽한 주권 체계인 주정부 간 통합에 의해 연방주의라는 맹약을 명기한 지역통합 체계에 준한다. 이에 미합중국을 건립하는 과정에서 구성원들은 개인주의와 자유주의에 근거해 국가나 정부의 개입을 최소로 제한하는 제도와 과정을 수립하려고 노력했다. 그러나 동시에 법제도적으로 명기한 권한분산의 최종 결과물이 반드시 균등한 수혜로 구성원에게 돌아가지 않는 불균형을 시정하기 위해 자발적 자구책에 더해 정부의 시정 조치도 제한적으로 수용한 복합성을 보인다(이옥연 2008, 150; Tarr 2015, 84). 그 결과 정부 역할에 대한 상이한 구현상(像)이 주요 공공정책 주체를 둘러싼 논란으로 이어져 현재까지도 지속된다.

이민자의 권리에 관해 미국 연방헌법 수정헌법 14조는 평등 보호(equal protection) 구절에 근거해 이민자의 권한을 규정한다.[1] 그러나 기본적으로 이민자는 거주 기간과 상관없이 외지인(alien), 즉 제3국에 소속된 국민이라는 헌법적 관점이 지배적이다. 그 결과 연방정부에게 부여된 전권 구절에 근거한 정부 행위로 인해 헌법이 정한 기본권이 이민자로부터 유린되는 경우에 한해서 평등 보호 조항을 적용한다. 다시 말하자면, 사법부는 정치적 권한이 특권에 해당하기 때문에 이를 이민자에게 허용 또는 제한하는 정부 행위가 입법 행위를 포함한 정치과정에 의거해 결정할 사안이라는 유권해석을 내린 것이다. 본 절에서는 헌법 조문 자체 또는 그 적용에 관한 유권해석, 즉 사법심

---

1   연방대법원은 인종이나 원국적(national origin)과 마찬가지로 이민자 신분(alienage)에 대해 위헌의 개연성이 있는 기준(suspect classification)으로 분류한 판결을 내렸다. 이를 근거로 평등 보호와 관련된 통치 행위의 위헌성 여부를 판단하는 사법심사의 경우, 강도 높은 기준을 요구하는 "엄격 심사(strict scrutiny)"를 채택했다. 이와 대조적으로 이민자의 입국과 입국 후 정착 권한을 구별하지 않기 때문에 "엄격 심사"를 채택하지 않는 경우도 빈번하다.

사가 이민과 이민자의 권리를 포함해 모든 사회 문제를 해결할 수는 없다는 전제에서 출발한다. 만약 헌법의 침묵 또는 경직된 유권해석으로 인해 이민과 이민자의 권리를 규정하는 이민 규제 정책에서 혼란이 불거지는 경우, 정치과정은 이민과 이민자 문제를 둘러싼 갈등을 해소하는 순기능보다 국경을 축으로 타자를 배제하려는 역기능에 천착하는 경향을 보인다. 이에 본 절에서는 소위 '정체성 생산 기술(identity technology)'을 활용한 국가 정체성의 정치가 수직적 권력분립을 통치 원칙으로 채택한 미국에서 어떻게 법제도적 및 정치 논리를 가미해 전개되는지 분리와 통합의 역학 관점에서 조명하고자 한다.

그렇다면 수직적 권력분립을 통치의 원칙으로 천명한 미국에는 보편적 인권과 달리 배타적 시민권을 규정하는 권한이 구체적으로 어떻게 구현될까. 첫째, 이민자의 지위에 대한 헌법적 규정이 혼재하며, 대다수 안정된 민주주의 국가와 마찬가지로 이민자의 법적 지위에 관한 한 헌법의 침묵, 즉 사법부의 소극적 행동주의가 지배적이다. 둘째, 시민권을 규정하는 권한은 원칙적으로 연방정부에 부여되지만, 시민권을 구현하는 권한, 즉 일정 기간 거주 요건을 충족하면 시민권을 자동적으로 부여할지 또는 시민권 취득에 따르는 특권을 이민자에게 조건부로 제한할지 등에 대한 실질적 결정권은 대체로 연방정부보다 주정부 이하 정부 단계에 부여되어 있다. 그런데 미국 연방정부는 이민에 관한 한, 대체로 일관된 공공정책 내용보다 공공정책의 집행방향 또는 일종의 "공공 철학(public philosophy)"을 정립한다(Lowi 1969). 특히 이민 문제가 출입국 관리나 국경통제에서 출발하나 이주 국가로 수용되는 과정 내내 지속된다는 특성을 감안하면, 이민 규제를 둘러싼 경직된 개헌 절차와 더불어 이러한 입법의 공백은 미국의 이민 규제 개혁 노력이 번번이 실패하는 이유라고 할 수 있다(Griffin 2007, 57).

이민 규제와 밀접하게 연관된 시민권 개념은 아(我)와 비아(非我)를 나누는 집합적 인지, 즉 경계 짓기와 국민 자질론으로 종종 연계된다.[2] 사실 입국 대상국의 영구 거주를 전제한 이민 절차는 실제로 국경 순찰이나 검색보다 출국 대상국의 사증 발급을 통해 국경통제의 효율성을 제고할 수 있는 이점을 지닌다. 그럼에도 불구하고 불법 이민을 제지하려는 이민 규제를 둘러싼 쟁점이 이민 문제 해결 자체보다 대중 영합적(populist) 정치쟁점으로 흡입력을 지닌다는 데 문제가 있다. 이는 "사법적 공백지대(이옥연 2014, 151)"로 인해 이민 문제에 대한 실질적 해결보다 국가 구성원의 공동정체성이라는 상징적 수사(修辭)로서 정치과정에서 동원되기 때문이다. 급기야 이민을 외부 세력의 침투로 규정해 국토 안보에 대한 위협을 차단하기 위한 이민 규제의 당위성을 거론하는 정치적 공방이 정치적 공동체 구성원의 자질을 규정하려는 논쟁과 결합해, 실현 가능성이나 정책 사업성이 낮음에도 불구하고 물리적 장벽 건설에 대한 예산 투입을 지지하는 방안까지 나왔다.

또한 이민 규제 개혁이 사법적 과정보다 정치과정을 통해 구현되는 이유로서 헌법상 외지인에 준하는 이민자의 국가 충성도에 대한 논란을 들 수 있다. 다시 말하자면, 이민 문제, 특히 불법 이민은 국경통제의 붕괴를 넘어 국가 정체성에 대한 도전이라는 문제의식을 제기하기 때문에, 궁극적으로 이에 대한 응전은 국가에 대한 집합적 구상과 밀접하게 연결된다. 게다가 이민 문제는 이민의 주기, 즉 이민자의 입국부터 이주 국가의 구성원으로 수용하기까지 이민에 관한 "종합설계

---

2   구체적으로 속지주의(jus solis)나 속인주의(jus sanguinis)에 근거해 부여되는 "시민권은 … 정치적 집합 정체성(collective identity)의 초석"을 제공한다고 주장할 수 있다(Karolewski 2010, 172).

도"를 요구하는데, 현실적으로 일관된 이민 정책노선이 대체로 결여되어 있다(이옥연 2014, 151). 더욱이 이민 인구, 특히 특정 집단의 폭증은 연방-주정부 관계를 설정하거나 재설정할 수 있는 위력을 지닌다. 미국 사회의 구성원을 실질적으로 규정하는 권한 소재지가 변동한다는 것은 미국이라는 국가를 구상하는 주체의 변동 가능성을 내포한다. 결과적으로 이민자의 사회 및 정치적 권리에 대한 규정을 정치적 논리로 결정할 수 있는 여지가 크다. 바로 이러한 맥락에서 연방정부 주도로 이민 문제를 선점해 이민 규제 정책을 구상하면서, 원칙과 실재 또는 제도와 과정 간 괴리가 발생했다고 볼 수 있다. 따라서 이 괴리가 어떠한 경로로 발생하는지 살펴보고자 한다.

미국 사례를 포함해 모든 사회나 체제는 권한분산을 법제도적으로 정비해 거버넌스의 난관을 극복할 수도 있으나, 반대로 권한분산을 내재화한 법제도로 인해 거버넌스 문제가 악화될 수도 있다(McIntyre 2003, 17-36). 원칙적으로 법제도상 권력 소재지를 분산시키면, 이익 대표 과정도 그에 비례해서 분산되어야 한다. 따라서 권한분산과 정책 유동성 간 정비례 관계를 상정할 수 있다.[3] 그러나 다양한 이익 집단 간 자유로운 경합이 전제되는 다원주의에 기반을 두는 자유 민주주의 체제에서도 수혜 대상이나 범위가 편중되는 이율배반적 현상은 빈번하다. 심지어 역설적으로 공권력의 개입을 통해서만 균등한 재분배가 이뤄져 기회의 평등이 보장되지 않는 다원주의의 맹점이 보완되기도 한다.

이 역설적 현상, 즉 권력집중 패러독스(power concentration paradox)에 근거해 권한분산과 정책 유동성 간 반비례 관계도 상정할 수

---

3   결정권이 극심하게 편중되면, 정권교체로 인한 연속성이 결여된 거버넌스 문제가 심화되기 때문에 권한분산과 정책 유동성은 정비례한다고 볼 수 있다.

있다. 즉, 권한분산이 커질수록 정책 유동성이 증가하나, 만약 결정권이 극심하게 파편화되면 복잡한 정책 변동으로 인해 총괄 정책에 대한 헌신 또는 기여(commitment)를 기대하기 어려워지는 거버넌스 문제가 다시 심각해진다. 결국 문제점 발생빈도와 정책결정권의 분산 정도는 양 극단에서 거버넌스 문제를 악화시키는 U자 도형으로 나타난다. 따라서 권력집중 패러독스 이론은 권한분산과 정책 유동성 간 관계가 정비례로부터 반비례로 전환되는 경로를 추적해, 결정권이 극도로 파편화되거나 극도의 소수에게 집중된 경우 모두에서 관찰되는 문제점을 규명하고 이에 대한 해법을 제시하려는 시도다(이옥연 2014, 34).

본 절에서는 복수의 층위에서 작동하는 권한의 집중과 분산을 통합과 분리가 작동하는 역학으로 재조명하고, 나아가 분리와 통합 자체는 최종 결과물일 뿐 아니라 그 결과물에 도달하는 반복되는 행위가 관찰되는 과정이라는 점을 강조하고자 한다. 공동체 내 구성원이 조우(遭遇)하는 방식을 일방과 쌍방으로 분류할 수 있다. 조우의 일방적 방식이 강할수록 상대의 주체성을 인정하지 않으려는 경향이 크기 때문에 조우 상대는 그저 대상에 그치는 반면, 조우의 쌍방적 방식이 강할수록 상대의 주체성을 수용하므로 상호 간 매몰되거나 억압되지 않는다(김학노 2018). 다음으로 공동체 내 구성원이 조우하는 층위를 근거로 내부 결속을 강조하는 분리 또는 외연 확대를 주창하는 통합 지향으로 분류할 수 있다. 조우하는 층위가 두꺼워질수록 조우의 심도가 깊어지기 때문에 공유하는 영역이 커져 통합을 지향하는 반면, 조우하는 층위가 얇을수록 조우의 심도가 얕아지므로 공유 영역이 줄어 분리로 경도된다. 나아가 조우 층위는 외연 확대와 내부 결속 간 혼종이 가능한 복합성을 띤다. 왜냐하면 분리와 통합은 최종 결과물일 뿐 아니라 그 결과물에 도달하는 반복되는 행위가 관찰되는 과정이기 때문이다.

구성원 간 만남 또는 그 권한의 이합집산에서 관찰되는 분리·통합 역학을 크게 방향과 방식으로 나눠 대조할 수 있다. 역학의 방향은 공동체 구성원들이 상위층의 더 큰 체제로 공동체의 외연을 확대하거나. 반대로 하위층의 더 작은 체제로 공동체 내부를 결속하는지에 따라 통합 또는 분리가 결정된다. 역학의 방식은 가장 높은 단계 또는 차원의 질서로 상향 조정하려는 연대성을 지향하거나, 반대로 가장 낮은 또는 밀접한 단계나 차원의 질서로 하향 조정하려는 보조성을 지향하는지에 따라 일방 또는 동등이 결정된다. 이 두 요소에 초점을 맞춰 분리와 통합의 역학을 다음과 같이 〈표 5-1〉로 도형화할 수 있다. 즉, 만약 공동체에 참여하는 구성원이 외연 확대와 보조성 지향을 택하면, 동등 통합이 예측된다. 반대로 공동체에 참여하는 구성원이 내부 결속과 연대성 지향을 택하면, 일방 분리가 예측된다. 그리고 공동체 구성원이 내부 결속과 보조성 지향을 택하는 경우, 동등 분리로 나타날 가능성이 크다. 반면 공동체 구성원이 외연 확대와 연대성 지향을 택하는 경우, 일방 통합으로 나타날 가능성이 크다.

〈표 5-1〉이 분리와 통합의 역학을 방향과 방식에 따라 분류하지

표 5-1. 분리·통합 역학의 조우(遭遇) 방식과 방향

		방식	
		보조성 〉 연대성	보조성 〈 연대성
방향	외연 확대	동등 통합	일방 통합
	내부 결속	동등 분리	일방 분리

1. 동등 통합: 공동체 구성원의 의지가 외연 확대와 하향 층위 우선으로 나타나는 경우
1. 동등 분리: 공동체 구성원의 의지가 내부 결속과 하향 층위 우선으로 나타나는 경우
1. 일방 통합: 공동체 구성원의 의지가 외연 확대와 상향 층위 우선으로 나타나는 경우
1. 일방 분리: 공동체 구성원의 의지가 내부 결속과 상향 층위 우선으로 나타나는 경우

만, 이 분류가 역학의 결과물인지 아니면 그 역학이 작동하는 경로를
가리키는지는 분명하지 않다. 예컨대 〈표 5-1〉에 의하면, 공동체 구성
원의 의지가 외연 확대와 보조성 지향으로 나타나는 경우 동등 통합을
예측할 수 있다. 즉, 이 경우 공동체 구성원은 더 큰 규모의 공동체로
외연을 확대하는 데 동의했으면서도 동시에 상층위에 소재한 더 큰 규
모의 공동체가 하층위에 소재한 더 작은 규모의 공동체의 기능을 저해
하거나 심지어 방해하지 않도록 규정하는 보조성을 강조하려는 경향
을 보인다. 만약 상층위에 소재한 더 큰 규모의 공동체가 거주지에 관
계없이 공평한 수혜를 배분하려는 목적으로 순수 공공재 제공에 충실
해 더 작은 규모의 하층위 공동체의 기능을 보조한다면, 원칙과 실재
간 간극이 발생하기 어렵다. 그러나 만약 상위 체제가 지역 간 균등화
를 통해 재분배를 시도해 하위 체제의 자율성을 침해한다고 판단되는

표 5-2. 분리 · 통합 역학의 복합성

		제도 또는 원칙			
		동등 통합	**일방 통합**	**동등 분리**	**일방 분리**
과정 또는 실재	동등 통합	간극 없음	방식 차이	방향 차이	간극 최대
	일방 통합	방식 차이	간극 없음	간극 최대	방향 차이
	동등 분리	방향 차이	간극 최대	간극 없음	방식 차이
	일방 분리	간극 최대	방향 차이	방식 차이	간극 없음

1. 분리 · 통합 역학에서 제도와 과정 혹은 원칙과 실재가 동일하면, 간극이 발생하지 않는다.
1. 간극은 공동체 유형별로 발생할 수도 있으나, 동일한 공동체 내에서 정책 영역별로 또는 정책 내용이나
   그 정도별로 발생할 수 있으며 심지어 동일한 공동체 내 동일한 정책에서도 시대 또는 집권세력별로 다
   르게 변동할 수도 있다.
1. 분리 · 통합 역학의 방식과 방향이 원칙과 실재 또는 제도와 과정 간 상반된 경우, 최대 간극이 발생할 가
   능성이 크다.
1. 완벽하게 동일하거나 완벽하게 상이한 경우를 제외한 나머지 경우, 방향이나 방식 차이에서 간극이 발생
   한다.

경우, 일방 통합을 정당화하려는 정치적 압력이 개입해 원칙과 실재
간 간극이 커질 가능성도 농후하다. 따라서 분리와 통합의 역학은 그
영역 종류와 내용/정도에 따라 복합적으로 나타날 수 있다.

〈표 5-2〉는 이 복합성을 도형화해 제도와 과정 혹은 원칙과 실재
간 간극을 유형별로 분류한다. 제도와 과정 또는 원칙과 실재가 완벽
하게 동일한 경우 간극이 발생하지 않는 이상형이 가능하다. 이 네 유
형의 예외적 경우를 제외하면, 실제로 관찰되는 대다수 체제를 12가지
유형으로 조합할 수 있다. 동일한 공동체 내에서도 정책 영역이나 내
용 또는 그 정도별로도 간극이 발생할 수 있다. 게다가 동일한 공동체
내 동일한 정책도 시대나 집권세력별로 간극의 변이가 관찰된다. 흥미
로운 사실은 앞서 네 유형의 이상형 내에서도 완벽하게 동시다발적으
로 동일하게 간극이 없지 않다는 점이다. 그렇다면 왜 이러한 간극이
발생할까?

우선 공동체 구성원이 분리와 통합을 다양한 조합으로 구현하는
정립 과정에서 간단한 단서를 찾을 수 있다. 예컨대, 동등 통합을 거버
넌스의 최종 목표로 설정한다고 해서 쌍방 간 동등한 통합을 제고하려
는 노정이 반드시 전개되지 않는다. 나아가 비록 공동체 구성원이 최
선으로 노력했음에도 불구하고 동등 통합을 구현한 결과를 달성할 수
있다는 보장도 없다. 만약 방식에 있어서 보조성보다 연대성을 강조
해 상향 층위를 우선시한다면, 동등 통합 원칙이 실질적 일방 통합으
로 실현되는 간극을 초래할 수 있다. 또는 방향에 있어서 외연 확대보
다 내부 결속을 제고하려는 의지로 집결되면, 동등 통합 제도는 동등
분리 과정을 거치며 간극이 발생된다. 게다가 방식과 방향에서 상반되
는 양상으로 전개되면, 동등 통합은 일방 분리로 나타나며 최대 간극
을 야기할 수도 있다.

본 절에서는 이 분리 · 통합 역학에서 관찰되는 복합성의 원천을 우선 이민 레짐 체제의 건립 역사와 전개 과정에서 규명하고자 한다. 권한집중을 전제한 절대주권과 달리, 주권공유는 권한을 다층으로 분산시킴으로써 책임 소재지를 다원화할 뿐 아니라, 복수의 정부단계 간 등가성을 제도화해 궁극적으로 구성 정체(政體)와 각 정체의 구성원인 국민을 동시에 대변하는 정치체제 구축을 지향한다. 그런데 주권공유를 표방하는 연방주의 원칙을 천명하더라도, 과도한 중앙 집중이나 과도한 탈중앙 분산을 야기할 위험 부담을 완전하게 면하기 어렵다(이옥연 2015a, 55-56). 이에 왜 이러한 상반된 양상으로 연합주의적 거버넌스가 극도로 편중되는지 이해하기 위해서 제도화되는 정립 과정과 대조할 필요가 있다.

만약 외연 확대를 제고하려는 원칙에 충실한 제도를 정비한다면, 공동체 구성원들은 통합의 대상인 동시에 통합의 주체가 되는 양면성을 지닌다. 그렇다면 통합 시점 이전에 향유한 단일주권 대신 상위 권위체로부터 등가성을 보장받는 공유주권에 합의하기 위해서, 중앙 집중, 즉 보조성보다 연대성을 강조해 상향 층위를 우선시할 수 있다. 또는 반대로 탈중앙 분화, 즉 연대성보다 보조성을 강조해 하향 층위를 우선시하는 정당화 작업이 수반될 가능성이 크다. 그 결과 상위 정부의 권한을 명기하고 하위 정부에게 잔여권한을 부여하거나, 혹은 하위 정부의 권한을 명기하고 상위 정부에게 잔여권한을 부여함으로써 상위 정부가 국민을 총체적으로 대표한다는 명분을 정립할 수 있다.

원칙적으로 동등 통합을 제도에 반영시키려 했으나 전개 과정에서 실제로 일방 통합으로 구현되면, 공동체 구성원 간 통합 방식에 있어서 이견이 표출된 결과다. 또한 동등 통합 원칙이 동등 분리로 나타난다면, 공동체 구성원 간 통합 방향에 대한 이견이 불거진 결과다. 특

히 동등 통합을 표명한 제도가 궁극적으로 일방 분리로 전개된 결과를
초래했다면, 공동체 구성원 간 통합 방식과 방향에 대한 이견으로 인
해 제도와 과정 또는 원칙과 실재 간 간극이 극대화된 경우다. 그렇다
면 구체적으로 어떻게 간극이 발생할까?

　우선 공동체가 형성되고 유지되기 위해서 구성원들은 중심으로
결집하려는 구심력과 중심으로부터 멀어지려는 원심력의 두 가지 상
반된 힘이 작동하는 균형점에 관한 공동체 내 공감대를 선택해야 한
다. 만약 구성원들이 이 공감대를 선택하는 절차에 정당성을 부여하
지 않거나 정당성을 부여할 필요를 느끼지 않는다면, 원칙과 실재 또
는 제도와 과정 간 간극이 발생할 것이다. 전자의 경우 공감대 선택 결
과에 불복해 선택 절차 자체를 부인하기 때문에 간극이 발생한다면,
후자의 경우 공감대 선택 절차에 대한 명확한 규정이 없거나 있더라도
불충분하기 때문에 간극이 발생할 것이다. 흥미로운 점은 상반되는 방
향으로 구심력과 원심력이 작동하며 상충되는 효과를 창출함에도 불
구하고 구심력의 이완이 반드시 탈중앙화의 심화로 이어지지는 않으
며 마찬가지로 원심력이 약화된다고 반드시 중앙 주도로 응집되지 않
는다는 사실이다(이옥연 2008, 36-45). 즉, "구심력 증가로 인한 응집
성과 원심력 증가로 인한 자율성을 완전한 상호 반비례 관계로 규정하
기는 힘들다"는 추론이 가능하다(이옥연 2008, 27).

　구성원 간 합의한 층위가 두꺼워지는 경우, 자율성을 상실할 가능
성에 대한 위험 부담도 커질 수 있다. 만약 이 경우 분리를 명분으로
내세운 정치 구성원들이 불안감을 느끼면 수직적 관계뿐 아니라 수평
적 관계에서 생존을 위한 방어막에 집착할 수 있으며, 이는 다층 거버
넌스에 태생적이다(Bednar 2009, 78). 달리 말하자면 만약 안위에 대
한 위협이 가중된다고 판단할 경우, 국가 정체성에 도전하는 대가를

불사하더라도 통합을 거부해 정국 불안정 또는 심지어 정치체제 해체
까지도 가능하다. 따라서 이를 제어하는 복수의 차단장치가 요구된다.
그렇다면 권력 책임소재지 분산과 통치 거버넌스 난이도 간 상관관계
에서 응집성과 자율성 간 영합(零合, zero-sum)적 관계를 정합(定合,
positive-sum)적 관계로 전환할 필요가 있다. 이러한 전환을 가능하게
하는 여건이 조성된다면, 통합과 분리가 반드시 상치하지 않는다는 신
뢰도 가능하다. 이에 다음 소절에서는 이민자 국가 미국이 이민 규제
권한 체계를 구축하는 과정에서, 개인 또는 집단의 권리를 보장하려는
자유주의 이상과 이민 규제라는 정책적 현실이 충돌하면서 원칙과 실
재 또는 제도와 과정 간 간극이 심화되었다는 사실에 주목해 이민 레
짐의 부침을 분석하고자 한다.

III. 이민자 국가 미국의 공동체 구상의 전개 과정

미국에서는 건국에 앞서 이주가 선행된 역사적 특수성으로 인해 이주
민을 수용하고 영구적 거주 의사를 표명한 이민자를 규제하는 주요
책임소재지는 주정부였다. 그 결과 미국 시민의 자격을 명시하는 법
을 제정하는 권한도 주정부가 선점했기 때문에 연방정부가 수립되면
서 이민 문제는 수직적 권력분립을 통치원칙으로 채택한 다층 거버넌
스 체제에서 연방과 주정부 관계를 구성하는 정치경제 의제 중 하나였
다(이옥연 2008, 146). 따라서 미국은 19세기까지 연방헌법 체제에 근
거를 두고 이민 정책 결정과 집행의 책임소재지를 결정하는 데 있어서
경제적 필요성이 정치적 압력에 구속되지 않는다는 기본 방침을 정립
했다.

구체적으로 국가의 노동 수요에 따라 국내로 유입되는 이주자를 사회 구성원으로 통합하는 업무에 관한 한, 연방정부가 기본 정책지침에 대한 입법 권한을 행사하고 주정부는 실질적 집행 권한을 분담했다. 그리고 연방사법부는 인권 존중에 근거해 보편적 사법 논리를 이민 정책의 집행 방향으로 명시했으며, 결과적으로 헌법이 보장한 기본권에 대한 침해를 최소화하는 데 주력했다. 그러나 동시에 사법부는 이민자의 권리와 지위에 관한 한, 미국 사회의 온전한 구성원으로 포함되는 근거에 대해 침묵했다. 그 결과 미국에서 출생하지 않은 국내 유입인구가 영구 정착의 의사를 표명하더라도 그 이민자를 불법 여부와 상관없이 일괄적으로 헌법에서 "열외"로 간주했다.

반면, 정책 이행에 있어서 이민자의 권리와 지위에 관해 침묵함으로써 양분되거나 심지어 상반된 견해가 혼재할 여지를 남겼다. 이민자의 권리와 지위를 헌법에 명기하지 않은 사법부의 지침은 결국 이민자가 미국의 구성원으로서 동등한 권한을 행사할 수 있는지 논란을 입법 과정에서 결정할 수 있게 만든 전례를 만들었다. 이러한 사법부의 신중한 대응은 결과적으로 정치적 공동체의 구성원으로서 이민자의 권한이 정치적 압력에 노출될 수 있는 위험성을 내포했다. 따라서 이민자의 권리와 지위에 관한 헌법의 침묵으로 이민자의 정치적 권한을 설정하려는 정치 시장에서 이민 문제와 이민자를 대상으로 하는 정책 공약이 빈번하게 등장했다. 이에 본 절에서는 미국 건국 시점부터 이민 문제에 관한 수직적 권력분립을 1790년부터 19세기 말까지 이중 연방주의(dual federalism), 19세기 말 이후 1990년대까지 연방정부 우위(superiority), 그리고 1990년대 이후의 신연방주의(new federalism) 시기로 분류해 대조하고자 한다.

〈표 5-3〉은 최초로 연방 귀화법이 제정된 1790년부터 19세기 말

표 5-3. 연방 이민법령과 연방정부 구조: 개국부터 19세기 말까지

연도	법령	대통령(정당)	의회 다수당 상원/하원
1790	연방귀화법(Naturalization Act) 제정	워싱턴(무소속)	연방파
1795	Naturalization Act of 1795		
1798	• Naturalization Act of 1798 • Alien and Sedition Act	애덤스(무소속)	
1802	Naturalization Act of 1802	제퍼슨(민주공화)	민주공화
1819	Steerage Act	먼로(민주공화)	
1855	Carriage of Passengers Act	피어스(민주공화)	
1870	Naturalization Act of 1870	그랜트(공화)	공화
1875	• Page Act • *Henderson v. Mayor of New York*		공화/민주
1882	• Chinese Exclusion Act • Immigration Act of 1882	아더(공화)	공화
1885	Alien Contract Labor Law		공화/민주
1891	Immigration Act of 1891	해리슨(공화)	공화/민주
1892	Geary Act		
1898	*United States v. Wong Kim Ark*	맥킨리(공화)	공화

출처: 이옥연(2014, 156-57)을 보완함

까지 연방정부가 주도한 이민법령과 연방정부 구조를 보여준다. 1790
년 연방 귀화법은 헌법 8조 1항에 근거해 연방정부가 시민권을 규정
할 수 있다고 명기함으로써 미국 영토에서 최소 2년 이상 거주한 백인
자유 남성(free white person)에 한해 선거권과 피선거권을 부여하는
목적으로 제정되었기 때문에, 이민 규제와 무관하다고 볼 수 있다.[4] 이
러한 연고로 귀화를 위한 거주 충족 요건을 백인의 경우 5년으로 늘린

1795년 연방 귀화법이 최초의 이민법령이라고 할 수 있다. 이어 1798
년 연방 귀화법은 14년으로 늘렸으나, 1802년 연방 귀화법은 귀화 의
사를 귀화를 신청하기 3년 전에 표명하고 거주 요건은 5년으로 다시
줄였다.

　본격적으로 이민을 규제한 지침은 1819년 선박 입항 및 출항에
관한 연방법(Steerage Act)을 제정해 승객의 인적 사항을 작성해 제
출하도록 의무화함으로써 마련되었다. 이어 1855년 승객운반법(Car-
riage of Passengers Act)으로 대체되면서 본격적으로 이민 규제를 이
행하는 초석이 정비되었다. 또한 1864년 연방 계약노동자법을 제정
해 노동 수요의 증가를 충족시켰다. 그리고 1870년 연방 귀화법은 백
인과 더불어 아프리카 후손에 한해 5년 거주 요건을 적용했다. 뒤이
어 1875년 연방 이민법(Page Act)은 아시아로부터 계약노동자 이주를
불법으로 규정했으나, 이민 규제를 총괄하는 법령이 아니었다. 다만
1875년 *Henderson v. Mayor of New York* 판결을 근거로 이민자를
포함한 이주민이 탑승한 선박에 대한 입항세를 부과한 뉴욕 주정부를
상대로 주간통상 규제 권한은 연방의회에 예속되므로 세금 징수가 위
헌이고, 따라서 주정부의 이민 규제 권한을 제한한 선례가 남겨졌다.

　19세기 후반은 남북전쟁의 종료와 산업혁명으로 인해 연방정부의
입법 활동주의를 가져왔고, 이민 규제도 이에 예외가 아니었다.[5] 구체

4　구체적으로 노역 계약에 종속되지 않고 품행이 방정하며(good character) 미국 헌법에
　충성을 서약하는 요건을 충족하면 시민권의 자격을 갖추었다고 명시했다.
5　1868년 미국과 중국 간 체결된 조약(Burlingame-Seward Treaty)은 중국에게 최혜국
　(Most Favored Nation)의 특권을 부여하였고 미국에 이주하는 중국인에게 귀화의 특권
　도 부여하였다. 그러나 공화당이 다수당인 연방의회의 반발로 인해 공화당 헤이즈 대통
　령은 1880년에 귀화를 보류하는 조항을 삽입하여 조약을 개정했다. 결국 1882년 공화
　당 그랜트 행정부가 중국인 이민을 향후 10년간 잠정 보류하는 중국이민금지법을 제정
　함으로써 이 조약은 효력을 상실했다.

적으로 1882년 중국인 이주금지법(Chinese Exclusion Act)은 중국인 이주민을 상대로 이주와 귀화를 제한하거나 금지하고 나아가 추방 근거를 명기했다. 더불어 1882년 연방 이민법은 이주민 당 50센트 인두세를 부과해 이민 규제를 담당하는 연방 관리의 봉급을 지급하는 재원을 마련했다. 1882년에는 동시에 이민 문제, 특히 출입국 관리에 관한 연방정부의 권한 확대도 이뤄졌다. 더구나 이민 문제의 주요 영역인 출입국 관리를 연방정부 권한으로 이양하는 요구는 다름 아닌 뉴욕주가 주도했다. 주정부가 개별적으로 관장하던 이민자 입국절차와 관련한 규제를 연방정부에게 전담하게 함으로써, 출입국 관리의 책임소재지가 비로소 단일화되었다. 그 결과 이민, 특히 출입국 관리에 관한 한 연방정부에게 모든 권한이 있음을 공표하는 1891년 연방 이민법이 제정되었고, 재무부 산하 연방 이민국을 창설하였다.

1891년 연방 이민법은 앞서 1864년 연방 계약노동자법으로 인한 이민 폭증과 임금 삭감 등 폐단을 제어하려는 정치적 압력의 결과물로서 외국인 계약직 노동자의 유입, 알선 및 채용을 불법으로 규정했다. 특히 1892년 연방법(Geary Act)은 중국인 계약직 노동자 규제를 한층 강화했다. 그러나 동시에 연방 사법부는 1898년 *United States v. Wong Kim Ark* 판결에서 중국 외교관이 아닌 미국 내 거주하는 중국인 이주민을 부모로 미국에서 출생한 자녀도 수정헌법 14조에 근거해 미국 시민이라는 유권해석을 내렸다. 이는 국제무대에서 미국의 입지를 확고하게 만들기 위해 미국의 국민대표 정부로서 연방정부의 위상을 강화할 필요성에 기인한 결과라고 볼 수 있다(Varsanyi 2010, 6). 다만 이민 규제에 관한 한 연방정부는 주정부에게 부여된 권한보다 우위라는 점을 주장하면서 연방정부의 권한 확대를 점차 제도화한 결과로서 입법 활동주의가 나타났기 때문에, 명분으로 내세운 국가의 위상과 실제로 입법화된 결과물의 간극은 오히려 극심해졌다고 평가할 수 있다.[6] 이는 연방–주정부 관계에서 이중 연방주의를 단적으로 보여주는 방증에 해당한다.

19세기 말까지 일련의 사례는 이민에 관한 수직적 권력분립이 연방–주정부 간 단순한 분업이라기보다 다층 거버넌스를 통한 이견조정 형태로 정책 결정 과정이 이뤄졌음을 보여준다. 따라서 주정부의 관점에서 보면, 19세기 말까지 연방주의에 입각한 이민 레짐에서 한편으로는 연방과 주정부 차원에서 선출된 대변인 간 네트워크가 형성되고 다른 한편으로는 연방정부 차원에서 주정부 대변인에게 압력을 넣을 수 있는 경로를 통해 주정부가 실권을 행사할 수 있는 권한 영역이 형성되었다.[7] 그리고 그 압력은 특정 이민자 집단의 권한을 제한하는 입법안으로 구현되었다는 점에서 이 시기는 주정부가 주도한 이민법 개혁의 황금기라고 볼 수 있다.

〈표 5-4〉는 20세기 초부터 2차 세계대전 종료 직전까지 이민에 관한 연방정부의 입법화 결과와 연방정부 구조를 보여준다. 1903년 연방 이민법은 중국인 이민의 영구 보류를 안건으로 하는 법안을 통과시키면서 중국 이민자 귀화를 원천 봉쇄했다. 구체적으로 이민 제한 대상으로 중국인을 포함한 아시아인, 무정부주의자, 간질병 환자, 거지, 매춘업자 등을 지목했다. 더불어 1906년 연방 귀화법은 앞서 재무

---

6   구체적으로 서부 개척에 투입할 원활한 노동력 공급을 위해 1868년 중국과 미국 간에 중국인 이민을 도모하는 조약을 체결했다. 그러나 1848년 금광 발견 이후 캘리포니아주에 거주하는 유럽계 이민자 집단은 중국 이민의 증가에 반발해 중국 이민자의 권한을 제한하는 주 법령(Foreign Miners' License Tax Law) 제정을 통해 시민권이 없는 중국인 이민자의 재산축적을 제어했다(Schain 2008, 181-82). 이어 1870년대 경제 침체기에는 중국인 이민자에 대한 반감이 전국적으로 확산되었다.

7   특히 20세기 초까지 상원의원은 간선으로 각 주정부가 선출했으므로, 이들은 연방정부 차원에서 자신이 대변하는 주의 이권을 우선시했다고 볼 수 있다.

표 5-4. 연방 이민법령과 연방정부 구조: 20세기 초부터 2차 세계대전까지

연도	법령	대통령(정당)	의회 다수당 상원/하원
1903	Immigration Act of 1903	테오도어 루스벨트(공화)	공화
1906	Naturalization Act of 1906		
1907	Immigration Act of 1907		
1917	Immigration (Barred Zone) Act of 1917	윌슨 (민주)	공화/민주
1918	Immigration (Passport Control) Act of 1918		
1921	Emergency Quota Act	하딩(공화)	공화
1924	• Immigration (Johnson-Reed) Act of 1924 • 출신국별 할당 공식 책정		
1934	Equal Nationality Act of 1934	후버(공화)	공화
1940	Nationality Act of 1940	프랭클린 루스벨트(민주)	민주
1942	Bracero Agreement		
1943	Chinese Exclusion Act 철폐		

출처: 이옥연 (2014, 156-57)을 보완함.

부 산하로 설립한 연방 이민국을 상무부 산하 연방 이민귀화국으로 대체하고, 귀화 절차를 표준화하고, 귀화 조건으로 영어 능력 검증을 명시했다. 이어 1907년 연방 이민법은 특정 질병이나 신체적 불구를 지닌 이주자의 이민을 제한할 수 있는 근거를 마련했다. 그리고 1917년 연방 이민법은 아시아를 이민금지지역(Barred Zone)으로 선정했으며, 1918년 연방 이민법은 영어문자 해독능력을 자격요건으로 규정하고, 출신국가로부터 사증 발급을 의무화하고, 무정부주의자에 대한 이민 제한의 근거도 추가했다. 그리고 마침내 1921년 연방 긴급할당법(Emergency Quota Act)은 1910년 인구조사 결과에 근거해 미국 시민

의 3%를 기준으로 정하고 출신국별 이민 허용 상한선을 책정했다.

특이하게 1922년 연방 이민법령(Cable Act)은 외국인 남성과 결혼한 미국 여성의 시민권 유지를 허용함으로써 국적 획득이나 상실에 관한 규정 근거를 남겼다. 그리고 1924년 연방 이민법은 최초로 연간 이민자 총수를 15만 명으로 한정하고 할당 적용국가와 비적용국가로 양분해 이민 할당을 차별 적용하는 근거를 마련했다. 더불어 전문직, 성직, 시민권자 배우자를 제외하고 아시아 지역 노동자의 이민을 제한하도록 규정했다. 이어 앞서 외국인 남성과 결혼한 미국 여성을 대상으로 한 국적 획득과 상실에 관한 규정을 확대해, 1934년 연방 이민법령(Equal Nationalilty Act)은 만약 외국인 남성이 18세 이전에 입국해서 5년 이상 미국에 거주하며 미국 여성과 결혼해 자녀가 출생하는 경우 그 자녀의 시민권 신청을 허용하고 외국인 남성 배우자의 귀화 절차도 간소화하도록 규정했다. 마침내 1940년 연방 국적법이 국적 획득과 상실 조건을 명시함으로써 귀화 절차도 일원화했다.

더불어 경제적 수요를 충족시키기 위해 1942년 협정을 체결해 한시적으로 멕시코 이주노동자의 농장 채용을 허용하는 조치를 단행해 1964년까지 유지했다. 그리고 1943년에는 1882년 중국인 이주금지법을 철폐하고 미국에 거주하는 중국인의 귀화를 허용했으나, 중국인은 시민권을 취득한 이후에도 재산 취득이나 등기를 불허했다. 달리 말하자면, 경제적 수요에 기반을 두고 공식적으로 표방하는 이민 규제는 이민자 총수, 이민자 출신국, 국가별 할당 증감 등에 관한 실질적 공공정책의 정치적 파장효과에 민감하므로, 이민 문제가 종종 국내정치과정의 소용돌이에 휩쓸린다.

연방정부의 관점에서 보면, 19세기 말을 기점으로 20세기 이후부터 이민 문제에 관한 한 주정부가 자발적으로 정책 주도권을 연방정부에게 이관했다고 주장할 수 있다. 구체적으로 연방정부는 20세기 초부터 개방적 이민 정책을 폐쇄적 이민 정책으로 전환하는 데 있어 주도적 역할을 했다. 특히 미국 입국 이전부터 이주와 이민을 사전에 관리하는 입법화를 주도했고, 출신국가별 할당을 재배정한 1921년 이후부터 이민법 개정의 초점을 이민자 집단의 구성에 맞췄다. 다시 말하자면, 미국 연방정부는 20세기 초부터 이민 정책의 주요 의제를 이민자 집단의 구성에 집중해 주도한 결과, 연방 이민법 제정의 목표를 포괄적 개혁보다 공평한 할당 조정에 설정했다. 이는 각종 이권을 내세운 압력단체의 영향력에 의해 연방정부가 이민 규제를 추진할 수 있는 통제력이 잠식당하는 결과를 초래함으로써, 이민과 이민자 정책에 관한 권한이 연방정부에 이관되었음에도 불구하고 이민 규제 개혁의 주도권을 실질적으로 상실하는 국면에 이르렀다.

〈표 5-5〉는 2차 세계대전 종료 이후부터 최근까지 연방이 주도한 이민법과 연방정부 구조를 보여준다. 1948년 연방 이민법령은 2차 세계대전으로 인해 유럽으로부터 이주한 사람들에게 한시적으로 미국 영주를 허용하는 내용을 담았다. 그리고 1952년 연방 이민국적법(Immigration and Nationality Act)은 앞서 제정된 1940년 국적법이 규정한 시민권 취득과 상실 조건에 더해 이민에 관한 규제를 단일화했고, 더불어 공산주의자로 의심되는 경우 이민자를 연방정부가 추방할 수 있는 권한을 강화했다. 이어 1965년 연방 이민국적법은 1921년 긴급할당법에 근거한 출신국별 할당을 폐지하고 국가별 상한선만 유지했으며, 전문직이나 숙련직 등 이민 대상 선호를 제도화하고 가족 재결합 절차를 정비했다. 이후 베트남전쟁의 종료를 계기로 1962년 연방 이주난민법을 확대한 1980년 연방 난민법은 매년 5만 명 난민을 수용해 재정착시키는 절차를 정비해 단일화했다.

이처럼 이민 문제에 관한 한, 연방정부의 정책 권한은 비대해졌을
뿐 아니라, 권한 비대가 주정부의 의사와 무관하게 진행되거나 심지어
권한 이관에 대한 주정부의 반발을 무릅쓰고 추진되었다. 예컨대 이민
규제 개혁에 대한 요구가 커지자, 1986년 연방 이민개혁통제법(Immi-
gration Reform and Control Act)은 불법 이민자 고용을 처벌 대상으로
규정하고 국경통제 인력 보강을 명시함으로써 이민 개혁 의지를 천명

표 5-5. 연방 이민법령과 연방정부 구조: 2차 세계대전 종전 이후

연도	법령	대통령 (정당)	의회 다수당 상원/하원
1948	Displaced Persons Act	트루먼(민주)	공화/민주
1952	Immigration and Nationality (McCarran- Walter) Act		
1965	Immigration and Nationality (Hart-Celler) Act	존슨(민주)	민주
1980	Refugee Act	카터(민주)	민주
1986	Immigration Reform and Control (Simpson- Mazzoli) Act	레이건(공화)	공화/민주
1990	Immigration Act(IMMACT)	부시(공화)	민주
1996	• Illegal Immigration Reform and Immigrant Responsibility Act(IIRIRA) • Antiterrorism and Effective Death Penalty Act (AEDPA)	클린턴(민주)	공화
1997	숙련기술자 대상 잠정 사증 확대		
2000	Legal Immigration Family Equity Act		
2005	Real ID Act	W. 부시(공화)	공화
2009	Uniting American Families Act	오바마(민주)	민주
2012	DACA(Deferred Action for Childhood Arrivals)		민주/공화

출처: 이옥연 (2014, 156-57)을 보완함

했다. 그러나 동시에 미국 내 거주하는 불법 이민자를 사면하는 조건
을 명시했다. 게다가 1990년 이민법은 1965년 연방 이민귀화법을 개
정해 이민 할당 총수를 증가시키고 이민 대상국을 다양화하고 전문직
종사자를 대상으로 하는 비자 발급을 늘리는 내용을 담았다.

이에 연방정부 차원의 이민 규제는 통제 불능이라고 낙인을 찍은
주정부가 입법 활동주의를 통해 이민 문제에 관한 책임소재지를 재탈
환하려는 의지를 천명했다. 구체적으로 1994년 캘리포니아주 주민발
안(Proposition) 187호는 주정부가 자체적으로 시민권 검증제도를 정
립하고 불법이민자에게 공공구제와 서비스의 혜택을 제한할 수 있다
고 규정해 주민발의를 통해 입법안으로 채택되었으나 로스앤젤레스
연방구역법원이 이를 위헌이라고 판결함으로써 번복되었다. 특히 캘
리포니아 주민 중 히스패닉계 주민의 3분의 1과 아시아 및 아프리카계
주민의 과반수가 이 주민발안을 가결시켰다는 점에서 연방정부의 이
민 정책 권한에 정면으로 도전장을 던진 셈이었다. 이는 이민 정책이
단순한 반이민 정서에 의해 좌우된다는 통념을 뒤집었다는 점에서 중
요성을 지닌다.

미국의 수직적 권력분립 체제는 정책 결정에서 거부권을 행사할
수 있는 행위자가 복합적 다층구조로 존재하도록 고안했다. 그 결과
수직적·수평적으로 복잡한 연대세력 간 이합집산을 동반하는 이민
규제에 관한 정책 입안은 길고 때때로 험난하다. 구체적으로 연방정부
가 이민법을 개정하면서 특정 집단이나 계층 또는 가족관계 간 할당
조정을 시도하는 경우, 행위자의 거부권 행사 가능성도 증가한다. 이
는 이민 규제가 궁극적으로 이민자 총수를 확대하는 방법, 즉 파이를
크게 만드는 미봉책으로 끝날 수밖에 없는 필연성을 가리킨다(이옥연
2008, 160). 특히 이주 유입을 요구하는 사회경제적 견인(pull)이 이주

대상국의 공공정책에 형성되기 때문에, 연방정부가 주도한 이민 개혁 실패는 주정부가 공세적으로 이민 정책 권한을 재설정하는 동기를 부여한다.

더욱이 경제주기와 무관하게 이민의 확대에 대한 미국 내 여론은 일관되게 부정적이며, 불법 이민자의 증가는 심각한 우려를 보태 반(反)이민정서를 자극한다.[8] 따라서 접근성이 떨어지는 연방정부와 달리 국민에 더 가깝게 존재한다고 자부하는 주정부는 이민법령의 주체로서 지위를 재탈환할 명분을 확보하려는 시도를 계속한다(Fetzer 2000, 82). 이에 반해 오바마 행정부의 이민법 개정 시도를 제외하고, 이민 정책 레짐 개혁을 목표로 한 연방법은 연방정부 차원의 정당 대치, 정당 내부 이합집산, 다양한 이익단체의 이권 다툼 등 정치과정에 매몰되는 양상을 띠고 있다.[9] 그 결과 연방정부의 이민 정책 개혁을 목표로 하는 연방법이 오히려 출신국별 이민자 할당 증가로 귀결되어 이민 규제를 더욱더 악화시키는 역효과를 창출했다고 볼 수 있다.

구체적으로 캘리포니아, 애리조나 등 서부 주와 앨라배마 등 남부 주에서 반이민정서가 정치적 지각변동까지 일으키는 배경에는 이주민 집단이 건국에 대한 기여도 없이 국가건설의 수혜를 탈취한다는 불만이 작동한다. 신대륙으로 이주한 동부 주 토착민과 달리, 변방영토(frontier) 개척을 통해 미국 서부와 멕시코 접경지대 주로 이주한

8　이민자 수가 증가할수록, 경제 침체가 심각할수록, 최근에 유입되는 이민자일수록, 그리고 노년층일수록 이민증가에 대한 반발이 증가한다(Pew Research Center 2004, 2). 이를 분석한 선행 연구들은 집권 정당의 정치적 결단에 따라 개방적 이민 정책이 펼쳐진 사례를 들어 접근하거나, 반대로 이민 문제를 국가 정체성과 연계해 능력(merit) 또는 가치 준거(standards of worth) 담론에 근거해 평가한다(Lamont 2000, 212-13).

9　이러한 연방정부 차원의 이민 정책 개혁을 "지속적 타협과 세세(細細)한 거래"에 매몰되었다고 평가하기도 한다(유성진 외 2007, 140).

백인 토착민은 미국이 이민자 국가라는 주장에 공감하지 않았다.[10] 게다가 현재 멕시코나 태평양 연안과 접경한 주는 다른 지역 주보다 불법 이민자로 인한 재정적 손실도 크기 때문에 반발이 심하다. 특히 주정부 등 하위 정부가 불법 이민자를 위한 공공구제와 서비스 제공, 출입국 위반자 감금 시설 유지 등 비용을 전적으로 부담하는 반면, 연방정부가 세수원으로서 이민자 집단에 대한 세금 징수를 독차지한다는 불만이 크다. 이는 주 재정에 대한 이중 압박이기 때문에, 이 불합리에 대한 능동적 대처로 주정부의 입법 활동주의가 증가했다(Joppke 1999/2008, 58).

　주정부의 입법안은 기본적으로 이민자가 사회 구성원으로 정착하도록 보조하는 프로그램을 정책으로 입안하는 내용이다(Mitnik and Halperin-Finnerty 2010, 52). 그러나 최근 주정부의 입법 활동주의에서 드러나는 특징은 이민자의 권한 제한 자체보다 과거 연방정부의 이민 정책 집행이나 보완을 목적으로 하는 입법에 그치지 않고 연방 이민법을 대체하는 범위로 확대하는 데 있다(Provine 2010, 217). 구체적으로 1975년 텍사스주는 주정부와 납세자에게 부당한 비용을 부과한다는 근거로 불법 이민자 자녀 대상의 공교육 기회를 박탈하는 내용을 담아 교육법을 개정했다. 그리고 연방대법원은 1982년 *Plyer v. Doe* 판결에서 이 텍사스주 교육법이 위헌임을 명시했다. 흥미로운 점은 이 판결문에는 이민 규제가 위헌 여부를 가리는 사법 사안이 아니라 입법과정을 통해 해결할 문제라는 의견이 첨부되었다는 사실이다. 이는 이민 규제가 근본적으로 연방정부와 주정부의 공유된 헌법 권한 영역이라는 점을 상기시키는 사법부의 판단이다(Rodriguez et al.

10　오히려 미국의 영토 확장에 참여한 공로에 자부심이 클수록, 이질적 집단으로 구성된 이민자가 그 공로를 가로챈다는 불만을 폭력 행사로 드러내기도 했다.

2010, 32-35).

　1990년 이민법 이외 1996년 불법이민개혁 및 이민자책임법(Il-
legal Immigration and Immigrant Responsibility), 반테러 및 유효사형
제법(Antiterrorism and Effective Death Penalty Act) 등 일련의 입법
화 시도가 잇달았다.[11] 그러나 이는 결국 1997년 숙련기술자 대상 잠
정 사증 확대 조치나 2000년 합법이민가족균등법(Legal Immigration
Family Equity Act) 등 이익집단이 주도한 집단이익 증진의 부산물에
그쳤다. 이어 2005년 신원실사법(Real ID Act), 2009년 미국가족결
합법(Uniting American Families Act) 등도 결과적으로 이민자 증가
에 일조했다. 더불어 2010년 중간선거를 계기로 표면화된 티파티(Tea
Party) 운동도 이민의 맥락에서 정치적 의미를 지닌다.

　1990년 이민법 등 연방정부가 주도한 일련의 이민 규제 개혁 입
법안에는 다양한 이권에 연루된 이익집단의 민원 사안이 추가되어 통
과되었기 때문에, 원안의 주요 목표인 이민 규제와 거리가 멀다는 비
난에 직면했다. 무엇보다 미국 내 소수인종 인구 증가와 더불어 양대
정당의 지지기반이 정파성을 축으로 이민정치와 국가정체성을 중심으
로 분기배열(sort)된 결과, 의회 정당대립이 극심해진 양극화가 전개
되었다(손병권 2018, 188). 이러한 상황에서 정상적 입법과정을 통한
이민 규제 개혁은 거의 불가능하다고 볼 수 있다. 게다가 경제주기의
침체와 맞물리면, 이민의 순기능보다 역기능을 강조하는 이민의 정치
경제가 선거판을 달구기 마련이다.

11　특히 1996년 불법이민 및 이민자책임법은 고용주의 노동자 신분 확인 의무화, 합법 이
　　민자 대상 복지 수혜 제한, 국경통제 인력 보강 등 이민 규제 개혁안을 담았다.

IV. 이민 규제 개혁, 이민과 국가 정체성의 정치경제, 그리고 미국의 분리 · 통합 역학

미국에서 분점정부 여부가 이민 규제 개혁에 어떻게 영향력을 미칠까? 설령 단일정부라고 해도 이민 규제가 다원주의에 토대를 두는 정치과정에서 온전하게 법안으로 제정될까? 만약 단일한 이민 개혁을 표방한 연방정부의 입법 시도가 이민 규제를 단일화하기보다 이민자 총수 증가를 초래한다면, 주정부는 어떻게 대응할까? 앞서 〈표 5-3〉, 〈표 5-4〉, 〈표 5-5〉를 살펴보면, 주정부가 실질적으로 각각 출입국 관리를 관장하는 주체로 권한을 행사한 19세기 말에 분점정부가 빈번했다. 따라서 이 기간에 연방정부가 주도한 이민 규제는 분산된 이민 규제 권한을 중앙으로 수렴함으로써 단일화를 통해 경제적 수요를 충족시키는 입법안 제정에 주력했다. 그에 대한 대가로 이민 폭증과 임금 절하 등 부작용을 제어한다는 명분을 내세우며 야당의 반발을 무마시켰다고 볼 수 있다.

이와 대조적으로 20세기부터 2차 세계대전 종료까지 분점정부는 윌슨 대통령을 제외하곤 없다. 이 시기에는 주정부가 자발적으로 양도한 국경통제 권한을 활용해 연방정부는 이주민의 귀화 절차를 표준화하고 국적 획득 및 상실 조건을 명시해 이민 레짐의 단일화에 주력했다. 그 결과 연방정부는 시민권 부여와 국가 정체성 규정 권한을 선점하며 국가에 대한 구상을 주도하기 시작했다. 이는 이민 규제에 관한 이주자 자격 제한이나 출신국별 할당 책정 등 구체적 프로그램으로 구현되었다. 그 결과 연방정부가 주도적으로 이민과 시민권 취득 및 상실에 관한 규제를 단일화하는 토대를 다졌다고 볼 수 있다.

특히 이민자 총수, 출신국이나 출신 배경별 이민자 할당 등에 관해 연방정부가 선점해서 결정하는 틀을 마련했다. 더불어 연방정부가 이민 제한 조건으로 영어문자 해독능력 검증을 부가하거나 이민 신청이 금지된 지역 또는 출신 배경 등을 선정함으로써, 연방정부 차원에서 이민자에 대한 수요를 조절하는 데 정치적 압력이 작동하는 기틀도 갖추어졌다고 볼 수 있다. 이는 이민과 국가 정체성의 정치경제가 전개되는 장(場)이 정치 시장에서 형성되는 계기가 되었고, 2차 세계대전 종료 이후부터 분점정부가 일상화되면서 이민과 국가 정체성은 정파적 갈등의 핵심 의제로 자리매김했다.[12] 그 결과 이민 규제 개혁은 그 내용보다 입법화 기회를 활용해 의사결정 과정에서 거부권을 행사하려는 다양한 정치행위자의 동기를 추동하는 장(場)으로 변질된 측면도 보였다.

이는 노동시장과 최저임금 논의로 이민 규제의 정책 틀이 구상되던 시기와 달리 1990년대 중반 이후부터 이민 규제 개혁은 재정 건전성과 연계한 논의가 지배적이었다. 특히 1994년 중간선거에서 공화당이 연방하원의 다수당 지위를 확보하며 재정균형 논의를 개헌 논의로 승격시킨 결과, 이민 규제는 재정 건전성 회복과 직결된다는 주장이 설득력 있게 전파되었다. 이러한 분위기 속에서 연방정부 법안은 불법이민을 근절한다는 명분으로 캘리포니아주가 주도한 입법안보다 더 진일보한 형태로 이민자의 총수 제한에 주력했다. 이는 이민자 국가로서 명분상으로 미국의 위상을 유지하되 실질적으로 이민의 문을 닫으려는 반(反)이민정서에 부합하는 데 주력했다.

결과적으로 연방정부 차원에서 각종 이익단체가 이합집산하면서 오히려 이민자 할당이 집단별로 증가해 이민자 총수도 지속적으로 증

---

12 구체적으로 트루먼, 레이건, 부시, 클린턴, 오바마, 그리고 트럼프 집권 기간 중 분점정부가 발생했다.

가했다. 정작 이민 규제 개혁의 목표인 불법 이민에 대한 근본적 해결책은 제시하지 못한 채, 이민 규제 주체가 연방정부든 주정부든 입법 활동주의 증가 배경에 반이민정서만 증폭되어 작동했다. 그렇다면 반이민정서는 어떠한 경로로 형성될까. 크게 이민자와 토착민 간 낮은 문화적 유사성에 근거한 문화적 주변성(cultural marginality), 이민자의 낮은 경제적 지위, 교육수준 또는 기술 숙련도 등으로 인한 경제적 사리추구(economic self-interest), 그리고 이민자와 토착민 간 직접적 대면보다 이민자의 가시성으로 촉발되는 상호교류(contact)를 들 수 있다(이옥연 2014, 163).

그 세 가지 요인 중 문화적 주변성 가설은 토착민 집단이 이민자 집단에 대해 우호적일 때도 있고 적대적일 때도 있다는 시공간적 변이를 체계적으로 설명하지 못하는 한계를 보인다. 더불어 상호교류 가설은 편견의 실재 자체보다 편견의 인지 여부가 설명력을 결정한다고 전제하기 때문에, 이민자와 토착민 간 우호감 또는 적대감의 변이 자체를 부인하는 모순을 지닌다. 이와 대조적으로 경제적 사리추구 가설은 이민자의 이질성에 근거한 문화적 주변성이나 이민자의 가시성 증가에 기인한 상호교류 자체보다 이민자의 증가가 재정 손실로 직결된다는 상대적 박탈감에 대한 공포에 초점을 맞춘다. 다시 말하자면, 이 공포심으로 인해 이민의 합법성과 무관하게 반이민정서를 부추기는 정치쟁점화가 가능하다.

그러나 경제적 사리추구 가설도 궁극적으로 이민자 집단의 문화적 이질성과 가시성에 대한 토착민 집단의 반발심을 정치적으로 동원하여 토착민에 대한 금전적 타격과 연결하려는 정치 시장의 논리가 전파되어야 비로소 그 설득력이 확보된다. 더욱이 수직적 권력분립을 통치 원칙으로 채택한 미국은 바로 이 과정에서 주정부나 지방정부 등

하위 정부가 정치행위자로서 거부권을 행사할 수 있는 체제다. 이에 본 절에서는 1965년 이후 공식적으로 개방 지향적 이민 레짐을 표방하나 실질적으로 비이민자 국가로 구성된 유럽과 큰 차이를 보이지 않는 폐쇄적 이민 정책을 펴나가는 괴리를 분리·통합 역학에서 재조명하고자 한다.

이민 규제 권한의 책임소재지를 묻는 설문조사 결과에 의하면, 주정부라고 답한 사람이 전체 응답자의 69%, 전체 민주당 지지자의 66%, 전체 공화당 지지자의 75%에 해당한다(이옥연 2014, 152). 이러한 설문조사 결과는 헌법이 명시한 전권(plenary powers)에 근거해 출입국 관리는 국가 간 관계이며 출입국 관리와 국경통제가 이민 규제의 핵심 사안이기 때문에 이민 레짐의 주체를 연방정부에 우위를 두고 이를 연방대법원도 동의하는 유권해석을 내린 사실과 배치된다. 무엇보다 미국 유권자는 대체로 연방정부가 아니라 주정부가 이민자를 미국 사회 구성원으로 수용하는 주체로서 적절하다는 데 공감하며, 따라서 그 비용을 충당하는 주정부의 재량권을 인정해야 한다는 요구도 크다. 이러한 맥락에서 건국 이후부터 이민 규제 개혁은 법과 정치의 주요 의제로 지속적으로 대두되었고, 특히 이민 레짐의 주체를 둘러싼 논란이 미국의 국가상(像)과 직결된 국가 정체성에 대한 논의로 이어졌다.[13]

그렇다면 이민자 국가라고 명명하는 미국에서 다분히 위태로운 정치풍경이 펼쳐지는 사실을 어떻게 설명할 수 있을까. 우선 출입국

---

13 진정한 국민의 자질을 검증하자는 "토착민주의(autochthony)" 논란과 탈식민(post-colonial) 아프리카 종족 간 토착민 논의를 비교해 다른 점은 배타적 권한 부여의 정당화를 위해 선거 민주주의 기제를 활용하는 데 있다. 그러나 결과적으로 정체성 판별의 근거로 활용되기 때문에 인정이 아니라 배제를 위한 준거라는 공통점을 지닌다.

관리와 직결된 국경통제는 주권, 국민, 영토의 근대 국가 개념과 밀접하게 연계된 법제도 차원 문제이기 때문에, 이민 문제는 근대 국가 형성 초기부터 제기되었다. 그러나 실질적으로 19세기 중반부터 사법이나 행정 기제에 의존한 국경통제가 가능해졌고, 미국도 예외가 아니었다. 특히 여권 체계가 정립된 이후 출입국 관리가 이행되었다는 점에서 국경통제의 사법 및 행정 조치 역사는 비교적 짧다. 그러나 실무 차원의 발전과 무관하게 국경통제는 국가 안보와 직결되는 상징성을 지니는 특성으로 인해 국경통제 강화에 필요한 순찰 비용과 인력 보강은 정치 시장의 단골 메뉴라고 볼 수 있다. 달리 말하자면, 출입국 관리가 이민 규제의 핵심이므로 이민은 국경통제와 연계되어 안보 담론의 주요 쟁점으로서 그 규제 주체를 두고 논란이 전개된다.

미국은 하나의 국가를 상정한 체제이면서 동시에 독립 이전에 완벽한 정부로 존립한 주 간 맹약에 근거한 통합 체계라고 볼 수 있다. 미국 연방헌법은 개인주의와 자유주의에 입각한 제한된 정부를 통치 원칙으로 천명했다. 동시에 미국은 수직적 권력분립을 또 다른 통치 원칙으로 천명한 헌정주의를 구현하기 위해 법제도적 명시가 반드시 실질적 결과물을 양산하지 않는다는 사실에 유의했다. 그리고 분리통합의 방향, 즉 연방과 주정부가 상위층인 연방으로 외연을 확대하는 통합을 중시할지 아니면 하위층인 주정부를 중심으로 내부 결속을 우선시하는 분리를 이룰지 결정했다. 더불어 분리·통합의 방식, 즉 상향 조정을 통해 연대성을 지향하는 일방 방식을 택할지 아니면 하향 조정을 통해 보조성을 지향하는 동등 방식을 택할지 결정했다. 앞서 〈표 5-1〉에서 보듯이, 방향과 방식이 결합해 분리·통합의 역학은 총 4개 유형으로 작동하며 결과물을 산출했다고 볼 수 있다.

이를 이민 규제에 적용해보면, 미국은 이중 연방주의 시대에 내부 결속과 보조성 우선을 결합한 동등 분리 원칙을 수립해 정부 조직과 거버넌스를 실현하고자 했다. 달리 말하자면, 국가 정체성 확립을 목표로 이민 규제에 관한 한 연방정부의 우위를 원칙적으로 인정하는 동시에 연방정부는 주정부가 이민 규제를 정책으로 이행하는 데 있어서 정책 집행이나 보조 기능을 저해하거나 방해하지 않도록 보조성을 강조했다. 구체적으로 연방정부가 국가 안보와 직결되는 국경통제 체계를 정비하고 출입국 관리를 표준화함으로써 주정부가 순찰에 충실할 수 있도록 보조했다면, 이민 규제의 원칙과 실재 간 간극이 발생하긴 어려웠다. 만약 연방정부가 접경 주의 순찰 인력 보강 요구를 묵살하거나 반대로 주정부의 의사에 반하는 연방법을 제정해 주의 자율성을 침해하는 경우, 동등 분리 원칙은 법령 문구에만 존재하고 실질적으로는 반대 방식으로 분리·통합의 역학이 작동해 일방 분리로 전개되거나 아니면 반대 방향으로 분리·통합의 역학이 작동해 동등 통합이 실재가 되었을 수 있다.

19세기 말까지 미국에는 출입국 관리를 실제로 관장하는 주정부가 이민 규제의 주체라는 공감대가 형성되어 유지되었다. 그런데 이중 연방주의 시대의 정점에서 미국이 중국으로부터 이주와 이민 제약을 완화하는 1868년 벌린게임조약(Burlingame Treaty)을 체결한 후부터 동등 분리 원칙과 실재 간 간극이 나타나기 시작했다.[14] 특히 원활한 노동력 공급을 목적으로 연방정부가 이민 규제 권한을 확대하는 한편, 유입 인구에 대한 입국을 개별적으로 관장하던 뉴욕주 등 주정부가 연방정부에게 출입국 관리를 양도했다. 그 결과 마침내 1891년 연방 이

---

14 이보다 앞서 1858년에 체결된 불평등조약인 천진(天津)조약을 개정해, 미국에 유입된 중국인들에 대한 차별과 폭력을 방지하고 중국에게 미국 항구에 영국이나 러시아에 준하는 급으로 영사관을 설치할 수 있는 권한을 부여했다.

민법 제정을 계기로 이민 규제에 관한 연방정부의 우위가 공고해졌다. 따라서 이민 규제에 관한 동등 분리 원칙과 실재가 완벽하게 같은 이중 연방주의 시대와 달리 20세기를 기점으로 연방정부 우위 시대에는 원칙과 실재 간 간극이 발생했다.

게다가 연방대법원의 1875년 *Henderson v. Mayor of New York* 판결을 계기로 이민 규제가 외국과의 통상 규제라는 유권해석을 근거로 연방정부의 주도적 정책 구상과 집행 권한이 인정되었다. 따라서 20세기부터 연방정부가 주정부 상위 체제로서 이민 규제의 주체라는 공감대가 형성되기 시작했다. 이러한 전환은 연방정부와 주정부 간 이민 규제 권한을 둘러싼 단순한 분업보다 주정부의 협조를 전제한 연방정부 주도의 국가상(像) 건설 프로젝트를 가능하게 했다. 이에 연방정부는 유입되는 이민자 집단의 구성에 주력한 결과, 동등 분리 원칙에서 벗어나 반대 방향으로 동등 통합 유형의 이민 레짐을 출범시켰다. 다시 말하자면, 연방정부는 주정부의 집행 보조를 전제한 보조성을 중시한다는 명분을 내세우지만 주정부로부터 이민 집행의 재량권을 줄여 이민 규제를 단일화하려는 외연 확대에 주력했다. 이러한 역주행은 연방정부가 주정부와 더불어 분리 · 통합의 역학 균형점에 대한 공감대를 선택해야 하는 절차의 정당성을 인정하지 않는 데서 기인했다고 볼 수 있다.

연방정부 우위 시대에는 또한 간간히 분리 · 통합의 역학이 반대 방식으로 작동해 일방 분리 유형의 이민 레짐이 구축되었다. 구체적으로 20세기부터 연방정부는 이민 규제에 관한 주도권을 강조해 포괄적 개혁보다 공평한 할당 배분에 주력하면서 점차 주정부로부터 양도받은 출입국 관리에 소요되는 경비나 인력 보강 요청을 경시했다. 그러한 연방정부의 의도적 홀대에 주정부는 내부 결속을 목표로 하향 조정을 통한 보조성을 우위에 두며 주정부의 재량권 회복에 주력했다. 구체적으로 주정부는 연방정부의 우위와 정규적 이민 규제 개혁에 관한 논의에서 정책 집행 단계에 드러나는 연방정부의 실질적 무능력에 대한 질타를 이어갔다. 특히 주정부는 이민자 집단 간 할당 조정을 둘러싸고 다층 거버넌스에 참여하는 다양한 행위자가 정치적 압력을 가하며 이민자 총수가 늘어난 책임을 연방정부에게 추궁하기 시작했다.

다시 말하자면, 이민 규제를 둘러싼 정책 구상과 집행이 이중 연방주의 시대에서 연방정부 우위 시대로 넘어오면서 이민 레짐의 동등 분리 원칙으로부터 우선 역학의 방식이 반대로 작동하면서 간극이 발생하기 시작했다. 산업혁명이 전개되면서 값싼 노동력을 안정적으로 공급하기 위해 연방정부가 이민 규제 권한을 확대하고 심화한 동시에 유입 인구의 폭증은 주정부에게 재정적 압박이 되어 출입국 관리 권한을 연방정부에게 양도하자 연방정부는 출입국 관리를 국가 전반에 걸쳐 보편적으로 적용되도록 정비했다. 이는 이민 규제에 관한 동등 분리 원칙에서 방향의 전환을 요구해 동등 통합, 즉 연방정부는 주정부의 이민 규제 정책을 집행하거나 정책 구상에 보조하는 기능을 중시하는 보조성을 강조하는 형태로 정책이 이행되었다. 그런데 주정부에게 연방정부가 제시하는 방향으로 수렴기길 권장하거나 심지어 강압하기 시작했으나, 궁극적으로 주정부의 기대치와 먼 정책 결과물이 나온다면 주정부는 이에 어떻게 반응할까.

연방정부 우위시대를 거치면서 주정부는 자발적으로 일부 권한을 연방정부에게 위임한 후에 연방정부가 동등 분리 원칙과 동등 통합 실재 간 간극을 채우지 않은 채 이민 규제 정책을 전반적으로 선점했다는 사실에 반발하기 시작했다. 그 결과 동등 분리 원칙에서 방식의 전환과 더불어 이민 규제의 역학 방향도 바뀌자, 궁극적으로 일방 분리로 이민 규제가 구현되는 경우가 빈번해졌다. 이는 구체적으로 연방정부가 출입국 관리를 표준화하고 국경통제 체계를 정비하면서 시민권 취득과 상실 절차를 설정하고 관장하는 연방정부의 우위를 제도화한 결과, 보조성보다 연대성을 중시하는 방식으로 이민 레짐을 재설정했다. 그런데 이 방향의 전환에서 연방정부와 주정부 간 이견이 발생하는 경우, 이민 규제 정책이 주정부가 주도하는 방식으로 수렴되기보다 연방정부의 선점으로 재편성되는 이상 현상이 발생하기 시작했다. 특히 이는 신연방주의 시대로 명명되는 1970년대 이후부터 주정부는 연방정부에게 양도한 이민 규제 권한을 복원하려는 주정부의 입법 행동주의를 추동하기 시작했다.

이민 규제 개혁 논의는 2차 세계대전 종료 이후 1952년 이민국적법 개정을 시작으로 10년 주기로 불법 이민 근절을 포함한 입법화 시도가 있었다. 그러나 1990년 이민법을 제외하고 법 개정 시도는 내용상 이민 규제와 거리가 멀거나 입법과정에서 소멸하는 경우가 빈번했다. 이민 레짐을 선점했음에도 불구하고 연방정부가 국경통제 비용부담을 분담하거나 감액해줄 능력이나 의지가 없다고 인지한 국경 접경 지역 주정부는 특히 불법 이민 근절에 대한 압박감이 상대적으로 컸다. 따라서 자구책을 강구하려는 발상이 어찌 보면 유일한 대응책이었다고 볼 수 있다(Waslin 2010, 98). 더불어 이주자가 통과하거나 정착하지 않는 비접경 지역 주에서도 특정 집단의 이주민이 늘어나자, 기회비용의 상실에 대한 우려가 격화되어 주정부의 연방정부에 대한 불신이 커졌다(Furuseth and Smith 2010, 176).[15]

특히 이민 감소 찬성 비율이 1965년 이민법 개정을 기점으로 폭

---

15 예컨대 노스캐롤라이나주의 샬롯시를 "심리적 국경지대"로 명명하기까지 전개 과정에
    대해서 Furuseth and Smith(2010)을 참조하기 바람.

증하다가 1990년대 중반을 거치며 보합세를 유지하는 결과로 나타난다. 게다가 1999년 이후 10년 단위로 정리한 설문조사 결과를 검토하면, 이민의 정치로 인해 대선보다 중간선거 직전에 이민 감소 찬성 응답률이 선거유세가 펼쳐지기 이전보다 올라간다. 즉, 이민 규제는 주요 선거 의제로 활용된다는 점을 볼 수 있다.[16] 무엇보다 실업률과 합법적 이민 인구 비율의 증감을 대조해보면, 대체로 경제 활성화는 노동력 수요에 부응하는 유입 인구 증가와 합법적 이민 인구 비율 상승을 동반한다. 그러나 반대로 경기 침체기는 이에 상응하는 유입 인구 감소로 반드시 나타나지 않는다.[17]

이는 공식적 이민 레짐과 달리 내용 측면에서 개방적 이민 정책으로 회귀한 배경에 연방정부 차원의 이민 규제 능력의 상실이 작동한다는 점을 방증한다. 연방정부는 이민 규제 요구 여론과 불법 이민으로 인한 고충을 호소하는 국경지대 주정부의 압력에 대응하는 조치로서 할당 조정 방식을 채택했다. 문제는 이 할당 조정이 히스패닉 이주자를 포함해 불법 이민을 조장하는 악순환을 초래했다는 사실이다 (Schain 2008, 220). 따라서 최근에 진행되는 비공식적인 개방적 이민 정책은 이민 규제에 관한 한 분리·통합 역학 방향이나 방식을 능동적으로 전환한 결과물이 아니다. 오히려 이 개방적 이민 정책은 이익단체의 정치적 압력과 로비에 밀려 연방정부가 수동적으로 타협한 미봉

---

16 이 맥락에서 2007년 대선 직전에 이민 감소를 찬성하는 비율이 증가한 경우, 민주당의 오바마 대통령 후보가 아프리카계라서, 즉 최초로 유색인종 후보가 양대 정당 후보로 대통령에 당선될 경우 발생할 향후 이민 정책의 선회에 대한 우려를 반영한 결과라고 평가한 선행 연구도 있다.

17 더구나 합법적 이민 인구 비율이 폭증한 1989년부터 1991년까지 실업률과 합법적 이민 인구 비율을 대조해보면, 실업률의 증가에도 이민 인구 비율이 1990년까지 증가하는 모습을 보이는데, 이러한 역행은 이민 규제의 실패로 인한 부산물로 평가해야 한다. 이민자 총수는 1990년 이민법이 실행된 후 1992년에서야 감소된다.

책에 지나지 않으며 분리·통합 역학 방향이나 방식 전환의 부산물이
라고 볼 수 있다. 아이러니는 공화당 내부에서 이단아로 홀대를 받던
트럼프가 바로 이 개방적 이민 정책의 양면성을 공략하며 멕시코 국경
장벽 건립이나 무슬림 국가 출신을 대상으로 한 입국 거부 또는 제한
조치 등 공략을 내세워 당선되었는 사실이다. 그 결과 트럼프 정권은
취임 직후 대권 위임을 근거로 신속하게 정책으로 이행하기 위한 일련
의 입법화 조치를 추진했다.[18]

V. 결론

본 장에서는 연방정부와 주정부 모두 분리·통합 역학에서 대상인 동
시에 주체가 되는 양면성을 지닌다는 점을 강조하고자 했다. 그리고
동등 분리를 이민 레짐의 원칙으로 설정한다고 해서 연방정부와 주정
부가 동일한 방향으로 동일한 방식을 지향하는 노정을 반드시 구상하
지 않을 수 있다는 점에 주목했다. 심지어 노력에도 불구하고 동등 분
리가 결과물로서 창출된다는 보장도 없다는 사실에도 초점을 맞추었
다. 이에 따라 만약 방식과 방향에서 상반되는 양상으로 거버넌스가
구현되면, 동등 분리 원칙은 궁극적으로 실재에서 일방 통합으로 나타
나 최대 간극을 야기할 수도 있다는 사실을 이민 레짐의 정치경제에서
분석했다. 그 결과 간극 발생 시 어떻게 그 간극을 해소하는지 또는 간
극 해소에 대한 공감대가 형성될 수 있는지에 따라 공동체 형성과 유
지의 관건이 된다는 결론에 이르렀다.

18   트럼프는 2017년 1월 25일 멕시코 국경 장벽 건설을 골자로 하는 행정명령 13767호와
      1월 27일 7개 국가 무슬림 국민의 일시적 입국을 금하는 행정명령 13769호에 서명했다.

미국의 경우, 연방을 주축으로 인위적 국가 정체성을 구축하는 과
정에서 그 정당성이 축적되어 모든 시민이 그 국가 정체성을 수용하기
까지 오랜 시간이 소요되고 심지어 국가 해체 위협까지 감수해야 했
다. 그러나 동시에 정치적, 경제적, 사회적 갈등이 첨예화되어 국가 정
체성에 도전하는 심각한 위기가 발생해 연방의 권한증대가 정치적 설
득력을 얻고 개헌이나 법률 개정 등 법제도 개혁의 헌법적 근거가 되
는 기회의 창을 열 수 있다는 점도 보여주었다(Lindahl 2007). 본 장은
이민 레짐에 관한 한, 연방정부가 주도한 이민 개혁이 효율적 이민 규
제로 구현되지 않는다고 판단한 주정부는 과거에 연방정부에게 자발
적으로 위임했거나 연방정부의 선점을 묵인한 이민 규제 권한을 회복
하려는 의지를 구체화하기 시작한 경로를 추적했다. 그리고 이민 규제
분야의 공유주권을 확립하기 위해 보조성보다 연대성을 강조하는 중
앙 집권에 대한 정당화 작업에서 점차 연대성보다 보조성을 재확인하
는 정당화 작업이 중시된다는 점을 확인했다.

　반대로 애리조나주 이민법 제정과 그에 대한 연방대법원 판결은
헌정 질서의 근간이 흔들릴 수 있는 소지를 내포한다.[19] 왜냐하면 내
부 결속을 중시하고 외연 확대를 적대시하는 국수주의적 분위기에서
역으로 편협한 연대성을 앞세워 진정한 의미에서 보조성의 토대를 침

19　구체적으로 연방정부 주도의 이민 규제가 불충분하다고 주장한 애리조나주는 주 이민
　　법 4개 조항을 법률로 통과시켰다. 그러나 미국 대법원은 이 4개의 조항 중 불법체류자
　　로 의심되면 영장 없이 체포할 수 있게 한 조항, 불법체류자를 형사상 범죄자로 취급하
　　고 합법체류자라도 증명서 지참을 요구하는 조항, 불법체류 신분으로 취업하려다 단속될
　　경우 범죄자로 처벌할 수 있는 규정 등 3개 조항에 대해 위헌이라고 판결했다. 다시 말
　　하자면, "연방정부는 이민을 규제할 상당한 권한을 가진다"는 이유로 "애리조나주는 연
　　방법을 침해하는 정책을 추구할 수 없다"고 판결했음에도 불구하고, 동시에 경찰이 이
　　민자 신분 여부를 확인할 수 있는 조항은 합헌이라고 판결해 이민에 관한 주정부의 공유
　　권한의 근거는 확인되었다.

식할 수 있는 여지를 남길 수 있기 때문이다. 예컨대 1996년에 발안된 외국인 미성년을 위한 개발·구제·교육법(Development, Relief, and Education for Alien Minors Act, 소위 American Dream Act)은 상원에 서 보류되다가 2012년 오바마 대통령이 행정 조치로서 불법입국 미성 년 추방 유예(Deferred Action for Childhood Arrivals, DACA)로 회생 시켰다. 그런데 이를 트럼프 대통령이 폐기할 의사를 천명하며, 입법 절차 대신 대통령의 행정조치로 마련된 이민 정책의 합헌성 여부가 연 방대법원에 회부되었다.

민권단체와 주정부는 종교 차별을 근거로 트럼프의 반이민 행정 명령에 대한 위헌 소송을 제기했으나, 연방대법원은 5 대 4로 나뉜 판 결에서 이슬람 5개 국가 국민에 대한 입국 조치는 종교적 차별에 해당 하지 않는다고 판정했다. 왜냐하면 트럼프의 무슬림 차별 발언과 별개 로 대통령으로서 이민 분야에 관한 한 국가 안보를 고려할 수 있는 충 분한 법적 권한을 소지하므로 트럼프가 세 차례에 걸쳐 발동한 반이민 행정명령은 국가 안보 측면에서 정당하다고 판단하였다. 결국 오바마 정권과 트럼프 정권 간 이렇듯 상반된 연방정부의 입법 행동주의가 대 두된 배경에는 "국민이라는 그림"을 제공하는 데 있어서 "집 없는 상 태에 있는 주체성에 공간"을 마련하는 일환으로 "적대자"를 규정하는 범위에 대한 정치적 이견이 증강해서 작동한다고 볼 수 있다(이졸데 카림 2018, 224).

이러한 정치적 난타전은 이민자 국가 미국의 숙명에 기인하지만, 트럼프 정권의 등장을 계기로 심화되는 배제 또는 경계 짓기는 민주 주의의 공적 규범인 "평등한 존중과 배려"를 폐기하고 사회 정의를 짓 밟는 파괴력을 지닌다. 문제는 정치적 경합에서 정치인 후보들이 학습 된 혐오를 배제의 도구로 활용하기 시작했고, 무엇보다 선주민 유권자들의 반향이 컸다는 점이다. 2020년 미국 대선은 이런 맥락에서 통합국가를 재평성하려는 재건국의 향방을 결정하는 시발점이 될 수 있다. 만약 트럼프 재선이 지지층을 주축으로 국가 정체성의 재정립에 대한 통치 위임으로 고착되는 경우, 미국은 내전을 겪고서도 지켜낸 통합국가를 자발적으로 폐기하는 수순을 밟으며 제도와 과정 간 간극이 극심해지는 비용을 감당해야 할 것이다.

제6장

이탈리아 대중정당을 통해 본 분리와 통합의 딜레마*

김종법 | 대전대학교

* 　이 글은 아래의 논문을 본 저서의 형식에 맞게 수정하고 편집한 것이다. 김종법. 2019. "이탈리아 대중정당을 통해 본 분리와 통합의 딜레마", 『유럽연구』(제37집 2호), 147-71. 이 논문은 2016년 대한민국 교육부와 한국연구재단의 지원을 받아 수행된 연구임(NRF-2016S1A5A2A03927472).

I. 이탈리아 대중정당[1]의 부상과 정당 체계의 분열

20012년 이후 이탈리아 정치지형의 급격한 변화는 두 가지 수준에서 논의할 수 있다. 하나는 좌우 이데올로기 정당의 약화이며, 다른 하나는 북부동맹(Lega Nord)이나 민족연합(Alleanza Nazionlae)과 같은 기존 분리주의 정당을 넘어서는 광범위한 대중정당의 세력 강화 현상이다. 그 중심에 우리나라에도 잘 알려진 오성당(Movimento Cinque Stelle)이 있다. 전통적으로 이탈리아 정치체계 안에서 정당이란 일반적으로 이데올로기에 바탕한 계급 정당이거나 진보와 보수의 이념에 따른 기성 정당체제 속의 정당을 의미한다.

그러나 이러한 전통적인 기존 정당체계와 질서의 균열은 1992년 마니 풀리테(Mani Pulite)[2] 이후 등장한 포르짜 이탈리아(Forza Italia)나 북부 분리주의를 주창한 북부동맹의 등장으로 본격화되었다. 그러나 이들 정당들 역시 베를루스코니를 정점으로 하는 친자본주의 정당

1　대중정당의 의미에 대해서는 국가별로 다소 다른 내용과 정의를 부여하고 있다. 한국의 경우 대중의 인기에 영합하는 포퓰리스트 정책을 남발하는 정당을 포퓰리스트 정당으로 규정하고 있지만, 이는 정확하게 규정된 학문적 정당 분류와는 다른 용어이다. 대중에 대한 개념에서 대중정당의 개념화에 차이가 발생하는데, 미국의 경우 대중을 mass의 의미로 파악하고 있으며, 한국 역시 당원 가입을 제한하지 않고 대중 모두에게 개방하는 오픈정당으로 규정한다. 그러나 대중정당과 포퓰리스트 정당은 국가별로 다소 차이를 나타낸다. 특히 이탈리아는 프랑스나 다른 유럽 국가들에서 활동하고 있는 포퓰리스트 정당과는 다소 다른 특징을 보이고 있는데, 우파 포퓰리스트 정당과 함께 중도적 실용주의를 표방하는 포퓰리스트 정당까지 다양한 색깔을 가진 포퓰리스트 정당이 존재한다.

2　1992년 디 피에트로 검사 등이 중심이 되어 발생한 일종의 부패한 정치자금 수사로 이 이후 기존 정당은 몰락하였으며, 새로운 정당체계가 도입되었다. 특히 좌우 이데올로기에 기반하지 않은 베를루스코니가 이끄는 신생정당과 분리주의를 주창하는 북부동맹 등의 신흥 정당들이 기존 정당을 대신하였다. 이에 대한 보다 자세한 내용은 다음의 논문을 참조하시오. 김종범. 2015. "이탈리아 마니뿔리떼의 사회적 정치적 의미", 『세계지역연구논총』(제23집 1호), 117-36.

이거나 보씨(Bossi)라는 신나치스트적인 성향의 인물이 주도하는 지역주의 정당이라는 점에서 일반 대중이 주도하는 대중정당과는 다소 거리가 있었다. 이러한 정당체계의 전환 과정에서 또다시 중요한 계기를 마련해주었던 것은 2008년 말 미국으로부터 발생한 글로벌 경제위기였다. 신생 대중정당으로 부상하고 있는 오성당이 본격적으로 세력을 얻게 된 것 역시 글로벌 경제위기가 본격화되면서였다. 특히 오성당은 기존 정당체계나 질서로 해결되지 않은 구조적 모순과 부패한 사회질서에 대한 대안정당의 성격을 표방하면서 기존 정당을 대체하는 새로운 정당으로 부상하였다.

본 논문에서는 글로벌 경제위기 이후 이탈리아에서 부상하고 있는 오성당과 북부동맹과 같은 신흥 대중정당들이 초래하고 있는 정치질서 속에서 분리주와 운동과 지역주의 등은 어떠한 정치적 상관성을 갖는가를 분석하고자 한다. 1861년 이룩한 통일 이탈리아 왕국 이후 156년이 흐른 지금도 이탈리아는 여전히 남부문제라는 지역주의와 여전히 분리를 꿈꾸는 분리주의 운동이 공존하고 있다. 역설적이게도 통일이 가져온 정치사회적 통합이 시간이 지나면서도 여전히 분리와 독립을 꿈꾸는 사회운동과 공감이 광범위하게 존재한다는 사실 자체는 이탈리아의 정치사회적인 상황과 조건에 대해 많은 것을 생각하게 한다.

현재 이탈리아에서는 더욱 복잡한 분리와 독립 현상이 벌어지고 있다는 사실이 본 논문의 분석 출발점이라는 점에서 다음과 같은 구성을 통해 전개하고자 한다. 첫 번째 절인 서문에서는 논문의 필요성과 목적 등이 분리와 통합의 관점에서 제기될 것이다. 두 번째 절에서는 본 논문의 토대와 이론적 틀에 대한 소개와 함께 이탈리아 정당체계와 정치시스템을 통해 분리주의 운동과 지역주의가 어떤 성격으로 변화하고 있으며, 어떤 정당에 의해 주도되고 있는지 등을 과정과 제도를 중심으로 서술하고자 한다. 세 번째 절에서는 2000년대 이후 부상하고 있는 대중정당(한국에서는 포퓰리즘정당으로 명명하고 있는 정당들) 중에서 오성당과 북부동맹의 전환 과정을 중심으로 통일 이후 통합국가의 성격을 유지하고 있는 이탈리아의 분리주의 인정 경향을 수정하고자 했던 헌법개정 논의와 2018년 총선 결과를 통해 총체적으로 분석하고자 한다. 네 번째 절에서는 이러한 일련의 전환과 변화 과정에서 나타나는 이탈리아의 분리-통합의 상관성을 정리하고자 한다.

이번 연구는 통합의 역설이 분리의 움직임을 더욱 가속화한다는 가설이 갖는 의미를 이탈리아 사례를 통해 살펴보는 데 가장 큰 목적이 있다. 유럽은 현재 유럽연합이라는 통합체가 시간의 흐름에 의해 더욱 공고해지는 것이 아니라, 브렉시트를 비롯한 각 국가의 분리 움직임이 더욱 가속화되고 있다. 이러한 움직임의 원인에 대해서는 다양한 해석이 제기되고 있지만, 비교정치적인 측면에서 보자면 흔히 포퓰리즘(대중)정당이라고 부르는 새로운 유형의 정당 출현과도 깊은 연관성이 있다.

따라서 본 논문을 통해 유럽의 대중정당의 부상이 지역주의나 분리주의 운동과 어떤 상관성을 갖는가를 분석해보고, 분리와 통합의 상호 공존 가능성을 더욱 높여가고 있는 유럽 국가들 중에서 이탈리아의 정치사회적인 의미를 규명하고자 한다. 특히 이탈리아 사례가 갖는 중요한 의미는 기존 정당체계의 전환과 변화가 헌법 개정 움직임과 연계되어 있다는 점과 분리주의 정당이나 유럽연합 탈퇴와 같은 중요한 이슈가 대중정당의 부상과 연계되어 있다는 점에서 한국 사회에 시사하는 바가 클 것으로 기대한다.

II. 이탈리아 정당체제와 분리주의 운동의 상관성

1. 기존 연구와 이론틀 및 방법론

이탈리아 정당체계에 대해서는 이탈리아를 중심으로 독일이나 영국 등의 국가에서도 상당한 연구가 진행되고 있다. 이탈리아 정당과 분리주의 운동 간의 관계를 분석하고 있는 주요 결과물은 이탈리아적인 특수성과 이탈리아 통일 과정을 기원으로 삼는 역사주의적 분석이 주를 이루고 있다. 이탈리아라는 지리적 특수성과 몇 가지 요인들이 복합적으로 작용하고 있는 이탈리아 분리주의를 다루고 있는 분석 결과들은 한국에서 쉽게 접근하기가 어렵고 내용 역시 낯선 것들이 대부분이다.

비교적 일반대중에게도 알려진 주요 연구서와 분석 자료를 보면 다음과 같다. 이탈리아 지역주의의 역사와 의미 및 정치적 전환과 내용 등을 종합적으로 분석한 레비(Carl Levy)의 연구결과는 영어권 학자들에게 이탈리아 지역주의의 역사와 의미를 잘 전달하고 있다(Levy 2001). 이탈리아 학자들의 연구결과도 주목할 만한 것들이 많은데, 라페냐(Lapegna)의 연구는 이탈리아 실지회복운동(Irredentismo 이레덴티즘)의 현황과 현재의 의미까지도 다양한 지역 연구를 통해 분석하고 있다(Lapegna 2002). 산도나(Sandonà)의 연구는 이탈리아의 남티롤 지방의 분리주의 운동을 둘러싸고 벌어진 이탈리아와 오스트리아의 정치외교적 분쟁과 갈등을 다루고 있는 분리주의 운동 초기의 심화연구이며(Sandonà 1932), 이스트리아(Istria) 지역의 분리주의 사례를 분석하고 있는 루미치의 연구(Rumici 2001) 역시 분리주의 운동의 지역사례이다. 이밖에도 사바투치(Sabatucci)의 연구와 가르바리

(Garbari)의 연구결과 역시 이탈리아 실지회복운동과 분리주의 운동의 주요한 사례 연구의 모범을 제시하고 있다(Sabatucci 1970; Garbari 1979). 국내 연구로는 김종법의 연구 결과들이 있는데, 이탈리아 실지회복운동의 기원과 역사 및 과정 등을 다양한 요인과 주제를 통해 분석하고 있다.(김종법 2014; 2015; 2018a; 2018b)

기존 연구 결과들이 보여주고 있는 다양한 분석 내용에도 불구하고 이탈리아 분리주의 운동에 대한 정치사회학적 분석에는 한계가 있다. 이에 본 논문에서는 다음의 새로운 개념과 이론적 틀을 통해 이탈리아 분리주의 운동을 정당체계와 연계하여 분석하고자 한다. 이를 위해 가장 먼저 제시하고 싶은 개념은 분리와 통합이다. 분리와 통합 개념은 하나의 국가 혹은 지역에서 나타날 수 있는 분리와 통합의 관계를 소아(小我)와 대아(大我)의 규모와 방향성을 통해 규정하는 개념이며, 헤게모니 투쟁을 통해 분리와 통합이 결정된다는 개념이다(김학노 2011). 아래의 〈표 6-1〉은 분리-통합의 개념을 잘 나타내고 있다.

분리-통합이라는 새로운 개념에 따라 기존 개념인 분단과 통일 개념을 구분해보면 분리와 통합의 유형이 4가지 형태로 조합하여 구성된다. 이는 분리와 통합을 바라보는 분석틀의 새로운 유형을 제공하는 것이다. 특히 이러한 기준과 방식으로 분리와 통합의 유형을 각 지역의 통합에 적용해보면 현재 진행되고 있는 다양한 유형의 분리주

표 6-1. 분리-통합의 개념

통합	소아에서 대아로의 확대 = '큰 우리' 구축 = 작은 우리들을 통합
분리	대아에서 소아로의 축소 = '작은 우리' 구축 = 더 작은 우리들을 통합
분리·통합	'큰 우리'와 '작은 우리' 사이의 헤게모니 투쟁 과정

출처: 이옥연 (2014, 156-57)을 보완함

표 6-2. 분리와 통합의 유형

만남의 깊이 만남의 방식	분리	통합
일방	(A) 일방 분리 (무력 분리, 적대적 대치)	(C) 일방 통합 (무력 통합, 흡수 통합)
동등	(B) 동등 분리 (합의 분리, 평화공존)	(D) 동등 통합 (합의 통합, 대등 통합)

출처: 이옥연 (2014, 156-57)을 보완함

의 사례 혹은 통합 방식을 보다 설득력 있게 설명할 수 있다. 따라서
본 논문에서 다루고자 하는 이탈리아 분리주의 유형을 이러한 구조
와 방식으로 설명할 수 있을 것이라는 전제에서 분석틀로 채택하고
자 한다.

이탈리아의 경우 분리주의 운동과 함께 국가통합의 방식과 형태
에 대해 정책적으로나 역사적으로 다른 국가들과 분명한 차별성이 존
재한다. 분리의 유형이나 통합의 유형을 이탈리아 분리주의 운동과 정
당에 대입해보면 일방 통합(C)에서 동등 통합(D)의 수준과 방식을 유
지하고 있지만, 동등 분리(B)를 요구하고 있는 정당과 각 지역의 분
리주의 운동이 동시에 존재한다는 점에서 분리–통합 유형의 흥미로운
국가라고 할 수 있다. 따라서 본 논문에서는 이탈리아의 분리–통합 상
황을 정당정치와 선거를 통해 각각의 정당이 표방하고 있는 대내외적
정책 수준에 따른 분리와 통합의 상관성을 분석하고자 한다.

2. 이탈리아 공화국의 선거와 정당체제 변화

1948년 민주공화국으로 새롭게 탄생한 이탈리아는 비례대표제에 근
간한 다당제와 양원제의 정당시스템을 갖추었다.[3] 100% 비례대표제

에 의한 정당체제의 구축은 국민의 민의를 직접적으로 반영하여 소수당을 허용한다는 점에서 왕정체제를 선호하였던 남부나 여전히 분리주의를 주창하고 있던 몇몇 지역의 분노와 의사를 반영할 수 있는 최적의 제도로 평가받았다. 여기에는 몇 가지 부연 설명이 필요한데, 이탈리아 공화국 탄생과 이탈리아 제헌헌법 체계의 이해를 의미한다.

1947년 이탈리아는 전국민을 대상으로 왕정을 기본으로 하는 입헌군주제와 의회중심제하의 대통령을 존속시키는 민주공화제의 두 안을 가지고 국민투표를 실시하였다. 북부의 민주공화제 지지세와 남부의 입헌군주제 지지세는 그 결과를 쉽게 예상하기 힘들 정도로 치열했지만, 새로운 국가에 대한 열망이 더욱 커서 결국 200여만 표 차이로 민주공화제가 채택되었다. 이와 더불어 여전히 분리주의를 주장하는 몇몇 지역을 통합하기 위한 헌법적 노력으로 전체 20개 주 가운데 5개 주에 헌법에서 보장하는 자치주의 성격을 부여하였다.[4]

3　김종법. 2004. "하부정치문화요소를 통해 본 베를루스꼬니 정부의 성격." 『한국정치학회보』(제38집 제5호), 417-37; 김종법 역. 2004. 『이탈리아 선거법』. 중앙선거관리위원회; 김종법. 2006. "변화와 분열의 기로에 선 이탈리아: 2006 이탈리아 총선." 『국제정치논총』(제46집 4호), 267-88; 김종법. 2007. "좌우동거의 기묘한 불안정한 양당제 국가 이탈리아." 미네르바 정치연구회 편. 『지구촌의 선거와 정당』. 한국외국어대학교. 434-65; 김종법. 2007. "이탈리아 권력구조 전환가능성과 시도: 연방주의와 대통령제로의 전환모색." 『세계지역연구논총』(제25집 3호), 353-73; 정병기. 2001. "이탈리아 정치적 지역주의의 생성과 북부동맹당(Lega Nord)의 변천." 『한국정치학회보』(제34집 제4호), 397-419; 정병기. 2003. "이탈리아 정치사회변동과 중도-좌파정부(1996-2001) 정책." 『한국정치학회보』(제36집 제3호). 219-39.

4　이러한 특징이 법률로서 명문화된 것은 지방자치제도가 도입되었던 1970년이었다. 1970년 지방자치법의 발효로 인해 현재의 20개 주에 대한 헌법적 지위가 5개의 특별주와 보통주로 나뉘게 되었고, 이 법안에 의해 보충성의 원리나 분권화, 민주적 다원주의 원칙 등의 연방주의의 이론적 원리들이 법률안에 실질적으로 반영되었다. David Hine. 1996. "Federalism, Regionalism and Unitary Sate." in edited by Carl Levy. *Italian Regionalism*(Oxford; BERG, 113-120).

이렇게 하여 1948년 이탈리아는 분열되었던 국민 여론을 통합하고, 현실적으로 인정할 수밖에 없는 몇몇 지역의 이질성을 보장하면서 새로운 현대국가의 모습으로 출발하였다. 의회주의에 근간하고 대통령의 통합적 권한을 보장하면서 출범한 이탈리아 정치체계에서 가장 중요한 주체는 정당이었다. 다수당 제도를 보장하였지만, 지엽적인 지역정당의 난립을 막고자 봉쇄조항이라고 하는 의원배정 최저득표비율을 3%(1993년 선거법 개정으로 4%로 변경했지만, 이후 개정되어 발효된 선거법에서는 다시 3%로 환원되었음)로 정하면서 원내정당이나 의회 소속 의원을 보유한 정당이 7-10개 사이에서 활동하는 제도적 장치를 마련하였다(〈표 6-3〉 참조).

안정적인 정당체계를 유지하였지만, 기존 정당, 특히 기민당의 장기집권을 용인하였던 선거제도가 획기적으로 전환을 하게 된 계기는 1992년 마니 풀리테(Mani Pulite)였다. 부패한 정치자금 수사가 촉발한 기존 정당의 몰락은 급기야 선거법과 선거제도의 개정을 수반하였고, 단순다수선거구제 75%와 비례대표제 25%의 비율로 선거제도를 바꾸면서 새로운 정당이 출현하고 정당제도 자체의 변화가 초래되었다.[5] 흔히 '제2공화국'으로 명명되는 1993년 이후의 이탈리아 정당체계는 기존 정당의 몰락과 새로운 유형의 기업친화적 정당과 대중정당이 부상하게 된 전환기를 제공하였다.

베를루스코니(Berlusconi)라는 성공한 기업인이 이끄는 전진이탈리아(Forza Italia)와 움베르토 보씨(Umberto Bossi)가 이끄는 북부분리주의를 주창하는 북부동맹, 그리고 프랑코 피니(Franco Fini)

---

5   1993년의 선거법 개정에 의해 비례대표제 100%는 단순다수 소선거구제 75%와 비례대표제 25%로 바뀌게 됨으로써, 기성 정치세력의 세대교체와 새로운 정치집단의 등장을 가능하게 하였다(정병기 2003; 김종법 2004).

표 6-3. 이탈리아 선거제도 변환과 하원의 주요 정당 득표율 변화

하원 비례대표(%)

연도	기민당	공산당	사회당	시민당	재건공산당	공화당	자유당	네오파시스트	녹색당	북부동맹	기타
1948	48.5	31.0		7.1	–	2.5	3.8	2.0	–	–	5.1
1953	40.1	22.6	12.8	4.5	–	1.6	3.0	5.8	–	–	9.6
1958	42.4	22.7	14.2	4.5	–	1.4	3.5	4.8	–	–	6.5
1963	38.3	25.3	13.8	6.1	–	1.4	7.0	5.1	–	–	3.0
1968	39.1	26.9	14.5	–	2.0	5.8	4.5	–	–	7.2	
1972	38.7	27.1	9.6	5.1	–	2.9	3.9	8.7	–	–	4.0
1976	38.7	34.4	9.6	3.4	–	3.1	1.3	6.1	–	–	3.4
1979	38.3	30.4	9.8	3.8	–	3.0	1.9	5.3	–	–	7.5
1983	32.9	29.9	11.4	4.1	–	5.1	2.9	6.8	–	–	6.9
1987	34.3	26.6	14.3	2.9	–	3.7	2.1	5.9	2.5	0.5	7.2
1992	29.7	16.1	13.6	2.7	5.6	4.4	2.8	5.4	2.8	8.7	8.2

	국민당 Margherita (2001)	좌파 민주당 (2008 민주당)	유럽+	전진 이탈리아	다함께	삼색횃불동맹	세니 협정 (Patto Segni)	민족 연맹	녹색연합 Girasole (2001)	북부 동맹	1993년 새로운 선거법
1994	11.1	20.4	2.2	21.0	6.0	-	4.68	13.5	2.7	8.4	10.7
1996	6.8	38.54	-	40.1	8.6	1.7	-	15.7	2.5	10.7	14.6
2001	14.5	43.15	-	45.6	5.0	-	-	12.0	2.2	3.9	16.3
2006	6.8	31.3		23.7	5.8			12.3	2.0	4.6	13.5
2008	5.6	33.18		37.4	3.12	2.4				8.3	11.4
2013*	1.8	25.4		21.6		2.0	8.3		3.2	4.1	9.2

오성당의 돌풍과 임내정당화 25.6(득표율 제1정당으로 부상)

	오성당	민주당	유럽+	전진 이탈리아당	다함께	이탈리아 형제당	민중시민	NcI - UDC	SVP - PATT	북부동맹	자유와 평등
2018[6]	32.68% 득표	18.74% 득표	0.58% 득표	13.98% 득표	0.58% 득표	4.37% 득표	0.55% 득표	1.31% 득표	0.55% 득표	17.34% 득표	3.39% 득표
	93석 소선거구	21석 소선거구	2석 소선거구	46석 소선거구	1석 소선거구	12석 소선거구	2석 민중시민	4석 소선거구	2	49석 소선거구	0석 소선거구
	133석 비례대표	86석 비례대표	0석 비례대표	59석 비례대표	0석 비례대표	19석 비례대표	0석	0석 비례대표	2	73석 비례대표	14석 비례대표
	총225석	총107석	총2석	총105석	총1석	총31석	총2석	총4석	4	총112석	총14석

2018	36.5% 점유율	17.3% 점유율	0.3% 점유율	17.0% 점유율	0.2% 점유율	5% 점유율	0.3%	0.6% 점유율	0.6%	19.8% 점유율	2.3% 점유율

자료: 이탈리아 내무부 자료 종합

1. 기민당: DC, 1993년 해산. 국민당(PPI), 기독민주센터(CCD), 기독민주연합(CDU) 등으로 분리.
2. 공산당: PCI, 1991~97 PDS, 1997 이후 DS.
3. 재건공산당: PRC, 1991년 공산당 당명개정 때 분리 창당.
4. (신)공산당: PdCI, 1998년 재건공산당에서 분리 창당.
5. 전진이탈리아: Forza Italia, 1994년 창당.
6. 사회당: PSI, 1994년 이후 SI.
7. 사민당: PSDI.
8. 공화당: PRI.
9. 자유당: PLI.
10. 네오파시스트: MSI, 1972년 군주주의자들과 통합. 1994년 이후 민족연맹(Alleanza Nazionale).
11. 녹색당: I Verdi.
12. 녹색연합: Federazione dei Verdi.
13. 북부동맹: 1987 Lega Lombarda, 1992년 이후 Lega Nord.
14. Margherita(마르게리타): PPI, Democratici, Rinnovamento italiano, UDEUR.
15. Girasole(해바라기): Verdi, SDI.
16. 기타: 1968년 이후 1987년까지 급진당(Radicali)과 프롤레타리아 민주당(DP)이 4~5%를 유지.
* 2013년 선거도 2012년 개정된 선거법의 적용을 받아 기존 정당체계의 변화가 초래됨. 자세한 내용은 각주 7 참조.

6   2018년 총선 선거법 개정 내용: 기존이 100% 비례대표에서 37%의 의석수(하원의 232석과 상원의 116석)는 단순다수소선거구제로 선출하고, 61%의 의석수(하원의 386석과 하원의 116석)는 단일명부 비례대표제로 선출하는 혼합대표제로 변경하였다. 비례대표제의 경우에도 전국 규모의 득표율에 의해 의석을 배분하지만, 상원은 지역이 득표율에 따라 의석을 배분하는 두 가지 수준의 비례대표제를 혼용하여 시행하였다. 나머지 2%의 의석수(하원 12석과 상원 6석)는 해외선거구제에 할당하여 하원의 총 의석수 650석과 상원의 총 의석수 315석을 선출하였다(김종법 2018a, 10~11)

가 이끄는 신파시즘 정당인 민족동맹(Alleanza Nazionale)의 부상은 선거제도 전환의 직접적인 결과물이었다. 그러나 베를루스코니와 그 연정 세력은 당리당략 차원에서의 선거법 개정을 지속적으로 추진하였으며, 2007년 새로운 선거법이 도입되었다.[7]

이후 대통령 중심제와 연방제로의 전환을 위한 다양한 노력과 시도들도 함께 수반되었으며, 2013년 새로운 선거법하에서 총선이 치러졌다.[8] 2012년 연립내각에 의해 시도된 선거제도의 개정이나 2013

---

7   비례대표제의 경우 전국적 득표율이 일정 기준을 초과해야만 의석을 배분받을 수 있는데, 상하양원제를 채택하고 있는 이탈리아는 이에 대한 상원과 하원의 조항이 다르게 규정되어 있다. 정원 630명의 하원 비례 의석 배분의 기준은 정당명부에 대한 전국 유효득표의 4% 이상을 획득한 정당에 국한시켰다. 정당명부 후보자들 중 직접 출마하여 당선된 후보가 있을 경우에는 정당명부 득표 총수에서 직접출마 후보 당선자의 득표수를 감하며, 이때 감하는 득표수는 해당 선거구 전체 유효표의 25%를 충족시켜야 한다. 다만 당선 후보의 득표율이 해당 선거구 전체 유효표의 25%에 이르지 못할 경우 이 후보의 득표수 전체를 감산한다. 감산된 잔여 득표수는 당선자가 속한 정당명부에 대하여 해당 선거구에서 획득한 득표의 비율에 맞추어 각 정당에 귀속된다. 이에 반해 315명 정원의 상원의 경우 비례 의석은 정당이나 선거연합별로 직접 출마한 후보자들의 총득표 수에서 다수대표로 당선된 후보의 득표수를 감한 표들을 각 주별로 배당하여 환산한 후, 주별로 할당된 비례대표의 수가 지수 100에 대한 일정 비율 이상을 획득한 정당들에게 배분된다. 김종법(2004)과 http://www.interno.it/stampa.php?sezione=1&id=21931 (검색일: 2008년 4월 30일) 참조.
8   이탈리아에서 선거법 개정이 다시 논의되기 시작한 것은 2012년이었다. 새해 벽두부터 본격적으로 논의된 배경에는 다가올 총선에서 당시의 선거법이 가지고 있는 위헌요소들과 문제들을 해결하고 보다 올바른 비례대표제도의 정착과 안정화를 추구하기 위함이었다. 특히 이전 선거법에서 규정하고 있는 봉쇄조항 비율과 내용, 다수당 프리미엄 제도, 동트식 의석배분 방식 등에 대하여 지속적으로 문제가 제기되었다. 선거법의 가장 커다란 쟁점은 세 가지였다. 첫째는 의석수 조정 문제였다. 특히 기존 상하 양원 의석수의 축소는 새정치를 바라는 이탈리아 국민들의 여망을 반영한 것이었다.(하원 의석수 630석에서 520석으로, 상원 315석에서 260석으로 각각 축소하기로 여당과 야당 모두 합의하였다.) 두 번째는 봉쇄조항 비율의 조정이었다. 하원과 상원에서 다르게 적용되는 현재의 봉쇄조항 비율은 2005년에 개정된 선거법에 의거한 것인데, 2013년 총선에서도 몬티 내각의 사퇴와 함께 그대로 적용하게 되었다. 주요 내용은 하원에서는 단일정당의 경우 4%(전국 규모의 최저 득표율)과 선거연합 정당에게는 10% 이상 획득한 경우 소속 정당의 득표율이 전국 2% 이상을 획득해야 하며, 상원에서는 단일 정당에게 8%와 20% 이상 득표

년 렌찌(Renzi) 내각에 의해 시도된 국민투표의 실시 등은 이러한 선거제도 전환과 변화의 중요한 시도였다. 이러한 끊임없는 선거법 개정과 제도의 전환의 핵심은 대통령제와 연방제로의 전환 문제 및 기존 정당의 기득권 유지가 가장 중요한 요소였다. 2013년 12월 4일 렌찌 총리에 의해 실시된 국민투표가 부결되면서 현재는 과도기적인 연립내각이 새로운 선거법을 준비하고 있으며, 준비 과정에서 핵심적으로 논의되는 내용은 헌법 개정을 포함한 전면적인 권력구조의 개편이다.

이러한 정당체계에 획기적인 내용적 변화를 수반하게 된 것은 2013년 총선에서 돌풍을 일으킨 오성운동당(M5S; 이하 오성당)의 부상이 중요한 계기였다. 부패한 정치질서를 변화시키고자 하는 오성당의 등장은 지역에 중심축을 둔 연고주의와 이데올로기에 의해 나뉘어진 좌우 정당체계에 근본적인 변화를 수반하는 것이었다. 더군다나 오성당이 주장하고 있는 내용은 분리주의를 주창하고 있는 북부동맹과 유사한 측면이 존재함으로써 향후 지역주의와 분리주의 운동과 정당의 추이를 가늠해볼 수 있는 전조였다.

한 선거연합정당의 경우 소속 정당이 3%의 전국 득표율을 가질 경우 의석을 배분하였다. 또한 안정적인 정국 운영을 위해 최대 득표를 한 단일 정당 혹은 선거연합에게 55%에 해당하는 340석을 먼저 할당하고, 나머지 277석을 기타 정당에게 배분하는 다수당 프리미엄 제도를 적용했다. 세 번째의 선거법 개정 논의의 쟁점은 강력한 양당제를 통한 연방제와 대통령 직선제의 가능성 여부였다. 현재의 간선제인 대통령 선거를 국민들이 직접 선출하는 직선제로 바꾸고 불완전한 양당제 시스템을 좌우 선거연합을 통한 양당제를 지향하려는 정치적 목적을 가지고 선거법 개정과 헌법 개정 문제를 논의하였다. 출처: http://www.interno.gov.it/mininterno/site/it/sezioni/servizi/legislazione/elezioni/2013_01_08_DLSG_31122012_n235_TU_incandidabilita.html

3. 지역주의와 분리주의 정당

1948년 이후 현재까지 진행되었던 선거법 개정에 따른 선거제도의 변화는 이탈리아의 지역주의 정당과 분리주의 정당의 변화를 추적할 수 있는 중요한 기준점이다. 그것은 오랫동안 일정 비율 이상의 득표율을 기록하면서 비례대표 할당을 받아 의회 안에서 정치적 생명력을 이어오고 있는 정당이 10여 개가 넘는다는 사실에서도 충분히 알 수 있다. 이탈리아의 경우 지역주의 정당과 분리주의 운동의 역사는 1861년 통일 이후에도 지속되고 있다. 특히 남부문제나 북부분리주의를 주장하거나, 이를 지지하는 유권자들에 의해 정당이 유지되고 있다는 점에서 이탈리아 대중정당의 역사는 이들 지역주의와 분리주의 정당에 기초한다고 볼 수 있다.

이탈리아에서 지역주의에 기반한 정당과 분리주의 정당은 이탈리아 정치체제를 이해하는 데에도 중요한 의미를 갖는다. 남부와 북부라는 지리적 위치에 포진하고 있는 이들 정당의 존재는 비례대표제의 존속이나 연합정치를 가능하게 하는 중요한 요인이다. 전통적으로 우파연합 혹은 좌파연합 안에서 이들 지역주의 정당은 항상 존재해왔고, 선거제도의 변화에도 불구하고 미니정당으로 1석이라도 유지해왔다. 더군다나 지방선거와 지방자치제도의 이질성은 지역주의 정당이 항상 지역에서의 정당활동을 가능하게 하는 요인이 되었다. 다음의 정당들은 그러한 지역주의 정당과 분리주의 정당들이다.

그러나 이들 분리주의 정당이나 지역주의 정당이 발전하거나 변화하여 모두 '대중정당(partito populista)'이 되는 것은 아니다. 이탈리아의 경우 포퓰리즘에 기반한 정당들은 지역주의나 분리주의에서 출발했다기보다는 정치가 개인의 인기나 상황에 맞추어 전개되어온

표 6-4. 이탈리아 지역주의 정당과 분리주의 정당

정당명	주요 인물	정당 설명
MSI → AN	프랑코 피니	네오 파시스트 정당의 성격을 갖는 민족주의 정당
Lista Di Pietro	디 피에트로	마니풀리테의 주역인 디 피에트로가 창당한 정당
Democrazia Europea	세르지오 단토니	가톨릭에 바탕한 친기업적인 유럽통합주의 정당
Lista Amnistia Giustizia Libertà	마르코 판넬라	진보적이며 사회정의 구현을 주장하는 정당
Lista Emma Bonino	엠마 보니노	유럽통합론자인 엠마 보니노가 창당한 정당
Lega Nord	움베르토 보씨	북부분리주의를 주장하는 네오나치즘 정당
Südtiroler Volkspartei		남티롤주의 분리주의를 주장하는 정당
Movimento 5 Stelle	벱뻬 그릴로	2013년 총선에서 부상한 좌우 정파를 뛰어넘는 새로운 유형의 정당

자료: 저자 정리

측면이 강하다. 디 피에트로, 코시가, 베를루스코니, 피니, 보씨, 벱뻬 그릴로 등이 그러한 유형의 대표적인 정치가들이다. 따라서 이탈리아의 대중정당은 지역주의와 분리주의 정당과 깊은 연관을 가지고 있으면서, 정치가 개개인의 인기영합적인 측면 등이 시대와 상황에 따라 적절하게 혼합되면서 발전된 것으로 평가할 수 있다.

이탈리아 지역주의 정당과 분리주의 정당의 지지율은 다른 주류 정당들에 비해서 그리 큰 비중을 차지하지는 않지만, 한 가지 중요한 사실을 발견할 수 있다. 전통적으로 우파 정당과 좌파 정당의 두 줄기 속에서도 항상 생존하면서 캐스팅보트 역할을 수행하고 있다는 사실, 그리고 연정 구성이나 연합정치의 중요한 축과 역할을 지속적으로 수행하고 있다는 사실을 알 수 있다. 이는 지역주의 정당과 분리주의 정당들이 그 성격이나 정치적인 노선과는 별개로 이탈리아 정당의 역사에서 대중성이라는 기본적인 요소와 성격을 계속 가지고 있었다는 의미이다.

더군다나 시대 상황이나 조건(예를 들면, 68운동, 파시즘 세력의 미청산, 소련의 붕괴나 사회주의의 몰락, 마니 풀리테, 유럽통합의 진행과 가입결정, 글로벌 경제위기 등등)에 따라 대중들의 지지와 선호 수준이 달라진다는 점 역시 일정 부분 확인할 수 있다. 그러나 2013년 총선에서 오성당이 부상한 뒤에는 이러한 지역주의와 분리주의 정당이 정책과 노선을 두고 명확한 변화의 모습을 보이고 있다.

2013년 이후 나타난 분리주의와 지역주의 정당 속성의 가장 중요한 기준과 특징은 다음의 세 가지 수준과 노선을 통해 분명하게 나타난다. 첫째, 유럽통합의 기준인 EU의 정치공동체의 성격과 통합 노선의 찬반 여부에 따른 입장이다. 유럽통합이 진행되면서 불거진 다양한 국가 간 갈등과 문제들에 대한 해결 방식을 두고 분리주의와 지역주의 정당이 반대 노선을 걷기 시작하면서 지역주의와 분리주의 정당의 대유럽연합 정책의 동질성이 높아지고 있다. 둘째, 헌법개정 논의와 더불어 분리주의를 강조하는 방향으로 개정 논의를 진행하고 있다는 점이다. 셋째, 이민자와 난민 문제 등을 중심으로 이탈리아 외부인들의 국내 체류나 거주 허가 등의 정책과 방향에 대한 찬반 여부 입장이 분명하다는 점이다. 결국 이탈리아 분리주의와 지역주의 정당의 유형과 성격은 이러한 세 가지 조건과 기준에 따라 결정되며, 그것이 분리와 통합을 결정짓는 요인이기도 한 것이다.

III. 헌법개정 논의와 지역주의와 분리주의 정당의 입장

1. 헌법개정 논의의 배경과 지역주의와 분리주의 정당

자유민주주의공화국으로 출범한 1948년 이탈리아 공화국은 대통령제
와 의회중심제를 혼합한 민주정 체제였다. 이에 5개 주의 지역자치권
을 헌법에 보장함으로써 독특한 이탈리아적인 민주공화제를 완성하였
다. 그러나 헌법에 지역의 자율성이 보장되어 있고, 파시즘 세력의 완
전한 역사적 청산 등이 이루어지지 않으면서 대중이 위대한 지도자와
선동적인 이슈에 보다 쉽게 휩쓸릴 수 있는 여지와 가능성을 남겨두게
되었다. 그럼에도 역사적으로 청산되지 않은 지역주의 문제는 남부문
제를 비롯하여 실지회복운동과 결합하여 다양한 양상의 분리주의 운
동과 정당으로 재등장하였다.

　　이러한 논의에 기폭제 역할을 한 것이 2016년 헌법개정 논의였
다. 이전에도 헌법 개정 문제가 쟁점이 되어 국민투표에 회부한 적도
있었고, 2008년 베를루스코니 정부에서는 대통령제와 연방주의 권력
구조로 개편하기 위한 시도도 있었지만 지역주의나 분리주의를 강화
하기 위한 헌법개정은 대부분 실패했다(김종법 2007). 이에 반해 그러
한 방향과 반대되는, 다시 말해 중앙집권을 강화하는 방식으로의 개헌
역시 지역주의에 기반한 정당과 분리주의 운동을 주도하는 정당의 강
력한 존재감으로 인해 더욱 어려운 작업이었다.

　　결국 이탈리아에서 분리와 통합의 강도와 유형을 결정했던 것은
국내외적인 주요 요인이었으며, 이는 대외적으로는 유럽통합의 찬반
여부와 난민정책 등의 외국인 유입정책이었으며, 국내적으로는 연방
주의 혹은 중앙집권의 강화였다. 그런 의미에서 보자면 이탈리아의 분

리-통합 유형과 내용을 가장 잘 보여준 사례는 2016년 헌법개정 논의
와 2018년 총선이라고 볼 수 있다. 다음 절에서는 2016년 헌법개정 국
민투표와 2018년 총선 결과를 통해 이탈리아의 분리-통합의 성격과
특징을 살펴보고자 한다.

2. 2016년 헌법개정 논의와 분리주의 정당의 정치적 의미

이탈리아의 대표적 분리주의 정당은 북부동맹이다. 북부동맹은 역사
적인 배경과 정치적인 배경이 매우 독특한 정당이다. 특히 이탈리아
특유의 지역문제인 남부문제에서 파생되어 이데올로기와 현대 이탈리
아 정치 환경이 복합적으로 작동하여 탄생한 정당이라는 점에서 다각
도의 논의가 필요한 정당이기도 하다. 여기서는 그러한 이론적이고 다
양한 시각을 모두 제공할 수는 없지만, 지역문제의 변형과 분리주의를
주창하는 극우주의 관점에서 북부동맹을 살펴보고자 한다. 북부동맹
이 추구하고 있는 가장 중요한 가치들은 분리독립주의, 연방주의, 반
이민자정책, 인종차별주의, 세계화에 대한 반대, 유럽통합회의주의와
유럽통합 반대 등이다.

　　북부동맹은 민족주의적인 이데올로기를 기반으로 하지 않으며 이
탈리아라는 국가의 정체성을 강력하게 주장하지도 않지만, 지역에 기
반한 지역이기주의와 지역주민의 혈통과 인종의 순수성을 주장하고
있으며, 이민 정책뿐만이 아니라 세계화 정책이나 유럽통합 방향에도
동의하지 않고 있다. 그러나 북부동맹의 경우 분단과 통합이라는 논리
에 익숙한 우리에게는 다소 생소하지만 분리와 통합이라는 이론적 관
점에서는 충분한 분석 사례를 제공하고 있다는 점에서 흥미로운 대상
이다.[9]

표 6-5. 북부동맹의 주요 특징

정당	북부동맹(LN)
이념적 특징	분리독립주의, 연방주의, 반이민자정책, 인종차별주의, 세계화에 대한 반대, 유럽통합회의주의와 유럽통합 반대
주요 지지자층	북부 자영업자, 북부 인종주의자, 북부 분리주의자, 전문직을 가진 중상 이상의 계층
이데올로기적 좌표	극우 인종주의 및 지역주의
주요 제안정책	이민허가제, 반세계화 정책, 연방제, 유로사용 폐지, 유럽연합으로부터 탈퇴 찬성

자료: 저자 정리

북부동맹의 성장과 분리주의 정당으로서의 지지율 변화 추적은 이탈리아 분리주의 정당이나 대중정당의 성격과 의미를 파악하는 데 있어서 중요하다. 특히 지역에 기반한 분리주의가 유럽통합에 대한 반대 입장과 맞물리면 답보상태였던 국내의 지지율이 반등하거나 세력 확장이 가능하다는 것을 실제로 보여주기 때문이다. 북부동맹의 경우 유럽통합 이슈가 그리 중요하지 않았던 초기와 달리 유럽통합 이슈가 전국적인 관심사가 되면서 지지율이 보다 확장되는 추이를 보이고 있다. 이는 다른 국가들의 반유럽통합 정당 연구에서도 중요한 지표가

9   이에 대해서는 후속 논문에서 보다 자세하게 분석 방법과 이론적 논의를 전개하겠지만, 한국과 같은 분단국가에서 통일과 분단이라는 이분법적 현상으로 인한 내부적인 갈등과 격차가 영원히 좁혀지지 않고 지속되는 것은 분단 상황의 극복이 흡수나 합병과 같은 방식을 통해 이루어지는 방식에만 초점이 맞추어져 있기 때문이다. 그러나 그러한 분단과 통일의 현상을 분리와 통합의 관점에서 논의할 수 있으며, 이러한 새로운 이론적 논의는 "분리통합연구회"를 중심으로 진행되고 있으며, 헤게모니 개념을 원용하면서 '아(我)와 비아(非我)의 투쟁' 도식과 홀로주체적인가 아닌가 등의 이론적 논의들이 활발하게 개진 되고 있다. 보다 자세한 내용은 다음의 책을 참조하시오. 분리통합연구회편. 2014. 『분단-통일에서 분리-통합으로』. (사회평론아카데미).

될 수 있는데, 극우 이데올로기와 같은 편향성이 희석될 수 있다는 사
실을 증명할 수 있기 때문이다.

북부동맹의 분리주의 주장이 확산되는 결정적인 계기는 2016년
국민투표에 회부된 헌법개정 시도였다. 2016년 12월 4일 렌찌 총리가
내걸었던 헌법개정안에 대한 국민투표(Referendum costituzionale)가
부결되었다. 이탈리아의 경우 주요 사안에 대해 정부가 국민투표로 결
정할 수 있는 권한을 가지고 있다. 이번 국민투표 역시 렌찌 정부가 정
치개혁과 경제위기 돌파를 명목으로 하원의 권한을 집중하고 상원의
수를 감축하면서 중앙정부의 권력을 강화하는 헌법개정안을 제안하
여 실시된 것이었다. 이러한 제안의 주요 배경은 현행 헌법상 부여되
어 있는 상원과 하원의 거부권 문제를 해결하기 위한 것이었다. 특히
상원의 거부권 행사는 국정 효율성을 저하하고, 상하양원 의석수 불일

표 6-6. 헌법개정안의 주요 내용

개정 분야	개정 전의 내용	개정 내용
상원 부문	상원수 315명	상원 100명으로 축소
	법률안 거부권 등의 권한	거부권 등의 권한 폐지 등의 권한 축소
	입법 권한	하원에 집중
	국민의 직접 선출	추천과 지명에 의해 선출 • 각 지역 의회와 시장의 추천을 통해 임명하는 95석 • 대통령이 임명하는 5석으로 구성됨
	정부 불신임안 투표 참여	정부 불신임안 투표 불참
하원 부문	하원의 권력	정부를 구성하게 될 내각에 집중
국정 부문	국가 운영비 예산 반영	국가기관 운영비 제한
	국가경제노동평의회 기능 확장	국가경제노동평의회 기능 억제

자료: 저자 정리

치에 따라 표결의 일관성이 없어 정부 안이 입법화되는 것이 어렵다는 현실적인 정치행태를 타파하기 위한 고육책이었다.

당시 헌법개정안에 대한 투표는 제안 초기에는 상당한 국민적 지지를 획득하였지만, 렌찌 총리가 자신의 신임 문제와 연계하자, 경제위기에 대한 책임을 묻는 신임 투표 형식으로 내용이 변질되었다. 특히 헌법개정안에 대하여 렌찌 정부의 실정을 부각시키고, 신임을 묻는 투표 형식으로 내용을 바꾸는 데 주도적인 역할을 한 것이 북부동맹과 오성당이었다. 이러한 요인 등이 복합적으로 어울어져 초기의 찬성 여론이 부결 여론으로 기울어지면서 헌법개정안은 부결되었고, 렌찌 총리도 사임하는 결과를 초래했다.

헌법 개정안에 대한 초기 내용, 즉 국가운영의 효율성 증대와 기득권 정치의 하나인 상원 의원수 축소 등의 정치개혁 내용 등이 북부동맹과 오성당이 중심이 된 반대 운동에 의해 변질되게 된 주요 원인은 이탈리아의 정치경제 현실을 반영한 이슈들을 끌어들여 신임투표 형식으로 바꾸는 데 성공한 데 있었다. 이탈리아의 경제 불황의 지속,

표 6-7. 2016년 12월 4일 헌법개정안에 대한 투표 결과

선택	득표수	득표율(%)
찬성	13,432,208	40.89
반대	19,419,507	59.11
유효표	32,851,715	98.82
무효표/공표	392,130	1.18
총합	33,243,845	100
유권자 등록수/투표율	50,773,284	65.47

출처: 이탈리아 내무부 자료 정리

높은 실업률, EU에 대한 지나친 의존, 개방적인 난민 수용 정책 등에
대하여 오성당을 비롯한 야당들이 이슈화하는 데 성공하여, 투표 결과
찬성 40.89%, 반대 59.11%로 개헌안이 부결되었다. 부결로 인해 렌
찌 총리는 사임하였고, 후임 총리로 외무장관이었던 파올로 젠틸로니
(Gentilloni)가 지명되었다.

3. 2018년 총선과 북부동맹의 집권

2018년 총선 결과는 이탈리아 정치의 혼란을 초래하였다. 특히 어느
정당도 과반수를 확보하지 못하게 되면서 연정이라는 형태의 집권만

표 6-8. 2018년 총선의 정당연합과 단일정당 선거결과(2013년 대비)

하원	우파연합	오성당	좌파연합
투표수	12,152,158	10,732,373	7,505,128
득표율	37.00 %	32.66 %	22.85 %
의석수	265/630	227/630	122/630
2013년 대비 증감률(%)	+7.45	+7.10	-6.70
2013년 대비 의석수차	+141	+119	-222
상원	우파연합	오성당	좌파연합
투표수	11,330,164	9,733,303	6,948,983
득표율	37.49 %	32.22 %	22.99 %
의석수	137/315	112/315	60/315
2013년 대비 증감률(%)	+6.77	+8.43	-8.64
2013년 대비 의석수차	+21	+58	-53

자료: 저자 정리

가능한 상황이 되었다. 그러나 문제는 그 연정이 좌우연정이 아닌 우파연합과 오성당의 연정 형태만이 가능하다는 상황이었다. 이는 극우정당의 성격과 정치개혁을 명분으로 내건 정당의 기묘한 동거이자 연정이라는 점에서 유럽 정치계의 이목을 집중시켰다. 특히 오성당과 북부동맹의 유일한 공통점이 반유럽통합노선이라는 사실은 EU와의 관계 설정 등에서 많은 우려와 고민을 낳게 하였다.

총선 실시 후 약 2개월간의 공백기를 거쳐 가까스로 성립된 북부동맹과 오성당의 연합정부는 그러한 우려와 고민이 현실이 될 수 있다는 사실을 확인시켜주었다. 실제로 연정 과정에서 지명된 총리 후보와 장관들의 면모가 EU의 기본정책을 반대하던 인물들이었으며, 국내적으로도 분리주의의 강화를 주장하는 인물들이라는 점에서 이탈리아 분리주의가 강화되고 그 방식이 다양한 형태로 등장하게 될 것이라는 전망을 하게 하였다.

그러나 오성당의 정책노선과 북부동맹의 정책의 이질성과 차이점 때문에 기묘한 두 정당의 동거정치가 어떤 결과로 종료될지에 대하여 수많은 예측이 산출되고 있다. 그럼에도 두 개의 이질적인 정당 결합이 갖는 중요한 의미는 정치적 혼란이나 연정의 지속가능성을 담보하지 못한다고 해서 이탈리아의 분리–통합 방향이 일방적으로 북부동맹에게 유리하게 흐르거나 혹은 그 반대로 흐를 가능성은 매우 낮다는 사실이다. 오히려 분리와 통합의 방향성이 적절한 긴장관계 속에서 분리주의의 일방적 흐름을 차단함과 동시에 통합성 역시 중립적인 위치에 머무르게 될 분리–통합의 휴지기가 될 가능성이 더 높다고 분석할 수 있다.

실제로 아래의 〈표 6-9〉에서 보는 바와 같이 오성당의 정치적 좌표나 정책 분야별 노선과 방향에는 최소한 북부동맹의 분리주의를 국내적으로는 억제하고 견제할 수 있는 정치동학과 힘이 있다고 판단할

표 6-9. 오성당의 정치적 좌표 및 분야별 특징

주요 항목	주요 특징
정당 부상의 정치적 배경	부패한 사회구조의 개혁, 기성 정치질서의 전복과 기성 정치질서에 대한 반감, 신자유주의 세계화에 따른 세계질서에 대한 반감, 이탈리아 정치계의 뿌리 깊은 부패와 변화하지 않는 사회질서에 대한 돌파구 모색, 지방자치의 강화, IT 기술의 발달을 계기로 유권자와 정당 간의 직접적인 소통을 강조하는 직접민주주의와 대중민주주의 강화 경향, 브렉시트 등으로 표현되는 유럽통합에 대한 회의주의와 유럽통합의 엘리트주의 반대경향 등에서 지지세 확산
지지층의 구성	중산층과 기성정치질서에 반대하는 이들, 20대와 30대의 디지털 세대, 주로 전문직에 종사하는 중상 이상의 계층 혹은 진보적인 성향의 자영업 및 서비스업 종사자들
국내정치에 대한 입장	좌우 이데올로기에 종속되지는 않았지만, 그렇다고 지나친 실용주의나 중도주의라고 보기에 힘든 점이 있음. 기성 질서에 편입되지 못한 비주류와 새로운 청년 세대 등이 추구하는 아래로부터의 진보적이고 대중적인 민주주의 표방함. 참여와 소통을 가장 중요한 가치로 보는 직접민주주의의 실현
유럽통합에 대한 입장	기본적으로 유럽통합에 반대하는 정책 기조 유지, 특히 엘리트 중심의 기존질서 유지를 위한 체제로서 유럽통합을 바라본다는 점에서 다른 국가의 유럽통합 반대와도 다소의 차이 존재. 중앙집권적인 정치권력의 집중보다는 지방과 주 정부의 자치권을 강화하는 노선, 유로사용의 폐지, 유럽연합으로부터 탈퇴를 2018년 총선에서 함께 물을 것을 제안함.
국제정치적 입장	국제정치 분야의 경우 오성당 내부적으로 몇 가지 사항에서는 의견 차이가 존재함. 트럼프에 대한 반감이나 난민과 이민 정책 등이 가장 대표적인 사안임. 난민과 이민 정책의 기본적인 입장은 실용주의적인 방향에서 반인권적인 정책은 반대하는 입장을 보이고 있음.

자료: 저자 정리

수 있다. 따라서 이탈리아 분리 · 통합의 방향과 노선은 오성당의 성공 여부에 달려 있을 가능성이 훨씬 높을 것이다.

IV. 결론: 분리 · 통합의 혼재와 유럽통합의 딜레마

지금까지 살펴본 이탈리아의 분리 · 통합 논의는 주로 북부동맹이라

는 분리주의 정당과 오성당이라는 대중정당을 통해 정당체계의 변화에 따른 득표율 추이와 정당 정책과 노선 등을 통해 진행하였다. 특히 2016년 헌법개정 국민투표의 부결을 주도했던 오성당과 북부동맹은 부결의 정치적 의도와는 별개로 중앙집권을 강화시키는 헌법개정안을 반대함으로써 분리주의의 현상 유지 혹은 분리주의의 강화라는 방향성을 지킬 수 있었다. 또한 이어진 2018년 총선에서는 제1당과 제2당이 되면서 연정 구성에 합의하여 정치권력을 획득하는 수준으로 발전하였다.

그러나 이탈리아 분리주의의 방향과 내용에서 보면, 북부동맹이 중심이 된 분리주의 운동의 방향이 총선승리나 국민투표 부결이라는 정치적 목적 달성과는 별개로 분리–통합의 일정한 유형을 견지하고 있다고 판단하기에는 부족한 점들이 많다. 특히 〈표 6-2〉에서 규정하고 있는 분리·통합의 유형 중에서 리소르지멘토라는 이탈리아 통일 운동 과정에서 형성된 일방 통합(C) 수준에서 현재는 동등 통합(D)과 동등 분리(B)를 요구하고 있는 정치적 지형을 형성하고 있다는 점을 헌법개정 논의와 총선이라는 두 개의 사례를 통해 확인할 수 있었다.

분리와 통합의 공존이라는 정치적 지형의 중심에 북부동맹과 오성당이 있다는 점에서 이탈리아 분리–통합의 방향성은 당분간 현상 유지의 가능성이 높아졌다. 그러나 다른 유럽 국가들에서도 확인된 것처럼 난민 허용 반대 등의 반유럽통합적 성격의 정책과 기조가 지속된다면 이들 두 정당에 대한 지지가 더욱 확산되고 강화될 것으로 예측할 수 있다. 이러한 흐름과 예상은 2019년 5월의 유럽의회 선거에서 일정 부분 확인되었다.

2017년 유럽 주요 국가에서 실시된 선거 결과에서 이미 확인하였듯이 유럽의 극우주의와 포퓰리즘정당의 강세는 반유럽통합과 반엘리트정치의 내용과 정서를 확인시켜주었지만, 아직은 분리주의의 강화나 회원국가 차원에서의 유럽연합 탈퇴의 움직임은 나타나지 않고 있다. 그러나 유럽의회 선거에서 이러한 반유럽통합을 표방하는 정당이 확산될 경우 개별 국가 수준까지 반유럽통합 움직임이 거세질 것이라는 점에서 이탈리아의 북부동맹과 오성당의 연정 실험은 여전히 의미있는 정치적 시도이다.

결론적으로 이탈리아 분리주의 운동과 정당은 통합을 유지할 것인지, 혹은 그 반대의 경우처럼 더 작은 통합을 지향하여 분리를 강화할 것인지의 기로에 놓여 있다고 분석할 수 있다. 전자의 방향을 선택할 경우의 정당지지 축소의 결과가 도출될 것이라는 점에서, 후자의 방향을 선택할 경우 정당지지 확산과 강화의 결과가 예측됨에도 불구하고 북부동맹의 분리주의가 약화되는 결과로 이어진다는 점에서 노선과 방향 선택의 딜레마에 처해 있다.

따라서 이탈리아 분리주의는 다른 유럽 국가들과는 성격이 다른 특징을 나타내고 있으며, 오히려 분리와 통합의 혼재 현상이 강화되는 방향으로 나아갈 가능성이 매우 높다. 이는 분리·통합의 새로운 유형으로 도출될 수 있는 현상이며, 향후 분리·통합 분석 모델의 또 다른 방향성과 모델 구축의 계기가 된다는 점에서 충분한 정치공학적 의미가 있다고 평가할 수 있다.

제2부

분리와 통합의 기로에 선 지역통합

제7장

2체제 국가연합의 가능성과 함의: 벨기에 연합주의 논쟁의 시사점*

오창룡 | 고려대학교 노르딕베네룩스 센터

* 이 글은 "벨기에 연합제 도입을 둘러싼 갈등: 신플랑드르연대(N-VA)의 연합주의(con-federalism)와 왈롱 정당의 비판을 중심으로." 『유럽연구』 제36권 제3호(2018) 및 "2체제연합(bilateral confederation)의 가능성과 한계: 벨기에 연합주의와 한국 통일방안을 중심으로." 『EU학연구』 제24권 제1호(2019)를 재구성한 글임.

I. 서론

국가연합(confederation)은 주권을 유지한 연합국들이 조약의 형태로 공동기구를 창설하고, 주권의 일부를 공동으로 행사하는 '국가 간' 결합관계를 의미하며, 연방(federation)보다 약한 결속력을 갖는 국가형태로 간주된다. 기존 국가연합 사례들은 공동 안보를 위해 협력하면서 경제, 사회, 정치 통합을 확대하고 이후 연방국가 혹은 단일국가의 형태로 나아갔기 때문에 현존하는 국가연합 사례는 매우 드물다. 그럼에도 국가연합에 대한 연구는 1980년대 이후 증가했는데 그 이유는 단연 유럽통합과 깊은 관련이 있다. 유럽경제공동체(European Economy Community)의 회원국이 확장되는 추세는 연방제 전통과 구분되는 국가연합 체제에 대한 관심을 부활시켰다. 유럽연합은 역사적으로 국가연합을 경험했던 네덜란드(1579-1795), 미국(1781-1789), 스위스(1815-1848), 독일(1815-1866) 등의 사례보다 광범위한 협력을 추구하는 모델로 주목받았다(Forsyth 1981 ; Duchacek 1982).

　1989년 이후 한국 정부의 공식적 통일방안은 자주·평화·민주의 3대 원칙하에 남북연합 구성을 핵심으로 하는 단계적·점진적 접근방식을 취하고 있다. 여기서 남북연합은 통상적으로 국가연합의 한 형태로 간주되어왔다. 남북연합은 높은 수준의 협력을 위한 임시적 단계로 설정되며, 한국 통일방안을 다룬 다수의 연구들은 국가연합의 도입 가능성에 대한 평가를 포함하고 있다(최완규 2002; 김근식 2003; 정성장 2007; 양길현 2007; 우성대 2007; 임채완·장윤수 2003; 이옥연 2015). 그러나 한국의 특수한 상황에 적절한 시사성을 줄 수 있는 비교사례를 발굴하는 것은 쉽지 않다. 특히 한국의 연합제 방안은 다수의 국가가 참여하는 국가연합 방식이 아니라 남과 북의 두 체제가 결합하는 형태

이기 때문이다. 기존 국내연구에서 주목한 미국 국가연합과 유럽연합
의 사례는 국가연합의 제도적 형태에 대한 고찰을 가능하게 하지만 대
규모 영토에서 복수의 체제가 결합한 연합형태는 한국의 현 상황과 거
리가 멀다(한종수 2002; 우성대 2007; 정성장 2004; 김준석 2008).

　이 글은 기존의 다자적 국가연합(multilateral confederation)과 구
분되는 양자적 국가연합(bilateral confederation)을 '2체제연합'으로
지칭하고 그것의 특징과 전망에 대한 분석을 시도한다. 한국 통일방안
의 남북연합은 두 체제 간의 결합을 전제로 하기 때문에 'confedera-
tion' 혹은 'commonwealth'로 지칭되는 기존의 다자간 국가연합 모
델을 그대로 대응시킬 때 개념적 모호성이 커진다. 따라서 한국의 사
례를 다루기 위해서는 양자 간 결합 가능성에 주목해서 보다 일반화된
논의를 발전시켜야 한다. 2000년대 이후 터키-쿠르드, 시리아-로자바,
팔레스타인-이스라엘, 인도-파키스탄 지역의 분쟁을 국가연합의 형태
로 해소할 수 있다는 제안이 증가하고 있는데, 이러한 추세는 2체제연
합에 대한 분석 필요성을 더욱 뒷받침한다.

　이에 이 글은 연합주의를 연방제에 대한 대안으로 제시하는 플랑
드르 사례를 주요한 준거로 삼아 양자적 국가연합의 역할과 한계를 진
단한다. 벨기에 플랑드르 제1정당 신플랑드르연대(N-VA: New Flem-
ish Alliance)는 지지 세력을 넓혀가며 국가 차원의 연합제 개혁논쟁을
불러일으키고 있다. 플랑드르와 한국 사례는 2체제연합이 등장할 수
있을 것인지, 등장한다면 어떤 형태로 제도화될 것인지의 문제를 살펴
볼 수 있는 중요한 비교분석사례가 된다. 특히 플랑드르 사례는 한국
통일방안과 마찬가지로 연방과 연합의 차이에 대한 논쟁을 바탕으로
하면서도, 연방제보다 느슨한 수준의 연합을 추구하는 분리주의적 경
향을 띤다는 측면에서 2체제연합의 다양한 방향성을 진단하는 데 있

어 유의미한 비교대상이 된다. 이하에서는 먼저 기존 연합주의 이론의
쟁점을 살피고, 다음으로 한국 통일방안과 플랑드르 연합주의의 등장
배경과 내용을 비교할 것이다. 마지막으로 두 사례가 제시한 연합제
방안의 공통점과 차이에 주목하여 2체제연합의 가능성과 한계를 분석
할 것이다.

II. 연합주의의 이론

1. 국가연합 이론의 재조명

1980년대 이후 '국가연합(confederation)의 부활'을 다루는 연구가 증
가했다. 국가 간 협력 필요성과 함께 국제기구가 폭발적으로 증가하
는 현실에 대처하기 위해 과거 효과적인 성과를 창출하지 못하고 소멸
했던 국가연합 체제를 다시 고찰할 필요가 있다는 주장이 제기된 것이
다. 특히 유럽통합의 느린 진행은 연방제보다는 연합제적인 통합모델
에 대한 관심을 증대시켰다. 1980년대 초반 유럽경제공동체(EEC)의
회원국이 10개국까지 확대된 상황에서 각국의 민족주의를 극복하고
통합을 진행하는 것이 쉽지 않다는 관찰이 이어졌기 때문이다(Duch-
acek 1982, 129-33).

　　이러한 배경에서 먼저 폴시스(Murray Forsyth)는 유럽경제공동체
(European Economy Community)의 본성을 분석하고 유럽국가 간 관
계 변화를 예측하기 위해 고전적인 국제관계 이론에서 벗어나 국가연
합에 대한 이론을 발전시켜야 한다고 보았다(Forsyth 1981, ix-xi). 그
는 스위스 연합(Swiss Confederation, 중세-1789, 1815-1848), 네덜란

드 지역연합(United Provinces of the Netherlands, 1579-1795), 독일
연합(German Bund, 1815-1866), 미국 연합(The confederation of the
United States of America, 1781-1789) 등을 국가연합 원형으로 제시했
는데, 이러한 사례는 대체로 국방과 안보문제 해결을 위해 국가들이
상호 결합한 형태였다. 폴시스는 근대 이전에 존재했던 '소극적인 국
가연합'에서 더 나아가 공공의 복지(common welfare)와 관련된 경제
분야의 통합을 시도하는 '적극적인 국가연합' 모델을 유럽통합 과정에
서 구현할 수 있다고 주장했다(Forsyth 1981, 4-5).

폴시스의 분석은 1990년대 후반 리스터(Frederick Lister) 및 일
레이저(Daniel Elazar)의 연구에 영향을 미쳤다. 두 연구자는 공히 국
가연합 모델의 부활(revival)이라는 관점에서 유럽통합을 진단했으며,
연방제(federation)와 차별화되는 연합제의 특징을 강조했다. 또한 이
들은 과거 불안정한 정치체제로 간주됐던 국가연합이 세계화라는 변
화된 현실에서 유의미한 대안으로 기능할 수 있다는 전망을 공유했다.

먼저 리스터는 '단일국가(unitary state)', '연방' 및 '국가연합'을
세 가지 상이한 거버넌스 형태로 구분하고, 연방과 국가연합의 차이를
상술했다. 그에 따르면, 연방과 국가연합은 중앙과 지방의 기능을 분
담하는 기본법을 두고, 지역 기반의 독립적인 권력을 인정하며, 외부
의 정체에 대해 단결된 국가 형태를 보인다는 공통점이 있다. 그러나
연방과 국가연합은 다음과 같은 측면에서 상이한 특징을 보인다. 먼저
연방의 경우 구성단위의 자치를 보장하는 상세한 '헌법(constitution)'
을 보유하며, 국민들은 연방과 지역에 대한 이중의 소속감을 가진다.
또한 연방에서 연방정부와 지역 공동체는 상호 중복되는 업무를 공유
하면서도 최종적으로는 중앙의 연방정부가 중심이 되어 국정을 관리
하는 권위를 갖는다. 반면, 스위스, 네덜란드, 미국, 독일 등에서 시도

했던 국가연합은 중앙의 우월적인 권위를 두지 않으며, 연합소속 국가들이 '조약(treaty)'에 따라 공동의 결정에 참여하고, 중앙권력이 지역에 종속되는 형태를 보였다. 국민들은 자신이 속한 공동체에 대한 소속감을 유지했으며, 지역적 소속감을 중앙 권위에 대한 충성심으로 전환하는 것은 불가능했다(Lister 1996, 19-24).

이러한 분석을 토대로 리스터는 국가연합이 새롭게 등장할 수 있는 조건과 목표를 다음과 같이 제시했다. 첫째, 소규모의 국가 집단이 경제위기를 극복하기 위해 연합을 형성하는 경우, 특정 쟁점에 대해 상호 협의한 입장을 공유하면서 강대국을 대상으로 협상력을 증가시킬 수 있다. 둘째, 분열 위기에 있는 다인종 국가의 경우, 완전한 분열을 피하기 위한 대안으로 국가연합을 실험할 수 있다. 셋째, 지리적으로 인접한 국가들이 연합을 형성해서 경제적인 이익을 극대화하고 공동의 안보를 강화할 수 있다. 넷째, 증대하는 국제적인 위험을 해결하기 위해 전 세계 공동체가 국가연합 모델을 새로운 협력 방식으로 고려할 수 있다(Lister 1996, 49).

반면, 일레이저는 리스터와 달리 국가연합을 연방주의(federalism)의 한 형태로 분류했으나, 역시 일반적인 연방과 구분되는 국가연합 체제의 특수성을 분석했다. 그는 근대적인 국가주의(statism)에서 탈근대적인 '국가연합 방식'의 연방주의로 패러다임이 이행하고 있다고 보았다. 즉, 냉전 이후 국가 간 안보와 경제 협력이 증가하면서 19세기에 사라졌던 국가연합이 새로운 형태로 다시 부활한다는 주장이었다. 일레이저는 유럽연합뿐만 아니라 동남아시아국가연합(ASEAN), 북미자유무역협정(NAFTA), 관세 및 무역에 관한 일반협정(GATT) 등의 협력기구에서 '연합적인 배치'(confederal arrangement)를 찾아볼 수 있다고 부연했다.[1]

일레이저는 국가연합은 독립된 주권 국가들이 이질적인 국가 정체성을 유지하면서도 다른 국가와 긴밀한 상호 결속을 도모할 수 있기 때문에 보다 수월하게 연방주의의 장점을 달성할 수 있다고 주장했다. 아울러 다음과 같은 경우 현대적인 국가연합 혹은 연합적인 배치가 등장할 수 있다. 첫째, 국가 간 새로운 결속을 증진하기 위해 연방주의적인 해결안을 도입하는 경우, 둘째, 분권화의 결과로 기존 정체를 국가연합으로 대체하는 경우, 셋째, 경제발전, 환경보호, 안보 증진을 위해 국가 협력 필요성이 국제적으로 확산되는 상황에서 조약보다는 강하고 공동헌법보다는 느슨한 결합을 시도하는 경우이다(Elazar 1998, 41).

이상에서 살펴본 연합주의에 대한 이론적 분석을 토대로 벨기에의 연합주의를 평가할 때 크게 두 가지 측면에 주목할 수 있다. 첫째, 벨기에에서 새롭게 제기된 연합제 대안이 기존의 벨기에 연방제와 어떤 관계를 맺으며, 어떻게 차별화되는가의 문제이다. 기존 논의들은 연방제와의 비교를 통해 국가연합의 차별성과 의의를 강조해왔는데, 벨기에 사례 역시 1970년대 이후 진행된 연방제 개혁에 대한 비판의 맥락에서 연합제적인 대안을 제시하고 있기 때문에 유사한 쟁점을 확인할 수 있다. 둘째, 연합주의의 목표와 형식을 기존 사례와 비교함으로써 벨기에 사례의 특수성을 평가할 수 있다. 기존 이론들은 공통적

---

1   일레이저는 미국 사례를 근거로 연방과 국가연합의 차이를 구분했다. 그에 따르면, 연방제는 정부가 인간의 자유를 극대화하는 데 필수적이라는 전제에서 출발하며, 구성 공동체(constituent communities)보다 개별적인 개인들의 자유를 더 강조한다. 그러나 연합제는 구성 공동체의 자유를 우선으로 하고, 공동체 차원에서 개인들의 자유를 보호해야 한다는 인식을 바탕으로 한다. 일레이저는 이러한 차이를 근거로 대다수의 미국인들이 왜 연합제를 폐지하고 연방제를 수용하는 것에 동의했는지를 이해할 수 있다고 보았다. 즉, 미국인 개인으로서 누리는 자유에 대한 인식이 주 단위의 집단적 정체성보다 더 큰 영향력을 미쳤기 때문에 연방제가 도입됐다는 주장이다(Elazer 1998, 34, 74-77).

으로 국가연합이 개별적인 주권을 유지하면서 공동의 문제를 해결하는 대안으로 기능한다고 진단했다. 반면 벨기에의 연합주의는 분리주의적인 속성을 갖는다는 비판을 받기 때문에, 이러한 지향 차이가 어떤 맥락에서 발생하는지를 추가로 분석할 필요가 있다.

2. 국가연합 이론의 확장: 다자 관계에서 양자 관계로

북미와 유럽 중심으로 전개됐던 연합주의 이론은 2000년대 이후 제3세계의 분쟁 지역으로 확산되는 추세이다. 유고슬라비아 공화국을 구성했던 보스니아-헤르체고비나에서 현재의 연방제보다 분권화된 연합제 도입이 논의되고 있다. 보스니아-헤르체고비나는 1995년 데이튼 협약(Dayton Accord)을 통해 내전을 종결하고 3인 대통령 위원회가 이끄는 3민족(보스니아인, 크로아티아인, 세르비아인), 2지역(보스니아-헤르체고비나, 스릅스카 공화국)의 복잡한 연방제를 구성하고 있다. 크로아티아계 전 대통령 드라간 초비치(Dragan Čović)는 크로아티아계 주민이 독립적으로 대통령을 선발할 수 있는 분권화 개헌을 제안한 바 있으며, 현 세르비아계 대통령 밀로라드 도디크(Milorad Dodik) 역시 민족과 지역 구분을 일치시키는 3체제 연합이 도입되어야 한다고 주장했다(Perry 2015).

쿠르디스탄노동자당(PKK ; Kurdistan Workers' Party)을 이끌었던 압둘라 외잘란(Abdullah Öcalan)은 터키-쿠르드의 새로운 관계 정립 방안으로 민주적 연합주의(democratic confederalism)를 제시한다. 그에 따르면 민주적 연합주의는 더욱 민주화된 터키 안에서 쿠르드 민족이 정체성을 유지한 채로 터키 민족과 공존할 수 있는 사회를 지향한다. 민주적 연합주의에 따라 쿠르드는 분리독립을 요구하지 않을 것이며, 터키와 쿠르드는 민주적인 방식으로 두 체제 간의 연합제를 발전시킬 수 있다는 주장이다(외잘란 2018). 외잘란의 이론은 시리아의 북부 로자바(Rojava) 지역의 자치운동에도 영향을 미쳤다. 2003년 창설된 시리아의 쿠르드민주연맹당(Kurdish Democratic Union Party)은 시리아 정부의 박해에 맞서 쿠르드 민족의 자치를 위해 반정부운동을 벌여왔으며, 시리아 내전 시기 북시리아 로자바 연방을 자치구로 선포했다. 민주적 연합주의는 시리아와 로자바 자치구의 추가적인 분쟁을 예방할 수 있는 대안으로 간주되고 있다(Knapp and Jongerdern 2014).

연합주의는 이스라엘과 팔레스타인의 분쟁을 해결하는 이념으로도 주목받는다. 이 입장에 따르면 연합주의 원칙에 따라 이스라엘과 팔레스타인은 각각의 시민권 정책을 정립하고 유럽연합과 유사하게 상대 지역에 거주할 수 있는 권리를 부여할 수 있다. 연합주의는 이스라엘-팔레스타인의 경제, 문화, 정치 교류에 기여할 것이며, 예루살렘 주민들 스스로 시민권을 선택하도록 하여 평화적인 분쟁 해결이 가능해진다(Scheindlin and Waxman 2016). 나아가 인도-파키스탄의 국가연합 건설이 양국 간 긴장을 완화하고 국가이익을 증대시키는 데 유리하다는 주장도 제기된다. 관련 논자들은 인도와 파키스탄, 나아가 방글라데시까지 참여하여 분리국가와 연방제의 중간단계에서 협력증진을 시도할 수 있다고 본다(Adeney 2016; Srivastava 2018). 이스라엘-팔레스타인 사례 및 인도-파키스탄 사례는 각각 '두 민족 이론(two-nation theory)'과 '두 국가 해법(two-state solution)'으로 2체제 분리를 기정사실화 했던 기존 접근방식에서 벗어나 연합주의를 새로운 갈등해소 방안으로 설정한다는 공통점이 있다.

이처럼 유럽연합의 등장으로 재조명된 국가연합 이론은 다자적 국제관계뿐만 아니라 양자적인 지역분쟁의 완화를 가능하게 하는 이상적 협력방식으로 주목받고 있다. 그러나 중동과 아시아 지역에서 제안된 국가연합은 분명한 추진 주체와 청사진이 부재한 상황이며, 두 국가 간의 관계개선을 위한 기초적인 제안 수준에서만 논의되고 있다. 반면 한국과 플랑드르의 연합제 방안은 이상의 논의를 발전시킬 수 있는 또 다른 사례를 제공한다. 한국과 플랑드르에서 2체제연합은 정부 혹은 제1여당의 공식입장으로 발표됐으며, 제도적 추진방안에 대한 구체적 논의를 포함하기 때문이다.

III. 플랑드르의 2체제 국가연합 방안

1. 플랑드르 연합주의의 등장

벨기에는 1830년 독립 이후 언어와 문화가 상이한 국민들을 하나의 국민으로 포섭하는 다원주의적인 국가 형태를 유지해왔으나, 프랑스어와 더불어 네덜란드어 및 독일어가 벨기에 공용어로 인정된 것은 1963년이었다. 뒤이어 1970년부터 2012년까지 분권화를 확대하는 국가개혁이 6차에 걸쳐 이뤄졌는데, 특히 1993년의 수정 헌법은 벨기에가 연방국가임을 명시했다. 벨기에는 '공동체'와 '지역' 단위로 연방질서를 구성했는데, 자치권한을 보유한 '공동체'에는 네덜란드어 공동체, 프랑스어 공동체, 독일어 공동체가 있으며, '지역'에는 플랑드르 지역, 왈롱 지역, 브뤼셀-수도 지역이 포함된다. 이러한 분권화 개혁을 통해 벨기에 연방주의는 언어공동체 간의 이익갈등을 해소할 수 있는 복합적인 제도를 마련했다. 지역과 공동체의 조직과 권한에 관련된 법률은 준 헌법적인 지위를 획득했으며, 동시에 연방 총리, 연방정부

각료, 지역 및 공동체정부 각료가 참여하는 '협의위원회'가 설립됐다. 이처럼 권력분점과 이해충돌을 관리하는 과정에서 벨기에의 협의주의 적(consociational) 제도장치가 발전했다(홍기준 2006).

하지만 연방제 국가개혁은 벨기에를 복잡한 방식으로 제도화하여 책임소재를 모호하게 했고, 연방정부가 여전히 관료적이고 비효율적으로 작동한다는 비판이 끊임없이 제기됐다(Bednar 2009; Uyttendaele 2011; Swenden 2013). 벨기에 연방은 사실상 왈롱과 플랑드르 지역을 중심으로 구성되며, 두 지역이 제로섬 형태로 경쟁을 지속해왔다. 주요 정당들은 자신의 언어 지역구 내에서만 활동하기 때문에 타 공동체의 유권자를 고려할 필요가 없으며, 벨기에 공동의 문제를 대변하는 정치세력이 없는 상황이다(Devos and Bouteca 2012; Cole and de Visscher 2016). 지역 간 협력을 견인할 동력과 이념이 부족했고, "우리 지역 스스로 하면 더 잘 할 수 있다."는 불신의 레토릭이 확산됐다. 왈롱과 플랑드르의 상호적인 편견이 심화됐으며, 특히 "부패한 남부"라는 왈롱에 대한 플랑드르의 고정관념은 벨기에 연방정치의 한계를 부각시켰다(Maesschalck and Van de Walle 2006)

플랑드르 지역에서 연합주의는 분권화 개혁과 연방제도에 대한 비판에서 등장했다. 연방에서 국가연합으로 분권화를 더 진행해야 한다는 주장은 2007년 및 2010년의 연방선거에서 쟁점이 되었는데, 이 기간은 벨기에가 장기간 연방정부를 구성하지 못했던 시기이기도 했다(Verbeke, 2014). 이에 벨기에 연방보다 약한 수준의 국가연합을 구성하여 당면 지역갈등을 해결할 수 있을지에 대한 연구가 증가했다. 일부 연구는 2007년 연방선거 이후 벨기에 연방제가 한계에 봉착했기 때문에 연합제를 도입하기 위한 국민투표를 대안적으로 추진할 수 있다고 보았으며, 느슨한 형태의 연합주의가 벨기에 연방제의 당면과제를 해결할 수 있을 것이라 기대했다(Swenden 2013; Goudenhooft 2013). 반면 정당 간 합의를 거친 연합주의 도입은 실현 가능성이 낮으며, 사실상 연합주의가 플랑드르와 왈롱의 분리를 시도하는 이념이라는 비판이 제기되기도 했다(Arcq et al. 2012; De Visscher and Laborderie 2013).

이론상의 연합주의를 구체적인 정책으로 수용한 주체는 플랑드르의 제1여당이자, 2018년까지 연방정부에 참여했던 신플랑드르연대(N-VA)이다. 2001년 창당한 신플랑드르연대는 벨기에 연방제를 쇄신해야 한다는 슬로건을 제시했으며 2008년 경제위기 이후 급격히 부상했다. 2010년대부터 플랑드르 지역에서 약 40%의 득표율을 유지하며 다수당에 등극했으며, 2014년 선거에서 플랑드르의회 124석 중 43석, 연방의회 150석 중 33석을 차지하여 연방과 지역에서 제1정당의 위치에 올랐다. 신플랑드르연대의 연합주의가 강령의 형태로 공식 문건에 등장한 것은 2014년 1월 전당대회였다. 이 문건에 따르면, 연합주의는 플랑드르와 왈롱이 각자의 이해관계에 따라 의사결정을 할 수 있는 새로운 구조이며, 강요된 협력을 자발적 협력으로 대체할 수 있는 이상적인 전망이다.[2] 나아가 연합주의는 치안, 안보, 에너지, 교통, 이민, 환경, 교육, 문화 등 국정 전반에 적용되는 정책원리이며, 이를 통해 지역 민주주의와 복지를 발전시킬 수 있다(N-VA 2014). 하지만 벨기에를 두 개의 상이한 체제로 구분하는 아래의 인용문에서 드러나듯, 플랑드르의 연합주의는 분리주의적인 경향을 내포한다. 벨기에가 직면한 교착상태는 두 차례의 정부구성 난항뿐만 아니라 연방 차원에서 반복되는 지역 간 의견충돌을 의미한다. 플랑드르의 세금이 왈롱 지역

---

2   https://english.n-va.be/politieke-woordenlijst/confederalism (검색일: 2018.7.6.)

으로 분배되는 연방 재정시스템에 대한 반감도 거세다.

벨기에는 두 민주주의 체제의 결합이다. 플랑드르와 왈롱은 사회보장, 이민, 세금, 임금정책에 대해 서로 상이한 입장을 가지고 있다. 그러한 입장 차는 최근 점차 더 분화됐으며, 이것은 벨기에가 왜 정체와 교착에 빠지게 되었는지를 설명한다. 급박하게 변화하는 세계에서 정체는 곧 쇠퇴를 의미한다. 벨기에는 추가적인 국가개혁을 필요로 하지 않는다. 그것은 플랑드르의 대규모 자금과 소량의 권력을 교환하는 형태로 이루어져왔다. 진정한 변화를 이뤄야 하며, 구조를 다시 설계하고 새로운 기반을 마련해야 한다. 때문에 신플랑드르연대는 연합주의를 선택한다. 이를 통해 우리 자신의 방법과 예산으로 우리의 문제를 해결할 수 있다. 우리가 공동으로 일하는 방식을 결정하기 때문에 플랑드르와 왈롱은 모두 이득을 얻을 수 있다.[3]

신플랑드르연대는 벨기에를 플랑드르와 왈롱의 연합으로 구성하고, 브뤼셀과 독일어권 지역은 특수 지위로 편입하는 2+2 국가연합 체제를 제안했다(NV-A 2014). 나아가 신플랑드르연대는 2016년 1월 연합주의를 전담하여 연구하는 싱크탱크 그룹 'Objective V'을 설립하고 전 연방의회의원 헨드릭 파이예(Hendrik Vuye)와 페를러 바우터스(Veerle Wouters)를 공동대표로 임명했으며, 2016년 9월에는 플랑드르의회 원내대표 마티아스 디펜달러(Matthias Diependaele)와 전 국방장관 산더 룬스(Sander Loones)를 신임 대표로 임명하여 추가적인 연구를 지원했다(Mouton 2016). 나아가 신플랑드르연대는 총선을 앞

---

3 https://www.n-va.be/standpunten/confederalisme (검색일 2019.4.9.)

둔 2019년 1월 신년행사에서 '연합주의를 통한 번영'을 발표하여 연합제의 취지를 재차 홍보했다.

신플랑드르연대의 2019년 계획안에서 유럽연합을 모델로 한 연합제 방안이 보다 구체화됐기 때문에 이 부분을 보다 상세히 살펴볼 필요가 있다. 이 방안에 따르면, 벨기에 연합의회는 현 연방제의 양원제를 폐지하고 단원제를 도입하는데, 플랑드르와 왈롱에서 25명씩 선발하여 50명의 연합의회 의원을 구성한다. 연합정부는 프랑스어와 네덜란드어를 동시에 구사하는 6명의 장관으로 구성한다. 그중 적어도 한 명은 독일어를 충분히 구사할 수 있어야 한다. 플랑드르 의회와 왈롱 의회는 각기 2명의 장관을 지명하고, 이 중 한 명이 연합정부를 주재한다. 그리고 각 지역에서 한 명의 자문장관을 파견하여 지역과 연합수준의 연결 역할을 담당하도록 한다. 플랑드르와 왈롱의 총리가 공동으로 연합이사회를 구성하며, 사안에 따라 브뤼셀-수도 지역과 독일어권 지역의 총리가 이사회에 참여한다. 마지막으로 각료위원회는

표 7-1. 신플랑드르연대의 연합제 기구 구상(2019년 안)

연합제 기구	연방제(현재)	내용	유럽연합과의 비교
연합의회	하원의원 150석 상원의원 60석	상원 폐지, 단원제 도입 연합의회의원 50석 왈롱과 플랑드르에서 각 25명 의원 선출	유럽의회
연합정부	장관직 18명 장관 14명 +정무장관 4명	장관 수 축소 연합정부장관 4명 (각 의회에서 2명씩 임명) + 자문장관 2명	집행위원회
연합이사회		플랑드르와 왈롱의 총리가 구성	이사회
각료이사회		사안에 따라 브뤼셀-수도, 독일어권 지역 장관 참여	각료이사회

출처: N-VA 2019, 4-7에서 재구성

플랑드르 및 왈롱의 장관, 그리고 사안에 따라 브뤼셀-수도 지역, 독일어권 지역의 장관들이 구성한다(〈표 7-1〉 참고). 이와 같은 2019년 방안은 연합에 이양된 권력을 제외하고 플랑드르와 왈롱이 영토에 대한 모든 권력을 행사한다고 하여 초국가기구의 제한된 역할을 강조한다. 벨기에 연합정부는 안보, 국방, 외교, 부채관리 업무만을 관리하며, 세금을 자체적으로 징수하지 않는다. 반면 플랑드르와 왈롱 정부는 연합의 조직과 운용을 통제하는 기본규칙을 조약의 형태로 체결한다(N-VA 2019). 이러한 기구 구성방안은 유럽연합의 구조를 따르고 있다는 점에서 특징적이며, 2체제 국가연합을 구상하는 다른 국가들에게도 주요한 참고 사례가 될 수 있다.

2. 연합주의의 분리주의 지향에 대한 비판

플랑드르 지역의 분리주의 정당들이 주장하는 플랑드르 독립방안들은 유권자들의 지지를 받지 못할 뿐만 아니라 실현 가능성이 현저히 낮은 정치 슬로건에 가깝다고 보는 비판이 물론 존재한다. 이 비판에 따르면, 벨기에가 연합제를 도입하는 데는 두 가지 시나리오가 있는데, 첫째는 지역 및 정당 간 협상에 의해 연합제 개혁을 추진하는 것이고, 둘째는 플랑드르 지역에서 단독으로 연합제를 추진하는 방법이다. 하지만 전자의 경우는 왈롱 지역 정당의 반대로 가능성이 매우 희박하며, 후자의 경우 역시 플랑드르가 브뤼셀을 포기하는 대가를 전제로 해야 하기 때문에 실현 가능성이 높지 않다는 전망이다(De Visscher and Laborderie 2013, 32-33).

그렇다면 현실화 여부를 논외로 할 때 연합주의 모델을 벨기에 연방제에 대한 대안으로 정당화할 수 있을 것인가? 기존 이론에 따라 벨기에 사례를 평가할 때 여전히 문제가 되는 지점은 연합주의가 구성 공동체의 상호적인 협력과 이해관계에 따라 구상되지 않았다는 것이 다. 신플랑드르연대의 연합주의는 사실상 플랑드르와 왈롱 두 지역을 정치적 주체로 고려했을 뿐이며, 브뤼셀과 독일어 사용 지역은 부차적 인 주체로 간주하는 경향이 있기 때문에 연합주의의 이념에서 크게 벗 어나 있다(Berger 2013, 16). 나아가 플랑드르와 왈롱 지역의 양자 관 계만을 놓고 평가할 때도 벨기에 연합제는 비대칭적인 이해관계를 반 영하고 있다.

왈롱 지역의 주요 정당들은 신플랑드르연대의 연합주의가 플랑드 르 분리독립을 뒷받침하는 이데올로기에 불과하다는 사실을 지적한 다. 이 주장에 따르면, 법적 관점에서 연방제에서 연합제로의 이행은 벨기에의 분리를 의미할 수밖에 없는데, 연방헌법을 대체하는 연합조 약은 국제법적인 성격을 띠게 되므로, 연합제를 도입하는 순간 벨기에 는 사라지게 된다. 또한 연합제가 연방제의 보다 심화된 형태라는 주 장 역시 기만인데, 벨기에 연방의 권한을 지역정부로 이전하고, 플랑 드르에서 왈롱과 브뤼셀로 이전되는 재정을 통제한다는 기획은 사실 상 플랑드르가 독립 국가를 형성하는 것을 의미한다. 따라서 이 비판 을 따른다면 플랑드르 지역에서 주장하는 연합주의는 분리주의 혹은 독립주의의 동의어에 불과하게 된다(Arcq et al. 2012, 79-80).[4]

사실상 '재정 이전 연방주의(transfer federalism)'라는 개념이 상 징하듯, 연합주의 담론은 플랑드르의 재정 지원으로 왈롱의 사회정책 을 뒷받침하는 현재의 연방제 구성을 따를 수 없다는 인식을 반영하고 있다.[5] 플랑드르와 왈롱 지역의 경제 격차와 재정 불균형 문제는 2000

---

4   왈롱 지역 사회당 대표 엘리오 디 뤼포(Elio Di Rupo)는 연합주의가 벨기에의 종말을 의 미할 뿐이라며 반대의사를 분명히 했다. *Le Vif.* March 8, 2017.

년대 이후 연방제의 폐해를 비판하는 핵심 근거로 부상했다. 2017년 연구에 따르면 플랑드르 지역에서 왈롱 및 브뤼셀 지역으로 연간 약 50-70억 유로의 재정이 이전되는 것으로 조사됐다(Decoster and Sas 2017, 17). 신플랑드르연대는 왈롱으로의 자동적인 재정 이전을 '중독성 있는 치료'에 비유했으며, 연대 차원의 지원은 성과에 대한 인센티브 형식으로 전달되어야 한다고 주장했다(Maddens 2018, 58-59).

반면, 왈롱 지역 다수당인 사회당은 '사회안보(social security)' 이념을 토대로 신플랑드르연대의 연합주의 노선에 반대하는 입장을 취한다. 사회당 대표인 엘리오 디 뤼포(Elio Di Rupo)는 신플랑드르연대 대표가 사회안보 체제를 '벨기에의 질병'으로 묘사했다고 비판하고, 연방정부의 재정 정책 실패를 감추기 위해 사회안보를 공격한다고 주장했다.[6] 벨기에는 제2차 대전 종전 직전이었던 1944년, 전후 국가 복원사업의 일환으로 적대 종식을 가져올 사회적 연대 협약을 추진했다. 벨기에는 이 과정에서 사회안보 개념을 발전시켰는데, 여기에는 연금 인상, 의료보험 및 실업보험 의무화, 가족수당 도입 등을 포함하는 일련의 복지정책들이 포함됐다. 당시 사회안보의 목표는 공동 노동의 산물을 보다 공정하게 배분하고, 빈민을 가능한 한 완벽하게 구제하는 것이었다(Arcq and Blaise 1994, 5-6). 연방제 전환 이후에도 벨

5   신플랑드르연대 전 의원이었던 헨드릭 바이에(Hendrik Vuye)는 연합제를 통해 왈롱 지역을 사회주의로 만들 수 있음에도 왜 연합주의에 반대하는지 모르겠다고 반문하면서, 사회당이 플랑드르의 재정지원으로 복지정책을 입안하고 있다는 사실을 은폐한 채 사회안보와 연대라는 피상적인 논리만을 제시한다고 비판했다(Vuye 2014).

6   사회안보의 역사는 벨기에의 산업화 및 노동운동 성장과 큰 관련이 있다. 사회안보는 노동자의 수입을 사회적 보험의 형태로 보장해주는 시스템을 의미하는데, 여기서 '보험'은 사적인 보험회사에서 다루는 보험과 구분된다. 후자는 미래의 특정 사고를 대비하는 것임에 반해 전자는 임금 격차를 해소하고 기본임금 수준을 유지하도록 하는 보수의 형태를 띠고 있고 있기 때문이다. *La Libre.* May 13, 2017.

기에의 사회 안보 정책은 대체로 연방정부의 배타적인 입법 소관으로 남았다. 의료, 빈민 구제, 가족수당, 실업보험 등의 주요 정책은 연방 정부에서 담당했으며, 공동체와 지역은 연방 차원에서 다루지 않는 사회정책 분야만을 담당했다(Leblanc 1990, 6-7).

이러한 갈등의 맥락에서 벨기에 연합주의는 제도적 목표를 지향하기보다는, 신플랑드르연대의 집권에 기여하는 정치 전략에 가까운 효과를 낳고 있다. 첫째, 연합주의는 플랑드르 지역에서 신플랑드르연대에 대한 지지를 동원하는 담론으로 기능한다. 2014년 설문에서 플랑드르 지역 주민들 중 벨기에의 완전한 분리에 찬성하는 응답자는 단지 6.4%에 불과했으며, 신플랑드르연대 지지자들의 주요 관심은 실업 및 노동(40%), 건강(34.1%), 세금 및 재정(30%) 등 경제분야와 관련이 있었다.[7] 이러한 맥락에서 연합주의 강령은 왈롱 지역으로의 재정 이전을 플랑드르 지역경제의 핵심 문제로 부각시키면서, 신플랑드르연대의 정책 역량을 부각시키는 역할을 했다고 볼 수 있다.

둘째, 신플랑드르연대가 연방정부 다수당의 위치에서 연합주의를 주창하는 것은 연방제를 지지하는 왈롱 지역 정당들을 정치적으로 압박하는 수단이 된다. 2014년 이후 신플랑드르연대는 연방 다수당의 자격으로 연정에 참여하고 있으며, 그 결과 현재 벨기에 연방정부는 플랑드르 주요 정당들과 왈롱 지역에서 단지 25.5%의 지지를 확보한 개혁운동당(MR)의 연합으로 구성되어 있다. 신플랑드르연대 대표 드 웨버는 왈롱 지역이 이러한 플랑드르 정당의 지배를 견디지 못할 때 연합주의 개혁을 추진할 수 있을 것이라 주장했다. 즉, 왈롱 다수당인 사회당이 연합주의 모델을 수용할 가능성이 현저히 낮은 상황이나, 지

7　반면, 플랑드르이익당 지지자들은 범죄(54.5%), 사회통합(49.5%) 등의 문제에 관심을 보였다(Maddens 2018, 55).

속되는 플랑드르 지역 정당의 연방 통치를 견디지 못하는 왈롱 주민들
이 더 많은 지역 자치를 '직접' 요청하게 될 것이라는 전망이다(Mad-
dens 2018, 60-61). 이러한 전략은 가시적인 효과를 거두고 있다고 볼
수 있는데, 단일국가 벨기에에 대한 향수에 집착하기보다 왈롱 및 프
랑스어 사용자들 간의 결속을 통해 플랑드르 지역의 독립 시도에 맞서
야 한다는 주장이 왈롱 내부에서도 제기되고 있다.[8]

IV. 벨기에 2체제 국가연합 방안의 시사점

1. 한국과 플랑드르의 연합제 방안

남북이 제시한 통일의 과도기 단계설정이 모호하기 때문에, 한국의 연
합제 방안을 객관화하기 위한 방편으로 독일, 미국, 유럽연합 등의 타
지역 연합제와 비교하는 연구가 발표됐다. 그러나 한국의 2체제연합
방안에 적절한 시사성을 줄 수 있는 기존 사례를 발굴하는 것은 쉽지
않다. 독일의 경우 1990년 동서독 통일 직전 발표된 '통화·경제·사
회연합 조약'이 국가연합을 지향하고 있었으나, 독일은 동독의 붕괴를
거쳐 흡수통일의 형태로 1년 만에 통일을 달성했기 때문에 한반도 상
황에 적용하기 어려운 사례이다(한종수 2002).

　벨기에 연합주의는 기존 연합제 사례보다 한국의 연합제 방안과
비교할 수 있는 다수의 특징을 지닌다. 비교를 가능하게 하는 근본적

8　이러한 주장은 왈롱 주민들은 전통적으로 지역보다는 벨기에 전체와 스스로를 동일시하
　는 경향이 있기 때문에, 플랑드르 지역에 비해 지리적인 구심점이 없으며 문화적 결속력
　이 결여되어 있다는 내부적인 비판에서 등장한다(Pirotte and Courtois 2010, 25-26).

인 공통점은 한국과 플랑드르의 연합제 방안 모두 두 체제 간의 관계를 전제로 한 이행방안이라는 점이다. 앞서 살펴본 터키-쿠르드, 시리아-로자바, 이스라엘-팔레스타인, 인도-파키스탄에서 연합제에 대한 시론 수준의 논쟁이 진행되는 것과 달리 한국과 플랑드르는 연합제의 취지와 방향을 담은 공식 문건을 발표하고, 공론화된 합의 기반을 넓혀왔다는 측면에서 보다 진일보한 형태로 평가할 수 있다. 물론 플랑드르의 연합제는 기본적으로 플랑드르, 왈롱, 브뤼셀-수도, 독일어권의 4지역을 구성단위로 삼고 있으나, 브뤼셀과 독일어권 지역을 부차적인 주체로 간주한다는 비판이 제기될 정도로 실질적으로는 플랑드르와 왈롱의 양자 관계에 초점을 맞추고 있다(Berger 2013). 따라서 한국과 플랑드르의 연합제 방안은 복수의 국가가 참여했던 기존의 다자적 국가연합과 차별화되는 2체제연합의 중대한 분석사례가 된다.

　이러한 전제에서 주목해야 하는 두 지역 연합제의 차이는 국가연합의 방향성이다. 벨기에 연합제 방안은 국가들이 연합을 구성하는 단계로 나아가는 것이 아니라, 기존의 연방을 연합으로 해체하는 방향을 설정하고 있기 때문에 분리의 지향을 갖는다. 알프레드 스테판(Alfred Stepan)은 국가연합에서 연방으로 나아간 미국과 스위스의 사례를 '통합지향 연방주의(coming together federalism)'로, 지역의 자치 요구가 높아지는 벨기에, 스페인, 인도의 연방주의를 '분리차단 연방주의(holding together federalism)'로 구분한 바 있다(Stepan 1999). 이 구분을 확대한다면 한국 사례는 통합지향적 연합주의로, 플랑드르 사례는 분리지향적 연합주의의 특징을 지닌다.

　사회적 합의의 측면에서 한국은 플랑드르보다 연합제 추진을 위한 안정적 합의기반을 마련했다. 신플랑드르연대의 연합주의는 왈롱 지역의 반대에 직면해 있으며, 플랑드르 지역 내에서도 단일한 연합주

의 방안을 마련하지 못했다. 플랑드르 지역의 제2정당인 기독민주당
(CD&V: Christian Democratic and Flemish)은 연합주의의 기본 취지
는 받아들이되 완전한 분리를 추진하지는 않는 국가연합을 지지한다
(Berger 2013). 한국의 경우 남북 통일방안의 수렴 가능성에 대한 논
쟁이 여전히 진행 중이며, 보다 정교한 연합제 방안을 마련하기 위해
국내적 합의 기반을 공고하게 할 필요가 있다. 하지만 한국의 연합제
방안은 의회 합의를 거쳐 일관성 있는 통일방안으로 유지되어왔으며,
북측과 6.15 남북공동성명 2항의 합의를 형성하는 단계로 나아갔다는
측면에서 벨기에보다는 확대된 협력기반을 갖는다.

국가연합을 구성하는 단위가 겪고 있는 이념적, 지정학적 갈등 구
조는 상호 유사하다. 물론 한반도와 벨기에의 내적 갈등을 구성하는

표 7-2. 한국과 플랑드르의 연합제 주요특징 비교

	한국 (통일지향 연합주의)	플랑드르 (분리지향 연합주의)
추진주체	한국 정부	신플랑드르연대 (플랑드르 제1여당)
발표시기	1989년 한민족공동체 통일방안	2014년 당 대회
연합단위	한국, 북한	플랑드르, 왈롱 (브뤼셀, 독일어권)
반대주체의 입장	북한: 낮은 수준의 연방제	왈롱 정부: 현재의 연방제 유지
경쟁담론	급진적 통일론: 흡수통일론, 북한붕괴론	급진적 분리론: 극우 플랑드르이익당 (VB)
갈등요인	이념, 경제격차	언어·문화 차이, 경제격차
이행취지	점진적 이행을 목표로 함. 체제 상호 간의 차이 인정	
추진방향	분단 → 남북연합 → 통일국가	단일국가 → 연방제(1995) → 연합제 (→ 국가 분리)
연합제 기구	남북정상회의, 남북각료회의, 남북평의회, 공동사무처	이사회, 각료이사회, 연합의회, 집행위원회

출처: 저자 작성

기본요소는 다르다. 남북의 경우 이념과 체제 갈등이 분단의 핵심 원인인 반면, 벨기에의 경우 언어와 문화 차이가 지역분리의 주요 배경이기 때문이다. 그러나 갈등요인을 보다 확장하면 이러한 차이가 상쇄되는데, 한반도의 통일, 그리고 플랑드르의 분리요구에 보다 긴밀히 결부되는 갈등요소는 지역 간 경제격차 문제이다. 경제적으로 뒤처진 북한과 왈롱은 과거 석탄, 철강 등의 중공업에 의존하여 발전해왔으나, 1970년대 이후 산업구조 재편으로 경제적 우위를 유지할 수 없었다. 공교롭게도 왈롱 지역은 사회주의 친화적인 정치문화를 유지하고 있으며, 북한과 왈롱 지역은 연합제 방안에 맞서 연방제를 대안으로 고수하고 있다. 일반적으로 국력이 강한 지역에서 높은 수준의 통합방안을 주장하고, 약한 지역에서 낮은 수준의 통합을 선호한다는 분석이 있으나, 한국과 플랑드르는 예외적인 사례가 된다(임채완·장윤수 2003).

　한국과 플랑드르는 국가연합의 제도에 정부 간 협의기구뿐만 아니라, 통일준비 기구 혹은 초국가적 협의기구를 동시에 포함시키고 있다. 먼저 민족공동체 통일방안이 공식화한 남북연합 단계는 군사권과 외교권을 연합기구에 이양하지 않는 완전한 주권국가 간의 대등한 결합이며, 완결된 통일형태가 아닌 2국가체제이다. 남북연합은 남북정상회의, 남북각료회의, 남북평의회, 공동사무처 등의 기구로 구성된다. 남북정상회의는 남북 정상 간의 최고 의사결정기구이며, 남북각료회의는 남북 10여 명 내외의 장관들이 구성하는 집행기구이다. 그리고 남북평의회는 100명의 의원이 통일헌법과 총선거를 준비하는 대의기구를 의미한다(통일교육원 2017; 이수석 2007). 반면, 신플랑드르연대는 유럽연합 모델을 참고하여 유럽이사회와 유럽연합집행위원회와 같은 기구를 벨기에 연합에 설치할 수 있다고 주장한다. 2014년 발표된

방안에 따르면, 플랑드르와 왈롱은 각각 2명의 장관을 연합정부에 배치하여 집행부를 구성하며, 각각 25명의 의원을 비례대표로 선출하여 연합의회를 구성한다. 또한 플랑드르와 왈롱 지역 총리는 유럽연합 이사회에 해당하는 이사회를 구성하여 지역 간 분쟁을 조정한다(NV-A 2014).

2. 2체제 국가연합 방안의 의의 및 한계

한국과 플랑드르의 국가연합 방안을 비교할 때 2체제연합이 단절적인 과정이라기보다 상호적인 합의와 갈등을 수반하는 연속적인 과정으로 설정된다는 것을 발견하게 된다. 그리고 2체제연합에서 분리와 통합의 경향성이 별도로 존재하는 것이 아니라 두 방향의 움직임이 동시에 존재한다고 볼 수 있다(김학노 2014 참고). 하지만 분리와 통합의 갈등 상황이 불가피하게 공존하는 연합제 방안이 역설적으로 동등한 체제 간의 상호적 차이를 인정하는 점진적 이행을 가능하게 하는 것이다. 그리고 이 측면에서 연합제는 급진적 통일방안 혹은 급진적 분리 방안과 대비를 이루며 상대적인 정당성을 획득하고 있다. 실제로 한국과 플랑드르의 연합제 방안은 급진적 변화를 요구하는 담론과 경쟁 구도를 형성했다. 한국에서는 민족공동체 통일방안 등장 이전 북한 붕괴를 전제로 한 흡수통일론이 제기된 바 있으며, 최근까지도 북한 급변 가능성에 대비하여 통일방안보다는 비상계획 위주의 논의가 확대됐다(전재성 2013). 벨기에서는 플랑드르 지역만의 단독 국민투표를 거쳐 신속한 분리협상에 돌입해야 한다는 급진적인 분리방안이 극우 플랑드르이익당(VB: Flemish Interest)의 입장으로 제시됐기 때문에, 신플랑드르연대의 연합주의는 상대적으로 온건하고 현실성 있는 분리방안으로 간주됐다(Pauwels 2011 ; Maddens 2018).

아울러 플랑드르와 한국 사례는 연합제를 매개로 한 두 체제의 관계변화 과정이 단순하지 않다는 사실을 드러낸다. 민족공동체 통일방안의 3단계 과정은 연합단계에서 통일단계로 비약적인 이동을 상정하고 있으며, 초국가기구의 수준에 미치지 못하는 중앙기구가 통일 이후의 사회를 어떻게 정초할 수 있을지에 대한 논의가 부재한 상황이다(정성장 2004; 우성대 2007). 또한 벨기에가 연방국가에서 연합국가로 이행하기 위해서는 플랑드르와 왈롱이 연방정부를 해산하고 주요 권력을 지역 수준으로 이양해야 하는데, 이는 '지역 간 관계'를 '국가 간 관계'로 전환하는 질적인 변화를 수반한다(Arcq et al. 2012; De Visscher and Laborderie 2013). 이는 2체제연합을 통한 점진적 이행이 결코 단기간에 달성될 수 없으며, 연합단계와 통일단계, 혹은 연합단계와 분리단계 사이에 다양한 수준의 관계가 존재할 수 있다는 것을 드러낸다. 나아가 앞서 언급했듯이 국가연합 단계에서 분리와 통합 양방향의 움직임이 동시에 발생할 수 있다면, 플랑드르의 분리주의 시도가 좌절하고 연방체제가 공고화되는 단계로 진입하거나, 남북연합이 그 자체로 통일을 달성하지 못하고 다시 후퇴하는 가능성 또한 존재한다.

두 체제 혹은 두 국가 간의 연합관계로 축소되는 연합제 구조에서, 양자의 비대칭적인 이해관계가 상호 합의보다는 힘의 논리에 토대한 이행을 가져올 수 있다는 우려도 제기된다. 벨기에의 지역 경제격차 문제는 플랑드르의 세금으로 왈롱의 사회정책이 유지된다는 반대담론을 낳았으며, 연합제 방안은 플랑드르 지역의 주도권을 더욱 공고하게 추진하려는 정치이념으로 작동하게 됐다. 플랑드르 분리주의에 맞서 왈롱 정부가 제안하는 이념은 전후 국가 복원사업으로 추진됐던 사회연대의 전통이다. 그러나 왈롱이 플랑드르의 재정지원 없는 복지를 왜 스스로 달성하지 못하는가라는 반박이 동시에 제기된다. 한국에서도 국민들이 통일을 지지하는 동기가 균등하지 않다면 통일단계로 이행할 때 한 체제가 희생을 강요받거나, 혹은 손해를 감수한다는 비판 여론에 직면할 수 있다. 이러한 상황을 고려할 때 비용과 이익의 관점을 넘어 상호적인 연대의식을 얼마나 유지할 수 있을 것인가의 문제가 2체제연합의 기본조건이 될 수 있다.

2체제연합을 뒷받침하는 연합기구를 구상하는 것 역시 쉽지 않다. 한국과 플랑드르 사례는 연합제 기구의 모호성이 계속해서 지적된다는 점에서도 상호 유사하다. 민족공동체 통일방안은 남북정상회의, 남북각료회의, 남북평의회, 공동사무처의 설치를 명시하고 있다. 그러나 이 기구들이 초국가적 역할을 수행할 수 있을지에 대한 비판이 제기되어왔다. 남북한 관계가 연합단계로 이행하기 위해 체제 간 이해관계를 조율하는 상설기구가 창설되어야 하지만 기존 통일방안에는 이에 대한 문제의식이 결여되어 있다(정성장 2004; 정성장 2007; 우성대 2007). 반면, 신플랑드르연대는 유럽연합의 모델을 따라 연합이사회, 각료이사회, 연합의회, 연합정부를 설정했으나, 이러한 제도 도입을 위해 연방헌법을 수정하고 연방의회를 해산하는 절차를 거치는 것이 현실적으로 가능할지 여전히 회의적인 시각이 존재한다(Delpierre, 2019). 두 사례는 초국가기구의 성격을 지닌 연합기구가 국가연합에서 주요한 역할을 담당해야 한다는 사실을 입증하지만, 다른 한편으로 2체제연합의 기구가 기존의 국가연합 모델을 그대로 따르는 것이 과연 타당한지에 대한 질문을 던지게 한다.

마지막으로, 한국과 플랑드르 사례는 상대적으로 소국 규모의 2체제연합을 구성하는 데 있어서 주변 국가의 지지를 구하는 것이 쉽지 않다는 것을 드러낸다. 한국의 통일방안이 장기간 교착상태에서 벗어나 구체적 정책으로 발전하지 못한 이유는 군사적 긴장을 완화하고 북핵문제를 해결하는 선결과제를 해결하지 못했기 때문이다. 이 과제는 미국과의 동맹관계와 중국, 일본, 러시아의 주변 3국 이해관계가 긴밀히 연결되어 있기 때문에 남과 북의 양자 합의만으로 해결할 수 없다. 그러므로 국제사회의 지지와 협력을 구하고, 2체제연합 형성에 유리한 국제환경을 조성하는 것이 필수적인 전략이 된다(박종철 외 2008). 신플랑드르연대는 친유럽통합 정당을 표방하면서 유럽연합을 설득할 수 있다는 입장이며, 2체제연합 단계에서도 유럽연합 회원국의 위상을 유지할 수 있다는 전망을 제시하고 있다. 그럼에도 플랑드르가 연합제에 대한 유럽연합의 지지를 확보하는 것이 쉽지 않을 전망이다. 지정학적 위치를 고려할 때 플랑드르와 왈롱의 국가연합 구성은 벨기에의 분리, 나아가 유럽통합의 균열을 의미하는 상징적인 사건이 될 수 있다. 나아가 유럽연합의 수도 역할을 하는 브뤼셀의 위상과 소속 변화는 비단 플랑드르와 왈롱 문제가 아니라 유럽연합 회원국 다수의 이해관계가 걸려 있는 쟁점이 된다.

V. 결론

신플랑드르연대가 현재보다 더 많은 지지를 확보하는 경우, 실현 가능성이 희박한 것으로 평가됐던 연합주의는 국가개혁 일환으로 실제 추진되거나, 플랑드르뿐만 아니라 왈롱 지역의 분리주의자들을 결집시키는 보다 강력한 정치 담론으로 진화할 수 있다. 벨기에의 정체성을 담보했던 사회안보와 연대성 원칙이 이러한 변화에 저항하여 어느 정도 효과적인 비판 담론으로 기능할 수 있을지 주목해야 한다. 연합주

의가 지역 통합과 분리의 양방향으로 동시에 작동할 수 있다는 사실을
보여준다는 점에서 벨기에 사례의 분석 의의가 있다.

한국과 플랑드르의 국가연합 구상은 다자적 국제관계에서 벗어나
첨예한 지역분쟁을 완화할 수 있는 두 체제 간의 연합형태를 상정한
다는 점에서 기존 사례와 차별화된다. 이는 1980년대부터 유럽통합을
재조명하면서 발전한 국가연합 이론의 응용 형태에 해당하며, 2체제
연합이 국가 간 갈등을 줄이고 공동의 이익을 창출할 수 있을지의 여
부는 아직 검증되지 않았다. 하지만 다양한 분쟁지역에서 연합제적 화
해방안이 다시 논의되고 있는 상황에서, 실질적 정책 추진세력이 존재
하고 상대적으로 구체적인 대안을 제시하고 있는 한국과 벨기에 사례
는 새로운 국가연합 형태를 실험하는 모델로 기능할 수 있다.

플랑드르 연합제 방안의 논쟁과정은 한국 연합제 통일방안을 비
판적으로 고찰할 수 있는 기회를 제공하는데, 단일국가에서 연방단계
를 거쳐 연합제로 나아가는 벨기에의 해체 과정을 다시 역순으로 배치
할 때 한반도 통일과정의 청사진을 유추할 수 있기 때문이다. 현재 벨
기에서 플랑드르와 왈롱 지역은 극심한 갈등 속에 있으며, 그 갈등
은 플랑드르 지역에서 제안한 연합주의의 수용 여부를 놓고 보다 첨예
화되고 있다. 연합제에 대한 지지는 대체로 플랑드르 지역에서 찾아볼
수 있는데, 연합제가 왈롱으로 전달되는 재정지출을 막고 플랑드르의
이익을 보장할 수 있는 대안으로 제시됐기 때문이다. 반면 왈롱 지역
정당들은 과거 벨기에 사회를 뒷받침했던 사회연대 이념을 정치적 가
치로 부각시켜 연합제 방안에 맞서고 있으나, 경제격차 문제가 부각될
수록 현재의 연방제를 유지하는 것은 쉽지 않을 전망이다.

연합제가 분리주의 이념과 결합될 수 있다는 사실은 한국 현실에
함의하는 바가 크다. 연합제가 필연적으로 연방 혹은 통일국가로 나아

가지 않는다는 사실을 직시할 필요가 있으며, 국민의 지지를 얻고 사회갈등을 완화할 수 있는 제도적 장치에 대한 고민이 필요하다. 연합제에 대한 두 체제 간의 원활한 합의가 쉽게 달성되지 않으며, 국가연합 단계와 연방제 단계 사이에는 거대한 간극이 존재한다. 따라서 연합제를 과도기로 설정하여 분리독립을 지향하는 플랑드르 사례는 한국의 연합제 도입이 그 자체로 통일을 담보하지 않는다는 것을 시사한다. 낮은 단계의 협력에서 높은 단계의 협력으로 진행한다는 접근을 취한다면 연합제 도입이 필수적이다. 6.15 남북공동선언의 합의사항에 따라 통일의 첫 제도적 기초를 설정한다는 취지에서 연합제 방안을 쉽게 폐지할 수는 없을 것이다. 그러나 연합제는 통일의 입구에 해당하고 그것이 어떠한 출구로 이어질지에 대해 미리 판단하는 것은 쉽지 않으며, 연합제를 통일 과정의 전체가 아닌 일부로 간주하는 것이 보다 타당할 것이다. 순수한 형태의 연합제 모델을 이론과 역사에서 찾기보다 한국의 실정에 맞는 연합제를 개발하고, 세분화된 변화에 대응할 수 있는 통일기구를 설치하여 이를 뒷받침할 필요가 있다.

제8장

브렉시트와 유럽통합이론: 통합과정의 가역성을 중심으로*

김미경 | 조선대학교

*   이 논문은 2016년 대한민국 교육부와 한국연구재단의 지원을 받아 수행된 연구(NRF-
      2016S1A5A2A03927472)이며, 2018년『현대정치연구』11권 3호, 105–39에 게재된 논문
      임을 밝힌다.

I. 문제제기

2011년 유로존 경제위기, 2015년 난민위기, 2016년 영국의 유럽연합 탈퇴 결정(이하 브렉시트, Brexit)에 이르는 일련의 위기과정의 지속은 많은 사람들에게 유럽통합과정이 현재 일시적인 교착상태가 아닌, 보다 근원적 위기, 즉 와해(disintegration)의 위기에 직면한 것이 아닌가라는 우려와 의구심을 불러일으켰다(김남국 2011; Webber 2011; Zielonka 2014; Palea 2015; Munchaum 2016). 이 같은 현실에 반응하며, 다수의 연구자들이 우리가 과거 유럽통합의 이론에 관심을 가졌던 것처럼, 이제는 유럽통합의 와해(European disintegration) 가능성과 그 과정에 관한 이론적 논의를 수행할 때라고 주장했다(Vollaard 2014; Zielonka 2014; Bulmer and Joseph 2015; Rosamond 2016; Sergio 2016; Jones 2018). 그러나 이 같은 주장에 공감하는 많은 연구자들 사이에도 내적인 분화가 존재한다. 크게 세 경향으로 분류될 수 있다.

첫 번째 경향은 유럽연합이 현재 직면한 와해의 위기를 분석함에 있어, 유럽통합의 주류 이론들, 신기능주의와 자유주의적 정부간주의 통합이론이 충분한 설명력을 제공할 수 있다고 믿는 것이다.[1] 이 경향은 이미 1970년대부터 통합과정의 "역행(spill-back)"개념을 제시한

---

[1]   이 연구는 유럽통합이론과 유럽연합 거버넌스에 관한 이론을 구별한다. 1990년대 이후 사실상 유럽통합에 관한 연구는 유럽연합의 거버넌스에 관한 연구에 의해 대체되었다고 말할 수 있다. 전자의 이론들이 통합에 참여하는 주요 행위자들의 동기, 통합과정의 특성과 동학, 통합의 최종상태 등에 관심을 가졌다면, 후자의 이론들은 유럽연합의 제도적 특성, 작동방식, 정책결정 과정과 절차, 그리고 민주주의 등에 관심을 갖는다. 후자의 이론들을 대표하는 초국가주의와 다층적 거버넌스 이론은 유럽연합의 거버넌스에 관한 이론이지, 유럽통합에 관한 이론이라고 말할 수 없다. 따라서 이 연구는 전자의 유럽통합이론을 대표하는 신기능주의와 자유주의적 정부간주의에 대한 논의에 집중한다.

바 있는 슈미터(Phillip Schmitter)의 신기능주의이론으로 대표될 수 있다. 또한 유럽통합과정을 유럽의 연방국가의 추구가 아닌, "초국경적 경제행위로 발생하는 정책외부화를 규제하기 위한" 정부 간 협상의 연속으로 이해하면, 정부 간 협상으로부터 개별 정부의 이탈은 이론적으로는 예측 가능한 현상이라고 보는 자유주의적 정부간주의 통합이론도 이 첫 번째 경향을 대표한다고 볼 수 있다(Schmitter 1971; Schmitter and Lefkofridi 2016; Moravcsik 2002, 607).

두 번째 경향은 주류 통합이론들을 비판적으로 계승할 것을 주장하는 것이다. 신기능주의 통합이론에서 상대적으로 논의가 활발하지 않았던 유럽통합 이슈의 정치화(politicization)개념을 새롭게 조명하는 탈기능주의(post-functionalism)와 "제도적 균형상태로서의 유럽연합(the EU as a stable institutional equilibrium)"이라는 자유주의적 정부간주의를 비판하며, "제도적 불균형의 동학"의 시각에서 마스트리트조약 이후 유럽통합과정의 특성을 분석하는 "신정부간주의(new intergovernmentalism)"가 이 경향을 대표한다(Hooghe and Marks 2006, 2009; Bickerton et al. 2014, 2015; Sergio 2016, 3). 이 경향은 유럽연합이 직면한 현재의 위기상황을 통합에서 와해로의 전환이 일어나고 있는 상황으로 보지는 않는다. 다만, 기존의 통합이론의 수정을 통해 1992년 이후 통합과정의 특수한 맥락에 대한 분석을 포괄하여 유럽통합이론의 설명력을 확장하려 하는 것이다.

세 번째 경향은 기존의 주류적 통합이론과는 완전히 다른 시각에서 유럽통합의 과정을 이론화할 것을 제안하는 것이다. 이 경향은 정치균열과 근대적 정치공동체의 형성에 관한 로칸(S. Rokkan)의 이론과 바르톨리니(S. Bartolini)의 정체형성(polity formation)에 관한 분석틀을 적용한 새로운 유럽통합이론을 제안했던 볼라드(Hans Vollaard)의 논의에 의해 대표된다(Bartolini 2005 ; Vollaard 2014). 이 경향은 "세계 역사에서 통합(integration)보다 와해(disintegration)의 현상이 보다 일반적"이라는 문제의식으로부터 출발해, 유럽통합의 과정을 하나의 초국적 정체의 창출과정으로 인식할 것을 주장한다. 특히, 바르톨리니의 정체의 "경계를 재정의하는 과정(a process of boundary re-definition)"으로서 유럽통합이라는 시각을 강조하며, 유럽통합이 초국적 수준의 정체를 형성하는 통합의 과정인 동시에, 국가 수준의 정체에서 경계가 와해되는 이중적 과정임을 강조한다(Vollaard 2014, 8). 그러므로 이 세 번째 경향에 따르면, 통합과 와해의 동시성을 분석할 수 있는 새로운 이론이 필요하다.

이 세 가지 이론적 경향 중 두 번째와 세 번째 경향은 신기능주의와 자유주의적 정부간주의 통합이론으로 대표되는 유럽통합의 주류 이론들이 유럽연합의 현재적 위기와 회원국 최초의 자발적 탈퇴사례로 볼 수 있는 브렉시트를 적절히 분석할 수 없다는 비판적 문제의식을 공유한다. 이 같은 문제의식은 브렉시트를 단순히 일회적이거나 우연적인 에피소드를 보지 않고, 현재 유럽연합의 위기의 본질을 함축하는 중요한 역사적 사건으로 보는 인식에서 제기된 것이다. 혹자는 브렉시트가 2005년 유럽연합헌법 제정의 좌절에 버금가는 "유럽연합의 역사적 패배"를 상징할 뿐만 아니라, 유럽연합의 와해가능성과 "와해의 동학"이 작동하기 시작했음을 함축하는 결정적 사건으로 보기도 한다(방청록 2017 ; Levi 2016 ; Schnapper 2017 ; Rosamond 2016, 865).

사실, 개별 회원국의 자발적 탈퇴를 허용하는 리스본조약 50조(EU 탈퇴조항)가 2007년 유럽연합 국가들에 의해 합의되어 모든 회원국의 자발적 탈퇴권리가 공식적으로 인정되었다는 사실을 상기한다면, 브렉시트를 "유럽연합의 와해의 위기"를 상징하는 결정적 사건으로 보는 것은 과장된 반응이라고 말할지도 모른다. 그런데 우리가 간과해서는 안 되는 사실은 대다수의 사람들이 리스본조약 50조의 실제 적용이 현실에서 발생할 것이라고는 믿지 않았다는 점이다. 리스본조약 50조는 유럽연합의 한 회원국이 국내정치의 극심한 불안정 속에서 권위주의 정권이 집권하게 되어, 유럽연합의 정책결정에 참여하는 그 회원국의 권리를 중지시킬 수밖에 없는 극단적 갈등상황을 대비해 신설된 것이었다.[2] 이 맥락을 고려한다면, 영국의 국내정치가 극도의 불안정상태가 아니었음에도 불구하고, 발생한 브렉시트가 왜 많은 사람들에게 충격적이었으며, 강한 위기감을 느끼게 하는 사건이었는지를 이해할 수 있게 된다. 그것은 예측 가능했던 사건도 아니었고, 그렇다고 완전히 우연적인 사건도 아니었다. 그렇다면, 브렉시트는 유럽통합의 역사에서 어떤 의미를 갖는 사건인가? 브렉시트를 유럽통합의 역사에서 단순한 하나의 에피소드가 아니라, 통합과정의 근원적 위기, 즉 통합에서 와해로의 전환을 촉발하는 역사적 사건으로 보고자 하는 문제의식은 결국 브렉시트를 통해 우리가 아직 명료하게 이해하지 못한 유럽통합의 내재된 위기의 실체에 근접할 수 있을 거라는 인식을 반영하고 있는 것이다.

유럽통합의 주류 이론들이 브렉시트를 적절히 설명할 수 없다는 문제의식은 또한 유럽통합의 주류이론들은 "통합"에 관한 이론일 뿐, 그 반대의 "와해"의 과정과 동학을 설명할 수 있는 내적 논리를 포괄하고 있지 않다는 이론적 비판을 전제한다(Vollaard 2014; Rosamond

---

2 리스본조약 50조의 신설 배경에 대해서는 이 조항의 실제 작성자인 영국의 외교관 존 커(John Kerr, Lord Kerr of Kinlochard)가 브렉시트 이후 설명한 바 있다. 그는 영국이 이 조항을 이용해 탈퇴하는 최초의 회원국이 될 것이라는 것은 상상조차 하지 못했다고 한다. 이 점에 대해서는 Andrew Grey, "Article 50 author Lord Kerr: I didn't have UK in mind." 3/28/17(https://www.politico.eu/article/brexit-article-50-lord-kerr-john-kerr/)

2016). 이 인식을 공유하면, 다음 질문들은 중요해진다. 유럽통합에 관한 주류 이론들이 유럽 국가들이 왜 통합에 참여하며, 통합은 어떻게 심화되는가를 설명하고자 했다면, 이제 정반대의 질문, 즉 왜 어떤 국가는 유럽통합의 과정에서 탈퇴하거나 탈퇴를 원하는가, 그리고 개별 회원국들의 자발적 탈퇴로 인해 통합과정이 와해의 과정으로 전환될 수도 있는 것인가? 만약 그렇다면, 그 과정은 어떻게 진행될 것인가? 만약 기존의 유럽통합이론들이 이들 질문에 적절히 답할 수 없는 이론적 한계를 갖는다면, 그 한계는 유럽통합의 주류 이론들이 '통합과정의 가역성(reversibility)'이라는 주제에 대해 의미 있는 논의를 발전시키지 못했기 때문일 것이다. 통합과정의 가역성이란 통합의 수준(level)과 범위(scope)를 통합 이전의 상태로 회귀시키려는 모든 시도와 가능성을 의미한다. 과연 신기능주의와 자유주의적 정부간주의로 대표되는 유럽통합의 주류 이론들이 통합과정의 가역성이라는 이 주제에 대해 어떤 이론적 논의를 포괄하고 있는가? 바로 이 질문을 탐구하는 것이 이 연구의 가장 중요한 목적이다.

이 연구는 통합과정의 가역성이라는 주제를 중심으로 유럽통합의 두 주류 이론을 비판적으로 검토하며, 과연 두 주류 이론이 통합과정의 가역성을 고려하지 않았다는 주장이 타당한지 토론할 것이다. 그 후 이 이론적 토론을 바탕으로 브렉시트를 통합과정의 가역성이라는 관점에서 설명할 수 있는지 분석할 것이다. 먼저, 다음 절에서는 유럽통합이론의 두 주류 이론인 신기능주의와 자유주의적 정부간주의를 중심으로 각 이론이 통합과정의 가역성에 대한 의미 있는 이론적 논의들을 포괄하고 있는지 여부를 검토한다. 3절에서는 2절의 이론적 논의를 적용해 과연 유럽통합의 두 주류 이론들이 브렉시트에 대한 의미 있는 설명을 제공할 수 있는지 여부와 대안적 분석을 제시한다. 마

지막으로 결론에서 전체 논의의 요약과 함께 이 연구의 이론적 함의를
토론할 것이다.

II. 이론적 논의: 통합과정의 가역성에 대해

1. 신기능주의 논의

통합과정의 가역성에 대한 논의를 시작하기 전 우선 통합의 개념에 대
한 공유가 필요하다. 이 연구는 유럽통합이론의 선구자로 인식되는 하
스(E. Hass)의 통합개념을 모든 논의의 출발점으로 삼고자 한다. 물
론, 뒤에서 논의하겠지만, 자유주의적 정부간주의는 하스의 통합개념
을 수용하지 않는다. 하스에 따르면 통합의 과정은 "서로 다른 국가
의 고유한 맥락에서 정치행위자들이 기존의 국민국가를 넘어, 관할
권(jurisdictions)을 행사하고, 요구하는 제도들을 가진 새로운 중심(a
new centre)을 향해 그들의 충성심, 기대, 그리고 정치적 행위를 이전
(shift)하도록 설득되는 과정"이라고 정의했다(Hass 1968, 16). 이 정
의에 따르면, 국민국가를 넘어 초국적 수준에서 새롭게 창출된 제도적
중심을 향해 정치행위자들이 "충성심을 이전"하는 과정이 곧 통합의
과정이다. 그렇다면, 통합과정의 가역성이란 "초국적 수준의 제도적
중심을 향해 충성심, 기대, 정치적 행위를 이전했던 다양한 맥락의 정
치행위자들이 '다시' 국민국가의 수준 혹은 하위국민국가 수준으로 그
들의 충성심을 '재이전(re-shift)'하는 과정이라고 정의할 수 있다. 통
합과정의 가역성을 이렇게 정의한다면, 과연 신기능주의는 그 주제에
관한 이론적 논의를 포괄하고 있는가? 바로 이 질문이 이 절의 핵심쟁

점이다.

통합과정에서 위기와 교착상태의 발생 가능성에 대한 신기능주의의 논의는 이미 알려진 바 있다. 신기능주의이론은 기능적 협력의 확산 과정이 위축(retrench)되거나, 심지어는 역행(spill-back)될 가능성을 이론발전의 초기부터 고려한 바 있었다(Moravcsik 2005, 354; Börzel 2006, 30). 여기서 말하는 역행이란 '개별 국가들에게 요구되는 유럽공동체 수준의 모든 의무와 룰에 대한 순응으로부터 이탈과 초국적 제도의 정책영역과 정책역량이 축소되는 상황'을 말한다(Lindberg and Scheingold, 1970, 137). 역행에 대한 이러한 묘사는 앞에서 하스의 통합개념에 의거해 정의한 '초국적 수준의 제도적 중심으로 충성심을 이전하는 것'으로서 통합과 이전된 충성심을 되돌리는 것으로서 통합과정의 가역성의 의미와 유사하다. 그런데 문제는 역행의 가능성과 그 과정에 대한 구체적 논의는 신기능주의 내부에서 활발히 전개되지 않았다는 것이다.

신기능주의는 충성심의 이전과 기능적 협력의 확산 사이의 비례적 상관성을 전제하고 있다. 우리가 통합의 가역성을 하스가 말한 충성심의 이전의 관점에서 정의한다면, 그리고 충성심의 이전과 기능적 협력의 확산의 비례성에 관한 신기능주의 통합이론의 암묵적 전제를 이해하면, 신기능주의 통합이론에서는 처음부터 통합의 가역성에 대한 이론적 관심이 크지 않을 것은 자명해진다. 신기능주의 통합이론이 충성심의 이전과 기능적 협력의 확산 과정 사이의 비례성을 전제하게 된 결정적 이유는 기능적 협력의 확산이 일어날 수 있는 세 가지 조건들이 유럽의 맥락에서는 이미 충족되었다고 인식했기 때문이다. 그 세 가지 조건이란, 1) 사회적 다원주의, 2) 높은 수준의 경제발전과 상호의존성, 3) 이데올로기적인 수렴을 말하며, 신기능주의자들은 통합과

정 이전의 시기에 유럽 국가들은 이미 이 조건들을 충족했다고 판단했
다(Schmitter 2002, 3). 사회적 다원주의가 기능적 협력의 확산의 중요
한 조건이 되는 이유는 사회적 다원주의가 성취된 사회에서 시민들의
충성심의 대상은 보다 다원화되어 있으며, 바로 이 조건이 초국적 수
준으로 그들의 충성심을 이전하는 데 보다 유리하다고 생각했기 때문
이다. 또한 경제발전의 높은 수준은 경제적 이익집단들의 조직화를 강
화할 뿐만 아니라, 이들의 초국적 상호작용과 상호의존성의 증대가 선
호와 이념적 수렴을 가능하게 한다고 보았기 때문이다.

이처럼 다원적이고, 상호의존적이며, 이념적 수렴이 발생했던 유
럽 시민사회의 존재라는 통합 친화적 사회경제적 조건에서, 단지 정부
행위자들이 기능적 협력에 관한 정치적 결단, 결정, 그리고 합의에 도
달할 수만 있다면, 개별 시민들의 충성심이 국가 수준에서 초국적 수
준으로 이전하는 것 자체는 그리 어렵지 않을 것이라는 낙관적 인식
이 신기능주의이론에 내재되어 있었다. 달리 표현하면, 시민들의 충성
심이 개별 국가를 넘어 초국적 수준으로 이전하는 것을 가로막고, 초
국적 공동체의 형성을 지연시키는 결정적 장애요인은 정치엘리트들의
정치경쟁과 갈등이지, 시민들의 통합에 대한 의지의 부재가 아니라는
것이다.

충성심의 이전은 외부화(externality)와 정치화(politicization)라
는 두 과정에 의해 매개된다고 보았다. 외부화는 동일한 정책을 기능
적 협력 과정에 참여하는 모든 국가들이 수용하도록 강제하는 외적인
압력행사의 과정을 말한다. 외부화는 필연적으로 개별 국가들의 국내
정치에서 다양한 개인과 경제적 이익집단들 사이에 기능적 협력의 압
력이 가져온 이득과 손실을 둘러싼 갈등을 야기하는데, 이 갈등의 과
정이 곧 정치화이다. 신기능주의 통합이론에서 위기와 교착상태는 바

로 외부화와 정치화의 과정에서 발생할 수 있다. 그런데 신기능주의에 따르면, 외부화와 정치화는 기능적 협력의 확산 과정 그 자체에 의해 야기되는 내생적 위기이기 때문에 그 위기에 대한 대응 또한 내생적일 수밖에 없다. 만약 기능적 협력의 과정이 야기하는 외부화가 개별 국가의 국내정치에서 통합이슈의 정치화를 낳는다면, 그리하여 통합과정이 기능적 효율성이 아닌 다른 논리들, 예를 들어 "민주적 결핍", "정당성의 위기" 혹은 "연대성의 위기" 등의 다양한 정치적 논리에 의해 도전받게 되고, "보다 광범위한 시민들이 통합이슈에 관심을 갖게 되며, 다양한 주장이 동원"되는 과정이 진행될 때, 통합은 교착상태에 직면하게 된다(Schmitter 1969; Schmitter 2002, 2016, 5). 이때 통합의 교착상태는 기능적 협력의 확산이 더 이상 진행되지 않고, 통합의 현재적 수준과 범위가 현상 유지되는 상황을 말한다(Schmitter 1971, 257).

〈표 8-1〉은 통합의 수준과 영역에 관한 행위자의 다양한 전략에 관한 슈미터의 1971년의 논의를 재구성한 것이다. 통합의 범위(영역)는 통합과정에 참여하는 행위자들이 공동해결을 추구하는 정책이슈의 영역들을 말하는 것이며, 통합의 수준이란 초국적 수준에서 제도적 권위가 행사되는 정도를 말하는 것이다(Schmitter 1971, 237). 통합의

표 8-1. 통합전략의 유형화

통합의 범위(scope)		통합의 수준(level)	
		낮음	높음
	축소	역행(spill back)	통합범위의 축소(retrench)
	확장	통합수준의 하향(muddle about)	확산(spill over)

범위와 수준이라는 두 변수를 조합해 우리는 행위자들의 전략유형을
4가지로 분류할 수 있다. 신기능주의이론에서 강조하는 기능적 협력
의 확산(spill over)은 통합의 범위를 확장하고 통합의 수준도 높이는
것이라면, 이 연구에서 관심을 갖고 있는 통합과정의 가역성은 통합
의 주요 행위자들이 공동해결을 추구하는 정책이슈의 범위를 축소하
고, 동시에 초국적 수준에서 행사되었던 권위의 철회를 요구하며 통합
과정이 시작되기 이전 상태로의 복귀를 시도하는 것이다. 이 같은 시
도를 통합과정의 역행(spill back)으로 부른다.[3] 그런데 확산과 역행의
사이에서 통합의 교착상태가 존재할 수 있다. 이 교착상태에서 행위자
들이 취할 수 있는 전략이 곧 "통합범위의 축소(retrench)" 혹은 "통
합수준의 하향(muddle about)"이다.

통합범위의 축소는 초국적 수준에서 행사되는 제도적 권위를 유
지 혹은 강화하되, 정책이슈의 특정 영역에 대한 기능적 협력을 축소
하는 것을 말한다(Schmitter 1971, 241). 반면, 통합수준의 하향은 초
국적 수준에서 다양한 정책영역의 이슈들이 토론되는 것은 허용하되,
초국적 행위자들이 정책결정과 집행의 권위를 실질적으로 행사하는
것을 제한하는 것을 말한다. 신기능주의 통합이론에서 말하는 통합의
교착상태와 위기는 통합범위의 축소 혹은 통합수준의 하향과 같은 행
위자들의 전략이 기능적 협력의 확산 전략을 압도하는 상황을 말한다.

---

3   과연 통합과정이 와해의 과정으로 전환하는 것이 통합의 역행과 동일한 것으로 볼 수
    있는가라는 질문 자체가 논쟁이 될 수 있다. 혹자는 와해의 과정이 통합과정의 역전(re-
    verse)은 아니라고 주장한다. 그 이유는 해체가 통합 이전의 상태로의 복귀, 다시 말해
    시민들의 충성심이 초국적 수준에서 다시 국가 수준으로 복귀하는 것으로 반드시 귀결
    되지 않고, 하위국가 수준으로 시민들의 충성심이 새롭게 이전될 수도 있기 때문이다.
    따라서 유럽연합해체 과정의 최종결과가 국민국가체제의 복원이 아닐 수도 있다는 것이
    다. 이 점에 대해서는 Vollaard(2014, 3) 참조.

그런데 신기능주의 통합이론의 중요한 특성은 결코 통합과정의 역행의 가능성을 진지하게 논의한 적이 없다는 것이다. 물론, 신기능주의는 기능적 협력의 역행이 발생할 수도 있다는 점을 '이론적'으로는 인지하고 있었다(방청록 2017, 65). 그러나 신기능주의는 기능적 협력의 확산만이 기능적 협력의 역행의 충동을 억제하고, 역행의 충동으로부터 야기되는 통합의 근원적 위기에 직면하는 것을 회피할 수 있는 유일한 해결책이라고 믿었다(Schmitter 2002, 20). 유럽통합 이슈에 대한 찬반을 둘러싼 갈등의 발생, 즉 정치화가 기능적 협력의 철회와 역행을 낳을 수도 있다는 인식을 보다 정교하게 이론화하는 것을 가로막았던 것은 유럽통합은 기술적이고 복지후생지향적인 '비정치적'인 '기능적' 정책영역에서 높은 수준의 합의가 존재할 때, 그리하여 문제해결이 정치를 대체하는 조건에서 초국적 공동체의 형성은 성취될 수 있다고 믿는, 이른바 '통합의 비정치성'에 대한 기능주의적 인식이다 (Caporaso 1996, 27).

우리가 기능주의와 그 계승자인 신기능주의 이론가들이 유럽통합이 민족주의의 폐해를 치유할 수 있는 유일한 해독제라고 믿었다는 점을 상기한다면, 이 논점을 이해하는 것이 그리 어렵지 않다(Webber 2011, 10). 비록 유럽통합 초기의 기능주의와는 달리, 신기능주의가 외부화와 정치화에 의한 기능적 협력의 교착상태가 발생할 수 있음을 인지했다 할지라도, 신기능주의 또한 여전히 기능적 효율성에 대한 규범적 지향을 내재화하고 있다. 이 점에서 권력정치보다 기술관료주의를 선호하는 기능주의 본래의 특성을 완전히 탈각한 유럽통합이론이라고 볼 수는 없다. 바로 이 같은 한계로 인해 신기능주의 유럽통합이론은 그 이론 내부에 통합과정의 가역성에 관한 보다 포괄적인 이론을 발전시킬 수 없었다.

2. 자유주의적 정부간주의의 논의

그렇다면, 자유주의적 정부간주의는 과연 통합과정의 가역성에 관한 이론적 논의를 포괄하고 있는가? 결론부터 말하자면, 자유주의적 정부간주의에서 통합과정의 가역성은 국가들의 국제적 상호의존성이 사라지지 않은 한, 그리고 국가들이 '합리적' 행위자로 남아 있는 한, 결코 일어나지 않을 현상이다. 신기능주의 통합이론이 통합의 가역성을 이론적으로는 인식했지만 그것의 현실 가능성은 배제하였다면, 자유주의적 정부간주의 통합이론에서는 통합과정의 가역성 자체에 대한 인식이 애초에 존재하지 않았다고 볼 수 있다. 물론, 유럽통합 초기 정부간주의는 국가들의 선호수렴이 쉽지 않으며, 특히 상위정치의 영역에서 분기하는 국가들의 이질적 선호로 인해 통합과정이 교착상태에 빠질 수 있음을 예측했었다(Hoffmann 1966, 1982). 한편, 1990년대 이후 신자유주의적 국제제도주의의 관점에서 정부간주의를 재해석하며 등장했던 자유주의적 정부간주의도 국가들의 비대칭적 상호의존성이 정부 간 분배갈등을 증폭시킬 수 있고, 정부 간 협상을 통한 국가들의 선호수렴이 성공적이지 못할 때, 통합의 교착상태에 직면할 수 있다는 것은 인지하고 있었다.

그러나 자유주의적 정부간주의에서 통합의 교착상태는 통합과정의 가역성의 차원에서 인식되지 않았고, 오히려 역으로 국가들의 정책조정의 필요성에 대한 보다 강한 요구를 창출하는 통합의 새로운 모멘텀으로 인식되는 경향이 강했다. 자유주의적 정부간주의의 관점에서 통합의 위기는 일반적으로 외생적 충격으로부터 야기된다. 예를 들어, 2008년 미국의 서브프라임 모기지 사태에 의해 촉발된 글로벌 금융위기가 2011년 유로존 경제위기를 낳았고, 2015년의 난민위기는 북아프리카와 중동지역의 정치적 불안정성과 내전이라는 외생적 충격에 의해 발생한 것이다. 자유주의적 정부간주의는, 비록 국가들이 위기를 예측하거나 예방할 수 있는 정도의 합리성을 가졌다고 가정하지는 않지만, 국가의 최소한의 합리성을 가정하기 때문에 국가들이 위기에 합리적으로 대응할 것이라고 전제한다. 위기로부터 가장 많은 손실을 입은 국가들은 다른 국가들에게 자신들에 대한 지지를 호소하며, 새로운 정부 간 협상을 요구한다(Moravcsik 1993, 481). 그 새로운 정부 간 협상에서 위기에 덜 취약하며, 현 상태에 만족하는 국가들은 위기에 취약한 국가들에게 그들이 선호하는 방식으로 통합을 심화시킬 수 있는 결정적인 양보들을 요구하며 새로운 제도적 균형을 성취할 수 있다(Moravcsik 1993, 485, 497-507; Schimmelfennig 2017, 971-72). 통합의 교착상태는 이런 과정을 통해 극복되는 것이다.

이 논점에 대한 가장 적절한 예시가 바로 유로존 경제위기 이후 은행동맹(Bank Union)과 유럽안정화메커니즘(ESM)의 창설일 것이다. 유로존 경제위기는 위기 재발을 막기 위한 은행감독과 자산규모 300억 유로 이상 금융기관의 공통의 청산절차에 관한 개별 국가의 권한을 유럽의 단일기구로 위임하는 은행동맹과 상설구제금융기구인 유럽안정화메커니즘을 창설하는 2015년 유로존 국가들의 역사적 합의로 귀결되었다. 은행동맹의 구상은 유로존의 경제 강국인 독일과 프랑스에 의해 제안된 것으로, 부실은행에 대한 직접 지원을 요구했던 위기국들의 제안을 수용하는 대신, 그들에게 요구한, 일종의 협상타결을 위한 양보조건이었다. 이처럼 자유주의적 정부간주의 통합이론이 상상하고 예측했던 통합의 위기와 교착상태는 오히려 통합의 심화를 촉진하는 결정적인 계기였지, 통합과정으로부터 전면적 이탈과 역행, 즉 통합과정의 가역성의 차원에서 이해되지는 않았다. 따라서 자유주의적 정부간주의에서 통합과정의 가역성에 대한 깊은 이론적 관심은 찾을 수 없다.

이 논점을 좀 더 진전시키기 위해 우리는 자유주의적 정부간주의에서 통합과정을 어떻게 정의하고, 그 과정의 위기와 교착상태를 어떻게 설명하고 있는지 구체적으로 살펴볼 필요가 있다. 자유주의적 정부간주의에서 통합과정이란 각각의 개별적인 국제조약의 체결을 둘러싼 정부 간 협상의 에피소드의 연속이며, 각 조약은 그 자체로 내적인 완결성을 갖는다. 이 점에서, 통합과정을 하나의 경로 형성과 그 경로의 진화 과정으로 보는 신기능주의의 경로 의존성에 관한 인식과는 달리, 자유주의적 정부간주의에서 통합과정은 파노라마의 이미지가 아니라, 일종의 "스냅샷(snapshot)"의 이미지에 보다 가깝다(Pierson 1996, 127; Schimmelfennig 2015). 이처럼 자유주의적 정부간주의는 통합과정을 경로 의존성의 관점에서 인식하지 않는다. 통합과정의 가역성이라는 개념은 통합과정을 하나의 경로로서 인식할 때만 가능한 개념이다. 따라서 우리가 자유주의적 정부간주의에서 통합과정의 가역성에 관한 의미 있는 이론적 논의를 찾을 수가 없는 것은 지극히 당연한 것일 수 있다.

그렇다면, 왜 자유주의적 정부간주의에서 통합과정은 하나의 경로로 인식되지 않고, 정부 간 협상들의 에피소드의 연속, 즉 "국가지도자들의 합리적 선택의 연속"으로 인식되는가?(Moravcsik 1998, 18) 그 이유는 자유주의적 정부간주의 통합이론이 기본적으로 초국적 공동체의 형성에 관한 어떤 비전도 갖고 있지 않기 때문이다(Moravcsik 2002, 606). 통합에 대한 자유주의적 정부간주의의 인식은 앞에서 우리가 논의했던 하스의 통합개념과 완전히 다른 것이다. 자유주의적 정부간주의는 통합의 개념을 '충성심의 이전,' 달리 말해, 초국적 정치공동체의 형성이라는 관점에서 인식하지 않는다. 통합의 심화와 함께 유럽 시민의 충성심이 개별 국가 수준에서 초국적 수준으로 이전될 것이라는 신기능주의적 기대를 자유주의적 정부간주의는 처음부터 갖지 않았다. 따라서 신기능주의와는 달리, 기능적 협력의 확산과 충성심의 이전 사이에는 아무런 상관성도 존재하지 않는다. 자유주의적 정부간주의에서 통합은 국제적 상호의존성의 증대라는 환경에 적응하기 위한 기능적 협력 과정에서 개별 국가의 비용을 최소화하고, 이득을 최대화하는 합리적 선택의 연속과정일 뿐이다. 아무리 국가들의 기능적 협력수준과 범위가 확산된다 하더라도, 충성심의 이전과 같은 현상은 발생하지 않는다. 따라서 통합을 합리적 선택이라고 보는 한, 그리고 국가가 최소한의 합리성을 포기하지 않는 한, 정부 간 기능적 협력의 과정으로부터 이탈하여, 그 과정을 역행시키는 것, 즉 통합과정의 가역성의 문제를 고려할 아무런 인센티브가 없다. 이 점에서 자유주의적 정부간주의에서 통합과정의 가역성에 관한 의미 있는 이론적 논의는 원천적으로 발전할 수 없다.

다만, 자유주의적 정부간주의 또한 통합의 위기와 교착상태를 설명하는 논리를 가질 수 있는데, 그때 자유주의적 정부간주의에서 말하는 통합의 위기는 신기능주의에서 말하는 통합의 내생적 위기, 즉 이전의 통합과정이 외부화와 정치화의 매개효과를 통해 이후의 통합과정에 영향을 미치며 발생하는 위기와는 구별된다. 자유주의적 정부간주의에서 말하는 통합의 위기는 '외생적' 충격에 의해 발생하는 위기이며, 그 외생적 위기에 대응하는 개별 국가들의 내생적 대응능력에서 중요한 비대칭성이 존재한다. 외생적 위기에 의해 크게 타격을 받는 국가와 상대적으로 덜 타격을 입은 국가들 사이에 정부 간 협상력 차이가 존재하며, 바로 이 "정부 간 협상력의 배분구조"가 위기 이후의

통합의 수준과 범위를 결정한다(Schimmelfennig 2017, 972). 앞서 예
시했던 유로존 경제위기가 이 논점을 잘 보여준다.

위기의 내생성과 외생성에 대한 구분은 중요한 함의를 갖는다. 위
기의 성격에 따라 위기의 해결책도 달라지기 때문이다. 통합과정에
서 발생하는 위기가 통합과정 그 자체로부터 발생하는 내생적 위기로
인식되면, 당연히 위기의 해결책도 내생적일 수밖에 없다. 앞서 논의
했던 슈미터의 다양한 통합전략의 유형들이 위기의 내생적 해결책들
인 것이다. 통합과정의 경로 의존성에 의해 야기되는 내생적 위기라
면, 통합의 범위를 축소하거나, 통합의 수준을 하향하거나, 혹은 통합
의 수준과 범위를 오히려 확장하는 통합의 심화를 통한 위기의 극복으
로 나아갈 수 있는 것이다. 물론, 통합과정으로부터의 이탈과 역행, 즉
통합과정의 경로를 역행하는 것도 내생적 위기에 대응하는 하나의 전
략이 될 수 있다. 대조적으로 만약 통합의 위기가 통합의 범위와 수준
과는 무관한 외생적 충격으로부터 야기된 것으로 인식한다면, 외생적
충격이 가한 손실과 외생적 충격에 대응하는 비용의 배분구조를 자국
에 보다 유리하게 만들기 위해 정부 간 협상에서 협상력을 높이는 방
법 말고는 해결책이 없을 것이다. 물론, 정부 간 협상에서 개별 국가의
협상력은 비대칭적 상호의존성에 의해 결정된다. 그러므로 협상력이
상대적으로 취약한 국가가 일종의 벼랑끝 전술의 차원에서 정부 간 협
상으로부터의 전면적 이탈을 위협할 수는 있지만, 최소한의 합리성을
가정하는 자유주의적 정부간주의 관점에서 볼 때, 완전한 이탈은 비
합리적 행위이며, 정상 이론이 설명할 수 없는 변칙사례로 인식될 뿐
이다.

통합의 가역성에 대한 이론적 논의의 부재는 자유주의적 정부간
주의를 수정하며 등장한 신정부간주의(new intergovernmentalism)

통합이론에서도 발견할 수 있다. 신정부간주의는 자유주의적 정부간주의가 유럽연합의 정책결정을 정당화하는 정치엘리트들의 능력을 과대평가했고, 마치 유럽연합을 "안정적인 제도적 균형"상태로 인식했다는 점을 비판하며, "제도적 불균형상태로서의 유럽연합"이라는 가설을 제기한 바 있다(Bickerton et al. 2014, 14). 신정부간주의가 왜 유럽연합을 제도적 불균형상태로 인식하는지를 이해하기 위해서는 "통합의 역설(the integration paradox)"로 불리는 유럽연합의 현재 상태에 대한 신정부간주의의 문제의식을 먼저 이해할 필요가 있다(Puetter 2014, 1).

신정부간주의의 논의에 따르면, 1992년 마스트리히트조약 이후 시기 유럽통합은 그 이전 시기와는 전혀 다른 특성, 즉 통합의 심화가 가속화되었음에도 불구하고, 유럽연합의 "헌정적 토대"는 정부간주의의 토대 위에 여전히 남아 있는 "초국가주의 없는 통합(integration without supranationalism)"이라는 특성을 보여주고 있다(Bickerton et al. 2015, 3; Fabbrini and Puetter 2016). 이때 초국가주의는 초국적 수준에서 새롭게 형성된 제도적 중심에서 숙의와 합의형성이 진행되어 모든 정책결정이 이루어지는 것을 의미한다. 그런데 신정부간주의에 따르면, 1992년 이후 유럽연합에서는 이 같은 초국가주의에 입각한 정책결정이 아닌, 정부간주의에 입각한 정책결정이 지배적이게 되었다. 유럽연합의 정책결정 패턴에서 나타난 이 같은 변화는 두 가지 중요한 원천을 갖는다. 첫째, 그 이전 시기 유럽 시민들 사이에 암묵적으로 존재했던 유럽통합에 대한 "수동적 합의(permissive consensus)"는 약화되었던 반면, 유럽회의주의는 강화되는 현상이다. 둘째, 유럽 정치에서 정치엘리트들의 정치적, 정책적 지향의 동질화와 수렴에 따른 국내정치 수준에서 정치적 선택의 부재가 야기한 "정치적 대표성의 위기"이다(Bickerton et al. 2015, 8).

전자는 유럽연합의 정책에 대한 대중적 정당성의 약화와 유럽통합 이슈의 정치화를 낳았고, 후자는 국내정치에서 대표성 위기에 직면한 정치엘리트들이 정부 정책결정을 유럽연합 수준에서 진행되는 정부 간 협상으로 이전하기를 원하는 강한 인센티브를 부여했다. 그 결과 유럽연합에 대한 대중적 정당성이 취약한 상황에서 오히려, 보다 많은 정책들이 국내정치의 대중적 압력으로부터 상대적으로 자유로운 유럽연합 수준에서 결정되는, 그리하여 국내정치와 정책결정이 분리되는 현상이 발생했다. 바로 이 같은 현상이 제도적 불균형상태로서 유럽연합을 지속시키는 것이다. 그러나 제도적 불균형상태로서의 유럽연합이라는 신정부간주의의 논의가 유럽연합의 와해가능성을 함축하고 있는 것은 아니었다. 오히려, 신정부간주의는 유럽연합의 제도적 불균형상태가 와해의 과정을 추동하기보다, "초국가주의 없는 통합"의 심화를 추동한다고 주장한다.

III. 경험적 분석: 브렉시트와 통합의 가역성

1. 주류 유럽통합 이론들의 해석

지금까지의 논의를 통해 우리는 유럽통합의 주류 이론인 신기능주의와 자유주의적 정부간주의 통합이론이 공통적으로 강한 통합 지향적 인식경향을 가지고 있으며, 비록 통합과정의 위기와 교착상태에 대한 논의를 그들 이론에 포괄하려고 시도했지만, 통합과정의 가역성 자체에 대한 이론적 관심은 미약했음을 확인했다. 이 절에서는 과연 브렉시트를 통합과정의 가역성을 예시하는 사례로 볼 수 있는가라는 질문에 집중하면서 브렉시트가 신기능주의와 자유주의적 정부간주의에 의해 적절히 설명될 수 있는가를 논의할 것이다. 브렉시트는 영국이 유럽연합의 회원국으로서의 권리와 의무를 스스로 포기할 것을 국민투표라는 직접민주주의의 다수결제를 통해 결정한 것을 의미한다. 유럽연합으로 이전되었던 정책결정의 권위를 다시 국가 수준으로 복귀시킬 것을 천명했던, "유럽연합으로부터 주권회복(Taking Back Control From Brussels)"이라는 브렉시트 지지자들의 구호는 브렉시트의 의미를 명료하게 보여준다. 지금까지 유럽연합 내에서 선택적 통합(opt-out)의 권리를 누렸던 영국이 왜 이처럼 유럽연합과의 완전한 단절을 선택하게 되었는가?

유럽통합의 주류 이론들은 사실 이 질문에 대해 많은 것을 이야기해줄 수 없다. 이 점은 모래브칙의 논평에서도 확인할 수 있는데, 그는 브렉시트를 영국 정치엘리트들의 '비합리적' 선택이라고 비판했다. 그의 비판은 브렉시트가 결코 일어날 수 없는 일이었다는 의미가 아니라, 영국의 정치엘리트들이 합리적 선택을 했다면, 일어나지 않았을 일이라는 의미이다. 즉, 브렉시트에 대한 자유주의적 정부간주의의 첫 반응은 브렉시트가 국가의 최소한의 합리성을 전제하는 자유주의적 정부간주의의 기본가정으로부터 일탈한 사례라는 것이다. 일종의 변칙사례인 셈이다. 모래브칙에 의하면, 브렉시트는 유럽연합에 대한 영국의 불만족으로부터 야기된 것이 아니라, 국내정치에서 정치경쟁의 우위를 점하기 위해 정치엘리트들에 의해 계획된 정치적 도박의 의도치 않은 결과일 뿐이다. 그러므로 그는 결코, 영국이 유럽연합을 완전히 떠나는 일은 일어나지 않을 것이며, 유럽연합과 새로운, 그러나 사실상 거의 새로울 것이 없는 협상을 진행할 것이라고 본다. 또한, 브

렉시트 이후 영국과 유럽연합의 협상에서 영국의 협상력은 극도로 취
약할 수밖에 없을 것이라고 진단한다. 모래브칙의 브렉시트에 대한 이
같은 논평에 따르면, 브렉시트는 통합과정의 가역성을 예시하는 최초
의 사례가 될 수 없다.

모래브칙의 브렉시트에 대한 논평은 자유주의적 정부간주의 통합
론의 핵심논지로부터 충분히 논리적 추론이 가능한 것이다. 모래브칙
은 데이비드 캐머론의 국민투표 실시 결정 그리고 보리스 존슨과 같은
보수당 내의 강경 브렉시트 지지자들의 권력투쟁을 위한 국민투표의
정치적 활용이라는 정치엘리트들의 전략적 행위들을 비합리적인 행
위로 본다. 그 이유는 그가 1955년 이후 유럽통합의 역사에서 개별 국
가들의 통합과정의 참여를 추동했던 결정적 동기는 개별 국가의 "통
상이익", 즉 경제적 이익추구라고 보기 때문이다(Moravcsik 2016). 그
에 따르면, 유럽통합은 자국의 경제이익을 "일관되게" 추구하는 개별
국가 지도자들의 합리적 선택의 연속에 의해 성취된 것이다. 그러므로
영국의 총수출에서 유럽연합이 차지하는 비중이 47%에 달한다는 객
관적 사실로부터 모래브칙은 영국의 정치지도자들이 여전히 일관되게
자국의 통상이익을 추구한다면, 브렉시트에도 불구하고 완전히 유럽
연합을 떠나는 일은 결코 발생하지 않을 것이라 예측한다. 그의 예측
대로라면, 브렉시트는 정부 간 협상의 연속과정인 유럽통합의 역사에
서 하나의 에피소드에 불과한 것이지, 그 자체가 통합과정의 가역성을
예시하는 사례가 될 수는 없을 것이다.

그러나 문제는 자유주의적 정부간주의 시각에 따른 브렉시트의
해석이 브렉시트가 통합과정의 역행과 와해 가능성을 예시하는 사례
가 될 수 없다는 점은 명료하게 주장할 수 있을지는 모르지만, 브렉시
트가 자유주의적 정부간주의의 기본 가정들에 중요한 도전을 제기했

다는 점 또한 분명하다는 것이다. 정상이론(normal theory)이 변칙사례의 도전에 직면했을 때, 그 도전에 어떻게 대응하며 이론의 설명력을 유지, 강화할 것인가는 여전히 남아 있는 과제가 된다. 브렉시트를 영국 정치엘리트들의 비합리적 행위의 결과로 본다면, 자유주의적 정부간주의의 기본 가정, 즉 단일하고 합리적 행위자로서 국가적 행위자라는 이론의 기본 가정을 수정하지 않고는 결코 설명될 수 없는 사례이다. 적어도 우리는 브렉시트 국민투표의 과정과 그 이후의 탈퇴협상의 과정에서도 영국은 단일한 행위자가 아니었다는 것을 관찰할 수 있다.

뿐만 아니라, 다원적인 국내 사회의 강력한 경제적 이익집단들의 선호가 국가지도자들을 통해 정부 간 협상에서 개별 회원국의 선호로 대표된다는 자유주의적 정부간주의의 기본 논리에 깊이 내재된 경제적 기능주의 편향도 브렉시트라는 변칙사례가 제기하는 도전에 직면했다. 널리 알려진 바와 같이, 브렉시트를 결정하는 국민투표의 찬반 갈등의 정치과정을 압도했던 담론은 영국이 탈퇴 혹은 잔류를 결정했을 때의 각각의 경제적 이익과 손실이라는 경제주의 담론이 아니었다. 대신, 영국의 주권과 정체성에 관한 비경제적 담론들이었다. 이 점에서 잔류 지지집단들이 국민투표 캠페인 과정에서 탈퇴 찬성집단들이 동원하는 비경제적 담론에 맞설 수 있는 대안적 담론을 적절히 제시하지 못했다는 것이 국민투표 패배의 중요한 요인이었다고 보는 주장은 설득력이 있는 것이다(Curtice 2017, 15).

통합과정에서 행위자의 합리성과 국가들의 기능적 협력의 필요성을 주어진 전제로 인식한다는 점에서 신기능주의 통합이론 또한 브렉시트의 의미를 분석함에 있어 자유주의적 정부간주의와 유사한 한계를 갖는다. 비록 슈미터와 같은 일부의 신기능주의자들이 통합의 가역성을 인지했다 하더라도, 신기능주의 통합이론은 국가들의 기능적 협력의 당위성과 그 당위성으로부터 귀결되는 단선적 진화과정으로서 통합과정을 인식한다는 의미에서 "통합의 자동성"에 대한 강한 경향을 보여주기 때문에, 사실 통합과정으로부터의 이탈과 역행에 대한 충분한 설명력을 제공할 수가 없다. 그러므로 우리가 만약 브렉시트를 통합과정으로부터의 이탈과 역행의 사례로 본다면, 브렉시트에 대한 신기능주의 통합이론이 제공할 수 있는 유일한 설명은 그 이론의 출발점, 즉 유럽통합의 불가피성에 대한 신기능주의의 규범적 지향에 의존할 수밖에 없다.

신기능주의 통합이론은 민족주의의 폭력성으로부터 유럽통합의 규범적 정당성을 주장했었다. 최초의 유럽연방주의자이자 신기능주의자인 루즈몽(Denis de Rougemont)은 "우리(유럽) 문화의 궁극적인 토대는 국민국가가 아니라, 유럽통합체(the European unity)"라고 주장했다(Rougemont 1966, 422). 유럽통합의 규범적 정당성에 대한 이 같은 신기능주의 시각은 브렉시트를 영국의 전통적인 유럽회의주의 태도에 기인한 것으로 해석할 가능성이 높다. 이 같은 해석은 매우 일반적으로 수용되지만, 사실 논리의 비약에 해당된다. 영국의 유럽회의주의가 일종의 상수(constant)라는 점에서, 1975년 국민투표에서는 잔류를 선택했고, 2016년의 국민투표에서는 탈퇴를 선택했던 변이를 설명할 수가 없기 때문이다.

그렇다면, 과연 브렉시트는 신기능주의 시각에서 어떻게 해석될 수 있는가? 우리는 통합과정의 역행에 대해 가장 진지하게 고려했던 슈미터의 논의에서 그 해석의 실마리를 찾을 수 있을지도 모른다. 앞절의 〈표 8-1〉에서 요약된 신기능주의 통합이론의 통합과정에서 행위자들이 선택할 수 있는 4가지 전략에 대한 분류를 브렉시트의 사례에 적용해보자. 브렉시트를 어떤 유형으로 분류할 것인가? 유럽통합과정에서 통합의 위기와 교착상태, 즉 기능적 협력의 지속적 확산에 저항하는 상황에 직면했을 때, 통합과정의 역행의 현실화를 고려하지 않는 신기능주의 통합이론이 예측할 수 있는 행위자들의 전략적 행위유형은 통합범위의 축소 혹은 통합수준의 하향이 될 것이다. 즉, 통합의 수준 혹은 범위에 관한 재조정을 요구하는 것을 통해 통합의 새로운 국면을 창출하고, 행위자들 사이의 타협을 모색하며 갈등을 해소하는 것이 현재의 통합 상태에 불만족을 가진 행위자들이 선택할 수 있는 전략이다.

1992년 이후 유럽통합의 위기와 교착상태는 주로 통합범위의 축소전략에 의해 봉합되어왔다고 볼 수 있다(Leruth and Lord 2015; Schimmelfennig et al. 2016). 그런데 문제는 브렉시트를 통합범위의 축소전략과 동일한 것으로 볼 수 있는가이다. 다시 말해, 브렉시트를 기능적 협력의 범위는 축소하되, 초국적 수준에서 행사되는 권위의 수준은 유지, 강화하는 전략적 시도로 볼 수 있냐는 것이다. 오히려 브렉시트는 영국의 지배적인 통합전략이었던 통합범위의 축소전략의 추구가 실패하면서 발생한 '의도하지 않았던 결과', 즉 통합과정의 역행이라고 보는 것이 더 적절해 보인다. 브렉시트가 영국 정부의 전통적 통합전략의 의도하지 않았던 결과였다고 볼 수 있다면, 우리는 유럽통합의 과정을 신기능주의 혹은 자유주의적 정부간주의가 전제하는 기능적 효율성의 논리 혹은 합리적 행위자의 논리에 의해 전적으로 설명할 수 없음을 확인할 수 있다. 이와 함께 이제 우리는 새로운 질문을 갖게 된다. 어떤 조건에서 영국의 통합전략은 전통적 축소전략의 추구의 의도하지 않았던 결과인 통합과정의 역행으로 귀결되었는가? 신기능주의 통합이론에서는 그 해답을 찾을 수 없다. 대안적 논리가 필요하다.

2. 대안적 논의: 브렉시트, 축소에서 역행으로의 전환

〈표 8-2〉는 〈표 8-1〉에서 분류한 4가지 통합전략의 선택에 영향을 미치는 결정요인에 관한 대안적 아이디어를 요약하고 있다. 〈표 8-2〉는 유럽통합 이슈의 국내 정치화의 정도와 정치화의 의제라는 두 결정요인이 개별 국가의 통합전략의 선택에 영향을 미친다는 가설을 제안하고 있다. 먼저, 첫 번째의 쟁점은 정치화의 정도의 문제이다. 기존의 주류 이론들이 공유하는 강한 통합지향성은 아직 유럽통합 이슈가 개별 국가의 국내정치에서 정치화되지 않았던 시기적 맥락, 즉 통합에 대한 수동적 합의가 존재하여 유럽통합 이슈의 정치화의 정도가 약했던 시기의 맥락을 반영한다. 〈표 8-2〉에 따르면, 정치화의 정도가 약한 맥락에서 개별 국가들의 통합전략은 통합의 수준을 높이고 통합의 범위를 확장하는 기능적 협력의 확산에 적극적으로 참여하거나, 아니면 다양한 정책이슈에서 기능적 협력을 위한 정부 간 협상을 시도하되, 초국적 수준으로 권위를 이전하는 것에는 주저하고, 소극적 태도를 취하는 것이 된다. 이와는 반대로, 유럽통합에 대한 수동적 합의가 약화되고, 국내정치에서 유럽통합 이슈에 대한 정치화의 강도가 강화되면, 개별 국가들의 통합전략은 통합범위의 축소 혹은 역행이 될 수 있다.

표 8-2. 통합전략의 결정요인: 정치화의 정도와 정치화의 의제

			정치화의 의제	
			정치적	기능적
정치화의 정도		강	역행(spill back)	통합범위의 축소(retrench)
		약	통합수준의 하향(muddle about)	확산(spill over)

그러므로 〈표 8-2〉는 유럽통합 이슈를 둘러싼 정치화의 강도 측면에서 맥락의 변화를 고려해야 함을 제안한다.

〈표 8-2〉가 제시하는 두 번째 쟁점은 정치화의 의제문제이다. 우리가 앞서 논의했듯이, 신기능주의와 자유주의적 정부간주의는 기본적으로 국가들의 높은 수준의 경제적 상호의존성을 전제하고, 그 전제로부터 기능적 협력의 당위성을 논리적으로 도출한다. 따라서 기능적 협력에 참여함으로써 얻을 수 있는 통합의 이득을 강조하는 경향이 강하다. 물론, 기능적 협력의 이득을 둘러싼 국가들 사이의 분배갈등이 정치화를 낳을 수 있고, 정치화의 강도에 따라 개별 국가의 통합전략이 다를 수 있다. 정치화의 강도가 낮을 때 기능적 협력을 위한 정책영역의 확산을 추구하는 반면, 정치화의 강도가 높을 때 기능적 협력의 정책영역에 따라 개별 국가가 선별적 통합을 추구하는 경우, 통합범위의 축소를 선택할 수 있다. 그런데 더 이상 기능적 효율성의 논리에 의해 전적으로 작동되지 않고, 정치적 정당성의 차원에서 논쟁의 대상이 될 수 있는 특정한 정책영역으로 통합이 확산되거나, 혹은 이전에는 기능적 협력의 대상으로 인식되었던 특정한 정책영역이 어떤 시점에서는 더 이상 기능적 협력의 차원이 아니라 정치적 정당성의 차원에서 논쟁의 대상이 되었을 때, 그 정책이슈가 국내정치에서 정치화되는 정도에 따라, 국가들은 유럽연합 수준의 정책결정의 권위를 약화시키려는 시도를 하거나, 아니면 결국 이탈을 통한 통합과정의 역행을 선택할 수 있다.

이상의 개별 국가의 통합전략을 결정하는 정치화의 강도와 정치화의 의제라는 두 결정요인에 대한 가설을 적용해 이제 우리는 왜 영국이 지배적인 통합전략이었던 통합범위의 축소에서 통합과정의 역행으로 전환하게 되었는가를 설명해보자. 〈표 8-2〉의 논리에 준하면, 영국의 경우 통합전략의 전환을 발생시킨 결정적 요인은 정치화의 강도에 있는 것이 아니라, 정치화의 의제에 있다. 통합범위의 축소와 역행 모두 국내정치에서 유럽통합 이슈에 관한 정치화의 정도가 상대적으로 강한 조건에서 추구되는 통합전략이다. 이 논점은 영국이 전통적으로 강한 유럽회의주의 태도를 가진 국가라는 것은 널리 알려진 사실임을 상기시킨다. 그러나 영국의 전통적인 유럽회의주의 태도로부터 곧장 영국 국내정치에서 유럽통합 이슈에 대한 정치화의 강도가 상대적으로 높을 것이라고 추론하는 것은 논리의 비약이 될 수 있다. 다만, 정치화의 강도에 상관없이, 영국의 전통적인 유럽회의주의 태도는 영국의 유럽통합전략에 영향을 미쳤다. 1975년 이후 영국이 지속적으로 추구했던 통합전략은 영국이 선호하는 통합의 특정한 영역을 선별하고, 그 정책영역에 한해서만 초국적 정책권위를 강화하는 것에 동의하는 것이었다. 이 전략은 앞서 말했던 통합범위의 축소전략이다. 영국은 유럽단일시장에서의 상품과 자본의 자유로운 이동을 보장하기 위한 유럽연합의 강력한 규제적 권위에는 동의했지만, 노동과 이민의 자유로운 이동을 보장하며 국경통제정책에 관한 개별 국가의 통제권을 완화하는 셍겐조약에는 가입하지 않았다. 또한 유럽의 금융시장 자유화에는 동의했지만, 금융통합에는 참여하지 않았다. 그 결과 영국은 유럽연합 회원국들 중 가장 '덜' 통합된 회원국이 되었던 것이다.

이 지점에서 우리는 1992년 마스트리히트조약 이후 영국만이 아니라, 유럽 전반에 걸쳐 통합에 대한 수동적 합의가 약화되면서 유럽통합 이슈의 정치화가 가속화되었다는 사실을 상기하자. 다시 말해, 1992년 이후 정치화의 강도라는 측면에서 유럽 전반에 걸친 중요한 변화가 일어났다는 것이다. 특히, 영국이 금융통합으로부터 선택적 이탈(opt-out)을 선택했던 사실은 단일공동시장 정책영역 너머로 통합의 범위를 확장하는 데 반대했기 때문이며, 설사 금융정책영역으로 기능적 협력의 확산을 지지했던 국가들조차도 금융통합이 야기할 수 있는 위기상황에 대응하는 비용의 부담은 전적으로 개별 국가화했다. 따라서 탈기능주의자와 신정부간주의가 주장하듯이, 유럽통합 초기의 초국가주의 지향에 의한 확산의 동력은 이미 1992년 이후부터 약화되기 시작했다고 말할 수 있다. 그리고 확산의 동력이 약화되는 상황에서 이제 유럽 국가들은 통합의 범위와 수준이 아닌, 통합의 영토적 외적 경계를 확장하는 일에 관심을 가지게 되었고, 2004년 동유럽 국가들로의 확대정책이 바로 그와 같은 관심을 반영한다(Bartolini 2005). 그러나 통합의 영토적 외적 경계를 확장하는 것에 대한 관심은 2015년 난민사태라는 외생적 충격에 직면했을 때, 급속히 냉각된다. 유럽연합 회원국들 내부의 국경통제는 폐지하고, 유럽연합 외부의 국경통제에서는 기능적 협력을 하기 위해 확립되었던 셍겐조약은 난민사태에 직면해 사실상 무력화되었다. 셍겐조약의 무력화는 유럽연합이 외적인 충격이 낳은 위기에 대응하기 위한 비용을 공유하고자 하는 정치적 의지가 통합의 심화와 더불어 자동적으로 형성되는 것이 아니라는 점을 일깨워준다. 난민사태에 직면한 영국의 대응방식은 난민들이 최초의 도착지를 벗어나 영국을 향해 이동하지 못하도록 자국의 국경통제권을 강화하고, 난민과 이민자들에게 영국이 매력적인 정착지로 보이게 하는 사회복지 관련 수혜들과 노동시장에 대한 접근을 엄격히 제한하는 것이었다.

　마찬가지로 유럽연합 외부의 국경통제가 사실상 무력화되어 난민들이 최초로 도착한 지중해 지역 근경의 국가들에게 난민위기의 비용이 배타적으로 집중될 때, 그들 국가들도 자국의 국경을 개방하여 난

민들을 유럽연합 내부로 방출함으로써, 그들에게 집중된 비용부담을
축소하고자 했다. 결국, 모든 국가들의 국내정치에서 초국적 수준으로
이전했던 국경통제와 난민정책에 대한 통제권을 다시 개별 국가로 되
돌려야 한다는 대중적 요구가 증대하고, 지금까지 유럽통합의 가장 중
요한 성취 중 하나로 인식되었던 이동의 자유와 차별금지와 같은 유
럽적 규범의 타당성에 대한 근원적 회의감까지 확산되었다. 국가들의
'기능적' 협력이 낳은 최대의 보편적 성취라고 여겨졌던 이동의 자유
와 차별금지와 같은 유럽적 규범이 '정치적' 논쟁의 대상으로 전환하
면서, 그것은 이제 기능적 협력의 의제가 아니라 정치적 정당성의 의
제로 전환했다. 유럽통합 이슈의 정치화가 기능적 협력의 과정이 가져
다준 통합의 이득과 손실을 둘러싼 갈등을 넘어, 주권과 정체성을 둘
러싼 갈등 혹은 다양한 사회집단들의 고유한 정체성과 보다 보편적인
유럽적 정체성의 추구 사이의 갈등으로 증폭되었다.

　　이로써 국가들의 기능적 협력의 확산에 따라 유럽 시민들의 충성
심, 기대, 행위가 초국적 수준의 새로운 제도적 중심으로 이전될 것이
라는 통합에 관한 낙관적 전망으로 넘쳤던 한 시대는 완전히 종료되었
다. 브렉시트는 그 시대의 종료를 상징한다. 어쩌면 그 시대의 종료는
통합비용을 공동화하는 어떤 구체적인 제도적 합의도 부재한 상태에
서 단일시장을 넘어, 금융통합으로 통합의 수준과 범위를 확장하고자
했던 1990년대 초반에 이미 시작되었는지도 모른다. 유럽통합에 관한
이슈들이 더 이상 기능적 이슈로 인식되지 않게 됨에 따라, 이제 유럽
통합에 관한 이슈들은 그 정치적 성격을 드러냈고, 더 이상 국가들의
기능적 협력의 대상이 아니라, 국가들 사이의 그리고 국내 집단들 사
이의 정치적 갈등의 대상이 된 것이다. 정치화의 의제 자체의 성격에
서 중요한 변화가 일어난 것이다. 그 결과 유럽통합의 심화로부터 경

제적 이득을 취하는 집단조차도 현재의 유럽연합에 대한 강한 부정적 태도를 취하게 되고, 브렉시트를 지지하는 국내정치연합의 외연은 확장되었다. 바로 이 같은 상황이 통합과정에 잔류하여 유럽단일시장의 경제적 이득을 취하면서, 유럽연합의 강한 규제적 권위는 오직 경쟁적이며, 자유로운 유럽단일시장의 질서유지에만 행사되도록 제약하고자 했던 영국의 전통적인 통합전략(retrench)이 더 이상 효과적으로 작동할 수 없게 만들었다. 이 점에서 정치화의 강도의 변화만으로 영국의 의도하지 않는 통합전략의 변화를 설명하려는 시도는 일면적이다.

영국은 유럽연합 내에서 지속적으로 특별한 지위를 갖기를 원했고, 이것을 관철하기 위해 유럽연합의 개혁을 주장해왔다. 2015년 11월 15일 영국 캐머론 수상은 유럽연합 정상회의 상임의장(도날드 투스크, Donald Tusk)에게 보낸 공식서한을 통해 유럽연합에서 영국의 지위에 관한 재협상을 요구하며 유럽연합 개혁안을 제시했다. 유로존에 속하지 않는 국가들에 대한 보호강화, 유럽연합의 관료제 타파, "보다 긴밀한 연합(ever-close union)" 조항에서 영국의 예외성 인정, 영국으로 유입된 유럽연합 이민자들의 사회복지혜택 제한 등 4가지 사항이 수용되지 않으면, 유럽연합 탈퇴가 불가피하다고 주장한 캐머런은 브렉시트를 막기 위해서는 영국의 특별한 지위에 대한 유럽연합의 인정이 필요하다고 주장했다(Gostynka-Jakubowska 2015, 3). 특히, 캐머런은 연간 6000파운드의 근로소득 혜택을 받고 있는 유럽경제구역(EEA)으로부터 유입된 이주노동자들에게 제공되는 복지혜택을 입국 후 4년까지 유보하는 한시적 제한을 허용할 것을 강하게 주장했다. 이 같은 영국의 요구에 대해 유럽연합의 집행위원회는 영국의 요구를 수용하는 것은 유럽연합의 역내 이동의 자유와 차별금지를 근본적으로

침해하는 것이며, 유럽연합의 존재 이유 자체를 부정하는 것이라고
강하게 반발했다. 영국의 유럽연합탈퇴 여부를 묻는 국민투표 실시는
바로 이 같은 유럽연합 개혁안을 관철하려는 영국과 이에 강한 저항
감을 가진 유럽연합의 초국적 행위자들과 다른 유럽연합 회원국들의
협상에서 영국이 보다 협상력을 높이기 위한 일종의 전략적 배수진이
었다.

　　유럽연합탈퇴를 묻는 국민투표 실시를 공약한 것은 캐머론 정부
의 의도와는 무관하게, 영국인들에게 기존의 통합전략인 통합범위의
축소 이외에 유럽연합을 탈퇴(exit)하는 것, 즉 통합과정의 역행이라
는 또 다른 전략이 존재하며, 그것이 선택 가능함을 상기시켰다. 따라
서 왜 캐머런 수상이 영국의 유럽연합탈퇴 여부를 묻는 국민투표를 공
약했는가라는 질문은 중요하다. 캐머런의 국민투표 공약은 영국의 보
수당 내부와 국내정치에 존재했던 통합의 이득과 비용을 둘러싼 갈등
의 정치화를 통해, 국내정치 수준과 유럽연합 수준 모두에서 캐머런
정부의 협상력을 높이고자 했던 전략적 선택이었다. 영국의 탈퇴를 막
고자 한다면, 영국이 원하는 바대로 유럽연합을 개혁하라는 캐머런 정
부의 요구는 탈퇴의 위협을 통해 항의(voice)의 목적을 성취하고자 하
는 전략적 시도였다. 바로 이 점에서 국내정치에서 유럽통합 이슈의
정치화가 기능적 협력의 확산에 부정적 영향을 미치기 때문에 통합의
주요 행위자들이 정치화를 회피하고, 정치화를 억제하기 위해 오히려
기능적 협력의 확산을 가속화할 것이라는 신기능주의통합이론의 주장
은 경험적으로 타당하지 않다. 신기능주의통합이론의 주장과는 달리,
통합의 주요 행위자들은 오히려 유럽통합 이슈를 국내정치 갈등과 연
계시키는 정치화를 전략적으로 적극 활용한다. 1992년 이후 유럽에서
유럽통합 이슈를 둘러싼 국내정치 갈등은 통합의 경제적 이익과 손실

에 관한 분배갈등의 성격을 넘어, 국내정치에서 개인의 정체성을 형성하는 중요한 요소가 되었다. 바로 이 같은 이유로 유럽통합 이슈는 국내정치에서 정치엘리트들이 자신들의 국내정치적 이익을 위해 전략적으로 적극 활용할 수 있는 유용한 정치적 자원이 되었다(Hooghe and Marks 2009, 9).

IV. 결론

이 연구는 브렉시트에 대한 우리의 분석적 관심을 단지 영국이 유럽연합을 최종적으로 탈퇴할 것인지 아닌지의 여부에 국한하지 않고, 유럽통합의 역사에서 브렉시트라는 사건이 갖는 정치적 의미를 분석하는 것으로 확장할 것을 제안하고 있다. 이 연구는 브렉시트를 유럽통합에 관한 규범적 당위성과 낙관적 기대를 공유했던 한 시대의 종결을 상징하는 중요한 정치적 사건으로 해석한다. 이 연구에서 브렉시트는 단순히 영국적 현상이 아니라, 유럽통합과 유럽연합 그 자체가 유럽 국가들의 국내정치에서 새로운 정치균열의 원천이 되었음을 보여주는 '유럽적 현상'으로 해석된다. 이제 더 이상 유럽통합과 유럽연합의 이슈는 경쟁적인 정치세력들 모두로부터 수동적 지지를 얻을 수 있던 기능적 협력의 당위성 차원에서 인식되지 않는다. 유럽통합과 유럽연합의 이슈는 이제 그 자체로 '정치적인 것'이 되었다.

하스는 통합을 초국적 공동체로의 유럽시민들의 '충성심의 이전'이라는 관점에서 정의한 바 있다. 그러나 유럽통합의 현재 상황을 볼 때, 국가들의 기능적 협력의 확산이 유럽 시민들의 충성심을 이전한 것이 아니었음은 자명하다. 그렇다면, 우리는 다시 통합이란 무엇인가라는 기본적인 질문에 새롭게 답해야 할 필요가 있다. 기능적 협력의 확산이 낳았던 통합의 이득을 수십 년간 공유했음에도 불구하고, 외생적 충격에 의해 촉발된 위기들에 직면했을 때, 유럽연합의 국가들은 매우 짧은 시간에 서로에 대한 충성심을 포기했다. 브렉시트는 유럽 국가들의 지배적인 통합전략이 통합범위의 축소에서 통합과정의 역행으로 전환하는 것이 현실적으로도 가능할 수 있음을 보여주는 최초의 사례이다. 그러나 이것이 유일한 사례가 될 것이라고 낙관할 수 없다는 점에서 통합뿐만 아니라, 통합과정의 역행도 설명할 수 있는 새로운 통합이론이 필요한 때라고 주장하는 많은 연구자들의 문제의식을 이해할 수 있다.

유럽통합만이 아니라, 유럽의 분열과 와해의 이론이 필요하다는 주장은 기존의 유럽통합의 주류 이론인 신기능주의와 자유주의적 정부간주의 통합이론에 의해서는 영국의 유럽연합탈퇴를 적절히 설명할 수 없다는 이론적 문제의식과 현재의 유럽연합이 통합에서 와해로의 전환의 국면에 직면한 것이 아닌가라는 현실인식으로부터 제기된 것이다. 기존의 유럽통합의 주류 이론들은 규범적으로 강한 통합지향성을 내재하고 있기 때문에 통합과 와해 과정을 모두 포괄하는 분석틀을 가지고 있지 않다. 이 연구는 기존의 유럽통합의 주류 이론들은 유럽통합 이슈의 정치화의 정도가 약하고, 정치화의 의제가 기능적인 것에 주로 국한되어 있었던, 그래서 외생적 충격에 의한 위기발생으로 통합비용의 비대칭적 분배구조라는 유럽통합의 근원적 취약성이 표출되기 이전의 맥락만을 반영하는 한계를 갖는다고 주장했다. 기능적 협력의 필요성만을 강조하며, 통합의 이득을 공유하기 위해 국가들이 통합과정에 참여하는 것은 합리적이고, 당연하다는 지배적 인식이 통합의 기능적 의제가 정치적 의제로 전환되며 통합의 이득이 아니라, 통합의 비용을 어떻게 공유할 것인가의 문제가 더 중요해진 변화된 상황에 대한 진지한 탐구를 가로막았다. 이 점에서 현재의 유럽통합의 위기는 곧 유럽통합이론의 위기이기도 하다.

제9장

유럽연합 국가성의 불균등 발전과
유럽통합의 위기*

구춘권 | 영남대학교

* 본 논문은 "유럽연합의 국가성의 기원·형성·긴장·모순"이라는 제목으로 『한국정치학회보』 제52집 5호(2018)에 수록된 글을 부분적으로 수정·보완한 것임.

I. 들어가는 말

오늘날 유럽통합의 현실을 가장 함축적으로 표현하는 단어는 위기이다. 위기는 유럽연합의 모든 회원국에서 정치엘리트와 전문가는 물론, 대중매체와 일반 시민에 이르기까지 모두의 입에 오르내리고 있다. 유로바로미터를 비롯한 여러 여론조사들이 보여주듯이, 유럽연합이 이토록 인기가 없고, 유럽통합이 이토록 비관적인 프로젝트로 전락한 적은 일찍이 전례가 없다. 유럽통합은 누가 보아도 출구가 보이지 않는 전대미문의 위기에 빠진 것이다.

물론 위기가 유럽통합에서 새로운 것은 아니다. 전후 유럽통합의 역사는 숱한 위기와 좌절의 경험을 기록하고 있다. 1950년대 초반 유럽방위공동체(EDC)와 유럽정치공동체(EPC)의 실패, 1960년대 중반 이른바 "공석 정치"에 의한 통합의 지연, 1970년대 초반 성급한 경제화폐 통합을 시도했던 베르너플랜(Werner Plan)의 좌절, 그리고 이 좌절을 잇는 1980년대 초반까지의 "유럽경화증(Eurosclerosis)"에 이르기까지 통합 여정의 곳곳에는 위기가 각인되어 있다. 유럽통합이 한층 심화된 1990년대에 들어서조차 마스트리히트조약의 인준을 놓고 이른바 "포스트마스트리히트 위기"가 발생하기도 했다. 그런데 주목할 사실은 이들 위기의 경험이 이후 통합에 새로운 역동성을 부여하는 계기로 작용했다는 점이다. 요컨대 위기를 극복하려는 새로운 접근 및 전략의 발견은 유럽통합을 한층 심화하고 진전시키는 동력이 되었던 것이다.

그러나 최근 유럽통합이 경험하고 있는 위기는 과거의 위기들과 성격을 달리한다. 이전의 위기들이 유럽통합의 진전 과정에서 등장한 일종의 "발전적 위기(developmental crisis)"였다고 한다면 최근의 위

기는 일종의 "존재적 위기(existential crisis)"이다(Bieling 2017). 작금
의 위기는 유럽통합의 기반을 심각하게 잠식함으로써 기존의 방식대
로 유럽통합이 지속되기 어렵거나, 현재의 형태로 유럽연합이 존재하
지 않을 수도 있음을 암시하는 위기인 것이다. 그렇다면 오늘날 위기
의 어떤 측면이 유럽통합을 "존재적 위기"로 몰아가고 있는가? 다음
과 같은 네 가지 측면을 주목하는 것이 중요하다.

첫째, 위기의 장기적이고 지속적인 성격이다. 현재의 위기는 2007
년 이후 무려 10년이 넘게 지속되고 있다. 유럽통합은 의심할 여지
없이 "위기의 시대"에 들어섰으며, 위기의 지속성으로 말미암아 위
기로부터 탈출의 전망이 더욱 어두워 보인다. 위기의 진정한 원인을
치유하지 못한 채 대증요법에 의존해 그저 "시간을 끄는(muddling
through)" 상황이 유럽통합의 일상이 되고 있다.

둘째, 현재의 위기는 한 영역에서 등장한 위기가 아니라, 여러 영
역에 걸친 일종의 다차원적 위기이다. 이 위기는 은행위기와 금융위기
로부터 시작했지만, 이후 재정위기 또는 국가채무위기로 전환되었고,
최근에는 난민위기라는 극적인 사태로까지 확대되었다. 유럽통합의
진전과 더불어 더욱 확대된 회원국들 사이의 경쟁력 격차, 그리고 보
다 심화된 경제적·사회적 양극화가 위기의 배경에 놓여 있음은 두말
할 나위가 없다.

셋째, 현재의 위기는 민족주의적 정서의 부활과 재국민국가화를
낳고 있다는 점에서 보다 우려스럽다. 분리주의적 원심력이 힘을 얻으
면서 유럽통합은 바야흐로 생존의 시험대에 들어섰다고 해도 과언이
아니다. 독일 수상 메르켈(Angela Merkel)의 지적처럼 2016년 6월 브
렉시트의 결정은 지금까지 유럽통합의 역사에서 "전환점(Einschnitt)"
을 의미하는 결정적 사건이었다. 이제 회원국의 탈퇴는 상상 속이나

가능성의 차원에서가 아니라, 언제든지 현실화될 수 있는 문제가 되었다. 보다 심각한 문제는 영국의 탈퇴를 모델로 삼는 정치세력이 유럽연합 곳곳에서 커지고 있다는 사실이다. 우파 포퓰리즘은 유럽통합에 대한 공공연한 반대와 더불어 최근 난민위기를 통해서 극적으로 힘을 키웠다. 유럽통합의 쌍두마차인 프랑스는 물론 독일에서도 극우 민족주의 세력의 지반이 커졌다. 이탈리아는 이미 극우 민족주의 정당이 참여한 연정을 경험했었고, 폴란드와 헝가리에서는 벌써 몇 년째 유럽연합의 조약을 아예 무시하거나 우회하려는 세력이 집권하고 있다. 우파 포퓰리즘과 극우 민족주의가 유럽통합에 큰 위협으로 부상한 것이다.

넷째, 본 논문이 주목하려는 것처럼 현재의 위기는 유럽연합에 구현된 국가성의 모순[1]과 긴장을 극적인 방식으로 표출하고 있다. 지난 수십 년 동안 유럽통합의 과정을 통해 형성된 유럽연합의 국가성은 초국가적인 힘과 국민국가적인 힘이 매우 불균등하게 비동시적으로 발전한 결과물이다. 한편에서는 과도한 초국화로 말미암아 유럽연합 차원의 일방적 조절이 문제가 되고 있고, 다른 한편에서는 여전히 강력한 국민국가적 힘 때문에 초국적 조절의 실패 또는 어려움이 등장하고 있다. 현재의 위기는 유럽통합의 불균등성 및 유럽연합에 구현된 국가

---

1   여기서 모순은 형식논리적인 모순, 즉 두 개의 진술이 있을 때 한 진술이 참이면 다른 진술은 거짓이라는 아리스토텔레스적인 논리와는 거리를 둔다. 이 논문이 사용하는 모순의 개념은 변증법적인 모순, 즉 헤겔적인 논리에 기반하고 있다. 이때 모순은 서로 대립관계에 있는 것으로 보이는 두 개의 힘이 하나의 특정한 상황, 과정, 사물에 동시적으로 존재함을 의미한다(하비 2014, 30). 유럽연합의 국가성은 초국가적인 힘과 국민국가적인 힘이 항상 긴장 속에 동시에 존재한다는 점에서 모순의 매우 흥미로운 사례라 할 것이다. 유럽연합의 국가성을 모순적인 것으로 파악한다면, 우리는 통합이론의 해묵은 쟁점, 즉 초국가주의와 국가간주의의 한편에 서지 않고서도 유럽연합의 작동방식을 이해할 수 있다.

성의 모순을 극적으로 드러내는 통합의 구성적 딜레마와 관련된 위기
이다. 유럽통합의 재활성화는 궁극적으로 이 구성적 딜레마를 어떻게
해결하느냐에 달려 있다. 미봉책이나 임시적 방편만으로는 현재의 위
기를 극복하기가 대단히 어려울 것으로 보인다.

　이 글은 유럽연합 국가성의 역사적 기원과 형성과정을 추적하면
서 이 국가성의 불균등 발전에 내재된 긴장과 모순을 파헤치려는 시도
이다. 유럽연합의 국가성은 유럽통합의 주요 프로젝트들을 통해 단계
적으로 형성되었는데, 이 프로젝트들이 유럽연합의 국가성을 어떻게
각인했는지 추적하며 재구성하는 것이 이 글의 핵심목표이다. 이 작
업은 오늘날 유럽통합이 당면하고 있는 위기의 구조와 성격을 보다 명
확하게 드러냄으로써 현재의 위기에 대한 한층 깊은 이해를 제공할 것
이다. 이 글은 다음과 같이 구성된다. 우선 제2절에서는 국가성이라는
개념을 그람시의 "확장된 국가" 또는 콕스의 초국적 헤게모니처럼 국
가에 대한 협애한 이해의 틀을 넘어 국가의 새로운 기능과 역할을 담
으려는 시도로 이해할 것이다. 제3절은 유럽연합의 국가성의 기원과
형성과정을 추적하며 재구성한다. 세 개의 유럽적 프로젝트, 즉 유럽
통화체계, 단일시장, 경제화폐연합이 어떻게 유럽연합의 국가성을 형
성하고 각인했는지 분석한다. 마지막으로 제4절은 유로위기와 난민위
기를 사례로 유럽연합의 국가성의 불균등 발전과 이에 내재된 긴장과
모순을 파헤친다. 유로위기에서는 과도한 초국적 조절의 딜레마가, 그
리고 난민위기에서는 초국적 합의를 도출하지 못하는 유럽연합의 무
력함이 극적으로 드러난다. 유럽연합의 국가성은 강력함과 무력함이
긴장 속에 함께 존재하는 매우 모순적인 불균등 발전의 결과물이라 할
수 있다.

II. 유럽연합의 국가성에 대한 접근 – "확장된 국가"와
초국적 헤게모니

대다수 정치학자들의 눈에 유럽연합은 국가로 비쳐지지 않는다. 베버
(Max Weber)의 유명한 정의에 따르면 국가는 폭력을 독점하고 통일
적 권위를 누리면서 제반 법률적·행정적 장치를 수단으로 일정한 영
토와 그 영토 내 주민들을 배타적으로 지배하여야 한다. 이와 같은 국
가의 고전적 모습에 유럽연합이 부응하지 않음은 두말할 나위가 없다.
셍겐협정(Schengen Agreement)이 정의하는 유럽연합의 영토가 획정
되어 있을지라도 법률적·행정적 장치는 국민국가와 공유하거나 이에
압도적으로 의존한다. 주민들을 배타적으로 지배하는 것은 애당초 유
럽연합의 목표가 아니었으며 현실과도 한참 동떨어져 있다. 그러나 유
럽연합의 조약들과 다양한 지침들은 주민들의 실생활에 지대한 영향
을 미치고 있다.

그렇다고 유럽연합을 국제기구라고 얘기하는 것도 설득력이 없기
는 매한가지이다. 왜냐하면 유럽연합은 "국가보다는 약하더라도 국제
기구보다는 훨씬 더 강력"(Keohane and Hoffman 1993, 279)하며, 설
령 "연방에 미치지는 못하더라도 레짐 이상"(Wallace 1983)의 것이기
때문이다. 그러기에 유럽연합은 인류 역사에 처음으로 등장한 매우 독
특한 체계(System sui generis)의 새로운 종류의 정치체이다. 이 정치
체는 국가도 아니고 국제기구도 아니지만, 동시에 국가와 국제기구의
모습이 혼재된 모순적인 존재라고 할 수 있다.

유럽연합의 모순적 형태는 법률적 차원에서도 표출된다. 유럽연
합은 국민국가가 갖는 포괄적 권능을 보유하지 않고 있다. 이 점에 주
목할 때 유럽연합은 제한된 목표들을 기능적으로 수행하는 조약들로

구성된 일종의 목적연합에 불과하다(Nicolaysen 1991). 그러나 유럽연합 조약이 갖는 초국가적 성격, 즉 공동체법의 자율성과 직접적 효력 및 국내법에 대한 우선적인 적용을 고려한다면, 유럽연합을 결코 기능적 차원으로 축소해서 이해할 수 없다. 유럽연합은 포괄적 권능이 없을지라도 목표에 따라서는 국민국가보다 더 우월한 지위에 놓인 초국가적(supranational) 정치체이다. 법률적 차원에서도 유럽연합은 국민국가적 힘과 초국가적 힘이 상호 견인하고 충돌하는 모순적 관계에 놓여 있다고 할 것이다.

　유럽연합과 같은 모순적인 정치체를 포착하기 위해서는 국가보다는 국가성(Staatlichkeit; statehood)이라는 개념이 더 유용하다. 왜냐하면 국가성은 국가보다 더 넓게 "정치적인 것(das Politische)"을 담을 수 있는 개념이기 때문이다. 주지하듯이 전통적으로 정치(die Politik)는 사회로부터 어느 정도 독립된 국가권력의 구조 및 행위와 관련된 문제로 이해되어왔다. 이 전통에 선다면 정치는 무엇보다 국가의 법적·제도적 측면과 연관된 문제이다. 이에 비해 "정치적인 것"은 정치를 국가의 법적·제도적 측면에 제한하지 않고 보다 폭넓게 이해하려는 시도로부터 등장했다.[2] 매우 거칠게 얘기해 정치가 국가와 연계되는 것이라면, "정치적인 것"은 국가성과 맞물려 있다. 즉 국가성은 정치를 국가의 법적·제도적 측면에 한정하지 않고, 사회적·경제적 측면과 맞물려 있는 "정치적인 것"을 포착하기 위해 구상된 개념이라 할 수 있다.[3]

2　예컨대 "사적인 것이야말로 정치적인 것이다"라는 급진 페미니스트의 구호는 정치와 권력의 문제를 국가, 즉 공적 차원에 한정한 것이 아니라, 사회, 즉 사적인 영역으로 확장했기에 가능한 것이다.

3　사실 국가성은 매우 논쟁적인 개념이고 다양하게 사용된다. 여기서 제출한 국가성 개념의 이론적 배경은 다음에서 논의한 바 있다(구춘권 2004).

국가성이라는 개념을 통해 국가를 확장하는 것은 또한 20세기 국가의 역사적 변화에 부응하는 것이기도 하다. 전통적으로 국가는 옐리네크(Georg Jellinek)의 정의처럼 국가영토, 국가주민, 국가폭력이라는 세 가지 요소로 구성되는 법적·정치적·외교적으로 완성된 실체를 지칭했다. 그런데 20세기 들어 국가의 발전, 특히 전후 선진자본주의 국가들에서 민주주의의 심화 및 국가의 기능과 역할의 확대는 국가의 고전적 정의를 훌쩍 뛰어넘는 국가의 본질적 확장을 가져왔다. 요컨대 오늘날 국가는 영토와 주민과 폭력의 독점을 통해서만 구성되는 것이 아니라, 민주주의적 헌법국가, 법치국가, 행정국가, 복지국가, 사회국가 등의 다양한 요소를 함께 갖추고 있다(Schneckener 2007, 102). 문제는 이러한 요소를 국가의 정의에 새롭게 추가하는 것은 다분히 서구중심적일 뿐만 아니라, 국가 역할의 확대를 경험하지 못한 지구상 압도적 다수의 국가들을 배제하는 딜레마에 빠진다.[4] 이러한 딜레마를 해결하면서 국가의 새로운 기능과 역할을 담으려는 고민이 낳은 개념이 또한 국가성이기도 하다. 요컨대 국가성은 국가에 대한 고전적 정의를 훼손하지 않으면서 역사적으로 발전된 국가의 특성에 주목하는, 즉 현대국가의 새로운 기능과 역할을 유연하게 포착하려는 시도로부터 등장했다. 바로 이 점에서 국가성은 20세기 초반 그람시(Antonio Gramsci)의 "확장된 국가"의 문제의식과도 맞닿아 있다.

주지하듯이 그람시는 "좁은 의미의 국가"와 "확장된 국가"의 구분을 통해 자신의 독창적인 헤게모니 개념을 발전시킨 바 있다(Gramsci

---

4   예컨대 제3세계의 여러 나라들은 국가의 고전적 정의의 핵심인 폭력의 독점조차 확보하지 못한 이른바 "실패한 국가들(failing states)"에 해당하는 경우도 있다. 내부적으로 폭력을 독점하지 못하고 외교적으로도 인정받지 못하는 "실패한 국가들"을 국가로 분류할 수는 없을지라도 "취약한 국가성(fragile Staatlichkeit)"의 한 형태로 이해할 수는 있을 것이다(Schneckener 2006).

1995). 그는 국가라는 개념을 유연하고 폭넓게 적용한 선구자에 속한
다. 그람시에게 좁은 의미의 국가는 사회에 대해 구속력 있는 결정을
강제할 수 있는 제도의 체계로서 경찰, 감옥, 법원, 군대 등과 같은 강
제를 행사하는 국가의 집행기구들을 지칭한다. 이에 비해 확장된 국가
는 국가와 더불어 시민사회를 포괄하는 개념이다. 그람시는 확장된 국
가를 통해 정치가 강제뿐만 아니라 자발적 동의에 의존함을, 즉 헤게
모니적으로 작동함을 보여주고자 했다.

　　그런데 국가를 시민사회로 확대하는 것은 정치의 영역을 본질적
으로 넓히는 것이다. 즉 정치적인 것이 폭력과 강제라는 물리적 차원
에만 한정되는 것이 아니라, 관념, 규범, 동의, 물질적 능력 및 양보와
같은 도덕적·문화적·이데올로기적·경제적 차원으로까지 확장된다.
왜냐하면 헤게모니는 사회세력들의 연합이 "확장된 국가"를 통해 자
신의 이해를 일반적으로 수용되는 관념·규범·규칙·제도로 보편화하
는 데 성공함으로써 만들어지기 때문이다. 이러한 접근의 장점은 정치
를 국가적 제도의 협애한 틀에 가두지 않고 시민사회와 연계해 복합
적으로 바라볼 수 있는 시각을 제공한다는 데 있다. 즉 국가를 협소하
게 정의함으로써 정치권력과 시민사회와 경제 사이에 넘을 수 없는 벽
을 쌓는 것이 아니라, 정치권력을 사회적 세력 및 경제적 구조와 연관
시켜 사고할 수 있는 분석틀이 정치적인 것의 확장으로부터 등장할 수
있다. 그람시의 "확장된 국가"는 국가에 대한 속류 마르크스주의의 도
구론적 또는 경제 환원론적 해석은 물론, 전통적인 국가론의 "순수정
치"[5]적 구상과도 명백히 구별되는 매우 혁명적인 발상의 전환이었다

5　　"순수정치(reine Politik)"란 한 마디로 정치의 의미를 사회로부터 독립된 국가에서 찾는
　　입장이다. 이 입장에 따르면 정치는 사회로부터 독립된 "독특한(etwas besonderes)" 것
　　을 다루기에 대단히 "순수한(rein)" 것이다(Deppe 1987, 28~47).

고 할 수 있다. 그람시는 국가 개념을 확대함으로써 국가에 대한 협애
한 이해를 넘어섰고, 정치학적 인식의 지평을 확장했던 것이다.[6]

　20세기 초반 그람시의 감옥에서의 성찰은 20세기 후반 캐나다의
정치학자인 콕스(Robert Cox)에 의해 계승되어 보다 심화된다. 콕스
는 그람시의 헤게모니 개념을 초국적(transnational) 헤게모니 개념으
로 발전시켜 세계질서의 역사적 변화를 설명하기 위한 분석틀로 제출
한다. 그람시의 헤게모니와 마찬가지로 콕스의 초국적 헤게모니 역시
그 성립의 관건은 초국적 차원에서 등장한 사회세력들의 연합이 정치
적·경제적·도덕적·문화적·이데올로기적 차원에서 지도를 확보하고
동의를 재생산할 수 있는가의 여부에 달려 있다. 그런데 동의의 재생
산에서 특히 중요한 것은 물질적 능력(material capabilities)이다(Cox
and Sinclair 1996, 98-99). 헤게모니를 행사하려는 사회세력들은 충분
한 양보를 할 수 있는 물질적 능력을 갖추어야 한다. 왜냐하면 동의란
순수하게 관념적인 것이 아니라, 상당 부분 경제적 또는 물질적 양보
에 의존하기 때문이다. 그러기에 초국적 헤게모니를 행사하는 세력들
은 동시대의 우월한 생산양식의 주체이기도 하다. 콕스는 초국적 헤게
모니를 다음과 같이 정의했다.

　국제적 차원에서 헤게모니는 단순히 국가들 사이의 질서만이 아니다.
　그것은 모든 국가들을 관통하여 다른 종속적 생산양식들을 연계시키는

6　그람시는 이를 통해 자신의 시대적 고민, 즉 러시아와 달리 왜 선진자본주의 국가들에서
　혁명이 실패했는가에 대한 답을 찾았다. 여기서 정치는 물리적 강제뿐만 아니라, 헤게모
　니에 의존해 작동했던 것이다. 선진자본주의에서도 국가는 제1차 세계대전이 끝나면서
　의심할 여지없이 위기에 빠졌지만, 시민사회는 혁명적이라기보다는 그 반대의 방향으로
　움직이고 있었다. 혁명적 좌파는 극적으로 후퇴하고 있었고, 경제위기는 중간계급과 하
　층 중간계급을 급진화시킴으로써 이후 파시즘을 준비하게 했다(홉스봄 1997, 124-55).

지배적 생산양식으로 이루어진 세계경제의 질서이다. 그것은 또한 다
양한 국가들의 사회계급들을 연결하는 국제적 사회관계들의 총체이다.
세계 헤게모니는 사회적 구조, 경제적 구조, 정치적 구조로 묘사될 수
있으며, 단지 이들 중의 하나가 아니라 반드시 세 가지 전부여야 한다.
나아가 세계 헤게모니는 국가들 및 국경을 넘어 행동하는 시민사회 세
력들의 행동의 일반 규칙들, 그리고 지배적 생산양식을 유지하는 규칙
들의 기저에 놓여 있는 일반적 규범 · 제도 · 기제를 통해 표현된다(Cox
and Sinclair 1996, 137).

콕스는 그람시의 "확장된 국가"를 국제적 차원으로 확대함으로써
초국적 헤게모니라는 새로운 개념을 만들어냈다. 특히 콕스가 면밀히
주의를 기울여 분석한 것은 팍스 아메리카나(Pax Americana)에서 미
국의 세계 헤게모니였다. 그는 이 세계 헤게모니를 미국 내부의 헤게
모니가 외부로 팽창하면서 발전한 것으로 보았다. 즉 미국의 헤게모
니와 연관된 정치적 제도들, 경제적 생산방식과 기술, 사회적 관념과
문화 등이 외부로 확산되면서 세계 헤게모니가 출현한 것이다. 미국
식 발전모델이 다른 나라들의 사회적 · 경제적 근대화의 모범으로 받아
들여졌고, 이러한 근대화를 촉진하고 지원하는 초국적 기구들—IMF,
IBRD, GATT, OECD 등등—과 다양한 인적 · 물적 네트워크들이 확
보되면서 팍스 아메리카나는 헤게모니적으로 작동할 수 있었다. 물론
이 헤게모니는 중심부에서 보다 강력한 것이었고, 주변부에서는 훨씬
취약했다. 주변부 국가들이 사회혁명과 경제성장을 통해 중심부와 동
일한 길을 걷기에 미국의 물질적 능력, 즉 경제적 지원과 양보는 턱없
이 부족한 것이었기 때문이다.

그런데 이 초국적 헤게모니는 세계 헤게모니로서만 존재하는 것

이 아니다. 초국적 헤게모니는 당연히 유럽적 차원에서도 등장하고 발전했다. 유럽통합의 전개와 발전은 바로 이 유럽적 차원에서 등장한 초국적 헤게모니—본 논문은 이를 유럽적 헤게모니라고 지칭한다—와 밀접한 관련을 맺고 있다. 특히 1980년대 중반 이후 등장한 통합의 새로운 역동성은 유럽통합이 일종의 새로운 헤게모니 프로젝트로 전환되고 있는 사실 때문이기도 하다(Bieling 2014; Bieling and Steinhilber 2000). 이 새로운 헤게모니 프로젝트는 1979년 유럽통화체계의 설립, 1985년 단일유럽의정서의 채택을 통한 역내 공동시장의 창출, 1992년 마스트리히트조약을 통한 경제화폐연합의 실현을 통해 관철되었다. 이 헤게모니 프로젝트의 관철과정은 동시에 유럽연합의 국가성의 형성과정이기도 했다.

본 논문에서 국가성이라는 개념은 그람시의 "확장된 국가" 또는 콕스의 초국적 헤게모니처럼 국가에 대한 협애한 이해의 틀을 넘어 국가의 새로운 기능과 역할을 담으려는 시도이다. 여기서 국가성은 국가에 대한 고전적 정의를 넘어서는 국가의 새로운 기능과 역할을 지칭함과 동시에, 유럽연합과 같이 국가는 아니지만 사실상 국가의 역할을 수행하는 새로운 정치체의 긴장과 모순을 포착하려는 개념으로 사용된다. 한 가지 주의할 점은 유럽연합의 국가성과 유럽의 초국적 헤게모니 프로젝트가 서로 구별되는 것이 아니라는 사실이다. 유럽적 헤게모니 프로젝트는 유럽연합의 국가성을 형성하고 각인시켰으며, 역으로 새로운 헤게모니 프로젝트에는 이미 형성된 국가성의 특징이 드리워져 있다. 우리는 국가성과 헤게모니라는 개념을 통해 정치적인 것을 국가적·제도적 측면에만 한정시키지 않고, 시민사회의 세력관계와 담론 및 경제적 재생산구조와 연관시켜 사고할 수 있을 것이다. 국가성은 국민국가를 포함하면서 동시에 이를 넘어서는 개념이기에 유럽통합,

즉 유럽적 공간에서 진행되는 정치적·경제적·시민사회적 초국화의 과
정을 세계적·국민국가적 차원의 변화와 연관시켜 분석할 수 있다.

국가성이라는 개념을 통해 국가에 대한 고전적 정의를 넘어서면
오늘날 국가의 다양한 역할은 물론 유럽연합과 같은 새로운 정치체
의 기능과 역할이 보다 유연하게 포착될 수 있다. 월러스처럼 국가성
을 매우 협소하게 이해하여 유럽연합을 "국가성이 없는 정부"(Wallace
1996)로 정의하기보다는, 국가성을 폭넓게 이해하고 유럽연합을 매우
독특한 국가성을 지닌 새로운 성격의 모순적인 정치체로 파악하는 것
이 유럽통합의 현실을 접근하는 데 보다 설득력이 있다. 그렇다면 유
럽적 프로젝트는 유럽연합의 국가성을 어떻게 형성했는가?

III. 유럽적 프로젝트의 발전과 유럽연합 국가성의 기원과 형성

제2차 세계대전 이후 유럽통합은 두 개의 힘이 충돌하면서 이 양자의
모순과 긴장관계 속에서 전개된 것이라 할 수 있다. 하나는 미국의 세
계 헤게모니의 일환으로서 추진된 유럽통합이다. 여기서 미국은 "유
럽의 산파(Geburtshelfer)" 역할을 했다(Neuss 2000). 또 다른 힘은
미국에 대항해 "유럽"이라는 독자적인 정치적 공간을 구축하려는 것
으로 이는 특히 프랑스의 구상이기도 했다(Pfetsch 1997, 30). 역사학
자 홉스봄의 지적처럼 "유럽공동체는 1945년 이후에 생긴 유럽의 다른
많은 기구들과 마찬가지로 미국에 의해서인 동시에 미국에 맞서서 창
출되었다"(홉스봄 1997, 336). 그럼에도 불구하고 1950년대와 60년대,
즉 팍스 아메리카나의 황금시대의 미국은 "자신의 정치적·경제적 계
획을 유럽인들에게 철저히 부과할 수는 없었지만, 그들의 국제적 행동

을 지배할 정도로는 충분히 강력했다"고 할 수 있다(홉스봄 1997, 338).

　유럽통합에 보다 유럽적 색깔이 각인되는 것은 팍스 아메리카나를 지지하던 축들이 흔들리기 시작한 1970년대에 들어서이다. 1960년대 중반 이후 이미 여러 약점들이 드러나던 브레턴우즈체계(Bretton Woods System)는 달러의 금태환 정지가 선언된 1971년 사실상 붕괴하였다. 고정환율 체계의 붕괴 이후 달러의 거듭된 평가절하에도 불구하고 미국의 무역적자는 지속적으로 커져갔다. 1975년 미국은 자국의 도덕성에 먹칠을 했던 베트남 개입으로부터 물러나야 했는데, 이는 헤게모니 국가로서 미국의 위상을 약화시켰음은 물론이다. 미국 헤게모니의 하강은 경제적·화폐적 차원뿐만 아니라, 도덕적 차원에서도 눈에 띄었다.

　미국의 세계 헤게모니의 동요는 당연히 유럽통합에도 영향을 미쳤다. 1960년대 말 달러의 불안정은 유럽 통화들의 재평가 문제를 제기하고 있었고, 특히 서독 마르크가 절상될 것이라는 강력한 투기적 기대를 불러일으켰다. 유럽 통화들의 무질서한 재평가가 유럽공동체를 위협할 수도 있다는 우려가 확산되었고, 이는 공동체 차원에서 통화 영역의 적극적인 협력의 필요성을 제기했다(Eichengreen 1996, 153). 1970년 공동체의 한 전문가위원회는 1980년까지 3단계에 걸쳐 경제화폐연합을 완성하겠다는 매우 야심찬 계획을 제출한다. 이 위원회의 의장이었던 당시 룩셈부르크 수상의 이름을 따 베르너플랜(Werner Plan)으로 이름 지어진 이 계획은 그러나 성공하기에 너무 일찍 세상에 등장했다. 경제화폐연합과 같이 높은 단계의 통합을 위한 경제적 조건들과 정치적 합의가 만들어지지 않는 상황에서 베르너플랜은 사실 실패가 예정되어 있었다고 해도 과언이 아니다. 베르너플랜의 실패 이후 유럽통합은 침체에 빠지며 재국민국가화(Renationalisierung)의 길로 들어섰다(Steinherr 1994 ; Busch 1978). 이른바 "오일쇼크"로 알려진 1974-75년 전후 최초의 경제위기에 대해서도 공동체 차원의 대응보다는 주로 국민국가 차원의 위기전략이 등장했다(Ziltener 1999, 125). 그럼에도 불구하고 유럽 통화들의 불안정의 문제는 해결되어야 했으며, 이는 개별 국가보다는 공동체 차원의 대응이 훨씬 효과적이었다. 미국의 세계 헤게모니의 위기는 유럽적 헤게모니 프로젝트의 출범을 준비하고 있었던 것이다.

1. 유럽통화체계의 설립

유럽 통화들의 무질서한 재평가를 단일화폐를 도입함으로써 원천적으로 차단하고자 했던 베르너플랜의 시도는 좌절했다. 1970년대에 그나마 작동하고 있었던 것은 "스네이크"라고 불린 공동체 차원의 환율조정 협력이었다. 기축통화인 달러가 흔들리는 상황에서 자국의 화폐를 달러에 고정시키는 것은 화폐적 불안정과 경제적 불확실성을 가중시키는 것이었음은 물론이다. 유럽의 환율체계는 기존의 달러와의 양자적 연계로부터 점차 유럽 통화들 사이의 다자주의적 조정·개입체계로 변모하고 있었다. 그러나 취약한 통화들의 반복된 탈퇴와 가입이 보여주듯이 "스네이크"라는 환율조정 협력은 안정적인 것과는 거리가 멀었다. 보다 예측 가능하며 견고한 환율체계가 시대적 과제로 부상했고, 이에 대한 대응이 유럽통화체계(EMS)의 설립이다.

　　유럽통화체계의 설립은 브레턴우즈체계의 붕괴 이후 등장한 환율의 불안정에 대한 공동체 차원의 최초의 성공적인 대응이었다. 공동체의 통화들은 일종의 통화바스켓을 통해 ECU(European Currency Unit, 유럽통화단위)에 연계되었고, 달러에 대해서는 완전히 자유롭게 변동되었다. 유럽 통화들의 화폐적 안정성이 더 이상 미국의 헤게모니에 의존한 것이 아니라, 처음으로 공동체의 주도에 의해 만들어졌다. 바로 이 점에서 유럽통화체계는 최초의 진정한 유럽적 프로젝트였다고 할 수 있다. 유럽통화체계의 설립은 유럽통합이 미국의 영향력으로부터 벗어나는 결정적인 발걸음을 의미했다. 또한 유럽통화체계의 성공은 베르너플랜의 실패 이후 재국민국가화의 길로 들어섰던 유럽통합을 다시 활성화하는 계기가 되기도 했다. 그런데 여기서 특히 주목할 점은 유럽통화체계의 설립이 다음과 같은 세 가지 측면에서 향후 유럽연합의 국가성의 특징에 큰 궤적을 남겼다는 사실이다.

첫째, 유럽통화체계의 설립을 제안하고 주도했던 것은 당시 서독 수상 슈미트(Helmut Schmidt)와 프랑스 대통령 지스카르 데스탱(Valéry Giscard d'Estaing)이었다. 나중에 유럽연합 국가성의 설계에서 주도적 역할을 하게 되는 독일-프랑스의 쌍두마차가 유럽통화체계의 설립에서 처음으로 모습을 드러냈다(Bieling and Steinhilber 2000, 112). 이후 유럽통합의 결정적 진전은 무엇보다 독일과 프랑스의 타협과 합의에 의존하는데, 이는 유럽통화체계의 설립에서 그 기원을 찾을 수 있다.

둘째, 유럽통화체계는 참여국들로 하여금 엄격한 재정운용을 요구함으로써 1980년대 초반 이후 본격적으로 진행된 국가부문을 축소하고 재정긴축을 강화하는 신자유주의적 동력의 일부가 되었다. 맥나마라의 지적처럼 유럽통화체계는 유럽연합의 신자유주의적 재편의 시발점의 역할을 했다고 할 것이다(McNamara 1998, 122). 나중에 유럽통합은 유럽의 신자유주의적 재편의 지렛대의 역할을 하게 되는데, 이는 이미 유럽통화체계의 설립으로부터 시작되었다. 요컨대 유럽연합의 신자유주의적 국가성의 역사적 기원은 유럽통화체계에서 찾아야 한다.

셋째, 유럽통화체계의 통화바스켓에는 근본적인 비대칭이 내재
되어 있었다. 서독 마르크는 통화바스켓의 거의 3분의 1에 해당하는
32.98%의 비중을 차지했고, 이는 프랑스의 19.83%를 훨씬 상회하는
것이었다(Schäfer 1981, 126). 유럽에서 서독 경제의 위상 및 마르크
의 사실상의 기축통화 역할은 독일 연방은행으로 하여금 공동체의 화
폐정책의 수립에서 강력한 영향력을 행사하도록 했다. 이후 유럽연합
의 국가성의 중요한 목표가 되는 화폐적·재정적 안정성의 확보는 이
미 유럽통화체계의 설계에서 서독의 영향력 아래 자리 잡은 것이라 할
수 있다. 유럽통합은 독일-프랑스의 쌍두마차에 의해 진척되는 것처
럼 보였지만, 독일의 비대칭적 영향력은 종종 긴장을 유발했다. 그리
고 이 긴장의 역사적 기원은 유럽통화체계의 출범에서 찾을 수 있다.

2. 단일시장 프로젝트

유럽통화체계의 설립이 침체된 유럽통합에 재시동을 걸었던 것은 확
실하지만, 엄밀한 의미의 헤게모니 프로젝트와는 여전히 거리가 있었
다. 유럽통화체계를 설립하기 위한 서독과 프랑스의 이니셔티브는 전
문가들의 기술관료적 담론의 지원을 받기는 했지만, 시민사회의 대중
들은 이에 거의 무관심했기 때문이다. 유럽적 프로젝트가 국가, 시장,
시민사회를 망라하는 초국적 헤게모니 프로젝트로 부상한 것은 단일
시장을 추진하면서부터이다. 1985년 12월 단일시장을 추진하기 위한
단일유럽의정서(SEA)가 채택되면서 유럽통합은 놀라운 역동성을 얻
었고, 1993년 1월 1일부로 단일시장이 출범했다.
　　단일시장 프로젝트는 유럽통화체계의 설립을 계기로 침체에서 깨
어난 유럽통합을 완전히 새로운 국면으로 진입시켰다. 이 새로움은 무

엇보다 단일시장 프로젝트에 대한 유럽 시민사회의 열광적인 반응에서 잘 표현된다. 그 이전의 어떤 시기나 그 이후의 어떤 시기에도 유럽통합이 이처럼 시민들의 열렬한 지지를 받은 적은 없었다(Bieling and Steinhilber 2000; Bieling 2014). 1970년대 중반의 경제위기 이후 저성장과 높은 실업률, 그리고 인플레이션까지 경험한 시민들에게 단일시장 프로젝트는 유럽의 미래에 대한 열정적 희망을 불러일으켰음에 분명하다. 단일시장은 유럽에서 상품, 자본, 노동력의 완전히 자유로운 이동을 실현할 것이었고, 이 거대한 단일시장을 발판으로 유럽은 미국이나 일본과의 지구적 경쟁에서도 보다 유리한 위치를 선점할 것으로 기대되었다(Bieling and Steinhilber 2000, 112-15). 단일시장에 대한 유럽인들의 열광적 지지는 당시 여러 매체들이 잘 기록하고 있다. 그렇다면 단일시장 프로젝트는 유럽연합의 국가성을 어떻게 변화시켰는가?

첫째, 유럽연합은 단일시장 프로젝트와 함께 유로자본주의라는 초국적 축적체제의 개척자이자 수호자의 역할을 떠맡았다(구춘권 2008; Jessop 2014; Bieling 2006; Cafruny and Ryner 2007). 이 역할은 오늘날까지도 유럽연합의 신자유주의적 국가성의 핵심이기도 하다. 단일시장 프로젝트는 상품, 노동력, 자본, 그리고 이후 서비스까지 완전히 자유로운 이동이 가능한 초국적 경제공간을 구축함으로써 국민국가적 축적체제의 협소함을 극복하려는 시도였다. 이는 당연히 정치적 단위의 매개를 통해서만 가능하다. 자유로운 교류의 안정성과 축적의 연속성을 확보하기 위해서는 이를 보호하는 정치적 단위의 존재가 필수적이기 때문이다.[7] 유럽연합이 단일시장의 개척자이자 수호자

7　이러한 유럽연합의 국가성의 형성에는 국민국가의 발전과도 일정한 유사성이 있다. 유럽의 역사에서 국민국가(nation state)는 상품생산과 상품교환을 통해 자본주의적으로 변

라는 비유는 초국적 축적체제의 형성과정에서 유럽연합이 매우 적극
적인 역할을 수행한다는 사실을 암시한다. 즉 과거의 유럽통합에서 공
동체의 경제적 역할이 기본적으로 국민국가 중심의 성장모델을 외부
에서 지원하는 것이었다면,[8] 유럽연합의 새로운 신자유주의적 국가성
은 국민국가적 축적체제를 내부로부터 재편하는 적극적인 역할을 맡
고 있다.

　　둘째, 유럽연합은 단일시장 프로젝트를 추진하면서 매우 공세적
인 적극적 탈규제를 시도한다. 이는 유럽통화체계의 설립 당시 국가부
문의 축소와 긴축이라는 요구를 훨씬 넘어선 것이다. 주지하듯이 단일
시장의 창출은 단순한 시장의 확대가 아니라, 시장을 작동시키는 기
준·표준·규제를 바꾸고 통일하는 과정이다. 당시 공동체에는 약 15
만 개 이상으로 추정되는 다양한 기술적 표준들이 존재했고, 이는 일
종의 비관세장벽으로 작동하고 있었다(Busche 2002, 97). 만약 협상을
통해 새로운 표준을 합의하려고 시도했다면 수십 년이 걸렸을지도 모
를 단일시장이 급격히 실현된 것은, 카시스 드 디종(Cassis de Dijon)
판결에 고무받은 상호 인정의 원칙이 관철되었기 때문이다. 즉 회원국

　　화해가는 경제를 배경으로, 한 지역에서 공동의 정치적 조직이 문제될 때 등장했다. 즉
　경제적 발전을 통해 한 사회가 더 이상 국지적인 혈연적·언어적 동질성에 의해 규정되
　지 않고, 특정한 종류의 근대적 영토국가를 필요로 할 때 국민국가가 나타났던 것이다.

8　농가의 소득을 지원하는 성격이 강했던 공동농업정책이나 동일 관세를 실현한 공동무역
　정책은 개별 국가의 성장모델을 외부에서 지원하는 것이지, 이를 재편하는 것과는 거
　리가 멀었다. 주지하듯이 유럽통합은 1960년대 말에 이르면 서유럽에서 일종의 자유무
　역지대와 관세연합을 완성했다. 그러나 자본주의의 황금시대에 속하는 1950년대와 60
　년대만 해도 흔히 포드주의적 축적체제로 지칭되는, 국민국가의 강력한 수요 중심적 개
　입을 통해 대량생산과 대량소비를 결합한 성장모델이 잘 작동하던 상황에서 유럽통합의
　경제적 역할은 부차적인 것이었다. 1970년대 중반 심각한 경제위기를 경험하고, 1980
　년대 초반에 들어 유럽의 곳곳에서 신자유주의적 세력이 집권하고 나서야 유럽통합은
　새로운 조명을 받게 된다.

들이 상이한 기준들을 통일하고자 노력하는 대신, 유럽적 기준이 자리 잡을 때까지 각국의 기준들을 상호 인정하는 원칙을 채택한 것이다. 상호 인정은 규제가 강한 나라들에서 규제가 약한 나라들 쪽으로 규제 망을 대폭 느슨하게 만들었다. 이는 단일시장 프로젝트가 애당초 의도 했던 효과였음은 물론이다. 단일시장 프로젝트는 상호 인정의 원칙을 실현하면서 인류 역사상 최대 규모의 탈규제 프로그램이 되었다.

셋째, 단일시장 프로젝트와 함께 유럽연합은 경쟁력 강화를 중 요한 목표로 설정했다. 경쟁력 강화를 위한 유럽의 경쟁적 재편 또는 재구조화가 유럽연합의 국가성의 일부가 된 것이다. 그러기에 케인 스주의적 복지국가로부터 "국민적 경쟁국가(nationaler Wettbewerbs-sstaat)"(Hirsch 1998) 또는 "슘페터적 업적국가(schumpeterianischer Leistungsstaat)"(Jessop 1995)로 국민국가적 국가성의 전환은 유럽연 합 차원의 국가성의 변화와 밀접하게 맞물려 있다. 단일시장은 국경을 넘어선 경쟁을 강화할 것이고, 진정한 의미의 "규모의 경제(econom-ics of scale)"를 실현할 것이다. 이와 연관된 생산성의 상승, 추가적인 투자, 강력한 경제성장, 인플레이션의 저하, 그리고 새로운 고용창출 에 이르기까지 유명한 체키니 보고서는 매우 조목조목 단일시장의 미 래에 대한 낙관적 전망을 제시한 바 있다(Cecchini et al. 1988). 이러 한 전망은 기업들과 정부들은 물론, 앞에서 지적했듯이 압도적 다수의 시민들에 의해 공유되었다. 정치적 좌파와 노동조합의 일부가 "사회 적 덤핑" 및 노동권의 하향평준화를 우려하기도 했지만, 이는 어디까 지나 소수의 목소리였을 뿐이다. 단일시장에 대한 압도적 지지는 경쟁 력 강화라는 유럽연합의 새로운 국가성이 헤게모니적으로, 즉 동의를 재생산하며 동의에 기반을 두고 확산했음을 잘 보여준다.

3. 경제화폐연합 프로젝트

동유럽 현존사회주의 국가들이 급작스레 붕괴하고 독일이 통일되면서 유럽통합은 또다시 새로운 전기를 맞이하게 된다. 20세기 전반 두 차례나 세계전쟁을 일으켰던 독일이라는 나라가 정상국가로 복귀했고, 동유럽 포스트현존사회주의 국가들의 향방 역시 불투명했다. 이 새로운 상황에 대한 유럽 정치엘리트들의 선택은 유럽통합을 심화하고, 동유럽으로 통합을 확대하는 것이었다. 단일시장 이후 유럽통합의 방향을 설정한 1992년 마스트리히트조약은 단일화폐인 유로를 도입하기로 결정했고, 공동외교와 안보정책, 그리고 사법과 내무 분야에서도 협력을 명시했다.

그러나 마스트리히트조약의 험난한 비준 과정은 유럽통합의 미래와 새로운 길에 대해 시민들이 매우 불안해하고 있음을 보여준다. 마스트리히트조약을 국민투표에 부쳤던 덴마크와 프랑스에서 비준 과정은 간단하지 않았다. 덴마크는 첫 번째 국민투표의 벽을 넘어서지 못했고, 자국에 대한 일련의 예외조항을 허용한 에든버러 합의를 거친 뒤에야 두 번째 투표에서 비준되었다. 프랑스의 국민투표에서는 불과 0.05%라는 아슬아슬한 차이로 마스트리히트조약에 대한 찬성이 많았다. 영국은 다행히 마스트리히트조약을 국민투표에 부치지는 않았지만 의회에서 큰 논쟁이 벌어졌고, 당시 메이저(John Major) 정부는 해산 직전까지 내몰렸다. 노르웨이와 스위스에서도 유럽연합에 참여할 것인가의 여부를 놓고 국민투표가 실시되었지만 모두 부결되었다. 마스트리히트조약의 비준을 둘러싸고 일어난 이 험난한 상황은 흔히 "포스트마스트리히트 위기"로 지칭된다(Deppe and Felder 1993). 그렇다면 왜 단일시장 프로젝트에서 등장한 시민사회의 열광적 지지는 급격히 소진했는가? 이 답은 경제화폐연합을 통해 형성된 유럽연합의 국가성의 특징에서 부분적으로 찾을 수 있다.

첫째, 경제화폐연합의 가장 중요한 결정이자 성과는 공동의 화폐인 유로를 도입하는 것이었다. 이와 더불어 유럽연합—보다 정확히 유럽중앙은행(ECB)—은 유로존의 화폐의 수호자가 되었다. 유럽연합의 국가성에 공동화폐의 발행과 관리가 추가된 것이다. 공동화폐의 도입은 단일시장의 효과를 극대화하고 거래비용을 낮춘다는 경제적 이점이 있었다. 그럼에도 불구하고 단일화폐는 프랑스와 독일의 상이한 이해관계와 입장이 정치적으로 교차했기에 가능해진 것이다. 프랑스는 유로를 통해 독일 마르크의 지배적 역할을 견제하고 유럽화폐정책에 대한 영향력을 확보하고자 했다. 독일은 1992-93년 투기적 금융자본의 공격 이후 심각하게 훼손된 유럽통화체계를 공동화폐라는 보다 안정적인 통화로 대체하려고 했다. 또한 공동화폐는 독일이 "유럽의 길"을 걷는다는 상징을 의미했기에 통일 이후 독일의 정상국가화에 대한 우려를 불식할 수 있었다. 이탈리아나 그리스 같이 과도한 재정지출을 남발했던 나라들에게 경제화폐연합은 견고한 재정을 담보하는 강제적 적응메커니즘을 제공했다. 이처럼 다양한 이해관계가 교차하면서 경제화폐연합이 출범하기는 했지만, 이 사상 초유의 역사적 실험이 불안한 것은 어쩔 수 없었다. 이 불안감은 유럽의 정치·경제계의 엘리트들보다 일반 시민들에게서 훨씬 컸다. 화폐와 같이 경제적 삶에 영향을 미치는 중요한 권력이 유럽연합으로 양도되는 반면, 이 권력을 통제할 수 있는 민주주의적 장치는 거의 존재하지 않는 상황의 긴장은 유럽연합의 작동방식과 관련하여 "민주주의의 결핍"이라는 비판적 목소리를 대두시켰다.

둘째, 유럽연합의 국가성은 경제적 영역과 사회적 영역의 비대칭적 초국화와 발전으로 특징지어진다. 물론 "사회적 유럽"은 유럽통합을 줄곧 동반했던 관심사이자 목표이기도 했다(이호근 2000). 이미 1957년 로마조약은 사회정책을 회원국들의 기본적인 관심사로 지칭하면서 독립적인 장을 할애한 바 있다. 단일유럽의정서는 사회협정 및 사회첨부서(Social Protocol)를 채택했을 뿐 아니라, 노동보호와 관련해 각료이사회에 다수결 원칙을 부여했고, 집행위원회가 공동체 차원에서 사용자들과 노동조합들 사이의 사회적 대화를 촉진할 과제를 명시했다. 그럼에도 불구하고 사회정책과 노동정책의 영역에서 유럽연합의 역할은 대단히 제한적이다. 위의 조약들의 사회정책은 주로 경제적·시민적 권리를 명시하거나 확인하고 있지, 본격적인 사회적 권리를 언급하는 것이 아니기 때문이다. 사회적 권리의 실현을 위한 재분배의 기능은 여전히 압도적으로 국민국가가 보유하고 있다(Streeck 2000). 공동화폐의 발행과 통화정책의 권한이 완전히 유럽중앙은행으로 이전되었고, 단일시장을 관리하는 경쟁정책이 전적으로 집행위원회의 권한인 것에 비하면, 사회적 영역의 초국화는 여전히 상징적인 차원에 머물고 있다는 사실이 유럽통합의 딜레마이다(Schulten 2004, 262-68).

셋째, 공동화폐를 관리하는 유럽중앙은행은 독일연방은행을 모델로 해 회원국들의 정치적 영향력으로부터 자유로운 매우 독립적인 위상을 확보하였다. 유럽중앙은행은 유로위기 이전까지 상당히 엄격한 통화주의적 노선을 걷는다.[9] 경제화폐연합은 화폐적 안정성의 확보

---

[9]　통화주의는 독일이 선호했던 노선임은 분명하지만, 유럽중앙은행의 제도적 구성이 독일의 선호를 직접적으로 반영할 수 있는 것은 아니다. 유로위기 이후 유럽중앙은행이 독일의 반대에도 불구하고 매우 느슨한 화폐정책을 펼칠 수 있었던 것은 바로 이 독립적인 위상 덕택이었다.

를 우선적 목표로 설정했고, 경제성장이나 고용창출과 같은 실물경제적 수렴은 시장에 의해 해결될 것으로 기대하는 모습을 보였다. 화폐적 안정성을 위한 적극적 조치가 조약에 명시되었고 구속력을 가진 것에 비해, 실물경제적 수렴을 위한 조치는 매우 미약한 것이었다. 특히 주목할 점은 경제화폐연합에 구현된 국가성이 실현되면서 회원국들의 실물경제의 조정을 위한 화폐적·재정적 적응 수단이 대폭 제약되었다는 사실이다. 수출입 관리에서 매우 중요한 역할을 했던 환율적응 기제가 공동화폐의 도입과 함께 완전히 사라졌다. 이자율 정책은 독립적인 유럽중앙은행의 손으로 넘어갔으며, 팽창적 재정정책 또한 마스트리히트조약의 적자기준 때문에 사실상 불가능하다. 회원국들에서 실물경제의 문제가 누적되면 될수록, 이에 대한 불만의 화살은 유럽연합을 향할 수밖에 없는 국가성의 구조가 확립된 것이다.

IV. 유럽연합 국가성의 불균등 발전의 긴장과 모순

유럽연합의 국가성은 처음부터 존재했던 청사진과 그 경로를 따라 형성된 것과는 거리가 멀다. 이 국가성은 역사적·정치경제적 구조와 맥락 속에서 새롭게 기획되고 발전해왔다. 유럽통화체계, 단일시장, 경제화폐연합과 같은 중요한 프로젝트들은 유럽연합에 새로운 국가성을 부여했고 뿌리내리게 했다. 그런데 이 국가성은 균질적이기보다는 파편적으로, 일괄적이기보다는 선택적으로 발전해왔다. 국가성의 불균등·비동시적 발전이야말로 국민국가와 구별되는 유럽연합의 국가성의 가장 본질적인 특징이라 할 것이다.

지금까지 등장한 유럽적 프로젝트들은 경제적 요소들의 이동성

을 높임으로써 경쟁력을 강화하고 화폐적 안정성을 확보하는 데 초점
이 맞추어져 있었다. 그 결과 단일시장과 공동화폐가 실현되었고, 이
영역에서 유럽연합의 국가성은 과도하게 발전되어 있다. 여기서 회원
국들이 선택할 수 있는 정책적 수단은 거의 존재하지 않는다. 경쟁 및
화폐영역에서 유럽연합의 조약은 개별 국가의 헌법 위에 있는 경성법
(hard law)으로 받아들여지고 있고, 그 기준이 충족되지 않을 때조차
이를 논의하거나 재협상한다는 것은 사실상 금기시되고 있다.[10] 이에
비해 노동정책과 사회정책에서 유럽연합의 국가성은 차라리 상징적인
것에 가까우며 대부분 구속력이 없는 성격의 것이다. 세금, 환경, 에
너지, 이주, 난민정책 등의 영역은 유럽연합 차원의 지침들이 존재할
지라도 강제할 방법이 없기에 그 실행은 전적으로 국민국가에 의존한
다. 요컨대 특정 영역에서 유럽연합의 국가성은 과도하게 발전되어 국
민국가적 선택을 제약하는 것에 비해, 다른 영역에서 이 국가성은 턱
없이 저발전된 상태에 머물고 있다. 유로위기와 난민위기를 통해 극적
으로 드러나듯이, 이 국가성의 불균등 발전은 유럽통합에 긴장과 모순
을 야기하는 핵심적 요인이기도 하다. 유로위기는 과도한 초국적 조절
의 긴장과 딜레마를 보여주었고, 반대로 난민위기는 회원국들의 합의
를 이끌어내기에 너무나도 무력한 유럽연합의 모습을 드러냈다. 유로

10   길은 단일유럽의정서와 마스트리히트조약이 헌법적 위력을 가지고 유럽을 시장중심적
      이며 경쟁지향적으로 재편한 상황을 신입헌주의(new constitutionalism)라고 지칭한 바
      있다(Gill 1998; 입헌주의는 헌정주의로 번역되기도 한다. 김미경 2012, 232). 길이 강조했던
      것처럼 이 조약을 지렛대로 유럽에서 놀라운 자본주의 공간의 재편이 일어났으며, 유로
      자본주의라는 공동의 초국적 경제공간이 형성되었다. 이 초국적 공간은 국민국가적 공
      간들의 병렬적인 나열이거나 단순한 합이 아니라, 국민국가적 공간들을 연결하고 관통
      하며 재편함으로써 새롭게 만들어진 공간이다(Jessop 2014). 유럽통합의 심화 과정은 시
      장·생산·화폐·금융의 영역에서 기존의 국민국가적 축적체제를 근본적으로 재편하고
      재구조화함으로써 유로자본주의라는 새로운 형태의 초국적 축적체제를 발전시킨 것이
      다(구춘권 2008; Stockhammer 2008; Bieling 2006).

위기와 난민위기는 오늘날 유럽연합에 구현된 국가성의 긴장과 모순을 매우 극적인 방식으로 드러내고 있다.

1. 유로위기와 과도한 초국적 조절의 딜레마

2007년 미국에서 시작된 금융위기는 2010년 유럽으로 옮겨갔다. 말그대로 금융지구화가 현실이 된, 그리고 유럽의 많은 은행들이 미국의 고위험·고수익의 파생상품들에 투자하고 있는 상황에서 금융위기가 전이된 것은 전혀 놀라운 사실이 아니다. 오히려 놀라운 것은 유로위기라는 이름으로 알려진 이 위기가 왜 그토록 유럽통합에 대한 회의감과 반대를 확산시켰는가의 문제이다. 유로위기와 이에 대한 대응을 자세히 들여다보면 그 답을 찾을 수 있다.

유로위기는 일반적인 금융위기처럼 부실한 채권과 유가증권을 보유했던 은행들이 유동성의 위기에 빠지면서 시작했다. 그런데 신용체계의 붕괴를 우려한 정부가 대규모 구제금융을 실행했고, 그 결과 국가 채무가 급격히 늘어나면서 은행위기가 재정위기로 전환한 것이다. 그렇다면 유럽연합은 유로위기에 어떻게 대응하는가? 유로위기의 발생 이후 유럽연합은 유럽재정안정화설비(EFSF)와 유럽안정화기제(ESM), 식스팩(Six Pack)과 유럽재정협약(European Fiscal Compact), 그리고 유럽학기(European Semester)와 유로플러스협약(Euro-Plus Pact)과 같은 새로운 제도들을 도입하고 시행했다. 당시 집행위원회 위원장이었던 바로소(José Manuel Barroso)는 이러한 제도들의 도입을 "조용한 혁명"에 비유한 바 있다. 바로소는 이 "조용한 혁명"의 내용을 "회원국들이 유럽의 제도들에게 경제적 감독의 강력한 권력수단과 공공재정의 엄격한 통제를 위임하는 것을 받아들인"(EUobserver

2011)것으로 이해했다. 바로소의 지적처럼 유로위기 이후 유럽연합은 조용하지만 매우 강력한 국가성의 변화를 경험한다. 특히 다음과 같은 측면의 변화가 눈에 띈다.

첫째, 2010년 6월 그리스, 포르투갈, 아일랜드를 구제하기 위해 유럽재정안정화설비(EFSF)가 출범했다.[11] 유럽재정안정화설비는 포르투갈과 아일랜드에 500억 유로, 그리고 그리스에 약 1,300억 유로의 구제금융을 제공했다. 2012년 12월 이후 유럽안정화기제는 사이프러스와 스페인에게 500억 유로의 긴급구제를 제공한다. 주지하듯이 이 구제금융은 그리스 사태를 통해 온 세상에 알려졌듯이 수혜국이 받아들여야 하는 매우 가혹한 조건들과 결부되어 있다(구춘권 2015). 지원을 받기 위해 위기국가들은 재정긴축을 강제하는 직접적인 조치들은 물론, 이른바 "내부 평가절하"를 유도하는 조치들, 즉 임금 삭감, 노동시장 보호조항의 제거, 사회보장의 축소, 사회하부구조에 대한 투자의 연기, 대규모의 민영화와 국유재산의 매각과 같은 논쟁적인 조치들을 수용해야 한다(김인춘 2015).

둘째, 2011년 12월 발효된 이른바 식스팩(Six Pack)은 기존의 안정성장협약을 보다 엄격하게 정의하고 대폭 강화했다. 경쟁력 강화와 화폐적 안정성의 확보에 이어 이제 회원국들의 긴축을 강제하고 감독하는 것이 유럽연합의 국가성에 추가적으로 새겨진 것이다. 식스팩은 안정성장협약의 재정적자 및 국가채무 기준을 지키지 못하는 회원국들로 하여금 과도한 적자를 해결하기 위해 "과잉적자절차(Excessive Deficit Procedure)"를 밟도록 강제하고 있다. 또한 과도한 거시경제적 불균형이 등장할 때도 자동적으로 "과잉불균형절차(Excessive Imbal-

---

11   이 기구는 나중에 유럽안정화기제(ESM)라는 이름으로 7,000억 유로에 달하는 기금을 관리하는 항구적인 기구가 된다.

ance Procedure)"가 개시되도록 명시했다. 이 절차에 들어서는 회원
국들은 구체적인 구조조정을 위한 조치들과 이 조치들의 달성시한이
담긴 "교정행동계획(Corrective Action Plan)"을 제출해야 한다. 이를
제출하지 않거나 제대로 시행하지 않을 경우 "과잉적자절차"와 마찬
가지로 국내총생산의 0.1%에 달하는 재정적 제재를 받는다(EUR-LEX
2018). 식스팩을 매개로 대폭 강화된 유럽연합의 긴축정책은 절차국
에 대한 강력한 모니터링을 명시한 두 개의 규정, 즉 투팩(Two Pack)
에 의해 보완되었고, 2012년 3월 유럽재정협약을 통해 완성되었다
(European Fiscal Compact 2012). 유럽재정협약은 새로운 공공부채를
제한하기 위해 2009년 독일 헌법의 채무브레이크(debt brake)와 유사
한 규정을 도입했다. 즉 국가채무 기준이 준수되지 않을 경우 자동교
정기제가 발효됨을 회원국들의 헌법 또는 이에 상응한 수준에 명시하
도록 강제하고, 유럽법원에게 이 사항의 이행을 감독하도록 했다. 채
무브레이크는 독일의 강력한 요구에 의해 도입된 것이다(최진우 2012,
68-69).

셋째, 유로존을 위기로부터 벗어나게 할 방안으로 구조개혁과 경
쟁력 강화가 크게 강조되었다. 2010년 유럽이사회는 구조개혁의 지
원, 지속가능한 재정정책의 확립, 거시경제적 불균형의 완화라는 세
가지 과제의 수행을 목표로 유럽학기(European Semester)의 도입을
결의한다(European Council 2018). 2011년에는 유럽학기를 보완하면
서 보다 강력한 경쟁력 담론을 담은 유로플러스협약(Euro-Plus Pact)
이 등장했다. 유로플러스협약은 프랑스가 요구했던 "유럽경제정부"를
독일이 "경쟁력 협약"이라는 이름의 역제안으로 맞받아치며 성사된
것이다. 따라서 이 협약에는 독일의 공급 주도적인 경쟁력 담론이 강
한 영향력을 발휘하고 있다. 유로플러스협약은 유로위기의 원인을 더

이상 금융시장의 불안정의 문제가 아닌 경쟁력의 문제로 진단했다. 유로플러스협약은 노동시장의 유연화를 통해 임금 및 노동비용을 삭감하고, 국가의 사회적 지출을 억제하며, 또한 법인세의 수렴을 주 내용으로 담고 있다(Gros and Alcidi 2011). 채무브레이크나 유로플러스협약과 같은 유럽연합의 새로운 제도들은 유로위기의 대응 과정에서 독일의 강력한 비대칭적 영향력을 잘 보여준다.

유로위기에 대한 대응은 위기국가들의 정책적 선택의 폭을 크게 제약했고, 유럽연합의 감독 권한을 크게 확장했다. 식스팩, 투팩, 유럽재정협약을 거치면서 긴축정책의 강제와 감독은 유럽연합의 국가성의 일부가 되었다. 재정 안정화 기준을 지켜내는 것을 목표로 한 유럽연합의 예방적이고 직접적이며 강제적인 개입이 대폭 강화되었다. 유럽재정협약은 긴축을 회원국들의 헌법적인 목표로 강제하고 있다. 빌링은 길(Gill 1998)이 지적했던 신입헌주의를 따라 이를 위기입헌주의(crisis constitutionalism)로 지칭했다(Bieling 2013). 유로위기를 경험하면서 긴축정책 및 구조조정과 경쟁력 강화를 위한 유럽연합의 초국적 조절이 훨씬 강화된 것이다. 그러는 동안 위기국가들의 경제적·사회적 상황은 개선되지 않았을 뿐 아니라 보다 악화되었다. 이들 국가에서 시민들의 분노의 화살이 유럽연합을 향하고, 유럽통합에 대한 공공연한 반대의 목소리가 커진 것은 결코 우연이 아니다.

2. 난민위기와 유럽연합의 무력함

단일시장의 감독과 공동화폐의 수호, 그리고 유로위기 이후 긴축의 강제와 재정 건전성의 확보에 이르기까지, 유럽연합에 구현된 국가성의 모습은 강력하기 그지없다. 유럽연합은 이 영역에서 예방적이고, 매우 구체적이며 지시적으로, 그리고 강제를 행사하면서 회원국들을 규율할 수 있다. 그러나 이토록 강력한 유럽연합이 난민위기와 같은 극적인 사태가 발생했을 때 보인 무력한 모습은 유럽연합의 국가성의 놀라운 모순이자 긴장이라 하지 않을 수 없다.

난민위기는 3,303명의 생명이 지중해를 건너려다 익사한 2014년부터 대중매체의 조명을 받기 시작했다. 그리고 2015년 무려 132만 명이 넘는 난민들이 회원국들에 보호를 신청하면서 난민문제는 유럽연합의 가장 중요한 정치적·사회적 이슈로 부상했다. 그러나 2013년 이미 40만 명이 넘는 난민들이 유럽연합으로 들어왔고, 이 중 압도적 다수가 지중해 루트를 통해 그리스와 이탈리아에 도착했다. 장기간의 경기침체에 시달리던 이탈리아와 극적인 경제적·재정적 위기에 노출된 그리스가 난민의 쇄도를 감당할 수 없었음은 당연했고, 유럽연합 및 보다 여력이 있는 회원국들에게 난민의 분담 수용을 요청했다. 그러나 난민들이 압도적으로 가고자 했던 목표국가인 독일을 비롯한 회원국들은 더블린협정("더블린 III"), 즉 처음 도착한 국가에서 난민 보호를 신청하는 규정을 들어 그리스와 이탈리아의 요구를 거절했다. 집행위원회 또한 이에 대해 하등의 조치를 모색하지 않았다.

2015년 4월 불과 며칠 사이에 난민을 실은 두 척의 배가 침몰했고, 무려 천 명이 넘는 인명이 희생되는 극적인 사태가 발생했다. 이 사건이 발생하고 나서야 유럽연합은 행동에 나선다. 2015년 5월 집행위원회는 향후 몇 년 동안 이주정책과 관련된 전략적 지침을 담은 "유럽 이주 어젠다(Europäische Agenda für Migration)"를 발표하고, 유럽연합의 작동방식과 관련된 조약의 긴급조항에 의존해 난민을 재배치할 것을 제안한다. 모든 회원국들이 일정한 분배기준에 따라 일단 난민을 한시적으로 수용한 뒤, 향후 지속적으로 작동하는 구속력 있는 분배체계를 마련하자는 것이 집행위원회의 제안이었다(Šelo Šabić 2017).

집행위원회의 제안은 회원국들 사이에 격렬한 논쟁을 불러일으켰다. 스페인과 영국, 그리고 동유럽 국가들은 자신들의 사회경제적 문제 및 시민들의 정서를 빌미로 더 많은 난민들을 수용하는 것을 완강히 거부했다. 반면 난민들의 도착 루트에 있는 이탈리아와 그리스, 그리고 사이프러스는 유럽연합 차원의 재배치를 요구했다. 많은 난민들이 보호 요청을 신청하던 독일, 오스트리아, 벨기에, 스웨덴 역시 유럽연합 차원의 공동 책임을 강조하였다. 2015년 6월 회원국 정상들의 유럽이사회는 그리스와 이탈리아로부터 4만 명, 그리고 제3국들로부터 2만 명의 난민을 재배치해 수용하기로 합의한다(Engler 2018). 그러나 이 재배치 또한 집행위원회의 제안처럼 구속력 있는 것이 아니라, 자발적인 수용을 전제로 했다.

2015년 여름을 지나면서 난민의 숫자가 급격히 늘어나자 집행위원회는 그리스와 이탈리아로부터 12만 명의 난민을 재배치할 것을 제안한다. 이 제안에 대해 헝가리, 폴란드, 체코, 슬로바키아, 루마니아 등 동유럽 국가들이 다시금 격렬하게 반발했고, 결국 내무각료이사회는 가중다수결의 표결로 이 제안을 관철시켰다. 그러나 강제할 수단이 없는 결의가 효과적으로 실행될 리는 만무했다. 재배치 프로그램을 통해 그리스와 이탈리아로부터 총 16만 명의 난민이 다른 회원국들로 재분배되었어야 했지만, 2018년 1월 12일까지 실제 재배치된 난민은 33,178명에 불과했다(Engler 2018).

난민위기는 유럽연합 국가성의 심각한 무력함과 균열을 드러냈다. 더욱이 시장·화폐·긴축영역에서 유럽연합이 보유한 막강한 힘을 고려한다면 이 무력함은 유럽연합 국가성의 놀라운 긴장과 모순이라고 하지 않을 수 없다. 특히 다음과 같은 세 가지 측면에서 난민위기는 유럽연합의 국가성의 딜레마를 보여주었다.

첫째, 난민위기는 국경과 난민문제와 관련된 유럽연합의 협정들을 부분적으로 무력화시켰다. 여러 회원국들이 난민을 막기 위해 자의적으로 국경통제에 나섬으로써 셍겐협정의 자유로운 역내 이동의 원칙이 훼손되었다. 또한 더블린협정의 핵심인 최초로 도착한 국가에서 난민 보호 수속을 개시한다는 원칙 역시 난민들의 쇄도 앞에 무력화되었다. 2015년에만 거의 90만에 달하는 난민들이 그리스에 도착했는데, 심각한 재정위기에 처한 국가가 이를 감당할 수 없었음은 자명한 것이다. 유럽연합의 즉각적인 대응과 공동의 연대가 요청되었지만, 이는 매우 더디고 불만족스럽게 진행되었다.

둘째, 결국 이 난민위기는 유럽연합 차원에서가 아니라, 독일이 독자적으로 대응함으로써 급한 불을 끌 수 있었다.[12] 2015년 9월 5일 독일 수상 메르켈은 "우리는 할 수 있다(Wir schaffen das)"는 구호 아래 발칸 루트를 통해 헝가리로 들어와 열악한 상황 아래 억류되고 있던 난민들을 수용할 것을 발표한다. 이는 인도주의적 관점이나 독일의 과거 역사에 비추어볼 때 매우 용기 있는 결정이었음은 분명하다. 그러나 이 결정은 유럽연합의 국가성의 차원에서는 부정적인 것이었다. 독일의 결정은 다른 회원국들 및 유럽연합과 하등의 논의를 거치지 않

12   유럽연합에서 난민의 신청 숫자는 2017년 70만 명 수준으로 눈에 띄게 줄었다. 이는 유럽으로 이동하려던 시리아 난민의 대다수가 이미 이동했기 때문일 수도 있으며, 또는 2016년 유럽연합이 터키와 체결한 난민합의의 효과일 수도 있다. 유럽연합과 터키의 합의는 난민문제를 유럽연합이 해결하지 못하고 역외로 "외재화"시키고 있음을 보여준다. 터키가 이 합의를 수용한 것은 여러 정치적 계산이 작용했다(박선희 2017). 유럽연합은 터키는 물론 유럽으로 향한 이동경로에 있는 여러 국가들과 재입국협정을 체결하거나 강화했다. 재입국협정은 유럽연합으로 유입된 난민이나 불법 이주민을 경유지나 출발지로 돌려보내고, 당사국은 이를 의무적으로 수용하는 협정이다.

았을 뿐 아니라, 독일의 독자적 행동으로 말미암아 유럽연합의 국경·난민협정이 사실상 무력화되었기 때문이다. 특히 유로위기의 대응과정에서 독일의 과도한 영향력을 우려스러운 눈으로 지켜보던 많은 회원국들에게 독일의 독자적 행동은 그 좋은 의도에도 불구하고 환구할 만한 것으로 비치지 않았다. 2013-14년 그리스와 이탈리아의 도움 요청을 더블린협정을 내세워 거절했던 독일 정부의 입장이 2015년 가을 급작스레 선회한 것이 쉽게 납득이 가지 않았기 때문이다(Bieling and Schieren 2017, 8).

셋째, 동유럽 국가들의 난민 수용과 재배치에 대한 지속적인 반대와 의무 불이행은 인권과 민주주의라는 유럽연합의 핵심적 정체성이 상당히 취약한 기반 위에 놓여 있음을 보여주었다. 기독교인 난민만을 수용하겠다는 폴란드 정부의 발언이나 난민을 지원하는 시민단체를 형사적으로 처벌할 수 있도록 한 헝가리의 입법은 유럽의 불행한 과거를 연상시킬 정도로 퇴행적인 것임에 분명하다. 유럽연합의 결정을 이행하지 않는 동유럽 정부들의 태도는 유럽통합의 미래와 관련해서도 더욱 우려스럽다. 특히 이 불이행이 "국가 주권"이나 "내정 불간섭의 원칙"을 빌미로 정당화된다면 궁극적으로 유럽연합이 왜 존재해야 하는지의 근본적인 질문을 제기할 수밖에 없을 것이다(Zaun 2016).

V. 나오는 말

지금까지 보았듯이 유럽연합의 국가성은 매우 불균등하고 비동시적으로, 그리고 긴장과 모순 속에서 발전해왔다. 시장과 경쟁, 화폐, 그리고 유로위기 이후 긴축과 재정건전성에 이르기까지 이 영역에서 유럽연합의 국가성은 매우 강력하게 구축되어 있다. 유럽통화체계, 단일시장, 경제화폐연합, 그리고 유로위기의 대응에 이르기까지 유럽적 프로젝트들은 통화적 안정, 탈규제, 신자유주의적 재편과 경쟁력 강화, 긴축과 재정안정화를 우선적인 목표로 해 진행되었기 때문이다. 이 영역의 문제와 관련해서 유럽연합은 비타협적이며 회원국의 특별한 상황이나 입장을 고려하지 않는다. 그리스의 채무위기는 이를 여실히 보여주었다. 다른 회원국들과의 갈등에서도 유럽연합은 규율을 내세워왔고 앞으로도 내세울 것이다.

반면 사회정책과 노동정책 등 사회·경제적 재분배가 문제되는 영역에서 유럽연합의 국가성은 탄탄하지 못하며 차라리 상징적이다. 유럽인들, 특히 위기국가들의 상당수 시민들이 유럽통합에 회의적인 이유는 바로 이 문제와 관련이 있다. 단일시장이 실현되고 단일화폐가 도입된 이후 대다수 유럽인들은 통합으로부터 어떤 물질적 혜택도 받지 못했다. 유럽연합의 구조기금이나 농업보조금이 제공하는 혜택은 유럽인들의 압도적 다수와 상관이 없는 얘기다. 그러나 반대로 다수의 유럽인들이 누렸던, 기존 복지국가가 제공했던 물질적 혜택은 유럽통합을 빌미로, 즉 유럽연합의 신자유주의적 국가성을 실현하기 위해 축소되었다. 문제는 물질적 혜택이 축소되는 것에 비해 유럽연합의 재분배는 너무도 보잘것없다는 사실이다. 이 때문에 많은 유럽인들이 유럽의 미래에 대해 불안해하며 통합에 대해 회의적이다. 향후 유럽통합에 대한 시민들의 지지는 유럽연합이 사회·경제적 재분배를 어떻게 강화하는지에 달려 있다고 해도 과언이 아니다.

마지막으로 환경, 에너지, 국경, 이민, 난민정책 등과 관련해서 유럽연합의 국가성은 매우 취약하며 깨지기 쉬운 지반 위에 놓여 있다. 난민위기는 이를 명확히 보여주었다. 이 영역에서 국민국가의 힘은 여전히 강력하고, 이를 제재할 유럽연합의 수단은 제한적이다. 유럽연합의 결정을 무시하는 회원국들을 유럽법원에 제소하고 수년에 걸칠 소송을 지켜보는 방법 외에 별다른 수단이 없다. 긴축을 관철하기 위해 온갖 예방적인 조치들을 취하고, 이를 어겼을 경우 엄청난 벌금과 예치금으로 규율하는 것에 비하면 턱없이 느슨한 접근이라고 할 것이다. 그렇다면 유럽연합에 대한 유럽인들의 지지가 크게 감소하고 있는 상황에서 유럽통합은 도대체 어디로 갈 것인가? 세 가지 시나리오가 가능해 보인다.

　첫 번째는 지금처럼 "시간을 끄는(muddling through)" 모습으로 대증요법에 주력하면서 그냥 가는 것이다. 유로위기는 그럭저럭 수습되는 듯이 보이고, 난민위기는 2017년 이후 크게 완화되었다. 브렉시트가 안타깝기는 하지만, 영국은 독일이나 프랑스만큼 유럽통합의 주축은 아니다. 영국은 처음부터 통합에 참여했던 나라도 아니며, 유로존과 솅겐협정에도 빠져 있고, 여러 영역에서 선택적 면제(Opt-out)를 누렸기에 브렉시트가 유럽연합의 존폐의 문제를 제기하지는 않는다. 유럽연합은 영국과 적당한 수준에서 자유무역지대를 협상할 것이고, 영국은 다시 섬나라로 돌아간다. 가능성이 높은 시나리오로 보이기는 하지만, 유럽통합에 대한 대중적 지지를 만회하기는 어려워 보인다. 유럽통합에 대한 불만은 지속될 것이고, 이를 지렛대로 우파 포퓰리즘의 세력이 확장되는 것이 우려스럽다.

　둘째, 유럽연합을 어느 정도 개혁하고, 특히 시민들의 민주주의적 참여의 몫을 늘림으로써 유럽인들의 통합에 대한 불만에 대응하는 것이다. 정책결정 과정의 투명성을 높이기 위해 유럽의회의 권한을 대폭 강화한다. 회원국 정부 수반들의 집합체인 유럽이사회의 의장을 유럽연합의 "대통령"으로 만들어 시민들이 직접 선출하게 할 수도 있을 것이다. 유럽연합 집행위원회 위원장의 직접 선출도 고려해볼 만하다. 유럽연합 기관 및 제도의 민주주의적 개혁은 지금은 어려워 보일지라도 향후 유럽에서 사회민주주의적 세력이 다수파가 된다면 실현 가능한 시나리오로 부상할 것이다. 그러나 오늘날 포르투갈을 제외한 거의 모든 회원국들에서 사회민주주의적 정당들이 극적으로 위축된 사실은 이 시나리오의 실현 가능성을 매우 불투명하게 만들고 있다.

셋째, 유럽통합을 새롭게 정의하고 유럽연합을 근본적으로 뜯어고치는 것이다. 요컨대 유럽연합의 국가성의 불균등 발전을 근본적으로 교정하는 조치들에 합의하는 것이다. 주지하듯이 시장, 화폐, 재정과 관련된 유럽연합 조약들이 지금처럼 작동하는 한 유럽인들의 물질적 삶을 개선하려는 시도들, 예컨대 "유럽을 위한 뉴딜(New Deal for Europe)"과 같은 제안은 조약 위반으로 애당초 의제화하는 것조차 불가능하다. 따라서 단일시장, 공동화폐, 경쟁력과 긴축만을 위한 유럽통합이 아니라, 유럽통합의 오랜 숙원이었지만 지금까지는 상징적 차원에 머무르고 있는 "사회적 유럽"을 대폭 강화하는 방향으로 유럽통합을 새롭게 정의하고, 기존 조약들을 재협상하며, 유럽연합을 근본적으로 개혁하는 것이다. 환경, 에너지, 국경, 이민, 난민정책의 영역에서 유럽연합의 권한을 강화하는 것도 필요함은 물론이다. 이 시나리오는 유럽통합에 대한 유럽인들의 열정을 다시 고무할 수 있을 것으로 보이지만, 그 실현에 이르기까지는 매우 험난한 길이 예정되어 있다.

결론

분단을 넘어선 통합국가를 위한 분리와 통합
논의의 한반도 적용*

김종법 │ 대전대학교

* 이 글은 2016년 대한민국 교육부와 한국연구재단의 지원을 받아 수행된 연구임(NRF-2016S1A5A2A03927472).

I. 분리를 넘어선 통합국가의 가능성

본 저서에서 제시하고 있는 분리와 통합의 개념을 통한 접근 방법은 두 개의 국가로 분단되어 오랫동안 지속된 대립과 갈등의 냉전체제를 완화하고 한반도 평화 정착을 위한 대안의 가능성을 의미한다. 그동안 한반도는 분단과 통일이라는 이분법적 대립 구조가 당연한 것으로 여겨졌고, 분단 이후 집권한 거의 모든 정부에서 통일 정책이라는 이름으로 대북정책과 한반도 전략을 수립하여 적용하였다.

그러나 이러한 전략과 방향은 주변 4대 강대국들의 입장과 대외정책에 지나치게 의존할 수밖에 없는 구조를 고착화하였고, 남한 정부가 통일 이외의 정치 국면이나 정책을 수립할 수 없게 만드는 딜레마에 빠지게 되었다. 이러한 통일 정책의 일면적이고 변경 불가능한 목적성은 남한이 대외상황의 변화에 적극적으로 대응하기 어려운 구조를 고착화하였고, 남한 정부 스스로 통일에 이를 수 있는 동력이나 정책 수립이 불가능한 상태를 지속하게 하였다.

특히 김대중 정부 이래 2020년 문재인 정부까지 남북정상회담이 5차례에 걸쳐 진행되었다. 5번에 걸친 남북정상회담의 준비과정이나 도출된 결과물들 모두 일정 부분 이상의 정치적 성과와 의미를 부여할 수 있는 것이었다. 그럼에도 불구하고 한반도의 분단 상황을 더 나은 방향으로 진전시키거나 새로운 국면을 초래하는 데는 실패했다고 평가할 수 있다.

남북정상회담 결과에 대한 평가나 분석은 이 저서에서 다루고자 하는 대상이 아니기에 세부적인 내용 서술은 어렵지만, 한 가지 분명한 점은 그것이 분명 이전과는 다른 획기적이고 주목할 만한 국제정치적 사건이자 전환점이었다는 사실이다. 그렇지만 한반도 주변 4대 강국뿐만 아니라 세계 모든 국가들에서 관심과 추이를 지켜봤던 중차대한 이벤트였음에도 한반도 국면을 전환시키지 못했다.

그렇다면 어떤 이유와 한계로 인해 오랫동안 준비하고 공을 들인 남북정상회담이 별다른 소득이나 특정 결과 없이 일회성 이벤트로 머무르고 있는가에 대한 심도 있는 분석을 진행할 필요가 있다. 특히 전시작전권 환수가 답보 상태에 있는 상황과 한미동맹을 외교안보정책의 '절대선'으로 규정하고 있는 현재의 상황은 향후 남북정상회담을 추가 개최하거나 북미 정상회담이 다시 개최된다고 해도 한반도 평화체제 구축이나 통일은 거의 불가능하다는 사실을 증명하였다.

결국 이러한 난제와 부동의 정치 국면을 변화시키기 위해서는 한반도 체제와 상황에 대한 획기적이고 전면적인 재접근과 분석틀이 필요하다. 분리와 통합은 그러한 상황 변화를 위한 시도해볼 만한 가능성과 대안이며, 적어도 한반도 체제의 공존을 위해서는 실현 가능성이 충분한 출발점이라 할 수 있을 것이다. 특히 기존의 분단과 통일이라는 대립적이고 상충하는 개념과 접근은 상황 변화에 따른 유연한 대처가 어려운 방법이었다. 그러나 분리와 통합의 개념을 통한 접근과 방법은 제1부의 사례에서 보았듯이 보다 다양한 4가지 상황 전개나 국면 전환의 가능성이 있다는 점에서 한반도 상황에 유연하게 대처할 수 있는 접근과 개념이 될 수 있을 것이다.

이러한 방식은 문재인 정부 출범 이후 진행되어온 평화체제를 지향하는 한반도 정세의 변화 과정에 대응하고, 한반도 평화정착을 위한 평화통일체제 구축에 대응할 수 있는 대안이 될 수 있다. 현재까지 우리 학계와 정부는 통일 정책의 기본 틀을 1989년 베를린 장벽 붕괴 이후 급속하게 진행된 독일 통일사례를 통해 구축했었다. 김대중 정부의 '햇볕정책' 역시 그러한 틀에서 제시된 논리였고, 여전히 현재까지 유효한 것으로 인식되고 있다.

그러나 제2부에서 분리와 통합의 다양한 동학과 국면 사례로 제시한 유럽연합(EU)의 통합화 사례는 과정이나 제도적인 측면에서 한반도 상황에 충분한 시사점을 제시하고 있다. 물론 미국이나 중국, 그리고 일본과 같은 국가 역시 분리와 통합 현상이 함께 존재하지만 한국 상황에 적용하는 것이 쉽지 않다. 그러나 유럽의 경우 역사적으로 국가 내부의 분리주의 운동이나 자치 지역이 많은 국가들이 존재하며, 이러한 국가들의 통합 과정은 지역주의와 남북의 오랜 분단 상황에 대입하면 의미 있는 시사점이 존재한다.

특히 EU는 ECSC→EEC→EC→EU로 이어지는 다단계 과정에서 점진적인 통합을 거치며 정치·경제·사회·문화·교육 등 광범위한 분야에서 연합을 형성·심화시켜온 성공적인 통합 사례로 평가할 수 있다. EU의 통합과정은 남북한 관계를 분단과 통일이라는 이분법적 구도 속에서 분석한 기존 연구 결과나 사례연구와는 불일치한 측면이 존재한다. 이는 다양한 지역과 문화로 구성된 유럽의 국가들을 유럽연합으로 단일화하는 과정 자체가 분단 아니면 통일을 요구할 수도 없었으며, 개별 국가의 주권을 유지한 채 동등한 수준에서 통합국가를 달성하는 과정이었다는 점에서 더욱 그러했다.

이렇듯 분리와 통합의 관점에서 볼 때, EU의 통합과정과 현재 진전되고 있는 유럽의 상황은 향후 도래할 남북한 평화체제 전환에 유의미한 시사점을 제공할 수 있다. EU의 다양한 제도 중에는 한반도 상황에 적합한 제도도 존재하고, 향후 발생할 남북 교착상태나 갈등상황을 슬기롭게 풀어나가는 데 도움이 되는 제도도 존재하기 때문이다.

더군다나 최근 변화하는 EU의 국내외적 환경과 상황 역시 미래의 한반도 평화정착 과정에서 발생할 위기들의 사전 사례라는 측면에서도 이를 해결하기 위한 EU의 노력과 회원국들이 참여하고 있는 정책에 대한 평가와 분석의 필요성이 있다. 특히 한국 내부의 사회적 갈등이 남북관계 개선과 한반도 평화정착 과정에서 커다란 장애나 저해 요인으로 작용하지 않도록 하기 위해서라도 현재 EU 내부의 다양한 갈등의 해결 방식은 한반도 평화체제 정착을 위한 비교 사례로서의 효용성이 매우 높다.

　본 저서의 제1부와 제2부에서 제시하고 있는 다양한 사례들은 개별 국가의 원심력과 통합체를 지향하는 EU의 구심력이 어떤 방식으로 작동하고 있는지, 또 분리와 통합의 수준과 방식의 갈등을 어떻게 해결할 수 있는가를 다양한 요인을 통해 설명하고 있다. 미국 사례 역시 아메리카합중국의 의미를 이민정책이라는 요소를 통해 설명하고 있다는 점에서 유럽이 고민하고 있는 내부 갈등 요소로서 이민이 갖는 정책적 시사점을 잘 보여주고 있다. 결국 이러한 비교와 분석은 한반도 평화체제와 평화체제를 넘어서는 새로운 유형의 한반도 상황을 대비하고 준비하기 위한 중요한 정책적 시사점을 제공받을 수 있다는 점에서 분리와 통합을 통한 분석과 접근 방식이 중요하다는 사실을 증명하고 있는 것이다.

II. 분리와 통합 논의의 한반도 적용

한반도에서 적용하고자 하는 분리와 통합 방식은 실제로 국제정치의 전환기에서 나타날 수 있는 다양한 영역과 분야의 적용 가능성을 시사해준다. 우선 외교-안보 분야에서 EU의 제도운영 발전과 관련되어 한반도 평화체제를 위한 공통의 외교안보정책의 가능성을 모색할 수 있는데, 바로 EU의 공동외교안보정책이다. 실제로 EU는 1970년에 "유럽정치협력(EPC: European Political Cooperation)"이라는 이름으로 공동체의 회원국 정부 간의 외교정책 협력의 장을 마련하였다.

이후 단일 유럽의정서를 통해서 유럽정치협력은 제도화되었고, 마스트리히트조약을 통해서 "공동외교안보정책(Common Foreign and Security Policy)"으로 유럽통합의 기초를 구축하였다. EU의 공동외교안보정책은 EU를 지탱하는 3개의 중심 정책이자 핵심적인 방향이다. 2009년 리스본조약을 통해서 외교안보정책을 총괄하는 조직으로 EEAS(European External Action Service)가 창설됨으로써 실질적인 NATO 협력과 EU 차원의 CSDP(공동안보방위정책)을 진전시켰다.

이 과정에서 보여준 통합의 절차와 내용은 한반도 평화체제 전환 시에도 적용 가능하다는 것을 보여준다. 현재 EU회원국은 NATO의 회원국인 국가와 비-NATO회원국으로 구분되어 있는데, 역사적인 경로를 살펴보면 다음과 같다. 미국이 주도하는 NATO와 별도로 WEU(서유럽동맹)이 1948년 브뤼셀조약에 따라 1954년 유럽방위를 목적으로 창설되었다.

이후 코소보 사태 이후 유럽독자방위론이 대두하는 가운데 2008년 12월 EU가 WEU의 안보 방위 역할을 흡수해 군사기구를 만듦으로써 유럽연합 안에 두 개의 안보공동체가 존재하였다. 2009년 리스본조약이 발효되면서 CSDP(공동안보방위정책)으로 발전하였고, 이는 여전히 미국과의 관계와 정책 방향 등에 따라 갈등의 소지로 남게 되었다. 그러나 이러한 두 개의 틀은 한반도 상황이라는 특수한 사례에 적용할 수 있는 여지가 있다는 점에서 무조건적으로 부정적인 시각에서 볼 필요는 없을 것이다.

공동외교안보정책과 직접적인 연계 분야는 아니지만 EU가 추진하던 갈릴레오 프로젝트 역시 향후 한반도 평화체제 전환 시 발생할 수 있는 우주전략의 한계와 해결책을 동시에 제시하고 있다. EU는 갈릴레오 프로젝트 진행 초창기 미국이 쌓아올린 GPS시스템과 갈등을 야기했다. EU는 미국의 군사위성의 신호를 활용하는 위성항법시스템인 GPS와 별도로 자체 위성항법시스템 구축을 "갈릴레오 프로젝트"라는 이름으로 진행하였다.

그러나 위성신호의 간섭 현상과 위성항법시스템에서 미국의 독점이 사라지는 상황을 우려한 미국이 프로젝트 진행 초창기에 EU가 추진하는 갈릴레오 프로젝트를 반대하고 간섭하면서 수많은 갈등을 만들어냈다. 이는 향후 EU라는 유럽통합체의 독립되고 자주적인 안보주체의 가능성을 실험하는 중요한 기준점이 되었고, 결국 독자적인 갈릴레오 프로젝트 수행이라는 결과물로 나타났다.

이외에도 통합체인 EU와 개별 회원국 간의 갈등을 가장 잘 보여주는 정책의 하나가 이민정책과 난민수용정책이다. 솅겐조약에 따른 이민문제는 2012년 이후 북부아프리카와 아랍 지역 국가들의 민주화 운동 과정에서 수많은 문제들을 노정했다. 특히 Frontex(EU 국경·해안경비대) 운영에서 나타난 회원국 간 갈등은 최고조에 달했다. EU는 솅겐조약을 통해서 내부국경 통제를 없애고 공동의 역외국경 통제를 강화하기로 하였지만, 회원국 간의 이견과 외부국경을 담당하는 국가들이 EU 내부에서도 상대적으로 저소득 국가라는 현실 때문에 외부국경이 효율적으로 통제되지 못하고 있는 문제가 발생하였다.

이는 EU에 유입된 이민자들이나 불법 체류자들이 국경이동이 자유로운 솅겐지역을 통해 고소득 국가로 이동하면서 EU회원국 간 갈등이 양산되고 있는 실정이다. 2015년 독일이 주도하였던 난민수용자 국가별 할당제 이후 Frontex에 대한 재정지원이 늘어났지만, 여전히

EU의 외부국경을 효율적으로 통제하기에는 다소 한계가 존재한다. 그럼에도 이러한 국경통제 전략과 정책은 향후 남북 대치선이나 중국과의 국경 문제에서 적용할 가능성이 충분한 정책적 함의를 제공한다.

또한 EU의 사회문화 분야와 영역에서 통일 이후 한국의 사회통합에 유의미한 시사점을 제시할 제도 역시 적지 않다. 가장 먼저 소개할 수 있는 제도는 구조기금이며, 그중에서도 유럽사회기금(European Social Fund)을 통한 사회통합정책이 현실적인 실용성이 가장 높다고 할 것이다. 유럽사회기금은 유럽의 모든 회원국들 내에서 사회적 경제 기반 구축을 위한 사회적 기업을 지원하는 기금을 운영하는 제도이다.

이외에도 노동시장의 통합과 복지제도 역시 남북한의 노동시장의 통합과 통일 이후 남북의 기초적인 사회복지정책 수립을 위한 제도 적용에 도움이 될 것이다. 복지정책 관련 한국이 지향하고 있는 작은 복지국가가 한반도 평화체제 구축 이후 남북통합을 위한 복지정책의 기준으로 적용될 수 있는 것이다.

사회통합 정책 이외에도 문화적 동질성 회복을 위하여 문화수도 정책과 문화 정체성 회복 정책을 적용할 수 있다. 남북한의 문화자원을 통합관리하고, 각 지역의 독자성과 특수성을 보존하고 육성하기 위한 기초 작업의 성격을 갖도록 하기 위해 유럽 전역에서 수립하여 펼치고 있는 EU의 주요 문화정책을 적용하는 것도 필요할 것이다.

문화통합 정책에 덧붙여 남북한 교육 통합을 위해 EU에서 유럽통합을 위해 적용한 볼로냐 프로세스와 같은 동등하고 공정한 교육정책을 연구할 필요가 있다. 유럽 국가별 각기 다른 교육체계와 의무교육 시스템을 통일하고, 고등교육 이수자의 노동시장 진입 시 발생할 수 있는 학력과 경력 산정 등의 문제 해결을 위해 마련한 교육 및 학위 제도 통합 정책인 볼로냐 프로세스를 분석하고 연구하여 편차나 언어적인 문제 등으로 통합하기 어려운 교육제도와 정책을 한반도 상황에 맞게 적용할 필요가 있다.

경제 분야 측면에서는 향후 한반도 평화체제의 기반이 구축될 경우 북한지역에 유럽통합 과정에서 등장한 경제정책을 제시할 수 있다. 냉전질서 해체와 EU 차원의 중동부유럽 국가 지원프로그램(PHARE, SAPARD, ISPA 등)은 유럽 지역에서 비교적 낙후된 농업 국가들을 지원하기 위한 프로그램의 성격을 갖는다. EU는 헝가리, 폴란드를 대상으로 한 경제지원 프로그램인 PHARE(Poland and Hungary Aid For Restructuring of Economies, 폴란드와 헝가리의 경제개전을 위한 원조)를 1989년 12월 18일 유럽공동체 정상회담에서 결정하고 냉전체제 해체 이후 경제적 어려움을 겪고 있던 동유럽 국가들에 대한 경제적 지원을 펼쳤다.

베를린 장벽 붕괴된 지 불과 한 달 남짓한 시점에 시작된 PHARE 프로그램은 1990년부터 집행되었고 이후 유럽연합 가입 후보 국가들인 이웃 동유럽 국가로 확대되었다. 1993년 6월 코펜하겐에서 열린 유럽공동체 정상회담에서 불가리아, 에스토니아, 헝가리, 라트비아, 리투아니아, 폴란드, 체코, 루마니아, 슬로바키아, 슬로베니아 등, 동유럽 10개국의 유럽연합 가입에 대한 원칙이 결정된 것은 그러한 정책의 결과물이었다.[1]

1   주요한 내용을 살펴보면 다음과 같다. 코펜하겐 원칙(Copenhagen Criteria)으로 불리는 3대 기준과 원칙에 따라 향후 유럽연합의 회원국이 되기를 희망하는 국가는 다음 조건을 충족시켜야 했다. 민주주의, 법치, 인권, 소수민족의 보호(protection of minorities)를 보장하는 안정적인 제도가 필수적이었다. 유럽연합 내에서 경쟁압력과 시장의 힘에 대응할 수 있는 시장경제 체제를 구축해야 했으며, EU회원국으로서의 의무를 다하기 위하여 EU의 법령을 집행하고 관리할 수 있는 행정력을 갖추어야 했다. 또한 동유럽 국가에 대한 유럽연합의 다른 프로그램으로 PHARE 이외에도 SAPARD(Special accession programme for agriculture and rural development)와 ISPA(Instrument for Structural Poli-

이렇듯 EU의 다양한 정책과 제도 등은 EU 회원국들이 현재 지향하고 적용하고 있는 다양한 내부 정책을 통해 분리와 통합의 관계가 어떤 것인지, 또 어떤 방식으로 분리와 통합이 작용하고 있는가를 보여주는 다양한 사례들이다. 독일 통일 이후 이주정책을 통한 독일의 통합국가로의 전환을 다룬 첫 번째 글에서 우리는 독일 내부의 통합정책 전환 시기의 이주정책과 이민정책을 볼 수 있었고, 2016년부터 불거진 브렉시트에 대한 경험적 분석을 다루고 있는 두 번째 글에서는 유럽통합이 진행되고 있는 유럽에서 영국이 선택한 브렉시트를 분리와 통합의 관점에서 분석하고 있다. 세 번째 사례 분석인 스칸디나비아 반도의 노르딕 국가들 연구는 스칸디나비아 3국 중 노르웨이와 핀란드를 중심으로 이웃한 강대국 스웨덴과 러시아와의 분리–통합 과정을 서로주체적인 분리와 홀로주체적인 분리로 설명하였다. 전형적인 두 국가 체계를 가진 서유럽의 벨기에에서 나타나고 있는 분리와 통합의 동시적 현상을 분석함으로써 유럽연합 내에서 발생할 수 있는 분리 현상을 한 국가 안에서도 쉽게 볼 수 있는 사례를 제시하고 있다. 또한 벨기에의 분리주의를 넘어선 새로운 유형의 연합주의 통합국가로서 벨기에의 가능성을 제시하고 있는 다른 글을 통해 현재의 한반도 그리고 분리와 통합의 새로운 유형으로서 통합 가능성을 엿보게 하였다. 다섯 번째 사례인 이탈리아의 분석을 통해서 분리주의를 내세운 정당

cies for Pre-accession)가 있었다. PHARE는 제도개선, 경제–사회 통합을 목표로 하여 유럽연합 집행위원회 확장 총국(DG Enlargement)이 담당하였으며, SAPARD는 유럽연합 가입 후보국에서의 농업 및 농촌 개발을 위해 농업 및 농촌 개발 총국(DG Agricultural and Rural development)이 담당하였다. 환경과 교통에 대한 투자를 담당하기 위한 ISPA 프로그램은 지역정책 총국(DG Regional Policy)에서 담당하게 되었다. 이러한 경제지원 정책은 유럽연합의 통합성을 공고히 하면서 통합체를 지향하는 유럽연합의 성격을 잘 보여주는 것이었다.

이 어떤 방식으로 지역 중심의 정치를 수행하고 진행하는가를 볼 수 있었다. 이러한 각 지역과 국가 사례를 통해 궁극적으로 개별 국가의 원심력과 유럽통합의 구심력이 어떤 메커니즘과 요인들로 작동되는지를 보여주는 세 개의 글 역시 한반도 평화체제 운영의 주요한 모범사례로서 학문적 의미가 있었다.

결국 본 저서에서 사례로 들고 있는 8개국과 3개의 통합 유형의 글들은 한반도 평화체제 혹은 더 나아가 한반도에서 출현하게 될 통합 국가를 위한 다양한 내·외적 요인들을 통해 분리와 통합의 수준과 내용 등을 들여다볼 수 있는 것이었다. 한반도의 평화체제 혹은 단일한 유형의 통합 국가의 가능성을 분리와 통합의 긴장 관계와 정도에 따라 더 많은 수준과 유형으로 분류할 수 있을 것이다. 예를 들면, 두 개의 서로 다른 체제가 홀로주체적으로 분리하여 공존하는 유형이 있을 수 있고, 혹은 서로주체적 형태로 연방주의나 느슨한 두 개의 체제로 공존할 수도 있는 것이다. 따라서 통일이 최종적이고 필수적인 종착지이자 목적은 아닐 수 있다는 것을 보여주고 있다.

III. 남겨진 연구와 과제

본 저서는 연구 초기 논의하고 목적하였던 의도와 차별성을 통해 각각의 사례와 결과들을 종합적으로 완성하여 한반도 체제에 새로운 유형의 통합 국가를 제시하고자 했다. 본 연구에서 초기에 제시했던 기존 연구와의 차별성은 네 가지였다.

첫째, 한반도 평화체제 혹은 단일 국가에 대비하여 잠재하는 갈등 요소 및 사안을 먼저 파악하고, 이에 상응하여 통합 과정에서 발생할 다양한 대내외적 갈등과 문제들을 해결하는 방식과 대응책을 다양한 사례분석을 통해 발굴하여 이에 대비하고자 했다.

둘째, 구체적인 분리와 통합 국가 사례를 중심으로 현재 운영되고 있는 EU를 비롯한 여러 국가의 통합 체제를 분석하면서, 이를 유지하고 운영하기 위한 다양한 제도들 중 오늘날 변화하는 한반도 상황에 적합하고 적용 가능한 구체적인 제도와 정책을 발굴하는 실질적인 연구를 지향하고자 했다.

셋째, 기존 연구 방법론(분단과 통일)을 뛰어넘는 새로운 연구 방법(분리와 통합)을 적용함으로써 주요 통합체 연구와 한반도 평화체제의 적용 가능성을 구체적으로 비교하고, 각각의 장단점을 보완하고 구체화해 한반도 상황에 적용하고자 했다.

넷째, 추상적인 개념이나 방법 제시를 지양하며, 단순 이론 정립을 위한 학문적 접근이나 정성적 분석에 그치지 않고, 실천 가능한 실무적인 정책 수립과 문제 해결을 위한 제도적 전략을 제시하고자 했다.

비록 이러한 의도가 충분히 그리고 잘 달성되었다고 평가하기에는 다소 무리가 있지만, 본 저서에서 제시하고 있는 8개 국가 사례와 3개의 통합체 성격 논의를 다룬 글들은 분리와 통합이라는 새로운 개념과 접근 방식을 통해 한반도 평화체제 혹은 단일 통합체의 출현이 가능할 수 있다는 것을 보여주었다고 판단한다. 여전히 더 심도 깊은 연구와 세부적인 준비 작업 등의 보완이 필요하지만 적어도 이 연구를 통해 제시하고 있는 다양한 정책적 함의와 내용은 한반도 평화체제 연구에 새로운 출발을 제기했다고 생각한다.

특히 한반도 평화체제 구축 시 발생할 수 있는 다양한 영역에서의 잠재적 갈등 요소와 문제점들, 난민과 이민 문제, 북한 이탈 주민 문제, 인접한 중국과 러시아와의 국경 문제 등은 어떤 방식의 통합체를 지향하고 준비할 것인지에 대한 유의미한 시사점을 제공한다고 생각한다. 향후 보다 구체적으로 적용할 수 있는 한반도 평화체제의 내부 제도로(예를 들면 시도지사협의회, 다양한 영역에서의 남북협력기금, 통일의회, 난민 및 이주민 정착제도 등등) 본서에서 서술된 다양한 제도와 해결 방식 등을 결합하여 연구한다면 더 나은 분리와 통합 연구가 가능하리라 생각하며, 보다 나은 연구 준비를 위한 정리의 결과물로 본 저서의 학문적 의미를 정리하고 싶다.

396

참고문헌

강옥초. 1997. "초기 그람쉬의 사상과 이탈리아 남부주의." 『서양사론』 55호.

고바에르트, 세르주. 2015. "불붙는 플랑드르 민족주의." 『르몽드 디플로마티크(한국판)』, 11월 2일.

고상두·하명신. 2010. "다문화 시대의 독일의 시민권 변화: 개정국적법 및 이민법을 중심으로." 『국제정치논총』 50권 1호.

구춘권. 2002. "유럽연합의 화폐통합에 대한 네오그람시안적 접근." 『국제정치논총』 42집 3호, 291-312.

구춘권. 2004. "유럽연합과 국가성의 전환." 『국제정치논총』 44집 4호, 291-318.

구춘권. 2008. "유로자본주의의 형성에 대한 조절이론적 설명." 『국제정치논총』 48집 4호, 141-64.

구춘권. 2012. "이주의 증가와 독일 이주민정책의 변화." 『국제·지역연구』 21권 1호.

구춘권. 2015. "그리스 채무드라마와 유로위기: 유로위기의 구조적 배경과 유럽연합의 위기 대응 변화." 『한국과국제정치』 31권 4호, 107-45.

그리피스, 토니. 차혁 역. 2006. 『스칸디나비아』. 미래의 창.

김근식. 2003. "연합과 연방: 통일방안의 폐쇄성과 통일과정의 개방성." 『한국과 국제정치』 19권 제4호.

김남국. 2011. "유럽연합은 와해될 것인가." 『아시아리뷰』 1권 2호, 189-98.

김미경. 2012. "경제통합, 주권, 그리고 민주주의." 『한국정치학회보』 46권 5호, 225-46.

김봉중. 2013. 『역사 속 미국의 정체성 읽기: 오늘의 미국을 만든 미국사』. 역사의 아침.

김수용 외. 2001. 『유럽의 파시즘』. 서울대학교 출판부.

김용구. 1997. 『춤추는 회의 - 비엔나회의 외교』. 나남출판

김인춘·석주희. 2017. "민주평화주의와 지역평화의 역사적·지정학적 형성: 노르딕 지역과 동북아 지역의 비교." 『문화와정치』 4권 4호.

김인춘. 2014. "스웨덴-노르웨이 연합(1814-1905)의 통합과 분리." 김학노 외. 『분단-통일에서 분리-통합으로』. 사회평론아카데미.

김인춘. 2015. "자본주의 다양성과 유로체제: 신자유주의적 유럽통합의 경제사회적 결과." 『사회과학연구』 23집 1호, 106-42.

김인춘. 2016. "스웨덴 식민주의와 스웨덴-노르웨이 연합(1814-1905)." 『서양사연구』 54권. 한국서양사연구회.

김인춘. 2017. "20세기 핀란드의 사회적 분리와 정치적 통합: '사회적인 것'의 민주주의적 구성과 '정치계획'." 『스칸디나비아연구』 20권.

김인춘. 2020. "식민주의적 병합과 민주주의적 분리독립: 민주적 헌정주의와 1905년 노르웨이 독립." 『서양사연구』 62권. 한국서양사연구회.

김재한. 2001. 『분열의 민주주의』. 소화.

김종법 역. 2004. 『이탈리아 선거법』. 중앙선거관리위원회.

김종법. 2004a. "이탈리아 남부문제에 대한 정치사상적 연구-카부르에서 그람쉬까지 남부문제의 형성과 역사."『전환기의 유럽과 유럽통합』. 한국유럽학회 춘계학술회의, 85-132.

김종법. 2004b. "하부정치문화요소를 통해 본 베를루스꼬니 정부의 성격."『한국정치학회보』 38집 5호, 417-37.

김종법. 2006. "변화와 분열의 기로에 선 이탈리아: 2006 이탈리아 총선."『국제정치논총』 46집 4호, 267-88.

김종법. 2007a. "이탈리아 권력구조 전환가능성과 시도: 연방주의와 대통령제로의 전환모색."『세계지역연구논총』25집 3호, 353-73.

김종법. 2007b. "좌우동거의 기묘한 불안정한 양당제 국가 이탈리아." 미네르바 정치연구회 편,『지구촌의 선거와 정당』. 한국외국어대학교, 434-65.

김종법. 2014. "이탈리아 분리통합 운동의 역사와 기원." 분리통합연구회 편,『분단-통일에서 분리-통합으로』. 사회평론아카데미.

김종법. 2015a. "이탈리아 극우주의 정당의 정치적 배경과 유럽통합의 이중성."『오토피아』 30권 2호, 279-313.

김종법. 2015b. "이탈리아 사회통합정책과 극우정당: 보씨-피니 협약을 중심으로." 『다문화사회연구』8권 1호, 71-101.

김종법. 2015c. "이탈리아 마니뿔리떼의 사회적 정치적 의미."『세계지역연구논총』제23권 1호, 117-36.

김종법. 2018a. "과거의 소환, 극우의 부활, 미래의 정치: 2018 이탈리아 총선과 기억의 정치."『국제정치논총』제58집 4호, 45-73.

김종법. 2018b. "이탈리아 민족주의: 분리와 통합의 딜레마."『민족연구』제71호.

김종법. 2019. "이탈리아 대중정당을 통해 본 분리와 통합의 딜레마."『유럽연구』제37집 2호, 147-71.

김준석. 2008. "국가연합의 역사적 재조명: 미국, 독일, 네덜란드 그리고 유럽연합." 『국제정치논총』제48권 제1호.

김학노. 2010. "정치, 아(我)와 비아(非我)의 헤게모니 투쟁."『한국정치학회보』44권 1호.

김학노. 2011. "'서로주체적 통합'의 개념."『한국과 국제정치』27권 3호, 29-61

김학노. 2014a. "'분단-통일'에서 '분리-통합'으로: 남북한 관계에 대한 함의." 분리통합연구회 편.『분단-통일에서 분리-통합으로』. 사회평론아카데미.

김학노. 2014b. "'분단-통일'에서 '분리-통합'으로: 문제의 제기." 분리통합연구회 편.『분단-통일에서 분리-통합으로』. 사회평론아카데미.

김학노. 2014c. "우리 형성의 헤게모니 정치."『한국정치학회보』48집 5호.

김학노. 2018. "공동주체성의 차원과 척도."『한국정치연구』27집 3호, 53-78.

달, 로버트. 김왕식 외 역. 2013.『민주주의』. 동명사.

도종윤. 2007. "벨기에 무정부 190일."『한겨레 21』, 12월 27일.

마넹, 버나드. 곽준혁 역. 2004.『선거는 민주적인가: 현대 민주주의 원칙에 대한 비판적 고찰』. 후마니타스.

박명선. 2007. "독일 이민법과 통합정책의 외국인 차별에 관한 연구."『한국사회학』41권

2호.

박상철. 2004.『스톨리핀과 그의 시대 (1906-1911) – 체제 변혁기의 보수적 개혁』.
　　　한국학술정보.

박선희. 2017. "유럽연합-터키 관계와 EU 이주·난민정책 외재화의 문제점."『국제지역연구』
　　　21권 1호, 109-33.

박종철·허문영·김보근. 2008.『남북연합 형성·운영의 거버넌스』. 통일연구원.

방청록. 2017. "브렉시트 결정의 유럽의 통합과 분열에 대한 영향 연구."『유럽연구』35집
　　　1호, 59-96.

변광수. 2006.『북유럽사』. 대한교과서.

분리통합연구회 편. 2014.『분단-통일에서 분리-통합으로』. 사회평론아카데미.

손병권. 2018. "미국 의회정치의 변화 원인."『미국 의회정치는 여전히 민주주의의 전형인가?
　　　정당정치에 포획된 미국의회』, 129-237. 오름.

안영진·조영국. 2008. "벨기에의 지역주의: 역사·문화적 배경과 경제·정치적 현실."
　　　『국토지리학회지』제42권 제3호.

양길현. 2007. "다시 보는 연합제-낮은 단계의 연방제."『북한연구학회보』1권 제2호.

오경환. 2014. "대표성의 위기와 민주주의: 20세기 초 미국, 프랑스, 독일."『서양사연구』
　　　51집.

외잘란, 압둘라. 정호영 역. 2018.『압둘란 외잘란의 정치사상: 쿠르드의 여성혁명과 민주적
　　　연합체주의』. 훗.

우성대. 2007. "낮은 단계 연방제안과 연합제안의 비교연구: 개념적 의미분석을 중심으로."
　　　『한국동북아논총』44권.

유성진·김희강·손병권. 2007. "2007년 미국 이민법 개정 논쟁: 과정과 함의 그리고 미국의
　　　다원주의."『미국학논집』39집 3호, 139-72.

유숙란. 2010. "독일의 이민정책 결정과정 분석."『국제정치논총』50권 2호.

이길용. 1983. "스웨덴의 근대발전사."『유럽연구』1권 1호. 한국유럽학회.

이수석. 2007. "한국의 연합제 통일방안에 대한 연구."『국제정치연구』10권 제2호.

이옥연. 2008.『통합과 분권의 연방주의 거버넌스』. 오름.

이옥연. 2014.『만화경(萬華鏡) 속 미국 민주주의: 법·제도·과정을 통한 미국 정부와 정치
　　　분석』. 오름.

이옥연. 2015a. "연방제도 다양성과 통일한국 연방제도의 함의."『한국정치연구』24권
　　　제1호. 55-81.

이옥연. 2015b. "미국: 복합공화국(compound republic)의 기원과 발전." 분리통합연구회 편.
　　　『분단-통일에서 분리-통합으로』, 296-332. 사회평론아카데미.

이옥연. 2019. "국가모델로서 연방과 연합: 미합중국과 유럽연합의 사례." 서울대학교
　　　국제문제연구소 편.『미래국가론: 정치외교학적 성찰』, 186-222.

이철용. 2008. "적녹연정(1998~2005)의 이민정책: 이민법 제정을 둘러싼 정당간의 논쟁을
　　　중심으로."『독일연구』15호.

이호근. 2000. "유럽 통합과정과 사회정책."『한국정치학회보』34집 3호, 275-92.

임채완·장윤수. 2003. "연방제와의 비교를 통해 본 남북연합의 형성조건."『한국동북아논총』

28권.

전재성. 2013.『민족공동체 통일방안 계승 및 발전방향 공론화』. 통일부 정책연구용역
　　최종보고서.

정남모. 2010. "벨기에의 지역분열과 정치·경제적 갈등에 대한 연구."『국제지역학논총』3권
　　1호.

정병기. 2001. "이탈리아 정치적 지역주의의 생성과 북부동맹당(Lega Nord)의 변천."
　　『한국정치학회보』34집 4호, 397~419.

정병기. 2003. "이탈리아 정치사회변동과 중도-좌파정부(1996-2001) 정책."
　　『한국정치학회보』36집 3호, 219-39.

정성장. 2007. "2007 남북정상회담과 당국간 대화의 제도화."『정세와정책』특집호.

정성장. 2004. "남북한 통일과정에 대한 새로운 접근: 연합에서 연방으로."『황해문화』
　　제44권.

정재환. 2017. "폴라니의 이중운동과 브렉시트."『글로벌정치연구』10권 1호, 5-36.

조홍식. 2014. "'정치계획'으로서의 민족: 우크라이나, 홍콩, 스코틀랜드, 그리고 한반도."
　　『현안과 정책』54호.

최완규. 2002. "남북한 통일방안의 수렴가능성 연구: 연합제와 낮은 단계의 연방제."
　　『북한연구학회보』6권 제1호.

최장집. 2017.『정치의 공간 – 평화와 공존, 갈등과 협력을 위한 다원주의의 길』. 후마니타스.

최진우. 2012. "글로벌 금융위기, 유로존 재정위기, 유럽통합의 심화."『한국과 국제정치』
　　28권 1호, 47-86.

카림, 이졸데. 이승희 역. 2018.『나와 타자들: 우리는 어떻게 타자를 혐오하면서 변화를
　　거부하는가』. 민음사.

통일교육원. 2018.『2018년 통일문제 이해』. 통일북스.

하비, 데이비드. 2014.『자본의 17가지 모순』. 동녘.

하용출·박정원. 1998. "약소국의 자주외교전략: 유럽 사례를 통해 본 가능성과 한계."
　　『전략논총』9집.

한영빈. 2015. "독일의 이주통합정책 – 패러다임 전환과 성과에 대한 고찰."
　　『다문화사회연구』8권 1호.

한종수. 2002. "독일의 국가연합과 한반도 통일방안."『국제정치논총』42권 제2호.

함택영·구갑우·김용복·이향규. 2003. "남북한 평화체제의 건설과 통일교육: 연합제와 낮은
　　단계의 연방제의 수렴을 중심으로."『국가전략』9권 제4호.

헬드, 데이비드. 박찬표 역. 2010.『민주주의의 모델들』. 후마니타스.

헬드, 데이비드·앤터니 맥그루·데이비드 골드블라트·조너선 페라턴. 2002.『전지구적
　　변환』. 창작과비평사.

홉스봄, 에릭. 1997.『극단의 시대. 20세기의 역사』. 까치.

홍기준. 2006. "벨기에의 정치통합: 협의적 연방주의 사례 연구."『유럽연구』23호.

홍태영. 2014. "유럽적 근대 민주주의의 위기와 전환." 조홍식 외.『유럽의 민주주의: 새로운
　　도전과 과제』.

홍태영. 2017. "'사회적인 것'의 부침과 민주주의의 동요."『아세아연구』60권 2호.

Abbink, Klaus, and Jordi Brandts. 2016. "Political Autonomy and Independence: Theory and Experimental Evidence." *Journal of Theoretical Politics* 28(3): 461-96.

Adeney, K. 2016. "Between Federalism and Separatism: India And Pakistan." *Federalism and ethnic conflict regulation in India and Pakistan.* Palgrave Macmillan.

Adler-Nissen, Rebecca, Charlotte Galpin, and Ben Rosamond. 2017. "Performing Brexit: How a Post-Brexit World is Imagined Outside the United Kingdom." *The British Journal of Politics and International Relations* 19(3): 573-91.

Aidt, T.S., Jayasri Dutta and Elena Loukoianova, 2006 "Democracy comes to Europe: Franchise extension and fiscal outcomes 1830-1938." *European Economic Review* 50(2): 249-83.

Alapuro, Risto. 1988. *State and revolution in Finland,* Berkeley: University of California Press.

Alestalo, Matti. 1986. *Structural change, classes, and the state: Finland in an historical and comparative perspective,* Research Group for Comparative Sociology, University of Helsinki.

Allespach, Martin and Jan Machnig. 2013. "A Change In Course Towards A Social Europe." *Roadmap to Social Europe,* edited by Anne-Marie Grozelier, Bjorn Hacker, Wolfgang Kowalsky, Jan Machnig, Henning Meyer and Brigitte Unger.

Angenendt, Steffen. 2008. *Die Steuerung der Arbeitsmigration in Deutschland. Reformbedarf und Handlungsmöglichkeiten.* Bonn: Friedrich-Ebert-Stiftung.

Annemans, Gerolf. 2014. *The Top 10 FAQs about the orderly split-up of Belgium.* Vlaams Belang.

Arcq, E. and P. Blaise. 1994. "Des fondements idélogiques de la sécurité sociale 1944-1960." *Courrier hebdomadaire du CRISP* 28.

Arcq, E., V. de Coorebyter, and C. Istasse. 2012. "Fédéralisme et confédéralisme." *Dossiers du CRISP* 79.

Arcq, Éienne, Vincent de Coorebyter, and Céric Istasse. 2012. "Fédéralisme et confédéralisme." *Dossiers du CRISP* 79.

Aylott, Nicholas (ed.). 2014. *Models of Democracy in Nordic and Baltic Europe: Political Institutions and Discourse.* Routledge.

Bade, Klaus J. 1994. *Ausländer, Aussiedler, Asyl in der Bundesrepublik Deutschalnd.* Bonn: Bundeszentrale für politische Bildung.

Baldwin, P. 1990. *The Politics of Social Solidarity: Class Bases of the European Welfare State 1875-1975.* Cambridge: Cambridge University Press.

BAMF (Bundesamt für Migration und Flüchtlinge). 2006. *Migrationsbericht 2005.* August 2006. http://www.bamf.de/SharedDocs/Anlagen/DE/Publikationen/ Migrationsberichte/migrationsbericht-2005.html (검색일: 2019.09.30).

BAMF (Bundesamt für Migration und Flüchtlinge). 2016. "Aktuelle Zahlen zu Asyl." https://

www.bamf.de/SharedDocs/Anlagen/DE/Downloads/Infothek/Statistik/Asyl/
aktuelle-zahlen-zu-asyl-dezember-2016.html (검색일: 2019.09.30).

Barros, James. 1968. *The Åland Islands Question: Its Settlement by the League of Nations*. Yale University Press.

Bartolini, S. 2005. *Reconstructing Europe: Centre Formation, System Building and Political Structuring between the Nation-State and the European Union*. Oxford: Oxford University Press.

Barton, H. Arnold. 2006. "Finland and Norway, 1808-1917 — A comparative perspective." *Scandinavian Journal of History* 31(3-4).

Beck, Ulrich. 2007. "Reinventing Europe? A Cosmopolitan Vision." *Cosmopolitanism and Europe* 15(39): 109-16.

Bednar, Jenna. 2009. *The Robust Federation. Principles of Design*. Cambridge: Cambridge University Press.

Berger, N. 2013. *Le confédéralisme. Un slogan marketing?* Centre Permanent pour la Citoyenneté et la Participation.

Bergman, Torbjörn and Kaare Strøm (eds.). 2011. *The Madisonian Turn: Political Parties and Parliamentary Democracy in Nordic Europe*. Ann Arbor: University of Michigan Press.

Berg-Schlosser, D. and J. Mitchell (eds.). 2000. *The Conditions of Democracy in Europe 1919-39: Systematic Case Studies*. Macmillan.

Bericht der Unabhängigen Kommission "Zuwanderung". 2001. *Zuwanderung gestalten und Integration fördern*. Berlin.

Berman, Sheri. 1998. *The Social Democratic Moment: Ideas and Politics in the Making of Interwar Europe*. Harvard University Press.

Berry, John W. 1997. "Immigration, acculturation, and adaptation." *Applied psychology* 46(1).

Beyens, Stefanie, Kris Deschouwer, Emile van Houten, and Tom Verthe. 2015. "Born again, or born anew: Assessing the newness of the Belgian political party New-Flemish Alliance(N-VA)." *Party Politics* Vol. 23, No. 4.

Bickerton, C., D. Hodson, and U. Puetter (eds.). 2014. *The New Intergovernmentalism: European Integration in the Post-Maastricht Era*. Oxford: Oxford University Press.

Bickerton, C., D. Hodson, and U. Puetter. 2015. "The New Intergovernmentalism: European Integration in the Post-Maastricht Era." 1-23. (http:// eprints.bbk.ac.uk/11050/1/NI%20JCMS%20Pre-Pub%20(2).pdf).

Bieling, Hans-Jürgen. 2006. "EMU, Financial Integration and Global Economic Governance." *Review of International Political Economy* 13(3): 420-48.

Bieling, Hans-Jürgen. 2013. "Das Projekt der 'Euro-Rettung' und die Widersprüche des europäischen Krisenkonstitutionalismus." *Zeitschrift für Internationale Beziehungen* 20(1): 89-103.

Bieling, Hans-Jürgen. 2014. "Comparative analysis of capitalism from a regulationist perspective extended by neo-Gramscian IPE." *Capital & Class* 38(1): 31-43.

Bieling, Hans-Jürgen. 2017. "Mission impossible - Stabilisierung und Demokratisierung des EU-Imperiums?" *SPW* (Heft 218): 37-42.

Bieling, Hans-Jürgen and Stefan Schieren. 2017. "This time is different - die Besonderheiten der aktuellen Krise der EU." *Politikum* 2(4): 4-12.

Bieling, Hans-Jürgen and Steinhilber Jochen (Hrsg.). 2000. *Die Konfiguration Europas. Dimensionen einer kritischen Integrationstheorie.* Münster: Westfällisches Dampfboot Verlag.

Blom, Raimo, Markku Kivinen, Harri Melin, and Liisa Rantalaiho. 1992. *A Scope Logic Approach to Class Analysis: A Study of the Finnish Class Structure,* Avebury.

Blyth, Mark. 2016. "Mark Blyth on Britain exiting the European Union" (https://watson.brown.edu/news/2016/mark-blyth-discusses-brexit)

Böcker, Anita and Dietrich Thränhardt. 2003. "Erfolge und Misserfolge der Integration. Deutschland und Niederland im Vergleich." *Aus politik und Zeitgeschichte.* B26.

Börzel, Tanja. 2006. "Mind the gap! European Integration between level and scope." *The Disparity of European Integration: Revising Neofunctionalism in Honour Ernst Haas.* edited by Tanja Börzel. 1-20.

Bouteca, Nicolas 교수 인터뷰(Ghent University, 2017. 7. 4, 벨기에 겐트).

Bulmer, Simon and Jonathan Joseph. 2015. "European Integration in Crisis? Of Supranational Integration, Hegemonic Projects and Domestic Politics." *European Journal of International Relations* 22(4): 725-48.

Bundesregierung. 2017. *Die Anspruchseinbürgerung.* https://www.bundesregierung.de/Content/DE/StatischeSeiten/Breg/IB2/Einbuergerung/ae-anspruchseinbuergerung.html (검색일: 2019.09.30).

Burgess, M. 2006. *Comparative federalism: Theory and practice,* London: Routledge.

Busch, Klaus. 1978. *Die Krise der europäischen Gemeinschaft.* Köln und Frankfurt: Europäische Verlagsanstalt.

Busche, Arnd. 2002. "Binnenmarkt." Werner Weindenfel und Wolfgang Wessels (Hrsg.). *Europa von A bis Z.* Bonn: Europa Union Verlag.

Byrkjeflot, H., F. Sejersted, S. Myklebust and C. Myrvang (eds.). *The Democratic Challenge to Capitalism, Management and Democracy in the Nordic Countries.* Oslo: Fagbokforlaget.

Cafruny, Alan W. and Magnus Ryner. 2007. *Europe at Bay: In the Shadow of US Hegemony.* Boulder, CO: Lynne Rienner.

Caporaso, James A. 1996. "The European Union and Forms of State: Westphalian, Regulatory or Post-Modern?" *Journal of Common Market Studies* 34(1): 29-51.

Carr, Edward Hallett. 1950. *The Bolshevik Revolution, 1917-1923,* Vol. 1 (History of Soviet Russia). Macmillan.

Carrabregu, Gant. 2016. "Habermas on Solidarity: An Immanent Critique." *Constellations* 23(4): 507-22.

Castles, Stephen and Mark Miller. 2006. *The Age of Migration. International Migration Movements in the Modern World* (3rd ed.). Basingstoke, Hampshire: palgrave.

Cecchini, Paolo et al. 1988. *Europa '92. Der Vorteil des Binnenmarktes.* Baden-Baden: Nomos.

Church, C. and P. Dardanelli. 2006. "The dynamics of confederalism and federalism: Comparing Switzerland and the EU." *Regional and Federal Studies*, Vol. 15, No. 2.

Cole, A. and C. de Visscher. 2016. "Les régions belges face à la crise économique : une recentralisation à distance pour la Wallonie?" *Revue internationale de politique comparé*, Vol. 23, No. 3.

Cox, Robert W. and Timothy J. Sinclair (eds.). 1996. *Approaches to World Order.* Cambridge: Cambridge Univ. Press.

Curtice, John. 2017. "The Economics of Brexit in Voters' Eyes(Or, Why Remain Campaign Failed?)" NatCen Social Research(www.natcen.ac.uk), 1-17.

Dahl, Robert A. 2015. *On Democracy* (2nd ed.). Yale University Press.

Dahl, Robert and Edward R. Tufte. 1973. *Size and Democracy.* Stanford University Press.

Dahlstroĩ, Edmund. 1989. *Power relations at the workplace: Research and policy on working life democratization and welfare* (Study of power and democracy in Sweden). Maktutredningen.

Dalle Mulle, Emmanuel. 2018. *The nationalism of the rich : discourses and strategies of separatist parties in Catalonia, Flanders, Northern Italy and Scotland.* Routeledge.

Dassonneville, Ruth, and Marc Hooghe. 2013. "Determinants of Electoral Volatility. Where did the N-VA find its Local Support?" *As Ever, In Between Elections*, edited by W. Vermeersch. Ghent: Stichting Gerrit Kreveld.

De Visscher, Christian and Vincent Laborderie. 2013. "Belgique: Stop ou encore? Entre fédéralisme, confédéalisme et séparatisme." *Politique étrangère* (Winter).

Decoster, André and Willem Sas. 2017. *Interregionale financiële stromen in België van 2000 tot 2020.* Leuven: Onderzoekseenheid Economie KU Leuven

Delpérée, Francis. 2011. "La Belgique existe-t-elle?" *Pouvoir* 136 (January).

Delpierre, Alisson. 2019. "Que signifie le confédéralisme exigé par la N-VA?" RTBF, January 14.

Delwitt, Pasca. 2011. "Partis et systèmes de partis en Belgique en Perspective." *Les partis politiques en Belgique.* Editions de l'Université de Bruxelles.

Deppe, Frank. 1987. *Niccolò Machiavelli. Zur Kritik der reinen Politik.* Köln: Pahl-Rugenstein.

Deppe, Frank and Michael Felder. 1993. *Zur Post-Maastricht Krise der Europäischen*

404

Gemeinschaft(EG). FEG-Arbeitspapier (Nr. 10). Marburg.

Der Spielgel. 2016. "EU will einheitliche Blue Card für hoch qualifizierte Einwanderer." http://www.spiegel.de/wirtschaft/eu-will-einheitliche-blue-card-fuer-hoch-qualifizierte-einwanderer-a-1095733.html (검색일: 2019.09.30).

Derry, T. K. 2000. *A History of Scandinavia: Norway, Sweden, Denmark, Finland, and Iceland*. University of Minnesota Press.

Dessin, David and Rien Hoeyberghs 인터뷰(N-VA Research Department, 2017. 7. 3. 벨기에 브뤼셀).

Destrée, Jules. 1912. "Lettre au Roi sur la Séparation de la Wallonie et de la Flandre." http://connaitrelawallonie.wallonie.be/sites/wallonie/files/lecons/jules_destree_lettre_au_roi_1912.pdf (검색일: 2017.12.27).

Deutsch, Karl. 1957. *Political community and the North Atlantic area: international organization in the light of historical experience*. Princeton University Press.

Deutscher Bundestag. 2002. *Enquete-Kommission "Demographischer Wandel." Herausforderungen unserer älter werdenden Gesellschaft an den Einzelnen und die Politik*. Berlin.

Devos, Carl and Nicolas Bouteca. 2012. *Belgian society and politics 2012 : the crisis comes in many guises*. Gerrit Kreveld Foundation.

Diamond, Larry. 2008. *The Spirit of Democracy: The Struggle to Build Free Societies Throughout the World*. Times Books.

Duchacek, I. 1982. "Consociations of Fatherlands: The Revival of Confederal Principles and Practices." *Publius*, Vol. 12, No. 4.

Dyzenhaus, David. 2007. "The Politics of the Question of Constituent Power." *The Paradox of Constitutionalism: Constituent Power and Constitutional Form*, edited by Martin Loughlin and Neil Walker, 129–146. Oxford, UK/New York: Oxford University Press.

Eichengreen, Barry. 1996. *Globalizing Capital. A History of the International Monetary System*. Princeton: Princeton University Press.

Elazar, D. 1998. *Constitutionalizing Globalization: the Postmodern Revival of Confederal Arrangements*, Lanham: Rowman & Littelfield Publishers.

Eley, Geoff. 2002. *Forging Democracy – The History of the Left in Europe, 1850-2000*. Oxford University Press. (『더 레프트 1848~2000: 미완의 기획, 유럽 좌파의 역사』).

Engler, Marcus. 2018. "Viel Bewegung in der Krise, aber wenig Fortschritt? – Europäische Flüchtlingspolitik seit 2015." http://www.bpb.de/gesellschaft/migration/laenderprofile/264941/europaeische-fluechtlingspolitik-seit-2015?p=all (2018/09/15).

Etzioni, Amitai. 2013. "The EU: The Communitarian Deficit." *European Societies* 15(3): 312–30.

Etzioni, Amitai. 2015. "Communitarianism." *The Encyclopedia of Political*

Thought(First Edition), edited by Michael T. Gibbons. Available at : http:// researchonline.nd.edu.au/solidarity/vol3/iss1/4

EUobserver. 2011. "EU ushers in 'silent revolution' in control of national economic policies." *EUobserber* (16. March). https://euobserver.com/institutional/31993 (2018/09/15).

EUR-LEX. 2018. "Verfahren bei einem übermässigen Defizit." http://eur-lex.europa.eu/ legal-content/DE/TXT/?uri=uriserv:l25020 (2018/09/15).

European Council. 2018. "European Semester." http://www.consilium.europa.eu/en/ policies/european-semester/ (2018/09/15).

European Fiscal Compact. 2012. "Treaty on Stability, Coordination and Governance in the Economic and Monetary Union." https://www.consilium.europa.eu/ media/20399/st00tscg26_en12.pdf (2018/09/15).

Eurostat. 2017. "Asylum and first time asylum applicants by citizenship, age and sex." Annual aggregated data (rounded), Last update : 21/07/17. http://ec.europa.eu/ eurostat/en/web/products-datasets/-/MIGR_ASYAPPCTZA (2019/09/30).

Evans, Michelle Dr. 2013. "The Principle of Subsidiarity as a Social and Political Principle in Catholic Social Teaching." *The Journal of Catholic Social Thought and Secular Ethics* 3(1) : 44–60.

Fabbrini, Federico. 2017. "Brexit and the Future of Europe : Opportunities for Constitutional Reforms?" *The Law & Politics of Brexit*, edited by Federico Fabbrini. Oxford University Press (SSRN : https://ssrn.com/abstract=3102349)

Faukner, Neil. 2017. *Creeping Fascism: Brexit, Trump, and the Rise of the Far Right.* Public Reading Rooms.

Fetzer, Joel. 2000. *Public Attitudes toward Immigration in the United States, France, and Germany.* Cambridge, U.K./New York : Cambridge University Press.

Finlayson, A. 2016. "Who won the Referendum?" Open Democracy, 26 June.

Fitzmaurice, John. 1996. *The Politics of Belgium: A Unique Federalism.* C. Hurst & Co.

Forsyth, M. 1981. *Unions of States: the Theory and Practice of Confederation,* New York : Leicester University Press.

Friesen, Mark. 2003. "Subsidiarity and Federalism : An Old Concept with Contemporary Relevance for Political Society." (https://ojs.library.queensu.ca/index.php/fedgov/ article/view/4418)

Furuseth, Owen and Heather Smith. 2010. "Localized Immigration Policy : The View from Charlotte, North Carolina, A New Immigrant Gateway." *Taking Local Control: Immigration Policy Activism in U.S. Cities and States,* edited by Monica Varsanyi, 173–191. Stanford : Stanford University Press.

Garbari, M. 1979. "L'irredentismo nel Trentino, in Il nazionalismo in Italia e in Germania." *Studi Trentini di Scienze Storiche,* a. LVIII, 113–20.

Garbari, M. 1979. "La storiografia sull'irredentismo apparsa in Italia dalla fine della prima guerra mondiale ai giorni nostrim." *Studi Trentini di Scienze Storiche*, a. LVIII.

Geis, Wido and Jeannette M. Nintcheu. 2016. *Gesteuerte Zuwanderung in der Flüchtlingskrise: Warum Deutschland trotz des starken Zuzugs Fachkräfte aus Drittstaaten gewinnen sollte.* IW policy paper. 5/2016.

Gilbert, Jeremy. "The Crisis of Cosmopolitanism." (http://stuarthallfoundation.org/library/the-crisis-of-cosmopolitanism/).

Gill, Stephen. 1998. "European Governance and New Constitutionalism. Economic and Monetary Union and Alternatives to Disciplinary Neoliberalism in Europe." *New Political Economy* 3(1): 5-26.

Giorgio, Brosio. 1996. "Il sistema del Governo locale in Italia." *Il Governo locale.* Blogna; Il Mulino.

Giorgio, Rustia. 2006. *Contro Operazione Foibe a Trieste.* Comunità degli Italiani di Trieste.

Glazer, Nathan and Daniel Moynihan. 1963. *Beyond the melting Pot: The Negroes, Puerto Ricans, Jews, Italians, and the Irish of New York City*, Cambridge, MA: MIT Press.

Gostynka-Jakubowska, Agata. 2015. "Cameron's EU reforms: Will Europe buy them?" Centre for European Reform, 1-17. https://www.cer.eu/sites/default/files/pb_reform_ag_15Jan16.pdf

Goudenhooft, G. 2013. "The Right Wing Parties Dynamic between the Economic and the Identity Discourse." *Journal of Identity and Migration Studies*, No. 7, Vol. 1.

Gramsci, Antonio. 1995. *Philosophie der Praxis. Gefängnishefte 10 und 11.* Hamburg: Argument.

Grey, Andrew. 2017. "Article 50 author Lord Kerr: I didn't have UK in mind." 3/28/17 (https://www.politico.eu/article/brexit-article-50-lord-kerr-john-kerr/).

Griffin, Stephen. 2007. "Constituent Power and Constitutional Change in American Constitutionalism." *The Paradox of Constitutionalism: Constituent Power and Constitutional Form,* edited by Martin Loughlin and Neil Walker, 49-66. Oxford, UK/New York: Oxford University Press.

Grimmel, Andreas and Susanne My Giang (Eds.). 2017. *Solidarity in the European Union: A Fundamental Value in Crisis.* Springer.

Gros, Daniel and Cinzia Alcidi. 2011. "Was bringt der Euro-plus-Pakt?" *Integration* 34(2): 164-71.

Habermas, Jurgen. 2012. "The Crisis of the European Union in the Light of a Constitutionalization of International Law." *The European Journal of International Law* 23(2): 335-48.

Hass, Ernst B. 1968. *The Uniting of Europe, 1950-1957.* Stanford: Stanford University Press.

Herbert, Ulrich. 2001. *Geschichte der Ausländerpolitik in Deutschland. Saisonarbeiter,*

Zwangsarbeiter, Gastarbeiter, Flüchtlinge. Müunchen: C. H. Beck.

Herlitz, Nils. 1939. *Sweden: A Modern Democracy on Ancient Foundations.* University of Minnesota Press.

Hine, David. 1996. "Federalism, Regionalism and Unitary Sate." edited by Carl Levy. *Italian Regionalism* (Oxford: BERG, 113-20).

Hirsch, Joachim. 1998. *Vom Sicherheitsstaat zum nationalen Wettbewerbsstaat.* Berlin: ID Verlag.

Hirschman, Albert O. 1982. *Shifting Involvement: Private Interest and Public Action.* Princeton: Princeton University Press.

Hof, Bernd. 1993. *Europa im Zeichen der Migration. Szenarien zur Bevölkerungs- und Arbeitsmarktentwicklung in der Europäischen Gemeinschaft bis 2020.* Köln: Deutscher Instituts-Verlag.

Hoffmann, Stanley. 1966. "Obstinate or Obsolete? The Fate of the Nation State and the Case of Western Europe." *Daedalus* 95(3): 862-915.

Hoffmann, Stanley. 1982. "Reflections on the Nation-State in Western Europe Today." *Journal of Common Market Studies* 21(1): 21-38.

Höhne, Jutta, Benedikt Linden, Eric Seils, and Anne Wiebel. 2014. *Die Gastarbeiter. Geschichte und aktuelle soziale Lage.* WSI Report. September 2014.

Hooghe, Liesbet and G. Marks. 2009. "A Postfunctionalist Theory of European Integration: From Permissive Consensus to Constraining Dissensus." *British Journal of Political Science* 39(1): 1-23.

Hooghe, Liesbet and Gary Marks. 2006. "The Neofunctionalists were (almost) right: Politicization and European integration." *The Diversity of Democracy: Corporatism, Social Order and Political Conflict,* edtied by C. Crouch and W. Streeck, 205-202. Cheltenham: Edward Elgar.

Hurd, Madeleine. 2000. *Public Spheres, Public Mores, and Democracy: Hamburg and Stockholm, 1870-1914.* Ann Arbor: University of Michigan Press.

Jahn, Daniela, Andreas Maurer, Verona Oetzmann, and Andrea Riesch. 2006. *Asyl- und Migrationspolitik der EU. Ein Kräftspiel zwischen Freiheit, Recht und Sicherheit.* Diskussionspapiert der FG 1. 2006. SWP Berlin. https://www.swp-berlin.org/fileadmin/contents/products/arbeitspapiere/AsylpolitikKS1.pdf (검색일: 2019.09.30).

Jamart, Annick. 2012. "Belgique, laboratoire de l'Europe ou pays brisé?" *Esprit,* January.

Jamart, Annick. 2008. "Belgique : le modèle fédéral a vécu." *Esprit* (Août/septembre).

Jessop, Bob. 1995. "Die Zukunft des Nationalstaates: Erosion oder Reorganisation? Grundsätzliche Überlegungen zu Westeuropa." *Europäische Integration und politische Regulierung – Aspekte, Dimensionen, Perspektiven.* FEG-Studie (Nr. 5). Marburg.

Jessop, Bob. 2014. "Variegated capitalism, das Modell Deutschland, and the Eurozone crisis." *Journal of Contemporary European Studies* 22(3): 248-60.

Jones, Bryn and Michael O'Donnell. 2017. "Dangerous Myths in the Post-Brexit Narrative." (http://sase.org/wp-content/uploads/2017/02/Jones_Bryn_1346_Brexit.doc)

Jones, Erik. 2018. "Toward a Theory of Disintegration." *Journal of European Public Policy* 25(3): 440-51.

Joppke, Christian. 1999/2008. *Immigration and the Nation-State: The United States, Germany, and Great Britain.* Oxford, U.K./New York: Oxford University Press.

Keohane, Robert and Stanley Hoffman. 1993. "Conclusion: Structure, Strategy, and Institutional Roles." Robert Keohane, Joseph Nye, and Stanley Hoffman (eds.). *After the Cold War. International Institutions and State Strategies in Europe, 1989-1991.* Cambridge, Mass.: Harvard Univ. Press.

Kildal, Nanna and Stein Kuhnle (eds.). 2005. *Normative Foundations of the Welfare State: The Nordic Experience.* Routledge.

King, P. 1982. *Federalism and Federation,* Baltimore: Johns Hopkins University Press.

Kirby, D. G. (ed.). 1979. *Finland and Russia, 1808-1920, From autonomy to independence: A Selection of Documents.* Macmillan.

Kissane, Bill (ed.). 2015. *After Civil War: Division, Reconstruction, and Reconciliation in Contemporary Europe.* University of Pennsylvania Press.

Knapp, M. and J. Jongerden. 2016. "Communal Democracy: The Social Contract and Confederalism in Rojava." *Comparative Islamic Studies,* Vol. 10, No. 1.

Knudsen, Tim and Uffe Jakobsen. 2003. "The Danish Path to Democracy."

Koser, Khalid and Helma Lutz. 1998. *The New Migration in Europe. Social Constructions and Social Realities.* Basingstoke, Hampshire: palgrave.

Kymlicka, Will. 2002. *Contemporary Political Philosophy: An Introduction.* Oxford University Press.

La Libre. 2017. "Elio Di Rupo : La sécurité sociale attaquée pour masquer l'échec de la politique du gouvernement." May 13.

Lacroix, Justine. 2002. "For a European Constitutional Patriotism." *Political Studies* 50(5): 944-58.

Lamont, Michèle. 2000. *The Dignity of Working Men: Morality and the Boundaries of Race, Class, and Immigration.* Cambridge: Harvard University Press.

LAPEGNA, L. *'Italia degli Italiani. Contributo alla storia dell'irredentismo,* voll.2. Milano-Genova –Roma – Napoli. (Società editrice Dante Alighieri. Albrighi, Segati & C., 1932-1935).

Lauwerys, J. A. (ed.). 1958. *Scandinavian Democracy: Development of Democratic Thought and Institutions in Denmark, Norway and Sweden.* Danish Institute.

Le Vif. 2017. "Au confédéralisme le PS opposera la restauration de la Sécu." March 8.

Leblanc, S. 1990. "La fédéralisation de la sécurité sociale." *Courrier hebdomadaire du*

CRISP 17.

Leruth, B. and C. Lord. 2015. "Differentiated Integration in the European Union: a Concept, a Process, a System or a Theory?" *Journal of European Public Policy* 22(6), 754-63.

Levi, Lucio. 2016, "Brexit and the Risk of EU Disintegration." *The Federalist Debate,* Year XXIX. Number 3(November).

Levy, Carl. 2001. *Italian Regionalism: History, Identity and Politics.* Oxford: Berg Publishers.

Lewin, Lief. 2006. *Ideology and Strategy: A Century of Swedish Politics.* Cambridge University Press.

Liebhaberg, Bruno and Alice Béa. 2013. "La fragile unitéde la Belgique." *Esprit* (Décembre).

Lijphart, Arend. 1981. "The Belgian Example of Cultural Coexistence in Comparative Perspective." *Conflict and Coexistence in Belgium. The Dynamics of a Culturally Divided Society.* Berkeley: Institute of International Studies, University of California.

Lindahl, Hans. 2007. "Constituent Power and Reflexive Identity: Towards an Ontology of Collective Selfhood." *The Paradox of Constitutionalism: Constituent Power and Constitutional Form,* edited by Martin Loughlin and Neil Walker, 9-24. Oxford, UK/New York: Oxford University Press.

Lindberg, Folke Adolf. 1958. *Scandinavia in Great Power Politics, 1905-1908.* Unknown binding.

Lindberg, L.N. and S. A. Scheingold. 1970. *Europe's Would-Be Polity: Patterns of Change in the European Community.* Englewood Cliffs, NJ: Prentice-Hall.

Lindgren, Raymond E. 1959. *Norway-Sweden: Union, Disunion and Scandinavian Integration.* Princeton University Press.

Lister, F. 1996. *The European Union, the United Nations, and the Revival of Confederal Governance,* Westport: Greenwood Press.

Loughlin, John. 2015. "Federalism, Federations and Confederations: towards Hybridity." *(Con)federalism: Cure or Curse?* edited by Kris Deschouwer and Johanne Poirier. Re-Bel initiative.

Lowi, Theodore. 1969. *The End of Liberalism.* New York: W.W. Norton.

Ludlow, N. Piers. 2010. "Governing Europe: Charting the Development of a Supranational Political System." *European Union History: Themes and Debates,* edited by Wolfram Kaiser and Antonio Varsori, 109-127. New York: Palgrave Mcmillan.

Rumici, Guido. 2001. *Fratelli d' Istria 1945–2000.* Firenze: Mursia.

Lunde, Henrik O. 2014. *A Warrior Dynasty: The Rise and Fall of Sweden as a Military Superpower, 1611-1721.* Casemate.

Macchia, G. "L'irredentismo repubblicano dal 1876 al 1914." *Rassegna Storica Toscana,* a. XVII, n. 2, luglio-dicembre.

MacIntyre, Andrew. 2003. *The Power of Institutions.* Ithaca: Cornell University Press.

Maddens, B. 2018. "Secessionist Strategies: The case of Flanders." *Secession and Counter-secession: An International Relations Perspective,* edited by D. Muro and E. Woertz. CIDOB.

Maesschalck, J. and S. Van De Walle. 2006. "Policy Failure and Corruption in Belgium: Is Federalism to Blame?" *West European Politics,* Vol. 29, No. 5.

Matthies, Aila-Leena (ed.). 2006. *Nordic Civic Society Organisations and the Future of Welfare Services: A model for Europe?* Nordic Council of Ministers, Copenhagen.

McNamara, Kathleen R. 1998. *The Currency of Ideas. Monetary Politics in the European Union.* Ithaka, NY: Cornell Univ. Press.

Michalowski, Ines. 2007. "Vom nationalen Integrationsmodell zum europaweiten Pragmatismus?" *Integration und Einwanderung,* edited by Wichard Woyke. Schwalbach/TS: Wochenschau Verlag.

Micheletti, Michele. 1995. *Civil Society and State Relations in Sweden.* Routledge.

Michelsen, Karl-Erik and Markku Kuisma. 1992. "Nationalism and Industrial Development in Finland." *Business and Economic History* Second Series 21. The Business History Conference.

Mitnik, Pablo A. and Jessica Halperin-Finnerty. 2010. "Immigration and Local Policies in the Era of State Rescaling." *Taking Local Control: Immigration Policy Activism in U.S. Cities and States.* edited by Monica W. Varsani.

Moravcsik, Andrew. 1993. "Preferences and Power in the European Community: A Liberal Intergovernmentalist Approach." *Journal of Common Market Studies* 31(4): 473-524.

Moravcsik, Andrew. 1998. *The Choice for Europe: Social Purpose and State Power from Messina to Maastricht.* Cornell University Press.

Moravcsik, Andrew. 2002. "In Defense of the Democratic Deficit: Reassessing Legitimacy in the European Union." *Journal of Common Market Studies* 40(4), 603-24.

Moravcsik, Andrew. 2005. "The European Constitutional Compromise and the Neofunctionalist Legacy." *Journal of European Public Policy* 12(2), 349-86.

Moravcsik, Andrew. 2016. "The Great Brexit kabuki. a masterclass in political theatre." *Financial Times,* 8 April. https://www.princeton.edu/~amoravcs/library/Brexit.FT.pdf(검색일: 2018. 5.14)

Mouton, O. 2016. "La N-VA paie le prix du pouvoir fédéral." *Le Vif,* September 21.

Muller, Jan-Werner and Kim Lane Scheppele. 2008. "Constitutional patriotism: An introduction." *International Journal of Constitutional Law* 6(1): 67-71.

Munchaum, Wolfgang. 2016. "Europe enters the age of disintegration." *Financial Times*

(February 28).

Nationaler Integrationsplan 2007. Der Nationale Integrationsplan. Neue Wege –
Neue Chancen. http://www.bundesregierung.de/Content/DE/Archiv16/
Artikel/2007/07/Anlage/2007-10-18-nationaler-integrationsplan.pdf?__blob=publi
cationFile&v=2 (검색일: 2019.09.30).

Nelson, George R. (ed.). 1970. *Freedom and Welfare: Social Patterns in the Northern
Countries of Europe.* Praeger (1ˢᵗ ed. 1953 German).

Neuss, Beate. 2000. *Geburtshelfer Europas? Die Rolle der Vereinigten Staaten im
europäischen Integrationsprozess 1945-1958.* Baden-Baden: Nomos.

Nicolaysen, Gert. 1991. *Europarecht.* Baden-Baden: Nomos.

Nordby, Trond. 2003. "The Norwegian Case." Paper for ECPR General Conference,
Section 20: Comparative Democratization in Scandinavia, 1848-1921, Marburg, 18-
21 Sept.

Nordstrom, Byron J. 2000. *Scandinavia Since 1500.* Univ. of Minnesota Press.

Nuscheler, Franz. 2004. *Internationale Migration: Flucht und Asyl.* (2nd. ed).
Wiesbaden: VS Verlag.

N-VA. "Confederalism." https://english.n-va.be/politieke-woordenlijst/confederalism
(검색일: 2018.7.6.).

N-VA. "The N-VA's ideology and purpose." https://english.n-va.be/frequently-asked-
questions (검색일: 2017.12.27).

N-VA. 2014. "Verandering Voor Vooruitgang." https://www.n-va.be/sites/default/
files/generated/files/news-attachment/definitieve_congresbrochure.pdf (검색일
2018.5.16).

N-VA. 2019. "Welvaart door confederalisme." https://www.n-va.be/sites/default/
files/generated/files/news-attachment/brochure_confederalisme-web.pdf (검색일
2019.4.1).

Oltmer, Jochen. 2016. *Migration vom 19. bis zum 21. Jahrhundert.* Berlin/Boston:
Walter de Gruyter GmbH.

Orfield, Lester Bernhardt. 2002. *The Growth of Scandinavian Law.* Lawbook Exchange
Ltd.

Oswald, Ingrid. 2007. *Migrationssoziologie.* Konstanz: UVK Verl.

Pagenstecher, Cord. 1995. "Die ungewollte Einwanderung. Rotationsprinzip
und Rückkehrerwartung in der deutschen Ausländerpolitik." *Geschichte in
Wissenschaft und Unterricht* 46(12).

Palea, Roberto. 2015. "The Greek Crisis and the Risk of Europe's Disintegration." *The
Federalist Debate,* Year XXVIII, Number 3.

Paper ECPR General Conference, Section 20: Comparative Democratization in
Scandinavia, 1848-1921, Marburg. 18-21 Sept.

Park, Robert E. and Ernest W. Burges. 1969. *Introduction to the Science of Sociology.*

Chicago and London: The university of Chicago Press (Original 1921).

Parnreiter, Christof. 2000. "Theorien und Forschungsansätze zu Migration." *Internationale Migration. Die globale Herausforderung des 21. Jahrhunderts?* edited by Karl Husa. Frankfurt am Main: Brandes & Apsel.

Pauwels, Teun. 2011. "Le Vlaams Belang." *Les partis politiques en Belgique,* edited by Pasca Delwitt. Editions de l'Université de Bruxelles.

Pekonen, Onni. 2017. "Parliamentarizing the Estate Diet – The debate on plenum plenorum in late 19th century Finland." *Scandinavian Journal of History* 42(3).

Perry, V. 2015. "Constitutional Reform in Bosnia and Herzegovina: Does the Road to Confederation go through the EU." *International Peacekeeping.* November.

Petersson, Olof. 1987. *Democracy - ideal and reality* (Study of power and democracy in Sweden). Maktutredningen.

Pfetsch, Frank R. 1997. *Die Europäische Union. Eine Einführung.* München: W. Fink Verlag.

Pierson, P. 1996. "The Path to European Integration: A Historical Institutionalist Perspective." *Comparative Political Studies* 29(2): 123–63.

Pirotte, Jean and Luc Courtois. 2010. "Looking beyond Belgium: A Walloon Regionalist viewpoint." *Re-bel* (March).

Popelier, Patricia. 2017. "Federalism Disputes and the Behavior of Courts: Explaining Variation in Federal Courts' Support for Centralization." *Publius: The Journal of Federalism* 47(1): 27–48.

Premfors, Rune. 2003. "The Swedish Case." Paper for ECPR General Conference, Section 20: Comparative Democratization in Scandinavia, 1848–1921. Marburg, 18–21 Sept.

Provine, Doris Marie. 2010. "Local Immigration Policy and Global Ambitions." *Taking Local Control: Immigration Policy Activism in U.S. Cities and States,* edited by Monica Varsanyi, 217–35. Stanford: Stanford University Press.

Puetter, Uwe. 2014. "The Integration Paradox and the Rise of New Intergovernmentalism." *The European Council and the Council: New Intergovernmentalism and Institutional Change.* Oxford University Press, 1–30.

Reißlandt, Carolin. 2006. "Fit für die Globalisierung? Die deutsche Migrations- und Integrationspolitik nach den rot-grünen Reformen." *Zuwanderung im Zeichen der Globalisierung. Migrations-, Integrations- und Minderheitspolitik,* edited by Christoph Butterwege and Gudrun Hentges. Wiesbaden: VS Verlag.

Renner, Günter. 2004. "Vom Ausländerrecht zum Zuwanderungsrecht." *Zeitschrift für Ausländerrecht und Ausländerpolitik* 24(8).

Rodriguez, Cristina, Muzaffar Chishti, and Kimberly Nortman. 2010. "Legal Limits on Immigration Federalism." *Taking Local Control: Immigration Policy Activism in U.S. Cities and States,* edited by Monica Varsanyi, 31–50. Stanford: Stanford

University Press.

Roehner, Bertrand M. 2017. "Spatial and historical determinants of separatism and integration." *Physics and Society* (Submitted on Jul 21, 2017).

Rogoff, Kenneth. 2016, "Britain's Democratic Failure." Project Syndicate(June 24, 2016). https://www.project-syndicate.org/commentary/brexit-democratic-failure-for-uk-by-kenneth-rogoff-2016-06

Romel, Valentina. 2016, "The Economic Factors behind the Vote for Brexit." *Financial Times* (June 30, 2016). (https://www.ft.com/content/4b3c05f7-382d-33d9-b74b-5cb4cae945fc).

Rosamond, B. 2016. "Brexit and the Problem of European Disintegration." *Journal of Contemporary European Research* 12(4): 864-71.

Rothstein, Bo and Eric M. Uslaner. 2005. "All for All: Equality, Corruption, and Social Trust." *World Politics* 58(1): 41-72.

Rougemont, D. 1966. *The Idea of Europe*. New York: Macmillan.

Rumici, Guido. 2001. *Fratelli d' Istria 1945 - 2000*. Firenze: Mursia.

Rumici, Guido. 2002. *INFOIBATI, i nomi, i luoghi, i testimoni, i documenti*. Firenze: Mursia.

Russonello, Giovanni. 2019. "The Supreme Court May Let Trump End DACA. Here's What the Public Thinks About It." *The New York Times*. November 15. https://www.nytimes.com/2019/11/15/us/politics/daca-supreme-court-polls.html

Sabatucci, G. 1970. "Il problema dell'irredentismo e le origini del movimento nazionalista in Italia." a. I, n. 3, settembre.

Safstrom, Mark. 2016. *The Religious Origins of Democratic Pluralism: Paul Peter Waldenström and the Politics of the Swedish Awakening 1868-1917*. Pickwick Publications.

Salvadori, M. 1981. *Il mito del buongoverno*. Einaudi; Torino.

Sandona, A. "L'irredentismo nelle lotte politiche e nelle contese diplomatiche italo-austriache." voll. 3. Bologna; Zanichelli, 1932-38.

Sangiovanni, Andrea. 2013. "Solidarity in the European Union." *Oxford Journal of Legal Studies* Vol. 33, No.2: 213-41.

Santel, Bernhard. 2007. "In der Realität angekommen. Die Bundesrepublik Deutschland als Einwanderungsland." *Integration und Einwanderung*, edited by Wichard Woyke. Schwalbach: Wochenschau Verlag.

Schäfer, Wolf. 1981. *Das Europäische Währungssystem* (EWS). Währungen und Wechselkurse. Heidelberg: Physica.

Schain, Martin. 2008. *The Politics of Immigration in France, Britain, and the United States*. New York: Palsgrave Macmillan.

Scheidel, Walter. 2017. *The Great Leveler: Violence and the History of Inequality from the Stone Age to the Twenty-First Century*. Princeton University Press.

Scheindlin, D. and D. Waxman. 2016. "Confederalism: A Third Way for Israel – Palestine." *The Washington Quarterly* Vol. 39.

Schimmelfennig, F., D. Leuffen, and B. Rittberger. 2016. "The European Union as a System of Differentiated Integration: Interdependence, Politicization and Differentiation." *Journal of European Public Policy* 22(6): 764-82.

Schimmelfennig, Frank. 2015. "Liberal Intergovernmentalism and the Euro area Crisis." *Journal of European Public Policy* 22(2): 177-95.

Schimmelfennig, Frank. 2017. "European Integration(Theory) in Times of Crisis: A comparison of the euro and Schengen crises." *Journal of European Public Policy* 25(7): 969-89.

Schmitt, Nicolas. 2012. "Le fédéralisme : plus fragile et plus nécessaire que jamais. Quelques réflexions illustrés par la Suisse et les pays d'Afrique." *L'Europe en Formation* Vol. 363, No. 1.

Schmitter, Philippe C. 1969. "Three Neofunctional Hypotheses about International Integration." *International Organization* 23(1): 161-66.

Schmitter, Philippe C. 1971. "A Revised Theory of Regional Integration." *Regional Integration: Theory and Research,* edited by L. N. Lindberg and S. A. Scheingold, 232-264. Cambridge, MA: Harvard University Press.

Schmitter, Philippe C. 2002. "Neo-Neo Functionalism." 1-43. https:// www.eui.eu/Documents/DepartmentsCentres/SPS/Profiles/Schmitter/ NeoNeoFunctionalismRev.pdf

Schmitter, Philippe C. and Z. Lefkofridi. 2016. "Neofunctionalism as a Theory of Disintegration." *Chinese Political Science Review* 1, 1-29.

Schnapper, Pauline. 2017. "Brexit and the Risk of European Disintegration." *After Brexit,* edited by N. da Costa Cabral, J. Renato Goncalves, and N. Cunha Rodrigues, 83-99. Palgrave Macmillan.

Schneckener, Ulrich. 2006. *Fragile Staatlichkeit: "states at risk" zwischen Stabilität und Scheitern.* Baden-Baden: Nomos.

Schneckener, Ulrich. 2007. "Fragile Staatlichkeit und State-building. Begriffe, Konzepte und Analyserahmen." Beisheim, Marianne u. a. (Hrsg.). *Staatszerfall und Governance.* Baden-Baden: Nomos.

Schulten, Thorsten. 2004. *Solidarische Lohnpolitik in Europa. Zur politischen Ökonomie der Gewerkschaften.* Hamburg: VSA.

Sejersted, Francis. 2011. *The Age of Social Democracy: Norway and Sweden in the Twentieth Century.* Princeton University Press.

Šelo Šabić, Senada. 2017. "The Relocation of Refugees in the European Union. Implementation of Solidarity and Fear." Friedrich Ebert Stiftung. Analysis. http:// www.fes-croatia.org/fileadmin/user_upload/171011_Publikation_Relocation_of_ref ugees.pdf (2018/09/15).

Sergio, Antonio. 2016. "Brexit and the Future of Europe: Towards a Theory of European Disintegration." A paper in the 5th Euroacademia International Conference on the European Union and the Politicization of Europe(14-15 October, Bologna, Italy), 1-12.

Sørensen, Ø and B. Stråth (eds.). 1997. *The Cultural Construction of Norden.* Oslo: Scandinavian University Press.

Srivastava, A. 2018. "Can India, Pakistan come together and make peace, like the Koreans? Hopes surge in the subcontinent." *New Delhi Times.* May 5.

Stark, Oded. 1991. *The Migration of Labor.* Cambridge: Cambridge Univ. Press.

Statisches Bundesamt. 2019. "Bevölkerung und Erwerbstätigkeit. Ausländische Bevölkerung. Ergebnisse des Ausländerzentralregisters." https://www.destatis.de/ DE/Themen/Gesellschaft-Umwelt/Bevoelkerung/Migration-Integration/_inhalt.ht ml?__blob=publicationFile (검색일: 2019.09.30).

Statistisches Bundesamt. 2011. *Demokrafischer Wandel in Deutschland. Heft 1. Bevölkerungs- und Haushaltsentwicklung im Bund und in den Ländern.* Wiesbaden.

Steinherr, Alfred (Hrsg.). 1994. *30 years of European monetary integration. From the Werner Plan to EMU.* London: Longman.

Stensvand, Elin Espe. 2014. "The Norwegian Constitution. 1814: from autocracy to democracy." University of Bergen.

Stepan, A. 1999. "Federalism and Democracy: Beyond the US. Model." *Journal of Democracy* Vol. 10, No. 4.

Stockhammer, Engelbert. 2008. "Some Stylized Facts on the Finance-dominated Accumulation Regime." *Competition and Change* 12(2): 184-202.

Stråth, B. (ed.). 1988. *Democratization in Scandinavia in Comparison.* Gothenburg University.

Stråth, B. (ed.). 1990. *Language and the Construction of Class Identities. The Struggle for Discursive Power in Social Organization: Scandinavia and Germany after 1800.* Gothenburg University.

Stråth, B. 2005. "The normative foundations of the Scandinavian welfare states in historical perspective." *Normative Foundations of the Welfare State: The Nordic Experience,* edited by Nanna Kildal and Stein Kuhnle. Routledge.

Straubharr, Thomas. 1997. "Zuwanderung und Sozialstaat. Bedrohung oder Chance?" *Sozialstaat im Umbruch. Herausforderungen an die deutsche Sozialpolitik,* edited by Eckhard Knappe and Albrecht Winkler. Frankfurt am Main: Campus.

Streeck, Wolfgang. 2000. "Competitive Solidarity. Rethinking the 'European Social Model'." Hinrichs, Karl u. a. (Hrsg.). *Kontingenz und Krise. Institutionenpolitik in kapitalistischen und postsozialistischen Gesellschaften.* Frankfurt am Main: Campus.

Streeck, Wolfgang. 2016. "Exploding Europa: Germany, the Refugees and the British Vote to Leave." SPERI Paper(Sheffield Political Economy Research Institute) 31: 1-7.

Streeck, Wolfgang. 2016. "Scenario for a Wonderful Tomorrow." *London Review of Books* 38(7): 7-10.

Stroobants, Jean-Pierre. 2011. "Le melting pot belge." *Pouvoir,* Vol. 136 (January).

Suodenjoki, Sami. 2015. "Promoting land reform from below: Land redistribution rumours in Finland, c. 1880-1905." paper presented at Rural History Conference 2015, Girona.

Svedin, Uno and Britt Hägerhäll Aniansson. 2002. *Sustainability, Local Democracy and the Future: The Swedish Model.* Springer.

Swenden, W. 2013. "The Future of Belgian Federalism: Between Reform and Swansong?" *Regional and Federal Studies* Vol. 23, No. 3.

Swyngedouw, M. and K. Abts. 2011. "Les électeurs de la N-VA aux elections fédérales du 13 juin 2010." Courrier hebdomadaire du CRISP Vol. 2125.

Tarchi, Marco. 2017. *ITALIA POPULISTA.* Bologna: il Mulino, 171.

Tarr, G. Alan. 2015. "In Search of Constitutional Federalism: American Perspectives." *Understanding Federalism and Federation,* edited by Gagnon Alain-G., Soeren Keil, and Sean Mueller, 69-85. Burlington: Ashgate Publishing Co.

Taylor, Graham. 2017. *Understanding Brexit.* Emerald Publishing Limited.

Tepora, Tuomas and Aapo Roselius (eds.). 2014. *Finnish Civil War 1918, History, Memory, Legacy.* Leiden: Brill.

Thaden, Edward C. (ed.). 1981. *Russification in the Baltic Provinces and Finland, 1855-1914.* Princeton University Press.

The Economist. 2016. "Brexit: An Aggravating Absence."(July 2nd) https://www.economist.com/briefing/2016/07/02/an-aggravating-absence

Thränhardt, Dietrich. 2007. "Integration, Assimilation und kulturelle Öffnung im Vergleich europäischer Länder." *Integration und Einwanderung,* edited by Wichard Woyke. Schwalbach/TS: Wochenschau Verlag.

Tunander, Ola. 2005. "Swedish Geopolitics: From Rudolf Kjellén to a Swedish 'Dual State'." *Geopolitics* 10(3).

UN. 2015. International migrant stock 2015. http://www.un.org/en/development/desa/population/migration/data/estimates2/estimates15.shtml (검색일: 2019.09.30).

UNHCR. 2015. "Over one million sea arrivals reach Europe in 2015." http://www.unhcr.org/5683d0b56.html (검색일: 2019.09.30).

Upton, Anthony F. 1980. *The Finnish Revolution, 1917-1918.* Minneapolis: University of Minnesota Press.

Uyttendaele, M. 2011. "Chronique d'une législature maudite. Réflexions sur l'instabilité politique de la Belgique." *Pouvoirs* Vol. 136, No. 1.

Van Haute, Emilie. 2016. "Regionalist Parties in Belgium (N-VA, FDF): A Renewed

Success?" Oscar Mazzileni and Sean Mueller (eds.). *Regionalist Parties in Western Europe.* New York: Routledge.

Van Haute, Emilie. 2011. "Volksunie, Nieuw-Vlaams Allianantie, Spirit, Vlaams-Progressif." Pasca Delwitt (ed.). *Les partis politiques en Belgique.* Bruxelles: Editions de l'Université de Bruxelles.

Varsanyi, Monica. 2010. "Immigration Policy Activism in U.S. States and Cities: Interdisciplinary Perspectives." *Taking Local Control: Immigration Policy Activism in U.S. Cities and States,* edited by Monica Varsanyi, 1–27. Stanford: Stanford University Press.

Verbeke, A. L. 2014. "Belgium: A Broken Marriage?" *Federalism and Legal Unification: A Comparative Empirical Investigation of Twenty System,* edited by D. Halberstam and M. Reimann. Springer.

Verovsek, Peter. 2014. "Unexpected Support for European Integration: Memory, Rupture, and Totalitarianism in Arendt's Political Theory." *The Review of Politics* 76: 389, 413.

Vigour, Cécile. 2009. "Politiques et gouvernements fédéraux en Belgique, entre contraintes coalitionnelles et logique de compromis." *Politix* Vol. 88.

Vollaard, Hans. 2014. "Explaining European Disintegration." *Journal of Common Market Studies* 52(5): 1142–59.

Vuye, Hendrik. 2014. "Confederalisme is de enige weg om de linkse PS-dromen terealiseren." *Knack* (April 08).

Wallace, William. 1983. "Less than a Federation, More than a Regime." Helen Wallace (ed.). *Policymaking in the European Community.* Chichester: Wiley.

Wallace, William. 1996. "Government without Statehood. The Unstable Equilibrium." *Policymaking in the European Union,* edited by Helen Wallace and William Wallace. Oxford: Oxford University Press.

Waslin, Michele. 2010. "Immigration Enforcement by State and Local Police: The Impact on the Enforcers and Their Communities." *Taking Local Control: Immigration Policy Activism in U.S. Cities and States,* edited by Monica Varsanyi, 97–114. Stanford: Stanford University Press.

Webber, Douglas. 2011. "How likely is it that the European Union will disintegrate? A critical analysis of competing theoretical perspectives." ANU Centre for European Studies Briefing Paper Series 2(3): 1–21.

Weiss, Karin. 2007. "Zuwanderung in die neuen Bundesländer." *Integration und Einwanderung,* edited by Wichard Woyke. Schwalbach/TS: Wochenschau Verlag.

Wilson, Graham K. 2017. "Brexit, Trump and the special relationship." *The British Journal of Politics and International Relations* Vol.19, No.3: 544–58.

Zaun, Nastascha. 2016. "Europäische Flüchtlingspolitik. Keine Kooperation in Sicht." *Politikum* 2(3): 16–25.

418

Zielonka, J. 2014. *Is the EU Doomed?* Cambridge: Polity Press.

Ziltener, Patrick. 1999. *Strukturwandel der europäischen Integration. Die Europäische Union und die Veränderung von Staatlichkeit.* Münster: Westfälisches Dampfboot.

Zuwanderungsgesetz. 2004. *Gesetz zur Steuerung und Begrenzung der Zuwanderung und zur Regelung des Aufenthalts und der Integration von Unionsbürgern und Ausländern (Zuwanderungsgesetz).* http://www.gesmat.bundesgerichtshof.de/gesetzesmaterialien/15_wp/zuwanderung/zuwanderung_index.htm (검색일: 2019.09.30).

벨기에 정부 홈페이지. "Historical outline of the federalisation of Belgium." https://www.belgium.be/en/about_belgium/country/history/belgium_from_1830/formation_federal_state (검색일: 2018.7.6).

브뤼셀 정부 홈페이지. "Common Community Commission." http://be.brussels/about-the-region/the-community-institutions-of-brussels/cocom (검색일: 2018.7.6).

http://www.parties-and-elections.eu/belgium.html (검색일: 2017.8.18).

http://emilie.eliamep.gr/european-policy-briefs/

http://www.fratelli-italia.it/attualita/attualita/2287-primarie-fdi-an-i-risultati-presentati-in-conferenza-stampa.html

http://www.results-elections2014.eu/en/election-results-2014.html

http://www.fratelli-italia.it/?page_id=7484

http://www.leganord.org/phocadownload/ilmovimento/regolamento/Ln%20 Regolamento.pdf

http://www.leganord.org/index.php/documenti/proposte-di-legge/camera